日本学者古代中国研究丛刊
复旦大学历史学系 编
徐 冲 主编

魏晋南北朝官僚制研究

窪添庆文 著
赵立新 涂宗呈 胡云薇 等 译

复旦大學出版社

目 录

中文版序 …………………………………………………… 1
推荐序 ……………………………………………………… 1
序章　日本的魏晋南北朝官僚制度研究 ………………… 1

第一部　中央与地方官制

第一章　关于北魏前期的尚书省 ……………………… 31
前言 ……………………………………………………… 32
一、北魏的大人官 ……………………………………… 33
二、明元帝时代的尚书 ………………………………… 37
三、道武帝时代的尚书 ………………………………… 44
四、太武帝以后的尚书 ………………………………… 51
结语 ……………………………………………………… 54

第二章　北魏门下省初探 ……………………………… 57
前言 ……………………………………………………… 58
一、北魏后期的门下省 ………………………………… 59
二、北魏前期的门下省 ………………………………… 70
结语 ……………………………………………………… 80

第三章　北魏初期的将军号 …………………………… 83
前言 ……………………………………………………… 84

  一、晋、宋、北魏的将军号及其序列——以官品表为中心……84
  二、北魏初期的将军号……94
  三、北魏初期将军号的序列……101
  结语……105

第四章 北魏的"光禄大夫"……107
  前言……108
  一、"光禄大夫"与将军号……110
  二、"光禄大夫"与将军号的组合形态……113
  三、"光禄大夫"与其他职官的对应关系……119
  四、"光禄大夫"的散官化……123
  结语……127

第五章 北魏州的等级……129
  前言……130
  一、宣武帝、孝明帝时期州的等级……130
  二、北魏前期州的等级……142
  三、结语：州的等级与户口数……153

第六章 北魏的"赠官"……161
  前言……162
  一、北魏后期的赠官……162
  二、北魏前期的赠官……170
  三、产生赠官差别的因素……173
  结语……177

第七章 北魏的太子监国制度……179
  前言……180
  一、留台……181
  二、留台与监国……186
  三、监国……187

结语 …………………………………………………………… 194

第八章　北魏的地方军（特别是州军）…………………… 197
　　前言 …………………………………………………………… 198
　　一、地方军的分布 …………………………………………… 198
　　二、地方军的活动 …………………………………………… 202
　　三、地方军的组成 …………………………………………… 209
　　四、结语：州军的确立 ……………………………………… 219

第九章　北魏的都督——从军事面来看中央与地方…… 221
　　前言 …………………………………………………………… 222
　　一、北魏"武官都督"的出现 ……………………………… 222
　　二、北魏都督区的特质 ……………………………………… 239
　　结语 …………………………………………………………… 249

第十章　魏晋南北朝时期地方官的本籍任用……………… 251
　　前言 …………………………………………………………… 252
　　一、东汉末、三国时代、西晋的本籍任用 ………………… 254
　　二、东晋、南朝的本籍任用 ………………………………… 256
　　三、五胡十六国时期及北朝的本籍任用 …………………… 265
　　四、隋代的本籍任用 ………………………………………… 276
　　五、地方长官本籍任用原因的探讨 ………………………… 278
　　六、"得乡情"的分析 ……………………………………… 288
　　七、任用同一家族的考察 …………………………………… 293
　　八、关于乡兵的检讨 ………………………………………… 302
　　九、望族的讨论 ……………………………………………… 307
　　结语 …………………………………………………………… 313

第十一章　4世纪的东亚国际关系——以官爵号为中心… 317
　　一、五胡十六国的君主称号 ………………………………… 318
　　二、五胡诸国所得官爵 ……………………………………… 321

三、周边诸国所得官爵 …………………………………………… 323

第二部　官僚制的内部

第十二章　国家与政治 ……………………………………… 329
前言 …………………………………………………………… 330
一、南朝的议 ………………………………………………… 331
二、北朝的议 ………………………………………………… 333
三、目前的三个课题 ………………………………………… 338
结语 …………………………………………………………… 345

第十三章　北魏后期的政争与决策 ……………………… 349
前言 …………………………………………………………… 350
一、六辅辅政期
　　（太和二十三年四月～景明二年一月）………………… 350
二、宣武帝（世宗）亲政期
　　（景明二年一月～延昌四年一月）……………………… 351
三、孝明帝期（1）——于忠专权期
　　（延昌四年一月～九月）………………………………… 353
四、孝明帝期（2）——灵太后临朝期
　　（延昌四年九月～正光元年七月）……………………… 357
五、孝明帝期（3）——元叉专权期
　　（正光元年七月～孝昌元年四月）……………………… 358
六、孝明帝期（4）——灵太后再临朝期
　　（孝昌元年四月～武泰元年四月）……………………… 361
结语 …………………………………………………………… 362

第十四章　北魏的"议" …………………………………… 365
前言 …………………………………………………………… 366
一、宣武帝、孝明帝期的议 ………………………………… 367
二、孝文帝亲政期的议 ……………………………………… 369

目 录

　　三、孝文帝亲政前北魏之议……………………………………… 372
　　四、北魏前期议的特色…………………………………………… 373
　　结语………………………………………………………………… 384

第三部　官僚制与宗室

第十五章　河阴之变小考…………………………………………… 393
　　前言………………………………………………………………… 394
　　一、河阴之变的牺牲者…………………………………………… 394
　　二、免于灾难的人………………………………………………… 402
　　三、元氏担任府官的事例………………………………………… 404
　　四、占据中央官的元氏和北族的位置…………………………… 405

第十六章　北魏的宗室………………………………………………… 411
　　前言………………………………………………………………… 412
　　一、北魏后期政治史中的宗室…………………………………… 412
　　二、北魏宗室的状况……………………………………………… 420
　　结语………………………………………………………………… 445

第十七章　从籍贯、居住地、葬地看北魏宗室…………………… 447
　　前言………………………………………………………………… 448
　　一、在洛阳的籍贯和居住地……………………………………… 449
　　二、邙山的墓域…………………………………………………… 455
　　结语………………………………………………………………… 462

后记………………………………………………………………………… 477

编者后记…………………………………………………………………… 481

表格目录

- 表1-1　道武帝时担任尚书省官职者……………………42
- 表1-2　孝文帝之前尚书诸曹人数…………………………53
- 表2-1　孝文帝时与尚书有关的侍中之例…………………77
- 表3-1　晋、宋、北魏将军号序列比较……………………85
- 表3-2　北魏初期使用之将军号及其任官数………………94
- 表3-3　《魏书》载未见于官品表之将军号及其任官数……98
- 表3-4　北魏太武帝末年之前获赐二次将军号官员一览……101
- 表4-1　北魏《后令》光禄大夫与将军号…………………114
- 表4-2　北魏《后令》金紫光禄大夫与将军号……………115
- 表4-3　北魏《后令》左右光禄大夫与将军号……………116
- 表4-4　《魏书》所载太中大夫与将军号…………………117
- 表4-5　《魏书》所载中散大夫与将军号…………………117
- 表4-6　《魏书》文官加授四安将军号事例………………118
- 表4-7　北魏孝文帝至孝明帝时期左右光禄大夫与其他职官之对应……………………………………………119
- 表4-8　北魏孝庄帝之后左右光禄大夫与其他官职之对应……120
- 表5-1　刺史就任者的前后官品及将军号（宣武、孝明帝时期）…………………………………133
- 表5-2　州与州之间的异动（宣武帝、孝明帝时期）………138
- 表5-3　冀州刺史就任者（道武帝～孝文帝时期）…………144
- 表5-4　刺史就任者的前后官品与将军号（太武帝～孝文帝）……………………………………146

表5-5	州镇间的异动（太武帝~孝文帝）	147
表5-6	州的等级的比较（一）	149
表5-7	刺史（镇将）就任者的前后官品及将军号（太武帝~孝文帝）	151
表5-8	州的等级的对比（二）	153
表5-9	《魏书·地形志》所载各州户数表	154
表5-10	都督诸军事表（孝明帝末年前）	156
表6-1	北魏宣武帝时期刺史赠官事例	164
表6-2	北魏宣武帝时期有将军号之中央官赠官事例	166
表6-3	北魏宣武帝时期无将军号之中央官赠官事例	167
表6-4	北魏前期郡太守赠官事例	171
表6-5	北魏前期州刺史赠官事例	171
表6-6	河阴之变四品、正从三品死亡官员	174
表8-1	北魏州军分布情况	200
表8-2	北魏军事活动分类	203
表9-1	北魏孝庄帝时期的"征讨都督"	230
表9-2	北魏孝武帝时期的"征讨都督"	232
表9-3	《周书》所见非"征讨都督"的都督	233
表9-4	北魏孝文帝改革前后都督区就任事例	240
表9-5	刺史中有单独都督号的事例	243
表10-1	东晋、南朝地方官本籍任用事例	256
表10-2	东晋、南朝地方官本籍任用情形	265
表10-3	五胡十六国时期各州本籍任用人数	266
表10-4-1	北魏地方官本籍任用事例（刺史）	267
表10-4-2	北魏地方官本籍任用统计（刺史）	268
表10-5-1	北魏地方官本籍任用事例（太守、县令）	269
表10-5-2	北魏地方官本籍任用统计（太守、县令）	270
表10-6	东魏地方官本籍任用事例	271
表10-7	北齐地方官本籍任用事例（刺史）	272
表10-8	西魏地方官本籍任用事例（刺史）	273

表号	表名	页码
表10-9	西魏地方官本籍任用事例（太守、县令）	274
表10-10	北周地方官本籍任用事例（刺史）	275
表10-11	北周地方官本籍任用事例（太守、县令）	275
表10-12	隋代本籍任用的官员	276
表10-13	南朝同一家族本籍任用之事例	294
表10-14	北朝同一家族本籍任用之事例	295
表10-15	"率募乡里"与"率州兵"之事例	303
表12-1	宣武帝时期的议	346
表12-2	孝明帝时期的议	347
表14-1	议的程序	366
表14-2	孝明帝时期的议	367
表14-3	宣武帝出席议场之事由、场所与次数	369
表14-4	皇帝出席各类议的统计	379
表14-5	皇帝对议的不同裁断	381
表14-6	北魏的议（道武帝～孝文帝）一览	386
表15-1	河阴之变前后献文六王及其子孙死亡情形	395
表15-2	河阴之变前后元氏不同世代死亡统计	397
表15-3	河阴之变前后陇西李氏死亡情形	400
表15-4	河阴之变前后弘农杨氏死亡情形	401
表15-5	元氏的中央任官情况	406
表16-1	灵太后再临朝期宗室任官情况	418
表16-2	宣武帝、孝明帝时期宗室任高官情况	419
表16-3	北魏建国前诸帝子孙任官情况	432
表16-4	献文六王任官情况	434
表16-5	献文六王嗣子起家官、首见官	435
表16-6	献文六王嗣子之弟起家官、首见官	435
表16-7	景穆系二蕃王兄弟起家官、首见官	437
表16-8	未封王各系子孙起家官	438
表16-9	景穆系始蕃王以下诸王、王的兄弟任官情况	440
表17-1	北魏宗室之籍贯、没地	463
表17-2	北魏邙山皇室墓葬年次、位置	467

中文版序

拙著日文版于2003年刊行。如《后记》中所言，当时的考虑是因为这些在日本发表的论文难于为外国学者所参考，以专著形式出版的话或许会有些许改善。但完全没有想到会有翻译为汉语出版的一天。

对于以徐冲先生为代表的复旦大学方面的厚意，和参与翻译工作的台湾研究者们的尽力，在此表示衷心感谢。

虽然在翻译之后再讲有些不妥，但还是想说拙著中有着各种各样的问题。读者读后自有判断，这里仅谈一下其中的两点问题。

第一，本书所收论文包括了我最初开始研究时的成果，并未把其后学界的进展都吸收在内。日文版刊行时有不少地方实有必要进行大幅改写，但当时的想法是尽量保留发表时的原貌。我知道这是很大的问题。现在拙著日文版刊行已有十余年，这一问题应该更加严重了。这一点还请读者了解。不过《序章》是对研究史的回顾，故这次中文版刊行之际应徐冲先生的要求，在内容中补充了2003年以后的相关文献。其他有一些琐细之处，主要是明显的错误和误植等，在可能的范围内进行了修正。在翻译过程中，译者也指出了不少错误。这是很荣幸的事情，我也据此进行了订正。拙著中文版与原版的不同之处就是这些。

第二，拙著所收诸论文，发表当时几乎都受到了字数方面的限制。其中甚至有严格要求到限制在12 000字者。为此，很多时候都尽量避免单独列出史料，而仅以表格形式呈现。结果也受到过"判断根据不明"这样的批评。对这种不得已的处理手法，我倍感遗憾。不过，虽然根据并没有全部展示出来，但我自信当时的判断并无错误。另外为了简省字数，有时也通过省略主语等手法来尽可能压缩句子，结果使表达变得晦涩难解，给译者平添了许多麻烦。这一点，是必须向原版的读者和翻译担当者等相关人士深表歉意的。

我开始从事研究的时候，在当时日本的魏晋南北朝史研究中，如何理解贵族制是最大的问题。我认为既然贵族制是以官僚制的形式出现的，那么就需要在理解官僚制的基础上来讨论贵族制，从而并未涉入贵族制的问题。拙著刊行后，我又开始了以墓志为对象或者说使用墓志的研究，才觉得终于可以触及贵族制的问题了。拙著尽管有很多问题，但却显示了到达这一研究阶段所必须经过的过程。因此，对我来说是极有意义的。这次中文版出版，期待受到更多研究者的批评指正。

最后，再次向以徐冲先生为代表的复旦大学相关人士和完成翻译的各位先生表示衷心感谢。

窪添慶文
2015年2月

推荐序

甘怀真（台湾大学历史学系教授）

窪添慶文教授《魏晋南北朝官僚制研究》中译本之出版，应是中国史研究的盛事。因为一些机缘，我成为这本书在台北出版中译本的主要规划者。我也以这个身份，为这本书的中译本作个序言。

窪添慶文教授是东京大学东洋史博士，史学专业是中国魏晋南北朝史。目前已从大学教育工作上退休。曾任高知大学、御茶水女子大学与立正大学教授。长期以来，窪添教授是日本的魏晋南北朝史研究的代表性学者，故曾担任日本的魏晋南北朝史研究会会长。其著作等身，目前代表作即本书。

在窪添教授于东京大学求学阶段（大学部与研究所），即1960年代至1970年代前期，正是西嶋定生教授发展其中国史、东亚世界论并与研究生们组成研究团队的时期。由于包括西嶋教授在内的几位东京大学的中国史大家的卓越成就，使东京大学成为全世界中国古代史研究的重镇。窪添教授是当时这个研究团队的核心成员。当时在这个团队中的年轻学者，日文说是"若手"研究者，其后都在学术舞台上擅场一方，成为史学界领导人。举几位我认识的学者及其研究领域。如池田温教授之汉唐间律令制研究，金子修一教授之汉唐间东亚世界的国际关系研究，尾形勇教授之汉代皇帝制度研究，鶴間和幸教授之秦汉帝国形成研究，李成市教授之古代东亚世界中的韩国史研究，平势隆郎教授之先秦历史与考古研究。其中也有台湾学者如郑钦仁教授之魏晋南北朝官僚制研究，高明士教授之唐代东亚世界的政治与教育研究。

我无缘参与这个团队，常想见当时的盛况。若以学术分工来说，窪添教授则负责魏晋南北朝史，尤其是北魏官制。窪添庆文教授从1980年代以来，就是这个领域的代表性学者，主要业绩就是展开于各位读者面前的这本书。

学者间有"东京学派"之说，虽也有异议。无论有无这个学派，东京大学的东洋史研究自创立以来，有非常明显的学风与特色。我们可以用几个概念归纳之，即疑古、实证与史料批判。扼要言之，历史学研究必须建立在文献解读的基础上。任何历史学的成说，如经学中的说法，从社会科学、民族主义而来的信念，都须通过史料的解读才能确立或推翻。这也发展出史料批判的研究方法与信念。历史学研究一定要有史料中的史实，但史料要经过批判才能利用。

对于中国古代史研究而言，史料批判是非常重要的。从世界史的观点来看，即使研究者仍抱怨史料有阙，中国古代史的文献算是不少的，尤其是官方留下来的著作，如正史。只是这些正史的史料要转化为史实，必须经过考证的工夫，不可以只相信"史料会说话"。《魏晋南北朝官僚制研究》一书主要的史料来源是《魏书》。我们可以说这本书是以《魏书》为基础所展开的北魏官僚制研究，再扩及整个魏晋南北朝。窪添教授对于以《魏书》为主的相关正史作出绵密的考证，建构以实证为方法所得出的新的历史知识。本书的若干部分也包括了考古出土文物的研究，尤其是墓志铭，用以证明若干官制。该书出版后，作者也在期刊上发表新论文，主要是以出土文物论证这个时期的官僚制相关历史，读者自可参考。考古出土推陈出新，或许某些新史料会使本文的若干考证面临修正的必要，这也是史学研究的常态，不足为奇。无论如何，本书展现了文献研究与史料批判能达到的高峰，并成为其后研究的基础，我深表推崇与敬意。

至于《魏书》在东京大学的研究也是一段因缘。在20世纪六七十年代，西嶋定生教授在东大发展东亚世界论的同时，也是如江上波夫教授的北亚史观点下的骑马民族征服王朝论大盛的时候。北魏的历史是东亚世界与北亚（或说是内陆亚洲）的交汇，自是讨论骑马民族征服王朝论的重要对象。不用说，若要研究北魏史，《魏书》是重要史料。

《魏书》虽列正史，在当时研究的业绩却不多。于是西嶋定生教授在东大组织了《魏书》研究会。由于研究领域之故，窪添教授是该研究会的核心成员。该研究会的成员在当时的技术条件下，是以抄卡片的方法抄录未经标点的《魏书》中的语汇。当时在西嶋定生教授的主导下，计划出版《魏书语汇索引》一书。世事难料，由于计算机化与信息检索的普遍运用，尤其检索正史更是便利，这类索引书的实用价值不高。但为纪念西嶋定生教授的功绩，《魏书》研究会仍如约出版了该书，只是未料西嶋教授于1998年因病猝逝，出版时间是来年的1999年。尽管有些遗憾，《魏书语汇索引》一书反映了那个时代的日本学者如何地毯式的研读了《魏书》，其实功不唐捐，本书就是成果之一。

推动北魏史研究也是我们要翻译这本名著的目的。本书代表了一个时代的以北魏为主的魏晋南北朝的官制研究，从上世纪七十年代中期算起约有三十年。从今天历史学研究现况来看，本书的讨论仍有价值。这些年来，内陆亚洲史研究蔚为一时风潮，名著迭出。骑马游牧民族、欧亚大陆农牧混合地带、征服王朝等历史的研究都有突破性的进展。这样的研究当然冲击了东亚世界论。而历史学研究不是在比谁的大理论是对的。我想西嶋定生教授也不会认为他的东亚世界论是不用随着研究开展而修正。其实他的学生们在这个工作上已作了很多。从东亚世界论的立场上看，作为东亚史与内亚（北亚）史交汇的北魏史当是一个研究重点，值得再推动。

作为这个史学领域的研究者，我也谈一点我近年来对于北魏史的研究心得，并作为本书的导读。

公元311年在华北的匈奴政团攻入首都洛阳，史称"永嘉之乱"。所谓"五胡乱华"进入高峰。接下来就是"五胡十六国"时代。所谓胡人，泛指从汉代以来从汉郡县以外迁入之人群。计其祖先，这群人大多在汉地居住了一二百年。而住了一二百年竟不是当地人，原因是汉朝的"中国—四夷"与华夷学说，也就是汉帝国的政策不承认他们是本地人，即不是"中国人"与华，而是夷或胡。这些胡人政团在经历了汉魏西晋的数百年，许多成为了地域社会的统治阶层。"五胡十六国"是这些居住在华北尤其是北境塞北地区的胡人政团打败了西晋并接管了郡县而建立自己的政权的结果。这种"十六国"型的政权有二个特色。一是定义自己是一个"中国"式的政权，如胡人政权首长自称王、皇帝。其官僚制也大体承袭魏晋。二是胡族政权也采用"大单于"或"天王"之号，以标示其胡族性格。

北魏的创建者是拓跋氏。今天中国史研究将拓跋氏归类为鲜卑，故是"五胡"之一，其说虽不能说错，但必须更仔细说明。前燕的慕容氏也属鲜卑。所谓鲜卑，是指其人群来自于东北北部。但立国在山西北部与蒙古草原南部的拓跋氏不同于慕容氏，它不属"十六国"。拓跋氏也是立国于"永嘉之乱"期间。其后至386年，拓跋珪在牛川（山西省大同市附近）即代王位，又在同年改称魏王。在这七十年多年间，拓跋政权一直是一个塞外政权，或者说是内亚王权。自拓跋珪以后，尤其是称魏王以后，才宣告其政权是一个"十六国"型政权。其后拓跋珪再以魏为国号而升任为皇帝。

此后，北魏王权的性质有二条路线的斗争，这表现在拓跋珪时期的"议国号"事件。当时有二派主张，一派主张国号为代，另一派主张为魏。主张代者，是延续"十六国"型政权的理念。所谓十六国型，即建国者是胡人政团的首长，故有"大单于"之称，而以此胡人政团建立国。该首长担任国王，再宣告受天命而为皇帝、天子。主张魏者，则认为拓跋氏是一个在汉代"中国"域外的政权，是一个"四夷"之国。照一般常理，天子的确是应出自"中国"的国君，但当"中国"衰乱，"四夷"的君主仍有资格出任"治天下"的天子，只要其君主有德而受天命。如今拓跋珪已应天命而征服了华北（部分），得到了"中土"，就应该取"中国"的国名之魏。

无论是那一条路线，都反映了北魏转型为"中国"，以及北魏作为来自于塞外的特殊性，而不同于"十六国"型。我们可以从这个角度研读本书。政治制度的最主要表现是官僚制。而拓跋氏如何从部落结构转换为官僚制更是历史学探究的重点。"议国号"只能看出北魏"中国化"的意志，但制度如何落实及其转折更是历史学的兴趣所在。从官僚制的实态可以知道北魏如何的"中国"化，以及理解官僚中的胡族特色。亦即北魏如何作为"中国"，以及如何作为"征服王朝"。这些部分请读者仔细阅读。

至于我与本书作者窪添教授认识的机缘，可追溯在台大念研究所时，业师高明士教授就推荐窪添教授的著作，受益良多。1999年至2000年期间，我赴东京大学任教，窪添教授当时任教御茶水女子大学，经常以老师辈的身份照顾我，至今犹存感激。我也曾与窪添教授一起参加《魏书》研究会所举办的户隐合宿，住在西嶋定生教授隐居著书的越志旅馆。犹记旅馆主人出面招呼饮食时，知道我从台湾来，问起郑钦仁教授，一时感时伤岁，还开了一瓶日本酒请我们。这些盛夏清凉的长野山中的往事，如今想来，历历在目。

五年前，窪添慶文教授在御茶水女子大学任教授时的高足翁育瑄教授（东海大学历史系）来与我谈本书中译之事，希望我能帮忙找到翻译的人。当时我一口答应，既出自我的学术判断，认为该书可引介到中文学界，也是一时冲动。毕竟翻译的工作何其不易，又这样严肃的学术专书恐怕没有出版社愿意出版。拜窪添教授声名之赐，也是我之幸，当时在台大念书的好几位研究生愿意担任翻译工作，我也信任他们的日文翻译能力与学术专业。这七位译者是赵立新教授、涂宗呈教授、胡云薇博士、魏郁欣女士、吕雅婷女士、何源湖先生、黄胡群先生。我在此致上敬意与谢意。

我也接洽了台大出版中心，依规定提出出版申请并接受审稿，结果获得通过。这也是另一个幸运，我自己服务单位的大学出版社能以服务学术界为宗旨，而不完全以市场为导向。编辑出版过程中，以汤世铸主编为代表的诸位编辑给了我很大的协助，包含原文出处的重新校对，甚至提出史料的疑问。我们得以对一些不明之处再加以确认。其专业与辛劳，我也致上谢意。

在译稿完成后，复旦大学徐冲教授与我联系，表示希望合作翻译本书，并以简繁体字版出版。由于我方已完成翻译，我向徐教授建议不需重复浪费人力，只要台湾的出版社将翻译的著作权授权大陆出版社即可，徐教授也同意。我与徐教授是旧识。徐教授除了其专业的中国中古史之外，对日本学者的中国史研究非常娴熟，又以其日文功力翻译过日本学者的中国史研究名著，于是我商请徐教授与我共同审订译稿。在最后定稿过程中，徐教授出了很多力，我衷心感谢。尤其是简体字版，全文经过徐教授修订以符合大陆学界的文体和惯例。本书的出版也记录一段海峡两岸史学界合作的美事。我也必须再谢谢台大出版中心，唯有像台大出版中心这样有气度、远见的大学出版社，才能不以商业利益为考虑，促成了这件两岸合作的学术事业。

即使一切都算顺利，整个翻译、审查、修订，还是花了漫长的时间。在过程中，我才深知检查日文译稿与润稿之不易。这个工作主要由台大博士生郭佩君女士担纲，卢怡如女士（台大专任研究助理）、杨晓宜女士（台大历史系博士候选人）、李志鸿先生（台大历史系博士生）、徐钺先生（台大历史系硕士生）等诸位也参与校对工作。我相信即使我们费了如此工夫，错误仍难免。多方铨衡，即使我们的翻译未能尽善，我还是决定让此中译本早日问世。若读者诸先进发现任何翻译上的错误，请不吝指正，以利再版时修订。

最后，再向窪添慶文教授致敬。窪添教授自立正大学退休后，退而不休，目前仍于东洋文库工作。期盼窪添教授有更多著作贡献于他所爱的中国古代史研究。

2015年11月18日

序章

日本的魏晋南北朝官僚制度研究

一

随着三公逐渐丧失权力,魏晋以后迈向名誉职一途,汉代身处皇帝左右的尚书、中书诸官及侍中独立构成官厅,后来发展为唐代的三省制。另一方面,地方长官则掌握了军事权力并且开府,除了汉代以来已在的属官外,尚拥有大量的府官。更以品制取代汉代的秩禄制。就这样,魏晋南北朝在官僚制度上产生了非常巨大的变化。关于此一变化,无论是作为横跨中国全时代官僚制变迁的一环的研究,或作为纯粹处理魏晋南北朝时代的研究,两者在中国(包括台湾和香港)都有许多著作出版,直到现在仍持续出现。另一方面,日本却仅有和田清(1942)的出版。山本隆義(1968)虽是透过鸟瞰全时代来探讨草制机构的实貌及其变迁,但魏晋南北朝时代的部分除了担任草制的门下官吏有些微提到之外,其他都由中书省的记述所占据。

和田清(1942)的副标题为"特别以中央集权及地方分权的消长为核心",浜口重国所负责的魏晋南北朝、隋唐时代的记述并不仅限于官制,还包含田制等。此外,把魏晋南朝一节的标题定为"门阀贵族的成立与君主权的衰退",北朝两节的标题则定为"后魏的君主权"与"东西魏、北齐、北周的君主权",以官制与军制为题的仅仅只有一节而已。也就是说,并非单就官制的制度层面进行叙述,而是试图在君主权力的实貌中赋予官制地位。这样的问题意识不仅限于和田清(1942),也深刻地反映在很多已经出版的个别官僚制研究中。

二

日本的魏晋南北朝史研究,尤其魏晋南朝研究,自内藤湖南以来是以贵族制为中心而展开的。如同谷川道雄所言,此一贵族是以官僚的面貌出现的。贵族制的研究与魏晋南北朝时代的官僚制研究有着密切的关联性。从早期的研究以来就对作为官僚培养体系的官僚登用法表现出兴趣,可以说是理所当然的。冈崎文夫(1922)已经就中正评品与九品官制的先后关系,以及汉末人物品题与中正制之间的关联性等进行了考察(再次收录于冈崎文夫［1935］)。宫川尚志(1950、1952)巨细靡遗地追溯了中正制度从成立到废止的经过,并提供中正就任者一览表之类的基础史料(合为一章后,再次收录于宫川尚志［1956］)。继承先前研究成果而出版的宫崎市定(1956),则不局限于官吏登用法,对过去的贵族制研究也带来了重大变革,这一点至今已有众多学者阐明过,故这里只叙述与官僚制有关的部分。宫崎市定说明了:(1)中正官授予的乡品与九等官品是同时期订定的;(2)首次任官(起家)的官职,其官品通常会比乡品低四五等,并于仕途的最终阶段到达与乡品相符的官品。如同中村圭尔(1993)中所承认的,在对研究者的影响这点上,以这两点最为显著。因此,关于这两点的争论是最早开始的。

关于第一点,矢野主税(1963)认为是先订立了九品官制之后,乡品才作为希望任官者的适任官职资格而制定出来。接着,越智重明(1965a)发表了独到的见解,认为乡品是司马氏在制定州大中正制度时所订定的。之后,越智重明(1974)中又提到在州大中正职掌乡品决定之前,郡中正并未从事乡品的制定,仅掌管辈与状的决定。关于第二点,矢野主税(1963)根据众多的事例主张乡品与起家官品之间并没有宫崎市定提到的直接对应关系,乡品是表示可能的任官范围。宫崎市定的意见是官品是由乡品来决定的,这衍生出谷川道雄(1966)认为贵族的身份、地位,在根本上是透过乡党社会的地位、权威而决定的,王朝仅是其承认机构而已的解释。相反地,矢野主税的论述则是指出在官职叙任上,皇帝权力一方拥有的裁量权空间。因此矢野主税(1965)对在魏晋时代被认为是专掌一切任用升进的吏部尚书的权限,及其日后的变迁进行了分析。另一方面,越智重明更严谨地比对宫崎所说的乡品与官品的关系,提出了族门制的见解。从前述的越智重明的乡品制定时期的见解来看,这种族门制应是在州大中正制成立后的事情,即越智重明(1965b)主张产生了取得乡品一、二品,三、四、五品,六～九品后,分别从五、六品,七、八、九品及流外起家的甲族层、次门层、后门层,以及与官界无缘的三五门层这样四个阶层类别,而此一见解在日后的各种场合中被加以修正，趋于完备。其中亦包含了越智重明（1979），以族门制观点来探讨本来与门第无关的贤才登用制度，尤其是在宫崎市定之后就无人提及的秀才、孝廉。

以上的争论是起因于对于九品官人法历史性质理解上的差异。而如何掌握乡品的性质这点，则更密切地凸显了对九品官人法的性质，乃至于对贵族制理解上的差异。但有关这点及此后的共同体论争，请见中村圭尔（1993），本章割爱不谈。

1970年代最初的激烈共同体论争，由于身为当事者之一的重田德的忽然逝世而告终，此后相关研究的个别分散化直至今日。招致这种情况的出现，是继魏晋南北朝史研究的核心学者宫川尚志、宫崎市定、矢野主税、越智重明、谷川道雄、川胜义雄、堀敏一等人之后登场之下一辈的年轻学者的责任。但是从1970年代起出现的年轻一辈，他们根据自身的问题意识所进行的研究，出现了先前所没有的广度与深度。首先来看看其中与前述争论有关的研究。

谷川道雄提出为什么贵族要采取官僚样貌的问题后，正面响应此一问题的是中村圭尔首次于1973年提出，之后相继发表的一连串研究，并且汇整成中村圭尔（1987a）一书。中村圭尔认为，以官僚贵族为中心来分析其与皇帝权力的关系，以及将官人式样貌视为表面的现象，并从乡党社会中来寻求其存在根源，这样两种分析方法，最终应会交错在一起。故中村圭尔设定了将皇帝权力置于光谱两极的一端而将乡党社会对置于另一端的分析角度，借此来思考作为双方媒介的身份制。换句话说，就是把乡里社会身份表现的乡品、清浊，投射在本来希冀达成皇帝一元支配且成为阶层性身份秩序基准的九品官制上，并从此一观点来尝试理解九品官制贵族化的过程。譬如，宫崎市定谈过，升进原本应该是依据官品的序列，但由于官职出现了清浊的区分，而使得单纯依据官品序列的升进受到了妨碍，由此产生了班制。中村圭尔则根据丰富的事例呈现出在梁武帝改革之前的南朝，甲族、次流、浊官等阶层的官历都是已经各自决定好的，而官人是在自己阶层的官位阶级（班）中一步一步地爬升，同时这意味着官位丧失了作为官职的实务性而成为官僚身份的标识化。中村圭尔的重大贡献是揭示了如实地表现出"贵族性官制"性格的班制的具体面貌。笔者对于有次流、浊官的升进官历者,可以由于某种缘故就任关键的官职后,就能够迈向更高阶层的官历的意见深感兴趣。因为这有呈现出官僚制性侧面的可能性。而这与官人是如何能够晋升到另一阶段的问题联结在一起,虽然中村圭爾(1987b)认为这表示作为人事升迁基准的"资"取代以往的品、状开始发挥作用,但尚欠缺具体性,这点的厘清则如后面提到的,须交由下一代的学者之手来完成。

葭森健介(1987、1995、1999)从与中村圭爾一样的问题意识来分析人事决定的构造。透过中正来向官僚机构反映乡里的意向,而皇帝则握有最终的人事裁定权。在此之间,尚书省吏部会将乡里的意向与相关官职所必需的资质进行比对后向皇帝推荐。在这样的构造之中,为何会贵族化呢?这不是单纯的体系问题,而是存在于具体的政治过程之中。也就是说,在从曹魏到西晋的两次政治对立构造中,吏部官僚推行的人事政策才具有重要的意义。或许上述介绍方式太过单纯化葭森健介的看法,葭森的想法更进一步地推展了过去在中正官授予的乡品之中找出贵族化动机的看法,所以此一中正、吏部、皇帝的分析角度是相当重要的。

继承越智重明族门制构想的野田俊昭,则相继撰写系列论文,以天子支配权力与甲族之间竞争的核心为基础,来捕捉官位改变及门第变动样貌。作为处女作的野田俊昭(1977)阐明掌握政策立案上奏权的尚书省,其上奏是经过天子的裁可才成为政策,借此说明了该省是魏晋南北朝的政治中枢,因此而受到重视。同时他认为,贵族是借由独占尚书省的各个官职而能够发挥其政治权力,但以往被认为是代表贵族政治权力的门下省,则由于日后天子任用其侧近的寒人,而与尚书省的案奏权相对峙。这种对尚书省与门下省性质的理解非常独特。此后,野田俊昭还认为尚书省吏部是依据门第的阶级制度来行拟官,而支撑吏部机能的是州大中正及大中正所掌握的清议,进行了与前述为同一系列的一连串研究。笔者对野田俊昭(2000)中认为门第的变动在本质上与官制性条件无关的意见有深厚的兴趣。所谓官制性条件是指:即便为次门,若是就任三品以上的官则一律给予甲族的门第之类。野田俊昭直接地批判越智重明重视此一要件的看法，但是这一看法与前述中村圭尔的呈现官僚性侧面的意见有所关联。另外，魏晋南朝官僚制之中官职地位与清浊区分，成为课题的也很多。关于中央官职，以宫崎市定（1956）为首的众多研究都处理过，但关于地方官职的却谈得不多。而野田俊昭（1990）说明郡太守的官位发生了分化，太守之中也出现了清浊的区分。

学界普遍地认识到南朝的地方分权倾向。越智重明（1953a、1955、1961）从州镇长官强大的人事权，以及因此而生的州镇长官与僚属之间私人结合关系，进而从士兵私兵性格强化之中来探求其原因。同时，一并举出州镇拥有商税、屯田收入等财政上的原因。由于皇帝方面的州镇对策是必要的，所以一般认为典签的派遣是其方法之一。但越智重明认为其仅限于监察、监督的权限，并不能发挥预期中的功效，采取了主要还是取决于皇帝与个别地方长官之间关系如何的保守见解。相较与此，川合安（1988a）讨论梁武帝改革中设置来管理国家货币收入的太府的组织及机能，认为太府设立前后，商税都不是地方税。并且川合安（1986）还认为宋孝武帝以后，虽然皇帝权力强化了想要透过派遣台使、强化台传以及运用亲近的财务官僚来直接掌握国家财政的态势，但其意图却无法充分地达成，反而强烈地展现出皇帝个人权力强化的情形。虽然川合安与越智重明对于皇帝权力的着眼点是一样的，但最后达到的理解却是不同的。而且，在川合安之前的中村圭尔（1984）已经厘清了作为南朝财务机构的台传活动，说明台传直属于御史台管辖，朝廷企图透过它来统御地方。如同上述，与财政机构有关的研究，从中央与地方的关系之中来进行理解的倾向很强烈。

作为个别的官职研究，越智重明（1983）厘清了作为御史中丞主要职务奏弹的实貌，该文认为中丞是维持天子支配权力的存在，由于是上级士人阶层所就任的官职，故其奏弹是以维持士人阶层的社会秩序为目的。相较于此，川合安（1988a）则提到虽然御史中丞、治书侍御史是由士人所担任，其任务是百官的非违纠弹，但身为国制维护者的他们也时常会掣肘到皇帝权力，另一方面由下级士人担任的侍御史却展现出支持皇帝的倾向，因此他认为御史台中存在着两种性质迥异的体系。曹魏时诞生的散骑常侍系列的各官职最终形成散骑省，下倉涉（1996）认为其过程与后汉时所看到的那种皇太后及外戚复权的政治展开有深刻的关联性。

另外，虽然赞同矢野主税的寄生官僚制论的学者很少，不过无论是否认同寄生官僚制，官僚俸禄问题是相当重要的。中村圭爾（1979）从稀少且分散的史料来分析，描绘出制度面上俸禄的样貌。依据他的结论，俸禄并不能具有足以保证衣食无虞的决定性意义。

三

谷川道雄（1971）汇整了个人自1950年代起的五胡北朝研究，提出否定门阀身份所生的颓废的途径，是由希冀恢复原本既有自由的北族游牧社会与在自由人格关系中连结的汉人乡里社会的结合所致，并且认为此一崭新的状态是新贵族制。日后补充研究内容的谷川道雄（1998）中将其发展为府兵制国家论，这个鲜明地立足于对隋唐展望的北朝贵族制论给予学界相当大的刺激。谷川道雄以外的学者之中，着眼于汉人社会及胡族社会双方，并且列出各自的要素或对融合的状况表示强烈关心的人很多。作为谷川道雄之后日本唯一讨论五胡、北朝的专著川本芳昭（1998），尽管在批判贵族制时使用了贵族一词，但却未将贵族制观念纳入自身的理论体系之中，就这点来说是有象征意义的。

学界很早就接纳五胡各国是采用二元统治体制的说法。例如田村実造（1951）就论述辽西、辽东时代的前燕存有徙民后转为农耕以及仍旧经营畜牧、狩猎生活的人民，这不仅表现出国家的双重性格，也使得君主具有中国风及北亚风的双重称号。但即使在此状况下，大单于号也仅以胡族为对象，横跨胡汉两个世界的君主号仍是皇帝。从此一观点出发，谷川道雄（1971）认为五胡政权具有继承部族联合国家性质的一面——以宗室共享兵力的"宗室性军事封建制"为代表，以及由中国式官僚体制来维持并作为中国世界的统一主权者的一面，并描绘出各个国家由于无法克服种族原理而导致没落的概貌。

被谷川道雄评价为打破此一种族制约的是北魏的部族解散。但尽管如此，部族解散的问题受限于基础史料及其内容的矛盾，产生了各式各样的讨论。问题主要有两个，一是解散时期，二是解散对象及内容。关于前者，以否定早在北魏初代道武帝登国年间（386—396）就行解散的见解为主流。关于后者，虽然以核心的拓跋等部的部族制解体并实行编户的见解为主流，但看到解散后游牧生活的事实及游牧制度的存在后，也有对一般看法产生疑问的意见。在这样的情况下，勝畑冬実（1994）分别以道武帝麾下拓跋部内的部落大人制的废止、归顺的贺兰部以下各部以及高车部族为对象，试图厘清互相矛盾的史料，并且认为不应该把部族解散理解为在同一时期将所有部落组织一律加以破坏的措施。这一意见值得关注。松下憲一（2000、2002）也把彼此矛盾的史料解读为表示对各个不同对象的解散，并提到部族解散以部族联合体的解体为目的，但被配置到指定居住区域的人们还是继续地维持部族制，不过在登国年间的解散对象上他与勝畑冬実的看法相左。另外，川本芳昭（1982）强调道武帝时的部落解散之后，部族制的本质也就是部族成员间的结合关系实际上仍旧残留了下来。其消失则必须要等到孝文帝的改革，具体而言就是剥夺十族拥有的祭祀权、废除王爵继承等。依照川本芳昭的说法，所谓的部族解散是推行过两次的。即使在道武帝时的部族解散之后，北魏仍旧存有浓厚的部族要素的看法，近年来也很容易在其他学者的研究中看到。

与部族解散有深刻关系的是领民酋长与大人官的存在。关于前者，早期以佐久間吉也（1950）为首时常提及，一般是认为不属于部族解散的对象。相较于此，最近的直江直子（1998）认为这是为了支配部族解散后改属州镇却仍旧维持传统的胡族社会而设立的制度。这个看法是接续直江直子（1978、1983）而来的。虽然北魏在征服的过程中设置镇并逐渐地改制成州，但到北魏末年大规模叛乱为止仍存留。直江直子认为镇并不仅止于以往所认知的军事组织，还包括农业及畜牧的生产活动在内，而这与汉人的情况一样，也是一种由于豪强受到民众敬爱而发挥教化能力的乡里社会。直江直子对于北族乡里社会的理解与谷川道雄所云的汉人豪族共同体在基础上是互通的，并被采纳到谷川道雄（1998）所整理收录的府兵制国家论中。大人官是指北魏前身的代国时代的南北二部大人,以及道武帝部族解散后分治胡族的八部大人等,早在山崎宏(1947)就已追溯了代国时代在内的大人制的变迁,并从部族解散后的大人制是一般旧部民保护政策的观点来理解。其他也有很多谈到大人官的研究论文,上述的松下宪一(2000)提出,北魏国家解散征服或内属而来的各部族联合体并置于自己的支配之下,另一方面则令其居住畿内、郊甸并以部族首长为领民酋长,并透过大人制来管理这些部族首长。由于其指出大人官之下残存着部族制,这一点成为争论的对象,不过其将部族解散、领民酋长制及大人制一并理解的观点,应该值得赞许。

孝文帝改革之前,除了大人官以外,还有北魏独特的官职。关于内都、外都、中都的三都大官,内田吟风(1941)认为是透过合议来下达裁决的官职,而内、中、外则表示管辖区域的区分。松永雅生(1970)则认为三都大官的实貌是承袭自匈奴以来北方游牧民的传统,并以部族制为背景,论述对于当时流行的部族解散的理解有再检讨的必要性。

特别应该提到的是内朝官的厘清。川本芳昭(1977b)分析了"内—"、"内侍—"、"内侍左右"等冠有内字的官职以及中散等北族起源的内朝官,说明除了禁中警护、在皇帝左右应答皇帝询问这样内朝官的职掌之外,也担任尚书的列曹及州镇的监察。担任这些官职的人以胡族居多,类似职掌的门下省也是以胡族为中心来运作,因此北魏前期的内朝是以胡族为核心在运转的。作为传统内朝官组成的中书省仍是内朝的官衙,但从其职掌来看,多以汉人担任,通常是在禁中之外,并未近侍于天子左右。从以上的理解,可以更清楚地感受到皇帝透过内朝来控制外朝的样态。在这意义上,可以说川本芳昭的内朝官研究与差不多同时出版的郑钦仁关于中散官及秘书省的大作,在北魏史研究上具有极为重大的意义。1997年第12期的《文物》杂志发表了北魏文成帝南巡碑,其碑阴记载着众多的内朝官名及担任此官的人名,使得北魏内朝官的重要性更为清楚。任职内朝官者虽以胡族为中心,但其中也有不少汉族。佐藤贤(2002)将这一点作为课题,将外朝与内朝视为相互关联且互相辅助的存在。

川本芳昭(1977a)的御史台研究与其内朝官的研究是同时进行的

系列研究。也就是说，御史掌管禁军的监察，但另一方面却没有纠察百官的权力。只有内侍长等一部分的内朝官被授予纠察百官的权力。关于爵号，川本芳昭（1979）也指出了值得注意的特性。在此之前内田吟风（1956）认为食邑只赐与一部分的受爵者，并设有管理食邑的国官，而在孝文帝的封爵制改革之前，基本上爵并不会伴随着封邑。川本芳昭谈到，虽然并未限定邑户数，但食邑制是存在的，同时封爵在就任官职上扮演重要的角色，原则是就任相应于爵品的官品的官职。

关于尚书省，严耕望的大作说明了包括废止在内的频繁改组，包括南、北部尚书之类北魏独特的尚书在内的曹的数量之多，以及尚书郎并不存在等。相对于此，窪添庆文（1978）则认为尚书省的废止只是在短短某段时期而已，其他时期尚书省和尚书郎仍一贯地存在，并与严耕望认为用来取代郎的大夫、令、长一起并存，同时认为或许能够用郑钦仁使用的"双轨制"的概念来理解，推论内朝官式的实态。

关于门下省，前面提到的川本谈到由于孝文帝的改革，内朝官被废止，其职务被门下省所吸收。但窪添庆文（1990）则指出，门下省获得权力是因为其于孝文帝改革后成为辅政场所，同时，虽然改革前门下省的职掌与改革后类似，但其与行政面的关系密切，特别值得留意的是尚书诸官加上侍中与散骑常侍头衔的事例很多。

另外，北魏前期只拥有爵号与将军号的并不少，而且在这样的情况下来指挥军队的事例也很常见。窪添庆文（1980）分析北魏初期三代的将军号，发现基本上在晋的时期看到的将军号，北魏初期也有，而且可以认为其序列基本上也与晋时相同。

孝文帝改革之后，可能是因为前面提过的北魏独特制度消失，以宋、齐的制度为范本采用中国式官制的缘故，关于这时期制度的专论很少。行台的事例多见于北魏末年到东西魏、北齐时期，与晋南朝所看到的相比，地方官化是其特征。古贺昭岑（1973）虽然综合性地讨论它的废置、结构及机能，但原本以监察为主要目的的台阁临时派出机构为何会发生军政机关化，关于这点似乎尚有待厘清。另外虽然认为西魏、北周的制度受到《周礼》影响的看法很多，但川本芳昭（1999）认为即使在孝文帝最后的部族解散及积极地采纳中国式制度后，仍然残留有胡族的传统。强调是在汉族传统与胡族传统的扬弃中建构新的中华世界。

关于考课，要注意的是根据时期不同而有性质上的差异。收录一连串的考课关系研究的福島繁次郎（1979），留意胡族、汉人等官僚构成要素的同时，将重点放在孝文帝改革前后的考课差异及贪污的揭发上，认为有朝向根据实力主义决定的变化。長堀武（1984）也同样指出，北魏考课经历了从纠察制度性运作到施行官僚制的实绩主义性运作之变化，认为实力主义也就是贤才主义并不是妨碍胡族社会贵族化的主要因素，而且考课变得形式化。这与福岛的视角不同。福岛将北魏后期的考格视为唐考课令的前身。

讨论五胡政权结构时无法避开种族问题，因此虽然其中大部分会触及制度面，但作为官僚制专论的数量却很少。即便数量不多，讨论到种族问题的也特别引人注目。町田隆吉（1982）分析前秦时代为了统治被支配种族而设置的官职——护军，并讨论到前秦政权在未将归顺的各种族部落组织解体的状况下，意图将其吸纳进国家的支配结构。関尾史郎（1988）则透过直属军营的构造及变化，来描绘出企图强化君主权力并克服部族体制的后秦君主的意图。二者都应该是与理解北魏部族解散有关的研究。另一方面，三崎良章（1991、1995）提到从中国角度看原为统御对象的五胡政权转为统御者，设立了上面提到的护军之类的异民族统治官，作为统御其他部族的措施，并讨论其中所呈现的民族观。此外，三崎良章（1990）将前燕政权确立中国式官制的过程以阶段的方式进行了厘清。

四

避免繁杂而不一一列举，但宫崎市定（1956）也讨论到五胡北朝时期的官僚制度，成为日后此一方面相关研究的基础。不过宫崎市定以后，把南北双方都纳入考虑的官僚制研究并不多。其中值得注意的是川合安（1989）。宫崎市定认为孝文帝的官制改革受到了宋、齐的影响，但似乎并不认为又反过来回馈到对方。对此，川合安论述到南朝的影响扩及北朝的同时，先行采取南朝动向的孝文帝改革，所产生的制度反过来输入到南朝的现象。虽然实际上处理时有其困难所在，但可以继承这样的视角。还有榎本あゆち（1994、1995）分析从北魏后半到北齐的中书舍人的机能及就任者，确认了其中有南朝梁的影响同时，还存有北朝贤才主义的理念。南北双方的要素都应纳入考虑。

过去浜口重国（1966）曾阐明汉代地方官的本籍回避原则，以及隋唐时该原则的更加强化，但其间的魏晋南北朝时期却可见多数地方长官的本籍任用。关于这一点，越智重明（1953b）、小尾孟夫（1971）分析南朝事例，从土豪、豪族势力的伸张及皇帝权力的衰弱来寻求本籍任用的原因。窪添庆文（1974）也全面性地收集了魏晋南北朝全时期的事例，发现连续数代都出现本籍地长官的家族数量很多，以宗族为核心，在乡里间拥有强大影响力与就任官职结合在一起。并且，要注意其中包含了很多被视为名门的家族。

官僚制度也包含关于军事的官制，因此有必要简单地谈谈这方面。在这个领域建构出日本研究基础的是收录于浜口重国（1966）的一系列研究。其后，宫川尚志于1955年汇集关于军事组织，特别是军队中下级指挥官的详细数据，并同时说明指挥官与士兵之间的关系（作为一章节收录于宫川尚志［1956］）。关于中央军队，越智重明（1961b）讨论了魏、西晋，东晋、宋、齐、梁、陈三个时期中领军将军与护军将军统辖范围的变化，以及造成此一变化的原因。

此外，日本在军事方面的研究，投注了大量的心力在都督制度上。如所周知，三国初期制度化的都督是军团长，但其后配置于地方并且管辖领域横跨数州的都督开始兼任其中核心州的刺史。都督还坐拥庞大数量的军府官吏、州属官，建构起掌控军民两面的强大政治势力。最先注意到都督的是越智重明（1957），以汉代代表军队指挥官的将军号及同样地表示持有军事权的都督之间的关系为课题。具体地来说，虽然"四征将军"拥有固定的管辖州郡，但东晋以后便丧失其权力，州都督则接管了"四征将军"所持有的地方军事权。越智虽然日后将"四征将军"的虚号化的时期改为西晋时代，但对他的看法开始产生疑问要到小尾孟夫从1977年起开始的都督制研究。这一连串的研究论文被整理进小尾孟夫（2001）之中，研究指出魏、西晋时握有民政的州刺史与握有军事的州都督相互分离,但西晋末年起又变成两者兼具的状态。东晋时,之前的都督已经成为常态,故成立了超过两州、将广大地域置于管辖之下的多州都督制,并认为造成这种变化的原因是长期内外危机的状态。该书还分析了任命为州都督的官员,讨论临时设置的征讨都督与常置的州都督之不同,等等,考察的范围十分广泛。

另一方面,既然已经透过后汉末的牧伯制建立了地方军镇体系,那又为何一定要兼任同样与军事有关的将军与都督这两种官号呢?石井仁(1992a、b)以此作为问题,强调都督原本的性质是掌握军事司法权力,认为在其发展的基础上成立了都督制。换句话说,是从解决牧伯这种地方势力权力无限扩张的方向来理解都督制的设立。关于这点,与认为都督制是从期望地方安定而生的小尾的见解不同。石井认为本质上属于军事司法职的都督藉由与掌管军政、军令的将军号结合后,才获得方面军司令官的地位。但如果这样,与都督结合的将军号应该不是"四征将军"也无所谓。因此,石井仁(1993)认为由于后汉末的滥发使得"四征将军"的价值下跌,三国以后的"四征将军"的存在意义已经没有实质上征讨、军政司令官的功用,而是在于其权威的这一面。石井仁在此之前先进行了军府属官的检讨。石井仁(1988、1991)追究成为魏晋以后军府僚属核心的参军事的起源,试图厘清其历史性质。结果认为参军事的起源是后汉末、三国时期常见的私设参谋官,六朝军府的本质是与贵族相妥协的产物,后者拥有军师、参军事等表示合作者或同盟者的头衔。

关于北朝的都督制,窪添慶文(2000b)谈到北魏都督与南朝都督的不同点在于,因为单一的州都督很多,故都督区的范围狭小。因此从中央派遣的征讨都督就具有重要的地位,透过征讨都督中央才能确保对地方的统治,然后还探讨了北魏末大量出现的各式各样的都督(总称其为"武官都督")。

五

上述提及在官僚制研究上开拓新局面的各种研究,以下想谈谈除此之外近年来的新倾向。

首先，目前为止的研究趋势并不是静态地把官僚制仅作为制度来研究，而是从与政治及社会状况的关联来理解。这样的观点是正确的，但关于官僚制实际运作的讨论，在魏晋南北朝研究中还是不够。对此，中村圭爾1993年以后开始关注官僚制度的变化如何影响文书的形态及性质，从竹木简到纸的书写材料变化又是如何影响了文书行政与文书的机能和形态，由此对魏晋南北朝时期的公文书与文书行政展开研究。中村圭爾（2001）将这些研究汇整起来，其宝贵的尝试值得赞许。另一方面，继承了隋唐史公文书发行手续研究中所见的问题意识，并直接以金子修一（1980）的南朝宋上奏文书研究为发端，由中村圭爾（1988）发展为国家意志决定程序的研究。中村说明虽然依照参加官员的不同而有详议与博议的差别，但无论哪个都是收到臣下的上奏后藉由诏书下令议论，议的结果上奏之后得到皇帝的裁可而成为国家意志。之后，渡辺信一郎（1996）站在包含汉代、唐代的广阔视野来讨论相关时代的议，对汉唐之间意志决定的实貌进行了明确的描摹。还有窪添慶文（1997、1999、2002）首先分析了孝文帝以后的议，发现存在与南朝一样的议，同时说明需要紧急处理的政治事件也会采取议的程序。而且还讨论到孝文帝改革之前的议，发现渡辺信一郎在晋南朝找到的尚书八座丞郎的最高政务会议、公卿之议、专门会议、内外博议，都于北魏第三代太武帝时期就已经具备，并在该时期就已整理出与孝文帝改革后同样的议的程序。但是即使如此，窪添慶文此研究值得留意之处是于其中看到胡族性要素，重新确认了内朝官地位的重要性。

第二是官僚制与礼的关系的研究。关于很久之前就已知的官僚应该穿戴丧服的礼，这里就不再另做叙述。礼仪中展现以皇帝为中心的秩序构造的观点，在金子修一第一次发表相关论文的1982年阶段还很薄弱。但在汇整一系列研究的金子修一（2001）出版的阶段，关于礼制的注意程度就非常地高了。但是这里只举出包含在仪礼相关制度内的官爵体系结构之有关研究。小林聪在以（1996）为中心的一连串研究中提到，已经失去了作为俸给体系意义的汉代以来的秩石序列原理，在六朝时作为仪礼的基干还持续发挥功用。另一方面，还说明透过印绶、冠服、佩玉、带剑等服饰，为官品及各个官爵的属性添上了其他意涵。此外，小林聪（2002a、b）讨论到位于礼仪中秩石序列顶点的三公，在礼制上的地位受到官爵体系改变的影响而持续受到威胁，另一边的三省高官藉由排除于秩石序列之外的形式，在礼制之中被赋予特别的地位。小林聪的观点认为现实的官爵体系与礼制世界的体系是根据不同的原则而成立的，魏晋南朝将两者并存是其特征。礼仪是用可见的形貌来表明秩序，期望对其中秩序构造及其关联性的探索能够厘清单就官僚制研究而看不到的东西。认为虎贲、班剑的赐予是要给担任辅政的宰相差异性之措施的石井仁（2001），与建立皇帝权力与宫城内部的空间配置关联性的渡边信一郎（2000），都是与小林聪相同方向的研究。

　　第二节曾指出有关贵族的晋升，具有表现出官僚制性侧面的可能性。接下来想要谈到的就是关于这方面的研究。宫崎市定指出，作为"由个人经历而后天取得的资格"的官资，于官人晋升时逐渐受到重视。中村圭爾则表示，在南朝的人事选用上官资是有其功用的。另一方面，在南朝并未成立用来表示身份的官职体系，但北朝后期就已存在，并联系到唐代的文武散官制度。着眼于这个问题的冈部毅史（2000）讨论到应该明确区分作为叙任官职资格的阶以及用品来表示的官职，换句话说，九品官制的框架内无法表示出阶。之后冈部毅史（2002）谈到后汉末、三国时期出现了取代汉代时的功次来作为人事晋升基准的阶次，形成了与官品不同的序列。但相较于南朝无法脱离与社会身份秩序的关连，北朝受到晋南朝影响的同时，官品在官僚制的架构中变得徒具形式。阶与乡品、官品的体系不同，要理解阶作为能够累积的资格是具有机能性的。在中国，近年来阎步克努力地以从汉到唐的宏观视野来探求官品与位阶的关系。阎步克认为士族政治只不过是官僚政治的"变态"，而其机能性的侧面是如何与贵族制的理解相关，这是笔者关心的问题。此外，冈部毅史的研究具有散官研究的一面。虽然关于唐代散官的起源从过去以来已有为数众多的研究，但窪添庆文（1992）指出了阎步克命名为双授制的光禄大夫系列官职与将军号有结合的现象的同时，从填补先行的将军号散官化倾向与职事官职之间的等级落差中寻求文散官成立的契机。但这一研究仍然停留在过去以来的研究框架内。

另外，窪添慶文（2000a）说明与其他的朝代相比，北魏后期赠官的特征是把将军号及地方长官号成套授予的，高官的情况则除此两者之外再加赠更高的中央官职。此外，还推论过世时的官职与赠官之间有一定的基准。这即使不是直接与散官的理解联系在一起，也应该与"阶"的理解有所关联。并且，窪添慶文的研究是以明确地判断地方长官的官位为前提，关于这一点，窪添慶文（1979）对于存在于北魏后期的州是属于上、中、下的哪个等级进行了检讨。这虽然直接以考察州的地位为目的，但也具有为官僚制度的结构性理解进行准备工作的意义。

【引用著作、论文一览】

石井仁《参軍事考—六朝軍府僚属の起源をめぐって—》，《文化》51-3、4，1988年。

——《軍師考》，《日本文化研究所研究報告》27，1991年。

——《漢末州牧考》，《秋大史学》38，1992年a。

——《都督考》，《東洋史研究》51-3，1992年b。

——《四征将軍の成立をめぐって》，《古代文化》45-10，1993年。

——《虎賁班剣考—漢六朝の恩賜・殊礼と故事》，《東洋史研究》59-4，2001年。

内田吟風《後魏刑官考》，《京都帝国大学紀元二千六百年史学論文集》，京都帝国大学文学部，1941年。再次收录于《北アジア史研究 鮮卑柔然突厥篇》，同朋舎，1975年。

——《北魏封邑制度考》，《研究 史学編》10，1956年。再次收录于《北アジア史研究 鮮卑柔然突厥篇》，同朋舎，1975年。

榎本あゆち《北斉の中書舎人について—顔之推、そのタクチクスの周辺—》，《東洋史研究》53-2，1994年。

——《北魏後期・東魏の中書舎人について》，中国中世史研究会编：《中国中世史研究続編》，京都大学学術出版会，1995年。

小尾孟夫《南朝における地方支配と豪族—地方長官の本籍地任用の問題について—》,《東方学》42，1971年。
——《六朝都督制度研究》,溪水社，2001。
越智重明《南朝州鎮考》,《史学雑誌》62-12，1953年a。
——《南朝における地方官の本籍地任用に就いて》,《愛媛大学歴史学紀要》1，1953年b。
——《典籤考》,《東洋史研究》13-6，1955年。
——《晋代の都督》,《東方学》15，1957年。
——《南朝州鎮の財政について》,《東洋史学》24，1961年a。
——《領軍将軍と護軍将軍》,《東洋学報》44-1，1961年b。
——《州大中正の制に関する諸問題》,《史淵》94，1965年a。
——《魏晋南朝の最下級官僚層について》,《史学雑誌》74-7，1965年b。
——《魏時代の九品官人法について》,《九州大学東洋史論集》2，1974年。
——《晋南朝の秀才・孝廉》,《史淵》116，1979年。
——《魏晋南朝の御史中丞》,《史淵》120，1983年。
岡崎文夫《南北朝における社会経済制度》,弘文堂，1955年再版。
岡部毅史《北魏の「階」の再検討》,《集刊東洋学》83，2000年。
——《魏晋南北朝の官制における「階」と「資」—「品」との関係を中心に—》,《古代文化》54-8，2002年。
勝畑冬実《拓跋珪の「部族解散」と初期北魏政権の性格》,《早稲田大学大学院文学研究科紀要》哲学史学別冊20，1994年。
金子修一《南朝期の上奏文の一形態について》,《東洋文化》60，1980年。
——《古代中国と皇帝祭祀》,汲古书院，2001年。
川合安《南朝財政機構の発展について》,《東北大学　文化》49-3、4，1986年。
——《梁の太府創設とその背景》,《弘前大学人文学部　文経論叢》23-3，1988年a。

——《南朝の御史台について》，《集刊東洋学》60，1988年b。

——《北魏孝文帝の官制改革と南朝の官制》，弘前大学人文学部特定研究報告書《文化における"北"》，1989年。

川本芳昭《北魏の御史》，《九州大学東洋史論集》5，1977年a。

——《北魏の内朝》，《九州大学東洋史論集》6，1977年b。

——《北魏の封爵制》，《東方学》57，1979年。

——《北魏太祖の部落解散と高祖の部族解散—所謂部族解散の理解をめぐって—》，《佐賀大学教養部研究紀要》14，1982年。再收录于《魏晋南北朝時代の民族問題》，汲古书院，1998年。

——《魏晋南北朝時代の民族問題》，汲古书院，1998年。

——《北朝国家論》，《岩波講座 世界歴史9 中華の分裂と再生：3-13世紀》，岩波书店，1999年。

窪添慶文《魏晋南北朝における地方官の本籍地任用について》，《史学雑誌》83-1、2，1974年。

——《北魏前期の尚書省について》，《史学雑誌》87-7，1978年。

——《北魏の州の等級について》，《高知大学教育学部研究報告》2-40，1979年。

——《北魏初期の将軍号》，《東洋文化》60，1980年。

——《北魏門下省初稿》，《お茶の水史学》32，1990年。

——《北魏における「光禄大夫」》，池田温編：《中国礼法と日本律令制》，东方书店，1992年。

——《国家と社会》，《魏晋南北朝隋唐時代史の基本問題》，汲古书院，1997年。

——《北魏後期の党争と意思決定》，《唐代史研究》2，1999年。

——《北魏における贈官をめぐって》，西嶋定生博士追悼論文集《東アジア史の展開と日本》，山川出版社，2000年a。

——《北魏的都督—従軍事面看中央与地方—》，《中華民国史専題論文集第五届討論会》，国史館，2000年b。

——《北魏の議》，第一回中国史学国際会議研究報告集《中国の歴史世界—統合のシステムと多元的発展—》，東京都立大学出版会，

2002年。

小林聡《晋南朝における冠服制度の変遷と官爵体系—『隋書』礼儀志の規定を素材として—》,《東洋学報》77-3、4，1996年。

——《漢六朝時代における礼制と官制の関係に関する一考察—礼制秩序の中における三公の位置づけを中心に—》,《東洋史研究》60-4，2002年a。

——《西晋における礼制秩序の構築とその変質》,《九州大学東洋史論集》30，2002年b。

古賀昭岑《北朝の行台について》,《九州大学東洋史論集》4、5、7，1973年。

佐久間吉也《北朝の領民酋長制に就いて》,《福島大学学芸部論集》1，1950年。

佐藤賢《北魏前期の「内朝」・「外朝」と胡漢問題》,《集刊東洋学》88，2002年。

下倉渉《散騎省の成立—曹魏・西晋における外戚について—》,《歴史》86，1996年。

関尾史郎《「大営」小論—後秦政権の軍事力と徙民措置—》,栗原益男先生古稀紀念論集《中国古代の法と社会》,汲古書院，1988年。

谷川道雄《六朝貴族制社会の史的性格と律令制への展開》,《社会経済史学》31-1、2、3、4、5，1966年。

——《隋唐帝国形成史論》,筑摩書房，1971年。

——《増補 隋唐帝国形成史論》,筑摩書房，1998年。

田村実造《ボヨウ王国の成立と性格》,《東洋史研究》11-2，1951年。再次收録于《中国史上の民族移動期—五胡・北魏時代の政治と社会》,創文社，1985年。

直江直子《北魏後期為政者グループの出身について》,《名古屋大学東洋史研究報告》5，1978年。

——《北魏の鎮人》,《史学雑誌》92-2，1983年。

——《「領民酋長」制と北魏の地域社会覚書》,《富山国際大学紀要》8，1998年。

中村圭爾《晋南朝における官人の俸禄について》，大阪市立大学文学部《人文研究》30-31，1979年。
——《台伝—南朝の財政機構—》，《中国史研究》8，1984年。
——《六朝貴族制研究》，风间书房，1987年a。
——《初期九品官制における人事について》，川勝義雄、礪波護編：《中国貴族制社会の研究》，京都大学人文科学研究所，1987年b。
——《南朝における議について—宋・斉代を中心に—》，大阪市立大学《人文研究》40-10，1988年。
——《六朝貴族制論》，谷川道雄編著：《戦後日本の中国史論争》，河合文化教育研究所，1993年。
——科学研究費成果報告書《魏晋南北朝における公文書と文書行政の研究》，2001年。
長堀武《北魏における考課制度の運営について》，《秋大史学》30，1984年。
野田俊昭《東晋南朝における天子の支配権力と尚書省》，《九州大学東洋史論集》5，1977年。
——《南朝の郡太守の班位と清濁》，《史淵》127，1990年。
——《家格と「清議」》，《九州大学東洋史論集》28，2000年。
浜口重国《秦漢隋唐史の研究》上、下，東京大学出版会，1966年。
福島繁次郎《中国南北朝史研究[増補版]》，名著出版，1979年。
町田隆吉《前秦政権の護軍について—「五胡」時代における諸種族支配の一例—》，《歴史における民衆と文化—酒井忠夫先生古稀祝賀記念論集—》，図書刊行会，1982年。
松永雅生《北魏の三都》，《東洋史研究》29-2、3，29-4，1970、1971年。
松下憲一《北魏の領民酋長制と「部族解散」》，《集刊東洋学》84，2000年。
——《北魏道武帝の「部族解散」》，《史朋》34，2002年。
三崎良章《前燕の官僚機構について》，《史観》122，1990年。
——《五胡諸国の異民族統御官と東晋—南蛮校尉・平呉校尉の

設置を中心として一》,《東方学》82，1991年。

——《異民族統御官にあらわれた五胡諸国の民族観》,《東洋史研究》54-1，1995年。

宮川尚志《六朝史研究政治・社会篇》,日本学术振兴会，1956年。

宮崎市定《九品官人法の研究—科挙前史—》,东洋史研究会，1956年。

矢野主税《魏晋中正制の性格についての一考察》,《史学雑誌》72-2，1963年。

——《門閥社会史》,长崎大学史学会，1965年。

山崎宏《北魏の大人官に就いて》,《東洋史研究》9-5、6，10-1，1947年。

山本隆義《中国政治制度の研究—内閣制度の起源と発展》,同朋舍，1968年。

葭森健介《「山公啓事」の研究—西晋初期の吏部選用—》,川勝義雄、礪波護編:《中国貴族制社会の研究》,京都大学人文科学研究所，1987年。

——《六朝貴族制形成期の吏部官僚》,中国中世史研究会編:《中国中世史研究続編》,京都大学学術出版会，1995年。

——《西晋における吏部官僚—西晋期における政治動向と吏部人事—》,《名古屋大学東洋史研究報告》3，1999年。

和田清編《支那官制発達史》,汲古书院，1973年影印再刊。

渡辺信一郎《天空の玉座—中国古代帝国の朝政と儀礼》,柏書房，1996年。

——《宮闕と園林—三～六世紀中国における皇帝権力の空間構成—》,《考古学研究》47-2，2000年。

郑钦仁《北魏官僚机构研究》,牧童出版社，1976年；稻禾出版社，1995再版。

阎步克《乐师与史官—传统政治文化与政治制度论集》,三联书店，2001年。

——《品位与职位：秦汉魏晋南北朝官阶制度研究》,中华书局，

2002年。

严耕望《北魏尚书制度考》,《中央研究院历史语言研究所集刊》18,1948年。

【序章补记】

本书《序章》本以截止2002年刊行的专著和论文为对象。关于其后日本的相关研究,请参考以下文献目录。其中有些论文仅看题目难以了解其内容,故加以简单说明。

[专著]
2003　安田二郎《六朝政治史の研究》(京都大学学术出版会)
　　　窪添慶文《魏晋南北朝官僚制研究》(汲古书院)
2006　中村圭爾《六朝江南地域史研究》(汲古书院)
　　　三崎良章《五胡十六国の基礎的研究》(汲古书院)
　　　金子修一《中国古代皇帝祭祀の研究》(岩波书店)
2007　松下憲一《北魏胡族体制論》(北海道大学出版会)
2010　渡辺義浩《西晋「儒教国家」と貴族制》(汲古书院)
2012　福原啓郎《魏晋政治社会史研究》(京都大学学术出版会)
　　　森本淳《三国軍制と長沙呉簡》(汲古书院)
2013　中村圭爾《六朝政治社会史研究》(汲古书院)
　　　藤井律之《魏晋南朝の選官制度》(京都大学学术出版会)
　　　前島佳孝《西魏・北周政権史の研究》(汲古书院)
　　　渡辺信一郎《中国古代の楽制と国家》(文理阁)
2015　川合安《南朝貴族制研究》(汲古书院)

[研究论文]
1. 第一节相关研究
中村圭爾《六朝における官僚制の叙述》,2009年初出,收入中村2013

序章　日本的魏晋南北朝官僚制度研究　　　　　　　　　　　　　　　　23

2. 第二节相关研究

a. 贵族制与官僚制

川合安《劉裕の革命と南朝貴族制》，2003年初出，收入川合2015

——《南朝貴族の家格》，2004年初出，收入川合2015

——《南朝官人の起家年齢》，2005年初出，收入川合2015

——《門地二品について》，2005年初出，收入川合2015

——《東晋琅邪王氏墓誌について》，2007年初出，收入川合2015。指出即使在同一门阀之内也存在相当的等级差距。

——《九品官人法の制定と貴族制の形成》，《三国志研究》4，2009年

中村圭爾《陳の「用官式」とその歴史的意義》，2005年初出，收入中村2013

渡辺義浩《西晋における五等爵制と貴族制の成立》，2007年初出，收入渡辺2010

——《中国貴族制と封建》，2010年初出，收入渡辺2010

——《陸機の「封建」論と貴族制》，2010年初出，收入渡辺2010

——《郭象の『荘子注』と貴族制：魏晋期における玄学の展開と君主権力》，《六朝学術学会報》13，2012年

辻正博《西晋における諸王の封建と出鎮》，收入笠谷和比古編《公家と武家Ⅳ　官僚制と封建制の比較文明史的考察》，思文閣出版，2008年

福原啓郎《西晋の荀岳墓誌の検討》，《京都外国語大学研究論叢》75，2010年。指出地方名望家与中央官僚的两个侧面。

——《日本における貴族制論の展開について》，《京都外国語大学研究論叢》77，2011年

b. 魏晋南朝的官制与官僚

竹園卓夫《晋朝における封爵継紹に関する一考察》，《東北大学東洋史論集》9，2003年。指出爵的授予和绍封是由皇帝决定的事情。

長島健太郎《西晋における州・刺史》，《立正史学》111，2012年

——《東晋における州・刺史》，《立正史学》116，2014年

伊藤敏雄《長沙呉簡中の邸閣・倉吏とその関係》,《歴史研究》49,2012年

3. 第三节相关研究
a. 五胡与北朝国家论
岡田和一郎《前期北魏国家の支配構造—西郊祭天の祭祀構造を手がかりとして》,《歴史学研究》817,2006年
内田昌功《東晋十六国における皇帝と天王》,《史朋》41,2008年
前島佳孝《北周の宗室》,《中央大学アジア史研究》34,2010年
——《西魏宇文泰政権の官制構造について》,2011年初出,收入前島2013
——《西魏・北周・隋初における領域統治体制の諸相》,《唐代史研究》15,2012年
会田大輔《北周宇文護執政期の地方統治体制—「延寿公碑」からみた河東地域》,《東アジア石刻研究》5,2013年

b. 部落解散与北朝特有的官职
太田稔《拓跋珪の「部族解散」政策について》,《集刊東洋学》89,2003年
佐藤賢《北魏内某官制度の考察》,《東洋学報》86-1,2004年
窪添慶文《北魏服属諸族覚書》,《立正大学大学院紀要》26,2010年
川本芳昭《北魏内朝再論—比較史の観点から見た》,《東洋史研究》70-2,2011年
松下憲一《北魏部族解散再考—元萇墓誌を手がかりに》,《史学雑誌》123-4,2014年

c. 中央与地方的官职
大峽要《東魏—北斉の中書侍郎》,《史朋》36,2003年
長部悦弘《北魏尚書省小考—録尚書事・尚書令・尚書左右僕射に関して》,《日本東洋文化論集》13,2007年
——《北魏孝文帝時代の尚書省と洛陽遷都(一),(二),(三)》,《琉

球大学法文学部人間科学科紀要》27、29、31，2012-2014年

前島佳孝《西魏宇文泰の大行台について》，2008年初出，收入前島2013

――《西魏行台考》，2009年初出，收入前島2013

会田大輔《北魏後半期の州府僚佐―「山公寺碑」を中心に》,《東洋学報》91-2，2009年

――《西魏・北周覇府幕僚の基礎的考察―幕僚の官名・官品・序列を中心に》,《明大アジア史論集》15，2011年

川井貴雄《北魏後期における門下省について―北魏末・東魏の門下省の質的変化を中心として》,《九州大学東洋史論集》37，2009年

d. 民族统治

三崎良章《看馮翊護軍論前秦的民族意識》，2006年初出，收入三崎2006

4. 第四节相关研究

小尾孝夫《劉宋孝武帝の対州鎮政策と中央軍改革》,《集刊東洋学》91，2004年

石井仁《六朝都督制研究の現状と課題》,《駒沢史学》64，2005年

森本淳《曹魏・西晋期における中級指揮官について―都督の支配構造に関する一考察》，2005年初出，收入森本2012

――《曹魏における刺史と将軍》，2006年初出，收入森本2012

平田陽一郎《西魏・北周時代の「防」について》，收入《福井重雅先生古稀・退職記念論集古代東アジアの社会と文化》，汲古書院，2007年。研究了从镇、戍到防的变化。

山口正晃《敦煌研究院蔵「北魏敦煌鎮軍官籍簿」（敦研〇六八号）について」,《京都大学敦煌写本研究年報》1，2007年。研究了地方军官。

石井仁《「地方分権化」と都督制》,《三国志研究》4，2009年

平田陽一郎《西魏・北周の二十四軍と「府兵制」》,《東洋史研究》

70-2，2011年

　　島田悠《西晋における都督・都尉・校尉と州郡県の関係》，收入若手シンポジウム実施委員会編《中国学の新局面　日本中国学会第一回若手シンポジウム論文集》，日本中国学会，2012年

　　5.第五节相关研究
　　a.意志决定与执行
　　下倉渉《「太后詔曰」攷》，《東北大学東洋史論集》9，2003年。考察了太后之命令从诏到令的变化背景。
　　中村圭爾《晋南朝墓誌と公文書》，收入伊藤敏雄代表科学研究費補助金報告書別冊《魏晋南北朝史と石刻史料研究の新展開》，2009
　　——《魏晋南北朝における公文書行政（講演記録）》，《六朝学術学会報》10，2009
　　関尾史郎《「五胡」時代、高昌郡文書の基礎的考察—兵曹関係文書群の検討を中心として》，收入土肥義和編《敦煌・吐魯番出土漢文文書の新研究》，东洋文庫，2009年
　　b.官僚制与礼仪、都城
　　松浦千春《魏晋南朝の帝位継承と釈奠儀礼》，《東北大学東洋史論集》9，2003年
　　小林聰《泰始礼制から天監礼制へ》，《唐代史研究》8，2005年。考察了官爵体制的变化。
　　戸川貴行《劉宋孝武帝の礼制改革について—建康中心の天下観との関連からみた》，《九州大学東洋史論集》36，2008年
　　小林聰《晋南朝期における宮城内省区域の展開—梁陳時代における内省の組織化を中心に》，《九州大学東洋史論集》35，2007年
　　——《晋南朝における宮城の構造と政治空間》，收入《森田武教授退官記念論文集　近世・近代日本社会の展開と社会諸科学の現在》，新泉社，2007年
　　中村圭爾《魏晋南北朝的城市与官人》，2007年初出，收入中村2013年

c. 官爵体系

藤井律之《魏晋南朝の選官制度に関する二三の問題―侍中領衛を中心として》，2006年初出，收入藤井2013

前島佳孝《柱国と国公》，2006年初出，收入前島2013

藤井律之《満と解―晋南朝人事制度の再検討に向けて》，2010年初出，收入藤井2013

――《南朝における外号将軍の再検討》，2013年初出，收入藤井2013

岡部毅史《北魏北斉「職人」考―位階制度研究の視点から》，《史学研究》254，2006年

――《北魏前期の位階秩序について》，《東洋学報》94-1，2012年

窪添慶文《正史と墓誌》，收入伊藤敏雄代表科学研究費補助金報告書別冊《魏晋南北朝史と石刻史料研究の新展開》，2009年。比较了正史与墓志的官历记载。

――《北魏後期における将軍号》，《東洋学報》96-1，2014年。研究了将军号被用作表示政治性身份。

大知聖子《北魏前期の爵制とその特質―仮爵の検討を手掛かりに》，《東洋学報》94-2，2012年

――《北魏後期の爵制とその特質―孝文帝の爵制改革を中心に》，《東洋文化研究》16，2014年

佐川英治《中国中古軍功制度初探》，收入宮宅潔代表科学研究費補助金報告書《中国古代の軍事制度の総合的研究》，2013年

第一部 中央与地方官制

第一章

关于北魏前期的尚书省

前言

关于北魏时代的尚书省，严耕望用中文所写长达一百一十页的大作，几乎已将尚书制度的概要论述殆尽。[1]在此尝试归纳明确的主要论点如下。首先，严氏将北魏的尚书省区分为四个时期。创始期（此为前期一）从道武帝皇始元年（396）到明元帝初为止，此时期设置了尚书省，置三十六曹，有令、仆射、丞、郎、令史的存在。然而此后尚书制度反复地时废时复。其次为中废期（前期二），从明元帝神瑞元年（414）到太武帝神䴥元年（428），这个时期保守势力达到最高潮，恢复皇始之前的旧制度——大人制，以八部大人制和六部大人制取代尚书的执行政务，亦即尚书省被废止。第三期是重建和发展期（前期三），从太武帝时开始到孝文帝改制以前。这个时期详细划分尚书的职务，根据其内容建立尚书的名称，甚至如内廷之职也被冠上尚书之名（其结果是能够确认二十多个列曹尚书之名）。又尚书省的属官并非郎中，而是由尚书、大夫或令、长、主书郎等构成纵向体系。最后是定型期（此为后期），相当于孝文帝改制以后，这时恢复了道武帝时代的三十六曹，同时废除大夫、令、长之职，以郎中主省务，令史也是这个时期所设置。也就是说，至此基本确立了与中国式尚书省相同的制度。严氏厘清的第二点是尚书省与北魏初期大人制的关系，道武帝自皇始、天兴之后倾心汉化，一方面建台省、置百官，一方面完全废除大人制度。明元帝神瑞元年（414）设置八大人官，此因保守派得势而废除尚书省，恢复旧制。太武帝神䴥元年（428）恢复尚书制度后，大人执政的制度被永久废止。

严氏其他细部的创见，无法在此介绍，严氏的见解是以庞大的具体例证为背景所构成，一读之下就会被其所说服，产生没有任何反驳余地的印象。然而尚书原本是执行政务的机关，汉人也包含在其政务

---

1. 严耕望:《北魏尚书制度考》,《中央研究院历史语言研究所集刊》18，1948年。

第一章　关于北魏前期的尚书省　　　　　　　　　　　　　　　　33

所处理的对象之中，大人制原本是对北族部族民的统治组织，严氏直接将两者作为对抗的组织来看待，特别是认为八部大人行使尚书职务这点，必定略有问题。另外，尚书理应被废止的明元帝时期，却发现有几个尚书的在职者等，表示具体例证也有需要检讨之处。这是本文敢在此处讨论北魏尚书制度的缘故。

一、北魏的大人官

首先，有必要略述一下北魏初期的大人官[1]。

道武帝即代王位的登国元年（386），置南北二部大人。南部大人为长孙嵩，北部大人为叔孙普洛。同年当道武帝叔父窟咄入侵时，普洛投奔了刘卫辰，因此由贺狄干取代其职务[2]。如《魏书》卷一一三《官氏志》（以下略称《官氏志》）所云"因而不改，南北犹置大人，对治二部"，按照旧制设置了二部大人，职务如《官氏志》所记：

> 其诸方杂人来附者，总谓之"乌丸"，各以多少称酋、庶长，分为南北部，复置二部大人，以统摄之。时帝弟觚监北部，子寔君监南部，分民而治，若古之二伯焉。

因为分别统摄诸方杂人，那么分统来归附的诸方杂人，即乌丸，应该

---

1. 关于大人官，专门论文有山崎宏：《北魏の大人官に就いて》（《東洋史研究》9-6、10-1，1951、1952年），内田吟風：《北朝政局に於ける鮮卑・匈奴等諸北族系貴族の地位》（收于《北アジア史研究匈奴篇》，同朋舍，1975年）一文也涉及。本节参考两人的论点，加入部分自己的看法。另外，对于山崎氏所论有疑问之处，将在后面注释的适当之处提及。
2. 《魏书》卷二八《贺狄干传》云："稍迁北部大人。登国初，与长孙嵩为对，明于听察，为人爱敬。"贺狄干担任北部大人也可能在登国以前。若是那样的话，北部大人可能在短时间内有两人。另一方面，关于南部大人，《魏书》卷八三上《外戚·刘罗辰传》云："及太祖即位，……罗辰率骑奔太祖。（刘）显恃部众之强，每谋为逆，罗辰辄先闻奏，以此特蒙宠念。寻拜南部大人。从平中原，以前后勋赐爵永安公。"因为道武帝讨伐刘显是登国二年（387），大约在登国初年刘罗辰也担任南部大人。根据《太祖纪》确认长孙嵩在登国七年（392）任南部大人，如山崎宏所言，他大概是在皇始二年（397）平定中山到迁冀州刺史这段期间担任大人。若是那样，南部大人很可能也有并置的时期。北魏经常有一个官职由多人充当的情况，此处也可能是同样的事例（后面所见的八人分典四部的例子也可供参考）。

是大人的职务。事实上,《魏书》卷一五《窟咄传》记载,叔孙普洛"及诸乌丸"亡奔刘卫辰,证实了这种推测。由于苻坚败北,诸部大人乘着中国中央权力的真空状态,推举道武帝即代王位。尽管如此,道武帝的基础薄弱,当以刘显为后援的窟咄入侵时立刻产生动摇,不得不逃出盛乐,寄身于贺兰部。因此,在其支配领域还小,所统治汉人不多的情况下,二部大人并无必要有新的职务。他们(大概是构成代王的直属部分)一方面分统乌丸,也作为在政策上扮演重要角色的重臣。另外,登国年间还有存在其他几种大人。王建作为攻击铁弗部的中部大人(《魏书》卷三〇《王建传》)。穆丑善"从征窟咄、刘显,破平之。又从击贺兰部,平库莫奚。拜天部大人,居于东蕃。卒"(《魏书》卷二七《穆崇传》)。穆丑善在登国三年(388)远征库莫奚后不久被任命为天部大人[1]。刘敦仅见于太祖时的记载,大概是这个时期的方面大人(《魏书》卷三〇《刘尼传》)。关于这些大人,方面大人可能是东西南北部大人中的一个,中部大人按照名称可说是作为中央的一个,天部大人则是于必要的情况下所设置,位在东西南北中部大人之上。(后文所述的明元帝时期,六部大人的名称是天地东西南北。)随着拓跋部势力的扩大,被征服的诸部族数量大增,有必要仿照"来附诸杂人"之例,设置统治那些新人民的大人。若是那样,中部等大人的性质应与南北部大人相同。另外,这种情况的大人,与过去什翼犍时代至拓跋珪即位之间的大人,如贺讷作为总摄东部的大人,性质上就略有不同。贺讷作为统摄诸部部落大人的大人,属于代王官僚的色彩薄弱[2];反之,登国以后诸大人的官僚性格很强。穆丑善"拜"天部大人的记述可以证

---

1. 山崎宏认为这是后面将涉及的明元帝时的天部大人,但若从文章的前后文来看,判断在库莫奚远征之后较妥当。若认为是明元帝时,那已在远征之后过了三十年,并不合理。
2. 关于大人所具有的各种意义,参照内田吟風:《北朝政局に於ける鮮卑‧匈奴等諸北族系貴族の地位》,《北アジア史研究匈奴篇》,同朋舍,1975年。苻坚灭了代国之后,刘库仁与刘卫辰分领旧代国,贺讷保有与刘库仁相匹敌的实力。贺讷所率领的贺兰部,在推戴代王之后仍有很强的独立性。

第一章　关于北魏前期的尚书省

明这点[1]。

当然，除此种官僚型诸大人之外，构成代国的诸部族均有大人统辖各自的部族。他们与官僚型大人有别，属于另外的范畴。

但大约在天兴元年（398），为了从诸大人手中夺取部族成员的统率权，断然解散了部族[2]。取消了部落大人，同时南北部等官僚型大人的职务也被废止。处置失去统率者的旧部族成员的方式，如多数论者所引的《官氏志》记载：

> 十二月，置八部大夫、散骑常侍、待诏等官。其八部大夫于皇城四方四维，面置一人，以拟八座，谓之八国。常侍、待诏，侍直左右，出入王命。

如上，设置了八部大夫，旧部族成员作为八国之民分属其下[3]。这些八国之民似乎与汉人不同，《官氏志》云：

---

1. 道武帝的大人官除此之外，还有天兴年间的东部大人张蒲（《魏书》卷三三）、天兴五年（402）以后的国部大人尉诺（《魏书》卷二六《尉古真传》）。张蒲在百衲本作"大人"，中华书局本也作"大人"，殿本作"大夫"。若大夫的话，是否与天兴元年（398）所设置的八部大夫有关仍有疑问，但八部大夫各自的名称不明，欠缺决定性的证据。若作大人的话，汉人成为大人的例子极少。选择何种解释，暂待后考。另外，若采取大人说，问题不大，但采大人说，则抵触了部族解散（后述）之后，大人制已废止的一般理解。尉诺的情况也是如此。山崎宏认为，因为新依附的北族大体保留了旧的部族制，权宜上暂时遵从旧俗，承认大人制，这是种有力的解释。或者也能视为对于没有进行部族解散的诸部族之处置。（山崎氏认为尉诺就任大人，在天赐元年平定后秦之时，此处有问题，破姚平是在天兴五年［402］，因此作为大人统治的对象，不限于天兴六年［403］内附的尉迟部。但不影响此处引用的论旨。）
2. 《官氏志》记载了登国初解散诸部落的情况，照多数论者的看法，解散部落是自皇始到天兴元年（396—399）之事，这没有问题。但山崎宏引申《官氏志》的记载，认为自登国初开始在天兴元年（386—399）结束，这也有可能。总之，直到八部大夫被设置的天兴元年十二月之前，部族被解散。
3. 《魏书·食货志》记载："天兴初，制定京邑，东至代郡，西及善无，南极阴馆，北尽参合，为畿内之田；其外方四维置八部帅以监之，劝课农耕，量校收入，以为殿最。"关于这里的八部帅有两种对立的看法，内田吟风认为等同于八部大夫，山崎宏的意见则相反。从"其外"之语可知，八部帅担任畿外是理所当然之事，但参合陂的"北侧"置帅，是否有监督农业之意仍有疑问。因与本文的论述无直接相关，留待日后的研究。

> （天赐元年）十一月，以八国姓族难分，故国立大师、小师，令辩其宗党，品举人才。自八国以外，郡各自立师，职分如八国，比今之中正也。宗室立宗师，亦如州郡八国之仪。

将八国与八国以外的郡民加以区别。《太祖纪》天赐三年（406）六月条有"发八部五百里内男丁，筑灅南宫门阙，高十余丈"的记载，其中八部指的即是八国。然而所谓的八国似乎在地域上并未独立于其他郡县之外。同样的《官氏志》记载：

> （天赐）四年五月，增置侍官，侍直左右，出内诏命，取八国良家，代郡、上谷、广宁、雁门四郡民中，年长有器望者充之。

显然此处八国良家与代郡等地的郡民有别，除上谷、广宁之外，代郡显然包括在畿内，雁门郡也属畿内的一部分[1]。因为根据《魏书·地形志上》所记，作为畿内南部边境的阴馆城，其所在地是肆州雁门郡原平县，雁门郡"天兴中属司州，太和十八年属（肆州）"，随着天兴元年畿内的设置而属司州，直到太和十八年（494）迁都洛阳之前，显然一直隶属司州。如果司州代郡、雁门郡的郡县民，与地域上包括在司州内的八国之民有这样的区别，可见八国与一般郡县是不同的存在型态。[2]

---

1. 关于畿内，参照上页注3所引的《食货志》。
2. 山崎宏认为，因为部族解散，北族全部等同于郡县民，"八国不一定是地方行政区，旧部民原则上都应该被纳入郡县制度之中，其一般民政理当是由郡太守所管辖"（《北魏の大人官に就いて》（下），《東洋史研究》10-1，1952年，第38页）。此与本文的理解明显不同。三国魏以来，兵户和郡县民别籍。北魏镇城民也都有府籍。北魏受到与郡县民不同的对待，当然是另立户籍（或者说另立户籍者是所谓的"代人"）。山崎氏认为八国民和郡县民相同，均被置于太守等地方官的管辖之下，故对于八部大夫的职务，只能从其他方面探求，认为"各自分管八国，向旧胡族部人彻底说明北魏新的政治体制，并作为宰臣负责策画和指导新政策"。见其《北魏の大人官に就いて》（下），《東洋史研究》10-1，1952年，第39页。这或许确实是大夫另一方面的职责，但不仅仅如此。山崎氏对于八部大夫的见解，参照后注31。此外，内田吟风认为"对八国民的治理，大夫与太守的职务分派，关系不详"（《北朝政局に於ける鮮卑・匈奴等諸北族系貴族の地位》，《北アジア史研究匈奴篇》，同朋舍，1975年，第348页），好像八国民只有在"仕途上"与郡县民受到差别待遇，或许应再扩大考察的范围。

第一章　关于北魏前期的尚书省

其后到了明元帝泰常二年（417），《官氏志》云：

> 泰常二年夏，置六部大人官，有天部、地部、东西南北部，皆以诸公为之。大人置三属官。

如上，设置了六部大人官，但《太宗纪》泰常六年（421）二月条有"调民二十户输戎马一匹、大牛一头"的记载，接着三月条有"乙亥，制六部民羊满百口，输戎马一匹"。此处的民亦即郡县民，与六部民课以不同的赋税，可见此六部应是天兴中八部的后身，由六部大人负责统治。

其后，关于八国、六部民的情况不详，《魏书》卷二六《尉古真传附尉眷传》云：

> 世祖即位，命眷与散骑常侍刘库仁等八人，分典四部，绾奏机要。赐爵山桑侯，加陈兵将军。

可知世祖即位之时四部仍然存在。四部通常被视为是从前六部的缩小。统辖此四部的官职名称不明，但山崎宏认为此时大人官这个名称已被废除[1]。

如此，以部族解散后被置于皇城周边的北人为对象所设置的八国，随着时间的推移，缩小为六部、四部，据推测是因为八国系的住民移居到当时正在积极建设的北镇。[2]

二、明元帝时代的尚书

严耕望在论及明元帝时代完全废止尚书时，主要的论据有两点：第一，道武帝天赐二年（405）有"复罢尚书三十六曹"（《官氏志》）

---

1. 山崎宏：《北魏の大人官に就いて》（下），《東洋史研究》10-1，1952年，第45页。
2. 内田吟風：《北朝政局に於ける鮮卑・匈奴等諸北族系貴族の地位》，《北アジア史研究匈奴篇》，同朋舎，1975年，第349页。此外，贫贱的一般部民因为部族解散，失去部落首领的统治和庇护而穷乏离散，内田氏也视为理由之一。

的记载，从此之后并无涉及有关恢复尚书三十六曹的记录。另外，《官氏志》中并没有明确记载全面废除尚书（省）的内容，八部大人、六部大人"总理万机"的职务内容则酷似尚书，太武帝时有"神䴥元年三月，置左右仆射、左右丞、诸曹尚书十余人，各居别寺"（《官氏志》）之记载，被认为是记述恢复尚书的事。据此能断言明元帝时代尚书（省）已被废止。第二，考察列曹尚书的任官者之后，可知道武帝时有四人、太武帝时有三十四人，道武、太武两个时代也能见到任尚书令仆者，相对于此，明元帝时则找不到任何担任列曹尚书、令仆职务的人。暂且就试着讨论这两点。

首先是关于第一点。有关道武帝时废除尚书将在下节讨论，此处先讨论八部大人和六部大人，先看关于八部大人的史料，《官氏志》云：

> 神瑞元年春，置八大人官，大人下置三属官，总理万机，故世号八公云。

八大人官的名称仅仅出现在此处，《魏书》卷二五《长孙嵩传》云：

> 太宗即位，与山阳侯奚斤、北新侯安同、白马侯崔宏等八人，坐止车门右，听理万机，故世号八公。

多数的论者一致认为，这段记载表示了任职八大人官之事。崔玄伯（崔宏）、奚斤的传中也可见到大略相同的记载，据此至少可知八大人官之中四个任官者的姓名。[1]

然而，严耕望却将此处的八大人官，无条件地视同于八部大人官，这难道没有问题吗？大人官确实多出现在与"部族"有关之处，但既

---

1. 《资治通鉴》将此记载系于义熙五年（409），亦即明元帝即位的永兴元年（409），把元屈算在八公之一，凑成五人。此系误会了《魏书》卷一四《元屈传》所云"与南平公长孙嵩、白马侯崔玄白等并决狱讼"的记载而作出的解释。应该联系到《太宗纪》永兴三年（411）长孙嵩、嵇拔、崔玄伯等人坐朝堂决囚徒的记载。另外，正如这里的八公被记载于明元帝即位之后的永兴元年（409），《通鉴》区别地看待八大人官与八公，《通鉴》及胡三省注关于北魏初期的尚书，有问题之处不少，需慎重使用。

第一章 关于北魏前期的尚书省

然道武帝初期已有外朝大人之职,其有可能脱离"部族"而存在。从八部大夫演变成为六部大人,这方面已如前节所论,却难以将八大人官等同于八部大人官。考察四位明确担任过八大人官者的传记,未见这个时期有担任过"大人"的记载,虽然相对于此,也没有任何人的传中明确记载曾任八部大夫,或许可作为反驳的材料,但因为无法判断原本担任八部大夫者[1],故与此情况不同。另一方面,崔宏和奚斤各自的传中明记,两人相继就任此后所设置的六部大人中的天部大人(《魏书》卷二四《崔玄伯传》、卷二九《奚斤传》)。两人担任八大人官的原因并无记载,因此令人更加难以索解。能够想到的解释有两种:第一,仅仅指"大人"身份;第二,属于用鲜卑语表示的官名,但《魏书》列传中通常有避免使用鲜卑语记录职官名称的倾向,故在此不明确记载官职之名,仅记载其职务内容。笔者认为第二个原因的可能性较高,即使姑且不论这个解释的对错,过去直接理解八大人为八部大人的看法,显然值得怀疑。

其次,探讨八大人官的职务。历代表达尚书职务时,屡见用"总理万机"一词。但这个词绝非仅用在尚书。只从"总理万机"的记载,就认为八大人官等同于尚书,未免过于轻率。试着对《魏书》所用"万机"一词之例加以检讨,例如《显祖纪》皇兴五年(471)条云,"今皇帝幼冲,万机大政,犹宜陛下总之",群公奏请献文帝让位后仍总揽万机大政;另外如《魏书》卷三五《崔浩传》记载明元帝末崔浩劝立皇太子以监国的献言,"入总万机,出统戎政,监国抚军,六柄在手"。可见监国或临朝听政的情况多使用万机一词,文明太后和灵太后的情况也同样适用。相对于此,有关尚书的职务多用百揆之语。万机也好,百揆也好,都是意义大致相同的词语,故仅以此作为判断标准有过于武断之嫌。[2]不过,除前述监国等情况外,使用万机的例子,如"复除侍中,长直禁内,参决军国大政,万机之事,无不预焉"(《魏书》卷

---

1. 东部大人张蒲有可能是八部大夫之一,但无法确认。参照前注6。
2. 太武帝太平真君年间,皇太子(恭宗)执政。此时《魏书》卷四下太平真君五年(444)条云"皇太子始总百揆",其他的记载也有很多使用百揆之词的例子。但太平真君四年(443)十一月的诏文中云"其令皇太子副理万机,总统百揆",关于皇帝使用万机之语,值得注意。

二一下《彭城王勰传》),侍中也用参预万机来表现。同传后段的高祖诏文中也云,"第六弟勰……又秉务缉政,百司是凭,纲维折衷,万揆获济",探索前后段的文意,大概也是元勰任侍中之职时的事。又《魏书》卷八三下《外戚·胡国珍传》记载"灵太后临朝,加侍中,封安定郡公……尚书令任城王澄奏,安定公属尊望重,亲贤群瞩,宜出入禁中,参咨大务。诏可。乃令入决万几。寻进位中书监,仪同三司,侍中如故",也是以侍中决定万几(万机)。亦即"总理万机"的用法,比起使用于尚书省的情况,更倾向使用于门下省。与此相关,担任八大人官的人中,崔宏于明元帝即位后任职门下省,长孙嵩也"历侍中、司徒、相州刺史,封南平公"(《魏书》卷二四《长孙嵩传》),对照本纪、列传来看,长孙嵩这个时候可能担任侍中、司徒。虽然文献记载为"历",但并非认为是从侍中迁为司徒。如果那样的话,大概也表示是与门下系统有关的材料。[1] 然而本文不是要藉此证明,八大人官属于门下省的官职。本文想说的是,视八大人官为尚书省代行机关的看法很有问题。

---

[1] 长孙嵩任相州刺史的时期不明。吴廷燮《元魏方镇年表》(《二十五史补编》所收)置于道武帝天赐四年(407)到六年(409),未必可信。从《本纪》来看,长孙嵩在道武帝天兴元年任司徒,太武帝始光二年(425)迁太尉,这期间明元帝的泰常二年(417)、三年(418)、八年(423)都记为司徒,没有迁任他官的迹象。神瑞元年(414)也很可能任司徒。附带一提,万斯同的《魏诸王世表》也认为这年长孙嵩为司徒(《二十五史补编》所收)。另外,山本隆义认为崔宏、长孙嵩两人作为侍中辅政,并未涉及与八大人官的关系,见其《中国政治制度の研究》,同朋舍,1968年,第178—179页。另外再附带说明,调查这四名大人官任官之前的情况,多数是与永兴元年的"对理民讼"、永兴三年的"录决囚徒"、"问民疾苦,察举守宰不法"有关。将四名大人官之外的相关人员也包括在内,做成一览表如下:

	对理民讼	录决囚徒	察举不法	听理万机
长孙嵩	○	○		○
安同	○		○	○
奚斤		○	○	
崔宏		○	○	
嵇拔		○		
元屈		○		
穆观			○	

这四种职掌可能有某种关联性。其中元屈在此之前"居门下,出纳王命"(《魏书》卷一四)、穆观"绾门下中书"(《魏书》卷二七《穆崇传附》)。对于八大人官的性质,不同于尚书的本项论点,提供了一些支持。

第一章　关于北魏前期的尚书省

其次，试着探讨严耕望所认为明元帝时尚书省已完全被废止的第二个根据，即明元帝时代（特别是设置八大人官的神瑞元年［414］以后[1]），未见有人任职尚书的例子。《魏书》卷三〇《周幾传》云：

> 周幾，代人也。父千，有功太祖之世，赐爵顺阳侯。坐事死。幾少以善骑射为猎郎。太宗即位[2]，为殿中侍御史，掌宿卫禁兵，断决称职。迁左民尚书。神瑞中，并州饥民游食山东，诏幾领众镇博陵之鲁口，以安集之。

周幾在太宗时代迁为左民尚书，神瑞二年（415）似仍担任此官，根据《魏书》卷一一二《灵征志下》的记载能够确认：

> 太宗神瑞二年十一月，左民尚书周幾获白雉一于博陵安平，以献。

两则记载都是同一年，而且连地点、官职名都相同，这绝非校勘的问题，应能确认左民尚书的存在。而且值得注意的是，这个时期正是设置八大人官的第二年。还有其他的例子，《宋书》卷九五《索虏传》云：

> 永初三年十月，（拓跋）嗣（明元帝）自率众至方城，遣郑兵将军扬州刺史山阳公奚斤、吴兵将军广州刺史苍梧公公孙表、尚书滑稽，领步骑二万余人，于滑台西南东燕县界石济南渡，辎重弱累自随。

宋永初三年，即明元帝泰常七年（422），记载尚书滑稽的存在。这也是八大人官设置以后的例子。明元帝时的例子还有《魏书》卷一四所

---

1. 视为神瑞元年（414）以后的主要理由是，在此之前没有尚书代行机关，后述周幾的例子是从道武末年到明元初期，代表明元初期尚书或许仍有存在的可能性。
2. 现行《魏书》诸本作太祖，中华书局本据《北史》改为太宗。另外，《通鉴》将左民尚书作左部尚书，有误。

附《元磨浑传》，作为明元帝即位时的记载[1]：

> 太宗得磨浑，大喜，因为羽翼。以勋赐爵长沙公，拜尚书，出为定州刺史。卒。

又同书卷三〇《奚眷传》云：

> 奚眷，代人也。少有将略。太祖时有战功。太宗时为尚书、假安南将军、虎牢镇将，为寇所惮。世祖初，为中军、都曹尚书。

以上四例明确记载着尚书之存在，其他如陆俟"典选部兰台事"（《魏书》卷四〇），大概也确实意谓着与尚书吏部有关系的官职。此外，安屈传（《魏书》卷三〇《安同传附》）中记有"典太仓事"，也可能是尚书。[2]

这样一来，对严耕望的论断就能找出五六个反证，或许有人会怀疑这样的例子过少，难以成为有力论据。对此，以下的论述应能加以回答。

列举道武帝时担任属于尚书省官职者如下：

表1-1　道武帝时担任尚书省官职者

尚书令	元仪（《魏书》卷一五）
行台尚书令	元仪
尚书左仆射[3]	元遵（《魏书》卷一五）
尚书	崔逞（《魏书》卷三二）、崔宏（《魏书》卷二四）、元度（《魏书》卷一四）
行台尚书	和跋（《魏书》卷二八）、庾岳（同前）、燕凤（《魏书》卷二四）

---

1. 吴廷燮的《元魏方镇年表》将磨浑任职定州刺史，系于永兴三年（411）和四年（412），此为大概的推测。
2. 因为之后仍可见太仓尚书的存在。但这里的情况仅限于有某种可能性。
3. 元遵于平定中山后任左仆射，镇守渤海的合口，《太祖纪》天兴元年（398）条云："帝虑还后山东有变，乃置行台于中山，诏左丞相、守尚书令、卫王仪镇中山，抚军大将军、略阳公元遵镇勃海之合口。"合口可认为是构成中山行台的一部分。附带一提，此后不久元仪被征还平城，元遵代为镇守中山。

第一章　关于北魏前期的尚书省　　　　　　　　　　　　　　　　　　43

续表

尚书左右丞	祖敏(《魏书》卷八二)、贾彝(《魏书》卷三三)、张蒲(同前)
行台丞	贾彝、宋隐(《魏书》卷三三)
尚书郎	公孙表(《魏书》卷三三)、李先(同前)、燕凤、邓渊(《魏书》卷二四)、董谧(《魏书》卷二)、王德(同前)、宋隐、梁劭(《魏书》卷八四)
行台郎	邓晖(《魏书》卷二)

　　数量相当多[1]。但更仔细的考察这些人到尚书任官的时期会发现,皇始二年(397)或"平中山"之后任官的例子很多。宋隐、梁劭、李先、张蒲、祖敏、崔逞六例[2]就是这种情况。攻陷后燕根据地中山之时,将任职于后燕的许多汉人,编入了北魏自身的官僚机构之中,这六人就是这个时候任官。他们中途被纳入北魏的官制中,为了与在此之前于各国所任的官职进行比较,当被纳入北魏官制时,必须考虑其最初任官所明确留下的记录。换言之,这些例子是因为情况特殊而留下的记录。笔者不欲过度推论假设皇始二年(397)以外的时期,文献一定不记载他们任官的事实。虽然《魏书》迁官的记录精粗不一,但这些都是易被魏收判断为有价值而记载下来的事例。另外,尚书郎王德、董谧之例,恰逢北魏初草创制度的特殊时期[3],因而留下纪录,此后这种记载不再出现。公孙表以尚书郎身份出使南朝还有留下纪录,但此后因出使南朝的使节拥有(兼)散骑常侍的官衔成为惯例,这种记载也不再出现。上面的一览表中,与行台有关的记载很多。行台从天兴四年(401)被废,此后直到孝文帝末年未见记载,将此包含在与后代比较的数目中,本来就颇为奇怪。若这样理解,上表中多数到尚书任官者之例,正因为是道武帝时这个特殊时期才被记载下来。若除去这些例子的话,只剩下元仪、元度、崔宏、贾彝、燕凤、邓渊六例。这种极端推论虽稍嫌过度,难以让人接受,但只是经过简单的比较道武帝时期尚书数量

---

1. 被记为"领选曹"的王宪(《魏书》卷三三)、莫云(《魏书》卷二三)也可能包括其中。
2. 王宪也包括在此例之中。
3. 《太祖纪》天兴元年(398)十一月条云:"辛亥,诏尚书吏部郎中邓渊典官制,立爵品,定律吕,协音乐;仪曹郎中董谧撰郊庙、社稷、朝觐、飨宴之仪;三公郎中王德定律令,申科禁;……吏部尚书崔玄伯总而裁之。"

之多与明元帝时期尚书数量之少，就认为明元帝时尚书已废止的看法更值得怀疑。

根据以上所述，因明元帝神瑞元年设置八大人官，尚书省完全被废止的想法，显然是难以成立的。

三、道武帝时代的尚书

反过来看一下道武帝时代尚书省的变迁。据《官氏志》云：

> 皇始元年，始建曹省，备置百官，封拜五等；外职则刺史、太守、令长已下有未备者，随而置之。

同样的记载在《太祖记》皇始元年（396）条云：

> 并州平。初建台省，置百官，封拜公侯、将军、刺史、太守，尚书郎已下悉用文人。

从后燕夺取并州后，建立台省，根据"尚书郎以下"的表达方式可知，这里不管称台省或曹省，也都包括了尚书[1]。根据严耕望的研究，此时的尚书省有尚书令、尚书左丞、吏部等尚书，以及属于各曹尚书郎的存在，基本上这方面没有问题。可以看到北魏如何在形式上模仿中国制度建构完备的组织。但实情却是如何？据《魏书》卷三二《崔逞传》所说"拜为尚书，任以政事，录三十六曹"。严耕望说这里的尚书是南部尚书，作为尚书之一，兼录属于尚书的三十六曹。同样的情况，崔宏也可如此看待。他作为吏部尚书，统领三公郎、仪曹郎、吏部郎，参与草创制度[2]。又如后述，崔宏作为吏部尚书通署三十六曹，如令仆统领事务。另一方面，元仪被任命为尚书令后不久任丞相，再转任中山行台，

1.《宋书》卷九五《索虏传》云："元年，治代郡桑干县之平城。立学官，置尚书曹。"可以证明这点。
2. 参照本书第42页注3。

第一章　关于北魏前期的尚书省

尚书左丞贾彝也随着中山行台的设置，担任行台左丞而离开中央。从这些事实可见，虽然尚书省的形式已经确立，理应满编的人员却不足，推测实际上未能分派人才就职的部分仍很多。平定中山后，积极将后燕的汉人官僚吸纳进入尚书省，应非毫无理由。这样的状况大概短暂持续了一段时间（崔宏通署三十六曹是天兴元年［398］的事）。

如前所述，天兴元年十二月设置了八部大夫，据《官氏志》，八部大夫被比拟为八座。八座（因为时代算法稍有差异，但基本上是）尚书令、左右仆射、六曹尚书（因为其中的一曹（多半是祠部尚书）是右仆射兼理，实际是五人），合计由八人所构成。如果那样，八部大夫与尚书的关系就成为问题。与此相关的是，设置八部大夫的三个月后《官氏志》记载：

> （天兴）二年三月，分尚书三十六曹及诸外署，凡置三百六十曹，令大夫主之。大夫各有属官，其有文簿，当曹敷奏，欲以省弹驳之烦。

合并尚书（内署）三十六曹和外署，再分割为三百六十曹，令大夫主之。多数论者将大夫与八部大夫等同视之，认为天兴二年尚书省被废止后，八部大夫主三百六十曹。与此有关，前年八部大夫本身作为"关知"尚书省的机关，就被认为与尚书制度关系密切[1]。但这样的想法究竟是否正确？

首先尝试讨论"以拟八座"的用法。查看《魏书》中八座的用例，除了作为尚书代称而与其他官职并称的情况之外，还出现在由皇帝下诏审议案件的诏令对象。《世宗纪》正始二年（505）四月条就是一例：

> 乙丑，诏曰："任贤明治，自昔通规，宣风赞务，实惟多士。而中正所铨，但存门第，吏部彝伦，仍不才举。遂使英德罕升，司务多滞。不精厥选，将何考陟？八座可审议往代贡士之方，

---

1. 例如山崎宏的论文：《北魏の大人官に就いて》（下）（《東洋史研究》10-1，1952年，第39页），但并未提及具体的关系如何。

> 擢贤之体，必令才学并申，资望兼致。"

相对于此，《魏书》卷一九中《任城王元澄传》云：

> 时萧衍有移，求换张惠绍。（任城王）澄表请不许，诏付八座会议。尚书令、广阳王嘉等奏宜还之，诏乃听还。

上述召开八座会议也作"八座议"或"八座议事"。这个会议可因应需要加进其他官员，《魏书》卷六八《甄琛传》云：

> 世宗践阼，以琛为中散大夫、兼御史中尉，转通直散骑常侍，仍兼中尉。琛表曰：……司徒、录尚书、彭城王勰，兼尚书邢峦等奏：……诏琛参八座议事。寻正中尉，常侍如故。

所省略上表和奏的内容都是关于盐禁之事，甄琛以兼御史中尉身份参加八座议事是关于盐禁的会议。议事若结束，就上奏其结果。《魏书》卷二一上《咸阳王元禧传》云：

> 是年，八座奏增（禧）邑千户，世宗从之，（禧）固辞不受。

正是此类的例子。这样看来，可知八座的功能是讨论案件并上奏结果。这里所举都是孝文帝以后的例子，道武帝时期"以拟八座"的八部大夫应该也发挥了同样的作用，这种看法应无大错[1]。"以拟八座"之语意味着并非只限于八座本身。"以拟八座"意谓着八部大夫发挥与八座会议一样的作用，不代表由八部大夫代行尚书令仆、列曹尚书的职能而统辖各曹郎中。应该这样认为，若八部大夫统辖各曹，不仅令仆，连尚书都无需存在。照前述所言，作为尚书省的形式虽已完备，但实际

---

1. 《晋书·职官志》和《宋书·百官志》中，八座和"八座丞郎"一样，被作为令仆、列曹尚书的代称来使用。但《魏书》的这个部分，看起来其职能似有疑问，其实是没有问题的。

情况却未能相符，在令仆等职不常设置的情况下，原来的八座会议也无法召开。这意谓着确实是委派八部大夫代行尚书的八座职能。《魏书》卷二四《崔玄伯》传云：

> 及置八部大夫以拟八坐，玄伯通署三十六曹，如令仆统事。

崔宏不是八部大夫，而是作为吏部尚书通署三十六曹。[1]若不这样思考，就无法理解同传后段，"尚书职罢，赐玄伯爵白马侯，加周兵将军"的记载。[2]因为此处是指尚书省被废止，崔宏由吏部尚书去职的时候，对于无官的他给予了这样的处置。崔宏若是八部大夫中之一的话，这样的处置就毫无必要。[3]

那么该如何理解翌年（天兴二年，399）设置三百六十曹并以大夫主之的记载？首先考察一下大夫，《魏书》中屡见后面所述的大夫、下

---

1. 举《资治通鉴》作为参考，其中云：吏部尚书通署三十六曹（卷一一〇"晋安帝隆安二年[398]十一月条"）。《魏书》卷一〇三《蠕蠕传》记载，柔然的社崘初称丘豆伐可汗时，"太祖谓尚书崔玄伯曰：'蠕蠕之人，……'"，可确认这个时期（天兴五年，402）崔宏任尚书。
2. 八部大人设置的第二年，天兴二年（399）三月有行台尚书和跋、行台尚书郎邓晖的存在。这是行台应该注意的事例。
3. 这里说一下山崎宏对于八部大夫的理解。山崎氏不重视八部大夫与八国的关系（参照本书第36页注2），较重视与尚书省的密切关系。本文叙述"以拟八座"的八部大夫之职掌，当然也依照这个看法，主要根据就是分析任职八部大夫之人。据山崎氏的解释，担任八部大夫是后燕系的汉人官僚。认为八部大夫的设置，是道武帝所热衷"支那文化主义"的表现，由策划道武帝新政治的崔宏一派所主导，是用来执行政策的手段。太宗期的八大人官被视为是保守派对此的反扑。从八部大夫和八大人不同的性质来看，其着眼可谓正确。但若担任过八部大夫的判断本身有错误的话，这个假说就有致命性的弱点。本文已论述崔宏为八部大夫是错误，从同样录三十六曹来看，崔逞也被视为八部大夫则是更大的错误。崔逞录三十六曹，是皇始二年（397），不久转御史中丞。其传明白记载此事在平定中山之前。平定中山是在皇始二年十月，因为八部大夫的设置是天兴元年（399）十二月，以崔逞录三十六曹之事，作为其担任八部大夫的根据是完全错误的。其次，关于世祖朝的南部大夫屈拔、王嶷为八部大夫，据严耕望的研究，这是南部尚书系统的官，明显和八部大夫没有关系。只有东部大夫张蒲有可能是八部大夫（参照本书第35页注1），但也难以确定。除了一例的可能性之外，山崎氏所举之例全部是误认，所以，由此导出八部大夫等同于后燕系汉族文官的图像，就不能成立。若是那样，从这再导出的八大人官的设置为北族反动的假说也有再检讨的必要。山崎氏过于强调反动，认为大人官的职掌近于传说时代四部大人掌管的司法之职，实未有此必要（以上参照《北魏の大人官に就いて》）。

大夫之官名。大夫是否就是八部大夫仍有疑问。一般而言,《官氏志》的记载方法,若年月有异则改行另外记载。此处因年份不同而另起一行记载,如果大夫就是八部大夫的话,自然应正式改记为八部大夫。况且,因为大夫也在其他地方使用,容易造成混淆,一般更应附上八部。另外关于尚书三十六曹与外署合并,再分割为三百六十曹这点,应可试着认定存在有统辖全体的官职之情况。此官职的权力(虽说被若干人所分)远远凌驾在尚书的权力之上。此官如果就是八部大夫,如第二节所述,因为他们还统治着被解散的部族民,其权势之大前所未闻。这样的权力是否会赋予其中一部分的人,本身就有疑问,如果真被赋予的话,作为权力的接受者——八部大夫,史传中为何没有明记?自《通鉴》开始,学术上的前辈多持大夫等同八部大夫之说,但笔者敢于与众不同,亦即认为大夫就是大夫,非八部大夫。附带一说,严耕望仅记"大夫",并未记"八部大夫"。又从六谒官属官的大夫——元士——令、长——丞之排列来看,类推出主此三百六十曹的大夫属官,按元士、令、长之类的顺序,可见严氏也认为八部大夫与大夫不同。

其次是分"尚书三十六曹"的问题。关于这点,试比较尚书三十六曹一度恢复的天兴四年(401)与《官氏志》中天赐二年(405)的记载:

> (天赐)二年二月,复罢尚书三十六曹,别置武归、修勤二职。武归比郎中,修勤比令史,分主省务。

此处又罢废"尚书三十六曹",另外设置武归、修勤二职,比照郎中、令史而分主省务。应该注意的是,明白表示废止的是郎中、令史本身,从"省务"一词可推测,尚书的职能应仍存在。如果那样,作为代替郎中、令史新设置分掌省务的武归、修勤的上司,尚书也有可能被设置。虽然《魏书》各本及《通典》、《文献通考》、《资治通鉴》等都有"复罢尚书三十六曹"的记载,但《册府元龟》卷四五七《台省总部序》[1]中记载"复罢尚书三十六曹郎"。《册府元龟》总序所引用与北魏有关的记载,

---

1. 根据东洋文库藏旧北平图书馆善本微卷的宋蜀刊小字本残八十卷等。

第一章 关于北魏前期的尚书省

随处可见文字的异同,即使不能尽信,却足以参考。又《魏书》卷二四《张衮传》云:

> 天兴初,征还京师。后与崔逞答司马德宗将郗恢书失旨,黜衮为尚书令史。……太祖曾问南州人于衮。衮与卢溥州里,数谈荐之。又衮未尝与崔逞相见,闻风称美。及中山平,卢溥聚党为逆,崔逞答书不允,并乖本言,故忿之。衮年过七十,阖门守静,手执经书,刊定乖失,爱好人物,善诱无倦,士类以此高之。永兴二年疾笃,上疏曰……后数日卒,年七十二。

张衮左迁尚书令史已七十余岁,因死于永兴二年(410)七十二岁,故左迁之年为天赐五年(408)或六年(409)。亦即这个时候尚书令史曾经恢复。与此相关的是,《官氏志》记载:

> (天赐三年)置散骑郎、猎郎、诸省令史、省事、典签等。

天赐三年(406)设置诸省令史之时,尚书令史也曾恢复[1],张衮的例子正是极好的证明。能证明尚书令史的存在,意谓着这个时候尚书也应该存在。《张衮传》的记载因为有问题[2],未必能作为充分的证据,然而

---

1. 关于令史复置的阶段,令史和武归、修勤并置的可能性,郑钦仁的《北魏官僚机构》(牧童出版社,1976年;1995年稻禾出版社再版)第98、99页有提到。此外,严耕望指出修勤、武归的设置也未维持很长的期间,见其《北魏尚书制度考》,《中央研究院历史语言研究所集刊》18,1948年,第333页。
2. 根据《张衮传》,其左迁尚书令史的原因可举两点,因为张衮曾推荐卢溥和崔逞,卢溥聚党为逆,崔逞回复东晋襄阳戍将郗恢的书信,招致了道武帝的愤怒。卢溥反逆若根据《本纪》是在天兴二年(399)八月开始,对郗恢回信的时间不详,《通鉴》系于与崔逞被处死同年的天兴二年(399)。崔逞之死或许比《通鉴》的记载稍晚,据《崔逞传》云,得知崔逞被处死的司马休之等人中止归降北魏,而投奔南燕和后秦,道武帝大为后悔。因为司马休之等人从东晋脱离是天兴五年(402),崔逞之死纵使稍迟至少也是在天兴五年(402)以前。张衮的左迁据其传记看来,可能与崔逞之死同时,《通鉴》也在崔逞之死后接着叙述张衮的情况。但难以不顾张衮左迁之年已七十余岁的记载。道武帝迫害其末年的功臣,多数被杀。天赐五年(408)正好相当于这个时期。到了这个时期才追究张衮的旧罪也不奇怪。另外,如果左迁之年是天兴二年(399),纵使早在八月,但这样一来,与同年三月分尚书三十六曹为三百六十曹的事实,显然产生矛盾,需要注意。

虽没有恢复尚书的记载，从尚书令史的存在，或许能认为天赐二年《官氏志》的记载，并不意味着尚书被废止。[1]

再回到划分尚书三十六曹、诸外署的问题上。分析天赐二年（405）的记载可知，"尚书三十六曹"的说法仅限于曹郎（含令史）本身，但这种情况该如何理解？划分三十六曹和诸外署，由大夫加以统率的记载，意味着取消尚书和他署的界线。各曹有大夫，由尚书兼录大夫数人，或者相反，尚书管理一部分的曹，大夫统辖尚书。若是如此，尚书和其他官署之间就存有隔阂，再划分三十六曹就失去了意义，因此认为尚书省暂时被废止的看法仍是妥当的。《魏书》卷二四《崔玄伯传》载崔宏"尚书职罢"，因没有官位，故赐予白马侯爵位，加周兵将军，指的就是这个时期。

此外还有一个重要的问题，如何看待这个时期残存邺行台的事实。天兴元年（399）邺和中山设置行台，中山行台不久就废止，[2]邺行台至天兴二年（399）四月为止，由和跋作为行台尚书镇之，[3]后来庾岳任行台，直到天兴四年（401）四月废行台置相州为止（《太祖纪》《庾业延传》）。此时正好是尚书被废的期间，尚书行台存在的事实令人非常难以理解。庾岳的记载中，只称行台而未见尚书之名，这可能具有某种意义。或许正如将其所统辖的郡县改置为相州那样，若行台职务本身接近于州刺史，能否认为中央官制的改变并未对地方官制产生影响？暂且留待后考。

这样分置三百六十曹的新制，如《官氏志》的记载：

（天兴四年）十二月，复尚书三十六曹，曹置代人令史一人，

---

1. 令史的恢复也表示了尚书郎恢复的可能性，但目前未有材料可以证明。
2. 中山行台的尚书令元仪在天兴元年（399）正月被任命，不久之后，于三月被征还中央，由左仆射元遵代为镇守，他就任到何时无法确定。邺和中山的行台状态似有差别，邺行台被废除时，其统辖的郡县设置了相州（《太祖纪》），中山行台的中山属地在皇始二年（397）时期就已设置了安州（《魏书·地形志》以及《水经注》）。此外，关于行台的研究有古贺昭岑：《北朝の行台について》，《東洋史論集》3、5、7，1974、1977、1979年。又有蔡学海：《北朝行台制度》，《国立台湾师范大学历史学报》5，1977年。
3. 《太祖纪》天兴二年（399）三月条中可见"行台尚书和跋"。

译令史一人，书令史二人。

如上述，二年之后回归旧制，恢复尚书三十六曹。

四、太武帝以后的尚书

由以上的讨论明确可知，道武帝时前后大约有三年的时间尚书省被废止，又在一段短暂期间，郎中、令史的职位由武归、修勤来取代，即使如此，基本上能见到尚书的存在。《魏书》卷四四《罗结传》云：

世祖初，迁侍中、外都大官，总三十六曹事。

可见太武帝初期尚书三十六曹是存在的，不过所指的"世祖初"，相当于太武帝即位后五年的神䴥元年（428），《官氏志》云：

神䴥元年三月，置左右仆射、左右丞、诸曹尚书十余人，各居别寺。

或许有人倾向主张这年又恢复尚书，置三十六曹（实际上许多论者据《官氏志》此处的记载认为尚书恢复，严耕望也是其中之一）。但《魏书》卷二八《刘洁传》云：

世祖即位，以告反者，又献直言，所在合旨，奇其有柱石之用，委以大任。及议军国，朝臣咸推其能。于是超迁尚书令，改为巨鹿公。世祖破蠕蠕大檀于云中，洁言于世祖曰……。

此记载中所云于云中破大檀之事，在太武帝始光元年（424），即太武帝即位的下一年。这个时期刘洁既是尚书令，则毫无必要把《罗结传》所云三十六曹理解为是神䴥元年（428）以后所设，故《官氏志》云：

> 始光元年正月，置右民尚书。

当理解为其他尚书到此时为止都已存在，右民尚书则在这年初置[1]。如此一来，神䴥元年（428）的记载应该如何解释？前文指出北魏初期制度上虽有令、仆射、丞，但人员未满编之处很多。因为尚书本身的实例很少，不能作为充分的根据，即使如此，除了道武帝皇始期间之外，无法找出担任这些职位者的例子。如此一来，可以解释为到了这个时候，常置左右仆射、左右丞，任职者可能也被重新任命（尚书令既然由刘洁担任，文中省略了"令"字）。诸曹尚书意谓在从前所置的尚书之外，增置诸曹尚书。亦即严耕望作为前期三表中举例的大多数列曹尚书（达二十余例），多半是在这个时候产生。

太武帝以后时期的另外问题是，是否如严耕望所言，尚书郎完全被废除而由大夫、令、长所取代？严氏之论点可略详述如下，道武帝期间任职曹郎者有六七人（实际是有九人）、孝文帝时有数十至上百人、此后有数百人，但明元帝以后四代期间未见例子。太武帝时因史料比较详细，尚书任官者的数量非前代所能比，却未见曹郎，岂不是很奇怪，因此能断言曹郎已被废除[2]。明元帝以后至献文帝时期，曹郎的例子的确极少[3]。那么看来严氏的说法是正确的吗？严氏确认在孝文帝时期改制以前，尚书郎也是存在。而曹郎当然与大夫、令、长并存。若是那样，孝文帝以前两者就不能并存吗？试着考察孝文帝以前被认为是尚书诸曹的大夫、令、长、监，大体得到如下的结果：

---

1. 郑钦仁已经指出这种解释的可能性，参见郑钦仁：《北魏官僚机构研究》，稻禾出版社，1995年，第102页，注释5。
2. 严耕望：《北魏尚书制度考》，《中央研究院历史语言研究所集刊》18，1948年，第309页以下。曹郎的废止是在道武帝天赐二年（405）罢尚书三十六曹之后，因为此后没有恢复的记载。
3. 可以找到的例子，如《魏书》卷九二《列女传》的乐部郎胡长命之妻，引用了一段高宗时代的逸闻，显示高宗时代有尚书郎的存在。严耕望也从几个例子中，确认了"尚书郎"存在，例如引用了《北史》卷八二《儒林下·黎景熙传》"其从祖广，太武时尚书郎"等类似的四个例子，见其《北魏尚书制度考》，《中央研究院历史语言研究所集刊》18，1948年，第335页。但严氏认为此处所见的尚书郎应该是与尚书令史类似的尚书主书郎，并非是尚书郎中。

第一章　关于北魏前期的尚书省

表1-2　孝文帝之前尚书诸曹人数

	太武帝	文成帝	献文帝
南部	1	1	
北部		1	
西部	1		
选部			1
祠部			1（或2）
仪曹			1
驾部		1？	
都牧		1？	
虞曹			1？
金部		1	

（？表示难以确定时期）

　　上表的数字意外地少（孝文帝时期数量相当多）。即使数量比曹郎更多，但能说是严氏论断的明证吗？这里想起了郑钦仁关于秘书郎与秘书下大夫的推论。郑氏引用《官氏志》的记载，天赐三年（406）州置三刺史，其中宗室一人、异姓二人，郡县也设置三人为长官。又举《南齐书》卷五七《魏虏传》的记载，作为太武帝之时的南部尚书等五尚书之后，"又有俟懃地何，比尚书；莫堤，比刺史；郁若，比二千石；受别官比诸侯"，据此指出北魏时代的中央地方官制存有"双轨制"，推论出文成帝时的秘书郎和秘书下大夫有并存的可能性[1]，或许这也能适用于尚书的情况。原本严氏认为孝文帝时期郎中与大夫、令、长并存，而不认为在那之前的尚书郎和大夫、令、长并存，其原因除了郎的数量少之外，还因为将仅见的尚书郎视为尚书主书郎。根据严氏的说法，因为大夫、令、长主曹务，尚书郎不能再主曹务。若是那样，尚书郎

---

1. 郑钦仁：《北魏官僚机构研究》，稻禾出版社，1995年，第103—104页。

应该就是其后比于尚书令史的尚书主书郎[1]，但若考虑大夫、令、长作为"双轨制"的一轨，就不难理解，存在有与之并列的郎中，仅根据严氏所举的证据并不能否定这种存在的可能性。也就是说，从太武帝开始（在此指明元帝时）到孝文帝改制以前的期间，尚书郎是存在的。

结语

以上主要是以对严耕望著作的批判为中心，对北魏前半期的尚书省制度进行了讨论。得到的结论是，尚书省废止只在道武帝在位很短的时间内，其他大部分时期尚书省都存在。然而因为相关史料的缺乏，不能说已充分地论证。另外，更进一步说，无论是严耕望或是山崎宏，都意图在北魏初期胡族与汉人关系的大背景之下掌握这个问题。本文当然是也考虑到这方面，只是未在形式上显露出来。如何将背后的社会动向、制度的改变和延续，综合起来加以考察，就留待今后努力。

即使局限于尚书制度来说，本文未涉及之处仍很多，如北魏殿中尚书似乎发挥了非常重要的作用，都曹尚书不见于其他时代，以及南部、北部、西部尚书作为北魏独有的尚书，直到孝文帝改制以前都能见到等问题。留下的问题肯定仍多，暂且搁笔，留待方家指正。

【补记】本章所讨论的部族解散、大人制问题，后来的研究很多。

---

1. 严耕望：《北魏尚书制度考》，《中央研究院历史语言研究所集刊》18，1948年，第335页。另附带一言，主书是主书令史的省称，北魏时也常见到，可参见郑钦仁《北魏中书省考》（国立台湾大学文史丛刊，1965年；后收入氏著《北魏官僚机构研究续篇》，稻禾出版社，1995年）第三章第二节主书令史项。但能否可将主书郎作为主书令史则有疑问。《官氏志》所载太和十七年（493）的《职品令》中，主书郎是六品上，与主书令史的七品上或从七品上有所区别。作为表示主书郎地位低下的依据，严氏引用《魏书》卷九四《阉官·赵黑传》所云："以功授官，因爵与禄，国之常典。中书侍郎、尚书主书郎、诸曹监，勋能俱立，不过列郡。"从主书郎迁官经常不高过太守，和大夫、令、长的迁官实例相比，情况较差。但太守的地位未必低。《官氏志》所载的《太和后令》的上郡太守是四品下。尚书郎是六品。纵使较低，注意此处同样有问题的中书侍郎。即使和文成帝时不同，在太和十七年（493）令中仍位于四品上，郑钦仁已详细说明了其地位的重要性（《北魏中书省考》）。关于主书郎，仍有未能完全厘清之处，有待来日研究。将尚书郎当作主书郎，及等同于尚书令史的看法，通过以上的讨论，明显有问题。

除序章所列举的之外,代表性的研究还有:严耀中《北魏前期政治制度》（吉林教育出版社,1990年）,李凭《北魏平城时代》（社会科学文献出版社,2000年）,田余庆《拓跋史探》（三联书店,2003年）。本章执笔时对北魏内朝官未有充分的了解,此后的深入研究,参照序章。（2003年5月记）

第二章

北魏门下省初探

前言

北魏门下省地位之高，很早就被注意。《通典》卷二一"宰相"条记载：

> 后魏旧制，有大将军，不置太尉；有丞相，不置司徒。自正光以后，始俱置之。然而尤重门下官，多以侍中辅政，则侍中为枢密之任。

注云："说在侍中篇。"其"侍中"条云：

> 后魏置六人，加官在其数。宜都王穆寿、广平公张黎并以侍中辅政。

因为穆寿和张黎的辅政是在太武帝时，虽然"多以侍中辅政"表示也包括其他时期之事，但是杜佑认为北魏重视门下省，使处于枢密的地位是自北魏前期以来之事[1]。但另一方面，《魏书》卷三八《王遵业传》[2]云：

> 时政归门下，世谓侍中、黄门为小宰相。

门下地位的提高是在后期孝明帝之时。[3]众所周知，北魏孝文帝时毅然实行包括官制在内的大幅度改革。改革前后门下省的样貌应该也

---

1. 孝文帝改革以前为前期，改革以后为后期。用改革的哪个时点作为区分也是问题，本章以孝文帝亲政之始，《魏书·官氏志》所云"置侍中、黄门各四人"的太和十五年（491）十二月，作为前后的转折点。
2. 众所周知，《魏书》一部分散逸，是用《北史》等书所补，同样的理由，当作为《魏书》一并使用。又此处所引用的王遵业是《王慧龙传》的附传，同样地，后文引用之时，均不特别标记为附传。
3. 不少学者认为孝明帝以后重视门下，例如韩国磐：《三省六部制の成立過程―秦漢の尚書・中書・侍中から隋唐の三省六部制へ―》，《駿台史学》71，1987年。

第二章　北魏门下省初探

发生了变化。近年川本芳昭已明确指出了这一点[1]。但杜佑的看法应该也有其理由。在欠缺北魏门下省相关专论的情况下[2]，本章试图探讨孝文帝官制改革前后门下省的样貌，以其异同作为研究的核心[3]。

一、北魏后期的门下省

《晋书·职官志》记载了晋代侍中的职掌：

> 侍中……掌傧赞威仪，大驾出则次直侍中护驾，正直侍中负玺陪乘，不带剑，余皆骑从。御登殿，与散骑常侍对扶，侍中居左，常侍居右。备切问近对，拾遗补阙。

而给事黄门侍郎（以下记为黄门侍郎）的职掌，《职官志》云"与侍中俱管门下众事"，和侍中相同。南朝也继承这样的职掌。多仿效晋和南朝的官制的北魏情况又如何？试从实例验证。

侍中和黄门侍郎均为侍臣，经常在皇帝左右侍奉，其事例无须一一列举。皇帝出行之时，陪乘于车上（《魏书》卷九三《赵邕传》——侍中。同书卷一九上《元匡传》——黄门侍郎），轮流在禁中值宿（同书卷二七《穆绍传》——侍中。同书卷八三上《冯熙传》末尾——黄门侍郎）。侍奉于皇帝左右应对皇帝的询问、补充皇帝言行不足之处。作为前者（"切问近对"）字义的例子，如孝文帝计划进行迁都之时，命侍臣寻访古事，黄门侍郎李韶的应对合意，迁太子右詹事（《魏书》卷三九《李韶传》）。作为后者（拾遗补阙）之例，灵太后临朝时期，屡次妆饰游幸，

---

1. 川本芳昭：《北魏の内朝》，《九州大学東洋史論集》6，1997年；后收录于《魏晋南北朝時代の民族問題》，汲古书院，1998年。
2. 政治制度或官制变迁的部分，涉及北魏时代门下省的研究很多，但叙述的分量不多。陈仲安《关于魏晋南北朝门下省的两个问题》（《中国古代史论丛》1982年第3期）研究魏晋南北朝时期的门下，但少有提及北魏之处。另外，除了陈仲安的论文，关于魏晋时期的门下省，参考陈启云：《两晋三省制度之渊源、特色及其演变》，《新亚学报》3-2，1958年。
3. 散骑常侍、散骑侍郎和给事中是散骑省（集书省）之属，所以排除在本章的考察之外（参照注2陈仲安的论文）。

侍中元顺当面诤之（《魏书》卷一九中）。举这些例子已足以说明。[1]

只是"切问近对"、"拾遗补阙"之语的限定性不强，内容并不限于上述之例。如陈仲安的研究指出[2]，侍中与汉代作为加官不同，门下作为省的组织有定员，侍中和黄门侍郎也有职掌。陈氏指出门下的职掌为"省（平）尚书奏事"。魏晋时代成为政务总理机关的尚书省，其奏案经皇帝批准后，在执行之前有审查奏案的机构，担任这项职务者正是门下[3]。经审查后其结果若不完备，门下会进行"驳"的程序。如此一来，"省"和"驳"可说是"拾遗补阙"的内容之一。

在北魏后期也能看到大概是根据这种程序进行"驳"的例子。据《魏书》卷四一《源怀（思礼）传》的记载，景明二年（501），有诏对奸吏犯罪逃亡的情况作出处置，尚书右仆射源怀上奏，对吏与守宰犯罪逃亡的处置有差别待遇提出批判，认为应该都包括在赦令的范围之内：

> 书奏，门下以成式既班，驳奏不许。

接受门下驳奏的理由是程序上诏书已经发布了。对此源怀重又上奏，终获宣武帝的采纳。另外，孝明帝时，太常少卿元端、太常博士刘台龙议羊祉谥号之时，根据《魏书》卷八九《酷吏·羊祉传》的记载：

> 侍中侯刚、给事黄门侍郎元纂等驳曰："……而礼官虚述，谥之为'景'，非直失于一人，实毁朝则。请还付外准行，更量虚实。"灵太后令曰："依驳更议。"

灵太后令依门下的驳再议，除元端、刘台龙之外，还有司徒右长史和司徒主簿以及尚书李韶三人上言[4]。正是按照了奏→驳→议（博议）的次

---

1. 《官氏志》云："又置内侍长四人，主顾问，拾遗应对，若今之侍中、散骑常侍也。"
2. 陈仲安：《关于魏晋南北朝门下省的两个问题》，《中国古代史论丛》1982年第3期。
3. 陈启云也认为晋代门下的主要任务是"评驳尚书奏事"，见陈启云：《两晋三省制度之渊源、特色及其演变》，《新亚学报》3-2，1958年。
4. 这种情况，原本的奏案不由尚书而从太常系列提出，如陈仲安所言，驳议也针对来自于尚书之外机构的奏章施行。

第二章 北魏门下省初探

序^{补注1}。另外《魏书》卷七一《裴植传》云：

> （尚书裴植）又表毁征南将军田益宗，言华夷异类，不应在百世衣冠之上。率多侵侮，皆此类也。侍中于忠、黄门元昭览之切齿，寝而不奏。

如上所述，门下认为上奏文不适当而置之不理。

门下同时可总结省内的意见自行上奏。《魏书·刑罚志》记载尚书三公郎中崔纂的议论云：

> 门下中禁大臣，职在敷奏。

门下因对驸马都尉刘辉上奏量刑，崔纂的言辞，是由此非职掌敷奏的门下原有职责的立场所发。如同最后宣告结果的诏书所云"特敕门下结狱，不拘恒司"，门下是接受皇帝的命令，特别奏上处罚案[1]。显示对于皇帝的咨询，门下能上奏其意见。门下的意见似乎是通过"议"而形成。如"门下及学官以上四十三人"（《魏书·礼志四》），其他官员参加的也不少，特别是当柔然的阿那瓌请求北还之际，"诏付尚书、门下博议"（同书卷一〇三《蠕蠕传》），"诏曰……，尚书门下可于中书外省论律令云云"（同书《刑罚志》）等，和尚书省联合进行的例子很多。不仅对于咨询，不用说门下依自身意志上奏的例子很多，按《魏书》卷三一《于忠传》的记载，宣武帝死的时候，侍中、领军将军于忠和侍中崔光等人，欲使孝明帝即位：

> 忠与门下议，以肃宗幼年，未亲机政；太尉、高阳王雍属尊望重，宜入居西柏堂，省决庶政；任城王澄明德茂亲，可为尚书令，总摄百揆。奏中宫，请即敕授。

---

1. 参照山田智雄：《魏書刑罰志訳注》，收入氏著《訳注中国歴代刑法志》，創文社，1964年。

门下之议上奏灵太后。

侍奉左右的门下之官，又常负有传达皇帝意志的任务。正光元年（520）阿那瓌入国到京师之时，兼侍中陆希道出迎到近畿，其次是侍中崔光、黄门侍郎元纂到近郊出面慰劳，阿那瓌回归北方之时，崔光和元纂至郭外送行（《魏书》卷一〇三《蠕蠕传》）。元继乞求以司徒之位让予崔光时，诏遣侍中元延明和黄门侍郎卢同去慰留（同书卷一六《元继传》）。为了慰劳出征淮南的元鳃，派遣黄门侍郎郑道昭去宣诏（同书卷二一下《元鳃传》）。另外，于忠专权之时，太傅元雍以王归第，朝廷如有大事则派遣黄门侍郎去咨访他（同书卷二一《元雍传》）。宣读赦书的王诵（同书卷六三）、高道穆（同书卷七七）也可理解作为传达皇帝意志的一部分。又作为正员的侍中、黄门侍郎也兼任慰劳或慰喻地方的使者，而临时被任命为兼给事黄门侍郎者也很多。如出使南朝的使者兼散骑常侍是常例，慰劳使兼黄门侍郎的官则是通例，这是由于门下之官有传达皇帝意志的职掌使然。

附带一提，在晋代，这样的事例也并非少见，如陈骞乞骸骨归第时，诏遣侍中至大司马府谕意（《晋书》卷三五《陈骞传》）、诏遣侍中冯荪、中书令卞粹喻知成都王司马颖辅政（同书卷五九《成都王颖传》）等事例，或者如遣侍中宣诏给予赵王司马伦九锡、增封五万户。

晋代诏勅是一般是由中书负责作成，但中书之外的侍中或黄门侍郎等散骑系列的官也一起参与草制[1]。北魏后期也有这样的事例，如元渊从定州被征为吏部尚书兼中领军之时，侍中元顺所作诏书辞颇优美（《魏书》卷一九中《元顺传》）；邢峦将被追赠冀州刺史之时，黄门侍郎甄琛因对峦有旧怨，劝宣武帝同意赠邢峦本籍的瀛州刺史，甄琛写此诏书（同书卷六五《邢峦传》）。

然而，《魏书》卷九三《恩幸·徐纥传》云：

> 俄迁给事黄门侍郎，仍领舍人，总摄中书门下之事，军

---

1. 参照山本隆義：《中国政治制度の研究—内閣制度の起源と発展—》，同朋舍，1968年，第四章；陈启云：《两晋三省制度之渊源、特色及其演变》，《新亚学报》3-2，1958年，第三章。

第二章　北魏门下省初探

国诏命，莫不由之。时有急速，令数友（吏？）执笔，或行
或卧，人别占之，造次俱成，不失事理，虽无雅裁，亦可通情。
时黄门侍郎太原王遵业、琅雅王诵并称文学，亦不免为纥秉笔，
求其指授。

北魏后期设置舍人省，中书舍人取代了中书监令专门草制的职权[1]。因此，这段记载也应作为中书舍人的职掌来理解。另一方面，《魏书》卷八五《文苑·温子昇传》云：

黄门郎徐纥受四方表启，答之敏速。

如上，将书写回复来自各地表启的诏书的徐纥记为黄门郎。又《魏书》卷六九《袁翻传》云：

孝昌中，除安南将军、中书令，领给事黄门侍郎，与徐
纥俱在门下，并掌文翰。

如上，徐纥在门下掌理文翰。从《徐纥传》的记载可知，黄门侍郎王遵业等人的草制虽然并非常态，黄门侍郎的确是自身进行草制，并且值得注意的是，尽管是领职中书舍人，草制的场所却似乎是在门下。

关于此，令人想到《北史》卷四七《阳休之传》的记载：

武定二年，除中书侍郎。先是中书专主纶言，魏宣武已来，
事移门下，至是发诏依旧。

从宣武帝到东魏中叶为止，门下取代了中书作诏的职务。根据中书舍人温子昇书写敕诏等记载（《魏书》卷八五），中书省草制的职能并非

---

1. 参照郑钦仁《北魏中书考》（"国立"台湾大学文史丛刊，1965年）；后收入氏著《北魏官僚机构研究续编》（稻禾出版社，1995年）的第三章。

全为门下所取代,舍人省继承了草制的重要职务。另一方面,除徐纥外,黄门侍郎领中书舍人的例子相继有北魏末的杨逸(同书卷五八)、李神轨(同书卷六六)、朱瑞(同书卷八〇),这些人和徐纥同样在门下草制的事例很多。即使不是这样,也强化黄门侍郎草制的印象。况且实际上,由未兼领中书舍人的黄门侍郎草制之例也很多,更加强了这样的印象。《阳休之传》的记载似当作如是理解。

北魏后期门下省与晋代的门下有相同职掌,已如前述[1],至此可看出与晋代门下的相异之处。这与北魏重视门下的评价有关,不过现在暂时将焦点转移至别处。

前引《王遵业传》中的记载,当时政治依门下运转,侍中、黄门侍郎被称为小宰相,明确显示门下权力之高。只是这个"时政归门下"的状况,是否可直接视为孝明帝时的一般情况,则稍有疑问。根据同传的记载,王遵业担任黄门侍郎是在他与崔光等人定服制的正光二年(521)之后,因为当时是侍中、领军将军元叉(元义[2])专权之时。也就是说,"时政归门下"有可能是"时政归元叉"之意。

元叉迁侍中加领军将军的时期[3],《魏书》卷一六《元叉传》记载:

> 既在门下,兼总禁兵,深为灵太后所信委。

据此元叉并无专权的形迹。此后,正光元年(520)七月,元叉幽闭灵太后,接着杀了辅政的太傅元怿,之后不久,《元叉传》记载:

> 叉遂与太师高阳王雍等辅政,常直禁中,肃宗呼为姨父。
> 自后专综机要,巨细决之,威振于内外,百僚重迹。

---

1. 此外,北魏门下官的职务有:撰定服制(《魏书》卷二〇《元延明传》)、参定舞名及鼓吹诸曲(原文作"诸典",据《乐志》之文改)(《魏书·乐志》)、参议律令的制定(《魏书》卷六四《郭祚传》)、监督字书的编纂(《魏书》卷九一《术艺·江式传》)、参与侍讲的任务(《魏书》卷六七《崔光传》)等。
2. 元义是本名,但此处按照《魏书》的记载。
3. 万斯同的《魏将相大臣年表》认为,元叉任侍中之年为熙平二年(517),加领军将军是神龟二年(519)。

第二章 北魏门下省初探

又,《肃宗纪》记载:

> 总勒禁旅,决事殿中。

也就是说,担任辅政,于殿中决事,元叉的专权才成为可能。《魏书》卷一〇三《蠕蠕传》云"领军元叉为宰相,阿那瓌私以金百斤货之,遂归北",元叉作为宰相应是辅政以后之事。

尽管如此,"时政归门下"应该仍与门下有关联。因为元叉的专权似乎并没有马上就造成侍中作为小宰相的地位。但如所见,侍中并未立刻与元叉的专权联结,故有必要探寻政归门下的原因。从之前的讨论可看出,门下可能因为与辅政结合而获得了权势,关于这点进一步加以讨论。

作为北魏后期辅政的例子,首先举孝文帝死时的遗诏中让六个重臣辅政宣武帝的例子。侍中·太尉公元禧、司空公元详、尚书令王肃、尚书左仆射元嘉、尚书右仆射元澄、吏部尚书宋弁六人,《高祖纪下》称他们为宰辅,《魏书》卷三一《于忠传》也记"天子谅闇,事归宰辅"。谅闇期辅政的事例在其他王朝也多。这时辅政者只有元禧的身份是加侍中,笔者不认为其他人是侍中或黄门侍郎。[1]

宣武帝延昌四年(515)正月死,孝明帝继位。前面所引的《于忠传》记载,门下决议以太尉元雍入居太极殿西栢堂,省决庶政,尚书令元澄总摄百揆。此时门下的上奏,因御史中尉王显等人的阴谋,被置之不理,但最后却能实现决议,《肃宗纪》有如下的记载:

> 诏太保、高阳王雍入居西栢堂,决庶政,又诏任城王澄为尚书令,百官总己以听于二王。

虽不见辅政之语,却可说有辅政之实。二月,元雍迁太傅、侍中、领

---

[1]. 元详任司空公之前是侍中、护军将军(《高祖纪下》),宋弁任吏部尚书之前是兼祠部尚书、领黄门(《魏书》卷六三)。但没有证据显示两人继续保有侍中和黄门之官。

太尉公，即使如此又入居西柏堂，《魏书》卷二一上其传所载的表文可以确认。

到了八月，元雍被于忠逼迫出禁中，以王归第，司徒元怿代之为太傅、太尉公。元怿一直担任此职，直到正光元年（520）七月被元叉所杀为止。关于这件事，其墓志中有云：

> 遂登太傅，领太尉公。居中论道，总摄机衡。皇上富于春秋，委王以周公之任。秉国之均，纲维万务，理无滞而不申，贤无隐而不举……辅政六年……[1]

可以确知元怿在担任太傅的六年期间，同时担任了辅政之职。又《魏书》卷五五《刘廞传》有"及清河王怿为宰辅"的记载；《魏书》卷五五《刘懋传》有"太傅、清河王怿爱其风雅，……，怿为宰相积年，礼懋尤重，……，熙平二年冬，暴病卒。……太傅怿及当时才儁莫不痛惜之"的记载，可知辅政者被认为是宰相[2]。又《魏书》卷一六《元叉传》有辅政内容的记载：

> 太傅、清河王怿，以亲贤辅政，参决机事。

此与前述元雍的"决庶政"内容相同（关于这点留待后述）。

应该注意的是《魏书》卷二二《元怿传》中的记载：

> 肃宗初，迁太尉，侍中如故。诏怿裁门下之事。又典经义注。……灵太后以怿肃宗懿叔，德先具瞻，委以朝政，事拟周（公）霍（光）。怿竭力匡辅，以天下为己任。

---

1. 载于《考古》1973年第4期；赵超：《汉魏南北朝墓志汇编》，天津古籍出版社，1992年，第172页。
2. 若是那样，宣武帝时元勰也有辅政的可能性。孝文帝死时，宣武帝打算以元勰为宰辅，但由于孝文帝的遗敕而出为定州刺史。后来回到京城，除"录尚书、侍中、司徒如故"，从元详等人所言"勰大得人情，不宜久在宰辅"的话来看，那是宰辅之任。

第二章 北魏门下省初探

因为元怿迁太尉之后即为太傅、领太尉公，故元怿辅政，"参决机事"亦即意谓着"裁门下之事"。

可是，此时的辅政者不只元怿（"参决"之语即暗示此义）。《魏书》卷八三下《外戚·胡国珍传》云：

> 尚书令、任城王澄奏……宜出入禁中，参咨大务。诏可。乃令入决万几。寻进位中书监、仪同三司，侍中如故，……国珍与太师、高阳王雍，太傅、清河王怿，太保、广平王怀，入居门下，同厘庶务。

元雍八月归第，于忠被解任侍中、领军将军后，元雍十二月任侍中、太师。因为元怀八月就任太保，十月胡国珍就任中书监，延昌四年（515）从八月到十二月间，四名辅政者全部到齐。[1] 其中，元怀死于熙平二年（517）三月，胡国珍于同年迁司徒，神龟元年（518）卒。但因为元怿一直到正光元年（520）死亡为止一直为辅政，可以认为只要没有特别记载，元雍也就继续辅政。

但《肃宗纪》熙平二年（517）八月条云：

> 诏侍中、太师、高阳王雍入居门下，参决尚书奏事。

《胡国珍传》所云"入居门下，同厘庶政"，若解释为从八月开始，因为元怀三月已死，故不能成立。并且《肃宗纪》正光四年（523）年九月条也云：

> 诏侍中、太尉、汝南王悦入居门下，与丞相、高阳王雍参决尚书奏事。

---

1. 有关胡国珍作为辅政者活动的记录不多。如《魏书》卷一六《元继传》等记载所见，元雍、元怿、元怀三人屡屡成组出现。

元雍在正光元年时也担任相同内容的职务。

这里试着整理关于元雍的记载：

年	月	记事	同僚
延昌四年（515）	一	入居西柏堂，决庶政	单独？
	八	归第	
	十二	入居门下，同厘庶政	元怀、元怿、胡国珍
熙平二年（517）	八	入居门下，参决尚书奏事	？
正光元年（520）	九	同决庶政（决事殿中）	元叉
正光四年（523）	九	入居门下，参决尚书奏事	元悦

"参决"与"同决"同义，"同决"也应该与"同厘"同义，由多数者决定、裁定之义。又因为尚书奏事是关于庶政的运作，决定尚书的奏事就应与决定庶政同义。另外，关于元雍的辅政，屡在一同任职之人的记载中被提及，本身传记提及之处却很少。大概是因为元雍在延昌四年（515）之后一直辅政，与他共同辅政者却随着时间而有所变动。若是那样，熙平二年（517）的记载，虽然是"参决"，却不知当时同僚者为谁，因某种错误被混入了《肃宗纪》中，正确的位置应该放在延昌四年（515）十二月任太师之后的记载。如此的话，就能证明"同釐庶政"和"参决尚书奏事"应该也是相同。

孝明帝时期的辅政由门下进行，已如前述，关于这点还有若干地方应该讨论。首先，应确认门下之语也意谓由门下省之名产生的"黄门之下"。元雍在太极殿的西柏堂决庶政，元叉在殿中决事[1]的记载显示了这种可能性。但《魏书》中其他"门下"之例都是指门下省[2]，只有关于这个时期的辅政使用门下一词，仅仅作为禁中语的代称并不合理。元怿在《胡国珍传》中作"入居门下"，另一方面，《元怿传》云"裁

---

1. 元叉常直禁中，孝明帝移徙徽音殿时，入居殿右（《魏书》卷一六）。按照字义理解，元叉很可能在殿中决事。
2. 前文所引《袁翻传》的记载就有"黄门之下"的可能性，同传的后段中，载有此后迁尚书的袁翻之表曰："臣往忝门下，翼侍帐幄。同时流辈皆以出离左右，蒙数阶之陟。唯臣奉辞，非但直去黄门，今为尚书后，更在中书令下。"可见门下等同于门下省。

门下之事",后者明显意谓门下省。"入居门下"就是"入居门下省"。

那么,辅政者与门下官的关系又是如何?元雍"除太保,领太尉、侍中如故……进太傅、侍中,领太尉公……除侍中、太师……进位丞相,给羽葆鼓吹,倍加班剑,余悉如故"(《魏书》卷二一上),元雍经常带着侍中衔。元怿据《魏书·礼志二》能确认是侍中、太傅,胡国珍在前引的传中是侍中、中书监,任司徒后也带侍中如故。元怀则因传记仅剩下一部分,故难以确认,任侍中的可能性很高[1]。元叉和元悦为侍中已如上述。以上,孝明帝时期辅政者的侍中可以区分为本官或是加官,但可以说都是任侍中。

应再注意,任侍中并非意指立刻辅政。根据前面所引《肃宗纪》的记载,诏侍中、太尉的元悦入居门下。亦即为了使任侍中(即使是加官)的元悦入居门下辅政,必须有新诏[2],即使元叉确实担任正职侍中,入居门下是理所当然,但为了与元雍共决庶政,也应该要有诏。也就是说,不能认为辅政者因为身为侍中就自然而然能在门下辅政。

然而,辅政的地方在门下,因此孝明帝时期造成了门下地位的上升。此外,如前面所言,北魏后期中书省拥有的草制权(即使并非全部)转移至门下,从宣武帝末到孝明帝时期,如于忠或元叉,身为侍中又兼近卫的长官领军将军的例子继续存在。这种状况产生了"时政归门下"的印象,这是与晋代门下相异之处。

再附带一提,《魏书》卷二一下《元飏传》记载:

> 复除侍中,长直禁内,参决军国大政,万机之事,无不预焉。

在孝文帝改革之后,元飏以侍中参决大政。但这并不能判断为侍中的职掌。文明太后临朝时期,中书令高允和中书侍郎高闾入禁内参决大政(《魏书》卷五四《高闾传》),这种情况并非中书令等人有参决大

---

1. 本书第74页注2中所列表的三师、三公之中,(表中未加区别)孝明帝时就任者多数带侍中。
2. 据《元叉传》能够确认元悦为侍中、太尉,若据《肃宗纪》,正光元年(520)十月元悦任太尉。入居门下为正光四年(523)之事。

政的职权[1]，应该是由于文明太后的意志而特别任命。同样地，任侍中的元勰能参决大政，也是孝文帝特别任命的。尽管如此，却使侍中有了参议大政的重要性，可视为侍中权势在孝明帝时达到高峰前的一个阶段。

二、北魏前期的门下省

关于北魏前期的门下省，这个期间很长，任官的事例却很少，而且记述简单，把握不容易。现在，分为两个时期进行讨论。

（1）道武帝、明元帝时期

这个时期（不仅是门下而已）事例数极少。皇始元年（396），北魏击败后燕占领并州，"初建台省，置百官"（《太祖纪》），制定官制，门下系的官似乎也在这时候设置。《魏书》卷二四《张衮传》云"皇始初，迁给事黄门侍郎"（张衮是代王左长史）。同年十一月，后燕的高阳内史崔宏任黄门侍郎，《魏书》卷二四《崔玄伯传》有关于此的记载：

（太祖）悦之，以为黄门侍郎，与张衮对总机要，草创制度。

道武帝时任黄门侍郎的还有什翼犍时的代王左长史燕凤（《魏书》卷二四），后燕时的中书令、吏部尚书封懿（同书卷三二），似乎比张衮稍晚被任命，此外晁崇也任此官（同书卷九一《术艺》）。相对于此，就官位而言应当更高的侍中，其任职者的例子却很少见。长孙嵩历侍中、司徒、相州刺史（同书卷二五），侍中有可能是加官，元遵（同书卷一五）、穆崇（同书卷二七）的侍中也均是加官。这三人的记载中并未提及侍中的职掌。关于黄门侍郎的职掌，张衮因向道武帝献言而被任用，可知是侍奉在皇帝左右以应对询问。至于崔宏和张衮以黄门侍郎草创诸制度，不管晋代或此后的北魏都未见到，可见是在北魏建国

---

1. 郑钦仁认为，中书令由于加给事中才能进入禁中，见氏著《北魏中书考》，"国立"台湾大学文史丛刊，1965年；后收入氏著《北魏官僚机构研究续编》，稻禾出版社，1995年。参决大政显然并非中书的职掌。另外，其他加给事中的中书令还有郑羲等人。

第二章　北魏门下省初探

阶段，因需要而产生的特殊职务。因此不久崔宏转任吏部尚书，以吏部尚书之职，总裁诸制度的创立。

到了明元帝时期，侍中方面的材料变多。能确定为这个时期的侍中事例，如《魏书》卷二四《崔玄伯传》记载仅是一例：对于病笃的玄伯，"太宗遣侍中宜都公穆观就受遗言"。卒于侍中、镇东将军任上的穆吐，应该也是这个时期（《魏书》卷二七）。但关于穆观，《魏书》卷二七的传记载：

> 太宗即位，为左卫将军，绾门下中书，出纳诏命。及访旧事，未尝有所遗漏，太宗奇之。

关于"出纳诏命"，《魏书》卷一四《元屈传》云，"太宗时居门下，出纳诏命。性明敏，善奏事，每合上旨"；关于"访旧事"，《魏书》卷二四《崔玄伯传》云，"太宗即位，命玄伯居门下，虚己访问"；因此可知这个时期门下的职掌之一是出纳诏命，并回答皇帝的询问。这里所谓的出纳诏命，是直接下达诏文，但正如郑钦仁所言，因为这个时期中书和门下之权并未有清楚的区分，故门下也可起草诏命[1]。另外，如果看穆观之例，作为体认皇帝意志的使者也是门下的职务。

如上所见，明元帝时期属于晋代门下省的职掌多数仍存在，但这个时期的门下，仍另有须要探讨之处。《魏书》卷二四《崔玄伯传》，继续有其在门下的记载：

> 诏遣使者巡行郡国，纠察守宰不如法者，令玄伯与宜都公穆观等按之。

---

1. 见郑钦仁：《北魏中书考》，"国立"台湾大学文史丛刊，1965年；后收入氏著《北魏官僚机构研究续编》，稻禾出版社，1995年，第二章《中书令》。据《魏书》卷二四《崔玄伯传》所云："玄伯自非朝廷文诰，四方书檄，初不染翰，故世无遗文。"因为不见崔玄伯为中书之官的记载，（尽管并非仅限于其在门下任内）可作为门下参与草制的一例。另外，如《晋书》卷五九《赵王伦传》所云："（孙秀等）使散骑常侍、义阳王威兼侍中，出纳诏命，矫传禅让之诏。"晋代侍中也是职掌出纳诏命。北魏后期也一样。再附带一言，据《魏书》卷二八《古弼传》，古弼在明元帝时任门下奏事之职，其职掌不详，但可能是与"出纳诏命"有关的职务。

此与《太宗纪》永兴三年（411）二月条有安同等人巡行并、定二州和杂胡、丁零等地的记载相对应。此时穆观是侍中，崔宏也在门下。[1]《太宗纪》永兴三年（411）十二月条云：

  南平公长孙嵩、任城公嵇拔、白马侯崔玄伯等坐朝堂，录决囚徒，务在平当。

元屈似也一起并决狱讼（《魏书》卷一四）。此时，崔宏和元屈也均在门下。此外，神瑞元年（414），设置八大人官，坐止车门右"听理万机"[2]，这时作为八公，名字确定的四人中，在门下的有崔宏。这些职务本来并非侍中原有的职掌。八大人官的情况清楚表明，大概包含了门下之外的官员。然而，从门下的官员中选择担任这些职务的人，门下以作为关于行政方面的事例受到注目。（虽然如此，明元帝末期皇太子监国，当时"对综机要，敷奏百揆"的古弼和张黎，以及坐正殿东西厢、百官"总己听于冢宰"的长孙嵩、奚斤、安同、穆观、崔浩、丘堆之中，只有丘堆是散骑常侍，其他人此时没有能够确认为门下系统者[补注2]。）

  明元帝时期的黄门侍郎，除了娥清（《魏书》卷三〇）、奚观（《太宗纪》）可知外，只有安萨（《魏书》卷三〇）有可能在这个时期。作为门下任内的活动，传中仅记载，奚观作为攻击北燕的一个将领，娥清完成将散居三州的徒何之人迁徙到平城的任务。后者大概属于慰劳使的一种。

  （2）太武帝时期至孝文帝的改革期

  到了太武帝时期之后，担任侍中的任官者数目增加。试举统计的人数，太武帝时有二十五例，文成帝时有十六例，献文帝时有七例，孝文帝时有五十四例、宣武帝时有二十九例、孝明帝时有四十七例（"兼侍中"除外）。但这个数字包含了加官。

---

1. 侍中穆观被派遣至崔宏处是泰常三年（418）之事。因穆观在明元帝即位时绾门下，这个时期当然是侍中。而崔宏自有居门下的记载之后，直到神瑞元年为止，未见有转任其他官的记录。
2. 关于这个部分，参照本书第一章《关于北魏前期的尚书省》，原载《史学雑誌》87-7，1978年。

第二章 北魏门下省初探

本来侍中就是加官，晋代才有职掌，另外也有作为加官的侍中存在，《晋书》中能够找到很多例子。但加官并不包含在侍中的定额中。比起晋代，北魏加官的比例更多。另一方面《通典》卷二一或《大唐六典》卷八中，北魏的侍中定员为六人，加官也包含在内[1]。这个理解若是正确，分析的时候可不区分侍中或加侍中[2]。但事情并不如此单纯。根据《魏书》卷三一《于忠传》，孝明帝初期，作为侍中、领军将军专权的于忠，受到灵太后如下的处置，"解忠侍中、领军、崇训卫尉，止为仪同、尚书令，加侍中"。特别解任侍中，意味着与加侍中之间有所差别。[3]

---

1. 韩国磐也是据此理解的，见其《三省六部制の成立過程—秦漢の尚書・中書・侍中から隋唐の三省六部制へ—》，《駿台史学》71，1987年。
2. 例如毛汉光对于晋南朝本官或加官也难以作出区别，认为对于中央政治的影响力方面没有很大的差别，见氏著《两晋南北朝士族政治之研究》，中国学术著作奖助委员会，1966年，第十章。
3. 举任职侍中人数多的某个时点作为旁证。现在试以熙平二年（517）四月为时点，调查高官配置与侍中的关系，作表如下：

熙平二年（517）高官与侍中的关系

官名	就任者	与侍中的关系（出典—卷数）
太师	元雍	除侍中、太师（二一上）
太傅、太尉	元怿	侍中、太傅、清河王怿（《礼志二》）
司徒	胡国珍	迁司徒公，侍中如故（八三下）
司空、尚书令	元澄	迁司空，加侍中，俄诏领尚书令（一九中）
尚书左仆射	元晖	转侍中、卫大将军、尚书左仆射（《汉魏南北朝墓志集释》五五）
尚书右仆射	于忠	除尚书右仆射，加侍中（三一）
中书监	元悦	

已知六名任侍中者。此外具体证明省略，从宣武帝即位（499）到正光元年（520）为止，崔光（一面也兼其他官）一直为侍中。总共有七人（万斯同举元叉和刘腾作为侍中，但关于年代有误）。关于侍中的员额，据《官氏志》太和十五年设置四人，后来在普泰初增置为六人。《通典》等书所记的定员是普泰以后之事（《初学记》卷一二引《五代史・百官志》云"百齐侍中，因后魏置六人"）。若是如此，可认定任侍中者的数量之多，是因为加官和本官有所区别。

同样的方法，试着放在太和十四年（490）、十五年（491）之交来看。十四年九月文明太后死，十月葬，其间宗室及高官的上表记载于《魏书・礼志三》，其中可见侍中四人：侍中、太尉、录尚书事东阳王丕，侍中、司徒、淮阳王尉元，侍中、司空、长乐王穆亮，侍中、尚书左仆射平原王陆叡。另外，《礼志一》载有太和十五年正月北魏行次的议论，除了与前引有相同官衔的穆亮和陆叡之外，还有侍中、吏部尚书中山王元孙，侍中、尚书、驸马都尉南平王冯诞之名。因这期间元丕与尉元的官位并无变动迹象，可知十五年正月时有六名任侍中者。据《魏书》卷一九《献文六王列传》，判断这个时期至少元详、元勰也是侍中（转下页）

那样的话，侍中与加侍中就有区别的必要，但这并不容易。首先"加"字意味着兼官，例如《魏书》卷一六《元叉传》"迁侍中，余官如故，加领军将军。既在门下，兼总禁兵"云云。另外，难以判断是否为加侍中的例子很多，也成为问题所在。例如在《魏书》卷一九中，元澄"迁司空，加侍中，俄诏领尚书令"，《礼志二》中记为"侍中、司空公、领尚书令"。也就是说，用本纪、志和金石史料补侍中任官的例子不少，但能否判别为加官则有困难。再者，传本身是否未漏掉加官的记载，也值得怀疑[1]。

从实例来看，三师、三公和尚书令、仆的情况多为加官，从官品的差距也容易理解[2]。但《魏书》卷一六《元叉传》中，元叉被解除领军将军，仍为骠骑大将军、仪同三司、尚书令、侍中、领左右，"叉虽去兵权，然总任内外，（中略）遂解其侍中"。可见兼尚书令和侍中的例子不能一概而论。

除了被认为是加官的事例之外，太武帝时期以降的侍中和尚书的关系密切引人注目。暂且试举事例。太武帝时期的例子如下^{补注3}：

（接上页）（万斯同举冯修、抱嶷、符承祖作为这个时期的侍中）。另外，太和九年（495）时的例子中，献文六王一起被封王，因为同时加侍中和四征大将军，仅此就有六人。此外，十二月元他由侍中改为侍中、司徒（《魏书》卷七上），其前任的司徒陈建也是侍中（《魏书·天象志》），据《高祖纪》，苟颓大概也是侍中、司空，据《礼志三》冯诞此时也是侍中。

这样看来，即使在川本芳昭指为内朝改革的太和十五年十二月以前，也不得不考虑侍中与加侍中的区别。

1. 例如前注所述，献文六王的加官记述写法每个人均稍有差异。
   太和九年封，加侍中、骠骑大将军、中都大官（咸阳王禧）
   太和九年封，加卫大将军，除侍中、中都大官（赵郡王幹）
   太和九年封，加侍中、征东大将军，为外都大官（广陵王羽）
   太和九年封颍川王，加侍中、征南大将军（高阳王雍）
   太和九年封，加侍中、征北大将军（北海王详）
   太和九年封始平王，加侍中、征西大将军（彭城王勰）
2. 为了解太武帝以后高官就任侍中的情况而作成一览表。选择的高官是太和前令的从一品，到后令的从二品。特进等加官和大将军以外的将军则省略。制表虽依据万斯同《魏将相大臣年表》，但加以部分修正。同表应修正之处不少，目前仅为了本章目的而小幅修正。能确认为任侍中者，附加※号。其中明示为加官或加官后"侍中如故"可推定为加侍中者附加○号。又虽然传中没记载任侍中，但从志或本纪、墓志等知道任侍中者，加官的可能性高，附加□号。另一方面，确实是兼侍中者，在名字的下方施加底线（△号为散骑常侍）。

（转下页）

第二章 北魏门下省初探

征为侍中、治都曹事(《魏书》卷三三《薛提传》)

拜侍中、中军大将军,参典都曹事(《魏书》卷一八《元翰传》)

拜侍中,参都曹事(《魏书》卷一八《元谭传》)

(接上页)

太武帝以后高官就任侍中情况一览表

官名	前期的就任者	后期的就任者
丞相	乙浑	※元雍
太师	宗爱	※冯熙 ※元勰 ※元雍 ※元继
太宰	圂杜超 元寿乐 ※常英圂李峻	
太傅	冯熙	元休 元丕 ※元详圂元怿⦿元继⦿元雍
太保	陆馛 ※卢鲁元	元简 元禧⦿元雍 元怀⦿元继 崔光
大司马	万安国	圂元休 元勰 元雍
大将军		刘昶 元详 高肇
太尉	张黎 周㧑 ※尉眷 乙浑圂源贺 圂元丕 元长乐	⦿元禧⦿元雍 ※元怿 ※元悦 皇甫度
司徒	长孙翰 崔浩 古弼 ※陆丽 刘尼 ※元丕 元目辰 圂陈建 ※元他 圂尉元	圂冯诞 ※元勰 ※元详 高肇 ※胡国珍 元怀⦿元继⦿崔光⦿元澄 皇甫度
司空	⦿长孙道生 儿乌干 杜元宝 ※和其权 伊馛 陆定国 李訢 ※苟颓 圂穆亮	元详 元羽 穆亮 元雍 元嘉 圂元怿 元怀⦿元澄 ※元继 刘腾 皇甫度 圂元钦 萧宝夤 萧赞
尚书令	古弼 长孙渴侯 ※于洛拔 ※韩茂 元石 叔孙邻 元丕 陆儁 王叡 王袭 源怀 尉元	陆叡 王肃 穆亮 元嘉 高肇 ※元澄 ⦿于忠⦿李崇 ※元叉圂元略 ※萧宝夤
尚书左仆射	⦿安原 李盖 兰延 ※韩茂 ※元目辰 ⦿赵黑 △张佑 ⦿穆亮圂陆叡 赞	李冲 元详 元嘉 源怀 元怿 郭祚 圂元晖 皇甫度 △李崇 △崔亮 萧宝夤 ※元徽 ※元彧
尚书右仆射	⦿屈恒⦿屈道赐 刘尼 和其奴 慕容白曜⦿陈建⦿元忠⦿楼毅	元羽 元澄 穆泰 高肇 元珍 元诠 △郭祚⦿于忠 游肇圂元钦 ※元延明 元丽 元顺 长孙稚 △李平
中书监	⦿卢鲁元 ※穆平国 穆寿 李敷 高允 刘昶	※穆罴⦿元勰 元愉 崔光 ※胡国珍 元悦 李崇 穆绍 胡祥 元芝 元子攸

表中显示,就任侍中者过半都是加官。附加囗号者的就有十五例,意谓着有可能为加侍中的事例不少。明元帝时期的太尉穆观,虽然没有就任侍中的纪录,但"出则统摄朝政,入则应对左右,事无巨细,皆关决焉"(《魏书》卷二七),大概是加侍中。

> 迁侍中、安南将军,领仪曹尚书(《魏书》卷三三《谷浑传》)
> 稍迁侍中、选部尚书、镇南将军(《魏书》卷二九《奚拔传》)
> 除散骑常侍、侍中、四部尚书(原文如此,《魏书》卷四四《罗斤传》)
> 进为侍中、吏部尚书,典南部奏事(《魏书》卷二八《古弼传》)

奚拔以下的三例,尚书和侍中的关系不明显,至少,古弼在本传之外所见的五处侍中之例,似乎不是加官。此外,罗结"迁侍中、外都大官,总三十六曹事",因为记载中总三十六曹意谓着尚书,除了被认为是三师、三公等级的加官之外,侍中十六例中有半数和尚书有关。

文成、文献帝时期"转拜侍中、殿中尚书"(《魏书》卷三一《于洛拔》)、"俄迁侍中、仪曹尚书"(同书卷四〇《陆定国传》)、"拜侍中、乐部尚书"(同书卷四〇《陆隽传》)也是同样的事例。另外也有在尚书上"加侍中"的记载:

> 迁征北大将军、都曹尚书,加侍中(《魏书》卷四四《伊馛传》)
> 征为殿中尚书,加侍中、特进(《魏书》卷三〇《刘尼传》)
> 转选部尚书……加侍中(《魏书》卷九四《阉官·赵黑传》)

如前述晋代已有尚书加侍中的事例,这些例子也作为加官来理解虽也可以,但《高宗纪》兴光元年(454)条云"以侍中河南公伊馛为司空",与先前的例子相同,不能排除兼任侍中的可能性。此外,《魏书》卷八三上《外戚·闾毗传》记载,闾毗与弟闾纥同时并加侍中之后,"进爵为王,毗征东将军、评尚书事,纥征西将军、中都大官"。这时的"评尚书事"意谓"录尚书事",严耕望指出,闾毗之外,还有尉眷、常英、和其奴共四人担任这个职位[1]。闾毗记为加侍中,但《高宗纪》和《天象志》

---

1. 严耕望:《北魏尚书制度考》,《中央研究院历史语言研究所集刊》18,1948年,"都省"。

二处记为"侍中、征东大将军、河东王",侍中作为本官的可能性也很高。再者尉眷为侍中、太尉[1],常英为侍中、太宰。在除了三师、三公、尚书令仆之外的十三例带侍中之官中,以上的例子占了过半。

孝文帝时期,官制改革之前与尚书有关的侍中之例,除"加侍中"之外也有十一例,包含"加侍中"则多达十五例。此占了除三师、三公的带侍中之官的二十九例中的半数。其详细内容如下:

表2-1 孝文帝时与尚书有关的侍中之例

侍中、都曹尚书	苟颓(《魏书》卷四四)、尉元(《魏书》卷五〇)、陆叡(《魏书》卷四〇)
侍中、殿中尚书	长孙观(《魏书》卷二五)
侍中、吏部尚书	王元孙(《魏书·礼志一》)、王叡(《魏书》卷九三《高祖纪上》)
侍中、南北部尚书	穆真(《魏书》卷二七)、穆钮头(《魏书》卷二七)
侍中、尚书	冯诞(《魏书》《礼志一》《礼志三》)、冯修(《魏书》卷八三上《冯诞传》)、元仙德(《魏书》卷三四《陈建传》)
加侍中	"迁都曹"(《魏书》卷九四《抱嶷传》)、"监都曹"(《魏书》卷九四《张佑传》)[2]、"知都曹事"(《魏书》卷九四《符承祖》)、"拜殿中尚书、加侍中,参都曹事"(《魏书》卷四一《源怀传》)

看到此数例,毫无疑问侍中与尚书关系密切。[3]这种情形应该如何理解?晋代侍中地位仍低,单拜的侍中若能迁官到尚书,被视为美迁。[4]但太武帝时谷浑为侍中领仪曹尚书,薛提作为侍中治尚书都曹事。换

---

1. 《高宗纪》记尉眷死时是"侍中、渔阳王",侍中可能不是加官。
2. 《高祖纪上》记为"侍中、尚书"。
3. 列举带有三师三公、尚书令仆、中书监以外官的侍中,或与本文所举的尚书无关,单拜侍中者:太武帝时有古弼(卷二八)、和疋(卷九四《宗爱传》)、张黎(卷二八,二度就任)四例,以及加侍中的长孙颓(卷二五)、杜凤皇(卷八三上)、崔浩(卷三五)、李盖(卷八三上)四例。文成、献文帝时期有乙乾归(卷四四)、刘昶(卷五九)、乙浑(卷五)、元丕(卷一四)、元孔雀(卷六)、闾毗(卷八三上)、※闾纥(卷八三上,加官)七例。孝文帝前期有※元云(卷一九中)、※元熙(卷一九下)、元详(卷二一上)、元鸥(卷二下)、元他(卷一六)、冯诞(卷八三上)、穆乙九(卷二七)及加侍中的※元禧、※元幹、※元羽、元雍(以上卷二一上)、元猛(卷二〇)、元详、元鸥共十四例。出处都是《魏书》。其中附加※号是三都大官的带官,单拜侍中的例子可说极少。
4. 参见陈启云:《两晋三省制度之渊源、特色及其演变》,《新亚学报》3-2,1958年,第三章。

言之，产生了侍中比列曹尚书处于优位的事例。而与作为侍中有关系的列曹尚书，几乎全部是吏部尚书、都曹尚书、殿中尚书。吏部尚书比起其他的尚书，官品本身高，都曹、殿中两尚书，也仍比其他的列曹尚书受到重视[1]。

更应该注意的是兼任侍中和尚书之例。尤其都曹尚书，在所知的十二例[2]之中，有九例之多与侍中和加侍中密切相关，其比例明显偏高[3]。都曹尚书是北魏前期独特的官，其职掌并不明确，在令仆之下总理尚书诸部，地位比列曹尚书高[4]。这个情况使人想起，前期尚书左右仆射加侍中的高比例[5]。可知的尚书令兼侍中官的事例之少也是问题[6]，但在尚书省里，都省的尚书、仆射压倒性的多数与列曹尚书一部分都兼侍中或加侍中。

这对理解侍中的职掌给予了启发。关于太武帝时期以后侍中的职掌，如侍中古弼出使北凉，又被派遣去迎接被俘虏的夏主赫连昌到京师，道武、明元帝时有同样的事例，但在此之外的记载就很少。仅前引《古弼传》中有古弼为侍中、吏部尚书，典南部奏事的记载，可见侍中也有可能被视为省尚书奏事[7]。那种情况，应该是统辖尚书奏事的都曹高层，因为几乎是由兼侍中或加侍中者担任，那么像北魏后期所见的那样伴随驳检的尚书奏事检查之门下的功能，是否能完全发挥作用，不禁令人怀疑。尚书仆射和都曹尚书，以及一部分的列曹尚书，因为带侍中

---

1. 严耕望：《北魏尚书制度考》，《中央研究院历史语言研究所集刊》18，1948年。不过，严氏认为北魏前期吏部尚书的地位并没有特别高。
2. 包括"参都曹事"等的记载。源怀的情况，可解释为殿中尚书加侍中、加尚书都曹事，符承祖的吏部尚书也可能是本官，那种情况下侍中作为参与都曹的前提，不影响论点。
3. 仅曹尚书九例中有三例，吏部尚书十四例中有三例带侍中。
4. 严耕望：《北魏尚书制度考》，《中央研究院历史语言研究所集刊》18，1948年。
5. 参照本书第74页注2所列的表。
6. 同前注。但是尚书令古弼打算陈奏时，因太武帝未停止与给事中刘树下棋而不得机会，古弼在帝面前"捽树头，掣下床"，迫使太武帝致歉。（《魏书》卷二八）。古弼显然能进入禁中，加侍中的可能性高。可能也有其他加侍中的尚书令存在。
7. 川本芳昭认为有此种可能性，见其《北魏の内朝》，《九州大学東洋史論集》6，1997年，后收录于氏著《魏晋南北朝时代的民族問題》，汲古书院，1998年。

第二章　北魏门下省初探

而能进入禁中，其他不少尚书也兼任或加散骑常侍，得以能进入禁中[1]。此事也让人对门下是否有"省尚书奏事"的职掌产生疑问。《古弼传》的记载可见，古弼被委以吏部尚书原来职掌以外的职务。

前期侍中"省尚书奏事"的职掌大概尚未完全发挥作用，能确认的门下中心职掌是侍奉皇帝左右以备顾问，被派遣去实践皇帝的意志[2]。但显然不仅如此。门下不仅与政策案件有关系，也参与行政工作。前面已指出道武、明元帝时期，门下系统的官与行政性质工作的关联性，兼尚书之职责能从这方面来理解。太武帝太平真君五年（444）皇太子（恭宗）监国之时，作为东宫四辅辅政，"以决庶政"（《世祖纪下》）的四人是：

张黎	侍中、广平公（《魏书》卷二八、卷一一三、《世祖纪下》）
崔浩	司徒、东郡公（《魏书》卷一一三、《世祖纪下》）
穆寿	侍中、中书监、宜都王（《魏书》卷一一三、《世祖纪下》）
古弼	侍中、建兴公（《世祖纪下》）

假设其中有二人是单拜侍中，此外穆寿很可能是兼任[3]，能确认的亦即辅政者是以门下为中心安排，不管是否依特命临时选任，这可以说是具有行政相关倾向的门下当时的性质使然。

但这种门下形态由于孝文帝改革官制而变化。具体而言，《官氏志》所记载太和十五年（491）十二月，侍中、黄门各设置四人，实际上正属于那个变化的时期，如前章所见，"省尚书奏事"的晋代门下职掌开始发挥功能。同时，这意谓着侍中基本上断绝和尚书诸官的关联。两者兼任者仅有孝文帝后期李冲"迁侍中、吏部尚书、咸阳王师"（《魏书》卷五三）一例，宣武帝时卢昶"转侍中，又兼吏部尚书，寻即正，仍侍中"（同书卷四七）和李韶"征拜侍中，领七兵尚书"（同书卷三九）

---

1. 在《魏书》中检索，前期可知是兼或加散骑常侍的事例，包括殿中尚书一、吏部尚书五、仪曹尚书二、南部尚书三、北部尚书三、库部尚书四、都曹·金部·太仓·祠部·都牧尚书各一、曹名不明尚书六。
2. 前面认为侍中和加侍中存在区别。叙任关系中虽有此区别，但加侍中若能出入禁中，当然能应对询问，和正侍中的职掌差别并不那么大。
3. 《世祖纪》记载，太武帝亲征北凉（439）时，穆寿辅佐皇太子决留台事时是侍中、宜都王。

以及"侍中、大将军、录尚书事"元详（同书卷二一上）等三例，孝明帝时加侍中的吏部尚书元徽（《北史》卷一八）一例[1]。相反地，宣武帝时单拜侍中或者侍中作为本官的事例很多：侍中、国子祭酒刘芳（《魏书》卷五五），侍中、领右卫将军元晖（同书卷一五、墓志五五），侍中、领中尉甄琛（同书卷六八），侍中、金紫光禄大夫郭祚（同书卷六四）和元怿（墓志，《考古》1973年第4期；《魏书》卷二二只作侍中），侍中、领军将军于忠（同书卷三一），不知是兼官或领官的元苌（同书卷一四）、元诠（同书卷二〇）、穆绍（同书卷四三《房景先传》《官氏志》）、卢昶（同书卷四七）、游肇（同书卷五五）、张彝（同书卷六四）、崔亮（同书卷六五《刑峦传》）、李彪（同书卷八二《李琰之传》）、高显（同书卷八三上）、元怀（同书卷六六《崔亮传》）、元珍（墓志四四）、元昭（墓志四九），共计十八例[2]。

另外，太武帝时期以后任黄门侍郎者，太武帝时仅知有宦官仇洛齐（《魏书》卷九四、卷三五《崔浩传》）和李顺（同书卷三六）二例，文成、献文帝时不能得知任官者。孝文帝前期有李韶（《魏书》卷三九）、陆凯（同书卷四〇）、张彝（同书卷六四）、崔光（同书卷六七），数量不能说多[3]。提及活动状况的也少，和前面的论述并不冲突。

结语

北魏的门下，在侍奉皇帝左右应对询问、作为使者被派遣去体现天子意志以及从事草制方面，可以说前期与后期职掌相同。但在机能上前后期则大不相同。前期门下与以尚书为中心的行政机构有关，另一方面"省尚书奏事"这个方面较弱；相对于此，后期原本见于西晋的门下职掌则被恢复，也执行驳奏。然而，虽然因为孝文帝的官制改革，

---

1. 散骑常侍和尚书的关系，似乎也在孝文帝后期以后变弱，到孝明帝时为止（限于《魏书》中检索）不过仅有七例。
2. 墓志为赵万里《汉魏南北朝墓志集释》所收，数字为其图版编号。另外，元诠"寻除侍中，兼以首告之功，除尚书左仆射"，侍中也可能是左仆射的兼官。又元苌和元昭列举的若干官职中有侍中，有以其他官兼任的可能。
3. 孝文帝后期以后，能知任黄门侍郎者的数量增加。

第二章　北魏门下省初探

暂时在制度上弱化了参与行政的部分[1]，但到孝明帝时，以兼军职等原因，任侍中者获得权力，因而加强了门下的势力，同时门下成为辅政的场所，继承了中书所拥有的草诏权一部分。由于这些制度性的支持，门下展现出政治上强大的力量[2]，产生"时政归门下"的状况。

川本芳昭指出，北魏后期的门下，继承了以北族为中心运作的前期内朝（指门下省和北族起源的内朝官）所拥有的大部分职掌。[3]他的学说重视前期北族性要素的存在，把握了作为官制面出现的北族起源的内朝官[4]。虽说仅从前述一点着眼讨论是有问题的，但其见解有可赞同之处，也有难以赞同的部分。可赞同的是关于门下的职掌，前期和后期有不少相同之处。难以赞同的，首先是对于后期门下的职掌是继承北族系内朝官职掌的理解。

川本所举作为北族起源内朝官的职掌有三点：a.出入诏命，b.回答天子日常的询问，c.监察列曹和州镇。b当然是门下的基本职掌，后期的这一项应是继承自前期的门下。a作为前期门下和北族系内朝官的职掌是有明确记载的。后期应该也有类似的运作[5]，但即使如此大概也不能

---

1. 本书第74页注2所列的表中，孝文帝改革官制以后，任尚书令仆（表中未明确说明是直到宣武帝末年）而带侍中者是没有的，对照尚书带侍中者的减少来看的话，不能说是偶然。另外，如前文所见，依孝文帝的遗诏辅政者，以尚书为中心，没有一个侍中参与，这也是对应门下的变化。
2. 《魏书》卷七九《范绍传》云："（太和）十六年，高祖选为门下通事令史，迁录事，令曼奏文案，高祖善之。又为侍中李冲、黄门崔光所知，出内文奏，多以委之。高祖曾谓近臣曰：'崔光从容，范绍之力。'"另外《魏书》卷六七《崔光传》云："还，仍兼侍中，以谋谟之功，进爵为伯。（中略）虽处机近，曾不留心文案，唯从容论议，参赞大政而已。"可知孝文帝改革之后不久，委任下僚处理事务性的奏，侍中和黄门侍郎仅涉及政策。可以说门下作为辅政之处的基础，早在这个阶段就已出现。
3. 川本芳昭：《北魏の内朝》，《九州大学東洋史論集》6，1997年，后收入氏著《魏晋南北朝時代の民族問題》，汲古书院，1998年。
4. 近年重视北魏独特官制的研究相继出现。除郑钦仁《北魏官僚机构研究》（牧童出版社，1976年；1995年稻禾出版社再刊）之外，有严耀中《北魏内行官试探》（中国魏晋南北朝史学会编《魏晋南北朝史研究》，四川省社会科学院出版社，1986年）和陈琳国《北魏前期中央官制述略》（《中华文史论丛》1985年第2期）。
5. 参照本书第71页注1。

说是特别继承北朝系内朝官的职掌[1]。川本认为作为北族系内朝官的职掌重要的是c，他自己指出这项职掌在后期移到了御史台。若是如此，后期门下的职掌若有继承之处，应该考虑是源自前期门下。

再者，关于前期门下以北族为中心运作的说法，北族任侍中者确实占压倒性的多数。但前期升到高位之人多为北族，并不特别限于侍中。而若以黄门侍郎为例（因为事例较少，因此说服力不得不变弱），汉人就占了多数。

即使拥有类似的职掌，经历两种官职的事例很多，但是将北族起源的内朝和门下一并作为内朝官理解，笔者觉得尚有些许问题。尽管如此，川本的研究厘清了北族系内朝官存在的重要性。北族系内朝官与门下的关联性，其废止对门下的影响等将作为今后的课题，暂且在此搁笔。本章因史料限制而过于烦琐，尚待指正。

【补注1】本章完稿之后，中村圭爾的《南朝における議について——宋・齊代を中心に——》(《人文研究》40，1988年）出版，详论南朝包括驳在内与国家意志决定相关的"议"。本章所论北魏的"议"，现阶段没有特别修改的必要，但关于"议"，有待来日再探讨。（1990年记）（补记：此后有关"议"的研究，参照本书第二部。2003年5月记）

【补注2】第二部第十四章中，论及这个时期崔浩可能为内朝官。但北魏前期的内朝官和门下省官未必相同。（2005年5月记）

【补注3】第三部第十六章中，元翰和元谭的"都曹"指的是三都坐大官。因此，此二例不算在尚书的事例中。关于薛提，尚不能以此判断。但从后引的伊馛可知，都曹尚书和侍中结合的事实不变。

---

1. 如川本氏所言，北族系内朝官传达诏命，以口诏传达的事例不少。另外，北魏的语言是个重要问题，关于这部分，参照郑钦仁：《译人与官僚机构—北魏政治制度史研究的前提之一》，《台湾大学历史学系学报》3，1976年，后收入氏著《北魏官僚机构续篇》，稻禾出版社，1995年。

第三章

北魏初期的将军号

前言

东晋时代以降,将军号纷乱的发展,伴随而来的是所谓将军号的名目化、虚号化[1]。在北魏,此情形更进一步的发展,几乎所有的将军号皆散官化[2]。然而,学界只论将军号的虚号化、散官化,几乎未讨论此一时代将军号所具有的意义便告终,近年反而是由日本史、朝鲜史的角度对此时代的将军号寄予关心[3]。将军号朝散官化的发展固然无误,却尚未完全地阶官化,而且许多既存的事实理应具有多种意义。探究这些意义,对于理解此一时代的政治制度,并非毫无意义。本章作为此一探究的预备作业,仅仅处理一定范围内的课题。

一、晋、宋、北魏的将军号及其序列——以官品表为中心

《魏书》卷一一三《官氏志》中记载两种官品表,据推测,它们分别是制定于太和十七年(493)的《职员令》的记载(以下简称为《前令》),以及完成于太和二十三年(499)而于宣武帝时期实施者(以下简称《后令》)[4]。将这两种官品表揭载的将军号进行相互比较,进一步与晋、宋将军号比较而制成为表3–1。晋官品系依据《通典》卷三七,宋官品则依从《宋书·百官志》,一部分据《通典》卷三七补充。这些将军号将依《前令》的序列为基准来进行排列,在字段的右侧记录的是与此序列相异的将军号,以及其他不见于此序列的将军号。

---

1. 宫崎市定:《九品官人法の研究》,东洋史研究会,1956年,第308页。
2. 宫崎市定:《九品官人法の研究》,东洋史研究会,1956年,第403页。
3. 参见坂本義種:《古代東アジアの国際関係——和親.封册.使節よりみたる——》,收入氏著《古代東アジアの日本と朝鮮》,吉川弘文館,1978年;武田幸男:《平西将軍・倭隋の解釈——五世紀の倭国政権にふれて——》,《朝鲜学報》77,1978年。本章完稿后,小尾孟夫也发表了《晋代における将軍号と都督》(《東洋史研究》37-3,1978年,后收录于氏著《六朝都督制研究》,溪水社,2001年),讨论了西晋、东晋将军号的特征。
4. 宫崎市定:《九品官人法の研究》,东洋史研究会,1956年,第390-396页。

第三章 北魏初期的将军号

根据表3-1可清楚看出以下问题。(此外，领军、护军、左右卫、武卫等各将军担任禁卫军指挥[1]，与其他产生虚号化的将军号在性质上有所不同。将殿中将军与直阁将军[2]一并排除在以下的考察之外，应是适当的方式。此外，《宋书·百官志》中还有，被记录为领军、护军将军系统的骁骑、游击、前后左右军、积射、强弩等各个将军号，根据推测在北魏也有以骁骑将军担任中央军统领的事例，但是另一方面，相同称号也被当作将军号而授予地方官，本章将这些称号都纳入考察的对象范围内[3]。）

表3-1 晋、宋、北魏将军号序列比较

A 晋		B 宋		C 北魏（前令）		D 北魏（后令）	
将军号	官品	将军号	官品	将军号	官品	将军号	官品
		大将军	1	大将军	1上	大将军	1
骠骑	2	骠骑	2	骠骑	1下	骠骑	2
车骑		车骑		车骑		车骑	
卫		卫		卫		卫	
四征	3	四征	3	四征	从1中	四征	从2
四镇		四镇		四镇	从1下	四镇	
		中军		中军		中军	
		镇军		镇军		镇军	
		抚军(1)		抚军		抚军	
				领军	2上	领军	
				护军		护军	

---

1. 参照滨口重国:《正光四年の交に於ける後魏の兵制に就いて》,《秦漢隋唐史の研究》上，东京大学出版会，1996年。
2.《魏书》卷一一一《刑罚志》中记载:"直阁等于禁直上下，有宿卫之勋。"直阁与直后、直斋等一样，有担任宿卫之指挥官的意思。
3.《魏书》卷六一《毕众敬附毕祖晖传》中记载:"正始中，除龙骧将军、东郡太守，入为骁骑将军，加征虏将军。"此外还可见到如同书卷三九《李宝附李季安传》所载"正光末，〔元〕颢为关西都督，复引为长史，委以戎政，寻加骁骑将军"等许多事例。

续表

A晋 将军号	官品	B宋 将军号	官品	C北魏（前令） 将军号	官品	D北魏（后令） 将军号	官品
四安		四安		四安	2下	四安	
				前后左右			
四平		四平		四平		四平	
中军					从2上		3
镇军							
抚军							
				左卫		左右卫(2)	
前后左右	3	左右前后	3			前左右后	
				武卫	从2下		
				右卫			
征虏		征虏		征虏		征虏	
						武卫	从3
		冠军				冠军	
辅国		辅国		辅国	3上	辅国	
龙骧		龙骧		龙骧		龙骧	
中领军		领军					
中护军		护军					
武卫							
左右卫		左右卫					
	4		4	骁骑	从3上	骁骑	4上
						游击	
				前后左右军			
				镇远	从3下	镇远	4
				安远		安远	

第三章　北魏初期的将军号

续表

A晋		B宋		C北魏（前令）		D北魏（后令）	
将军号	官品	将军号	官品	将军号	官品	将军号	官品
						平远	
				建远			
						建义	
				建中		建忠	
				建节		建节	
				立义		立义	
				立忠		立忠	4
				立节		立节	
				恢武		恢武	
				勇武		勇武	
	4		4	曜武		曜武	
				昭武		昭武	
				显武		显武	
				直阁			
中坚				中坚		中坚	
中垒				中垒		中垒	
		骁骑					从4上
		游击			4上		
		左右前后军				前左右后军[3]	
前左右后军							
宁朔		宁朔		宁朔		宁朔	
				扬威			
建威		建威		建威		建威	
振威		振威		振威	4中	振威	从4
奋威		奋威		奋威		奋威	
		扬威			4下	扬威	
		广威		广威		广威	

续表

A晋		B宋		C北魏（前令）		D北魏（后令）	
将军号	官品	将军号	官品	将军号	官品	将军号	官品
建武		建武		建武		建武	
振武		振武		振武		振武	
		奋武		奋武		奋武	
扬武		扬武	4	扬武	4下	扬武	从4
广武		广武		广武		广武	
				广威			
左右积弩	4			左右积弩			
积射		积射		(积)射	从4下		
强弩		强弩		强弩			
		奋武				宁远	5上
鹰扬		鹰扬		鹰扬		鹰扬	
折冲		折冲		折冲		折冲	
				宁远			
	轻车		轻车				
		扬烈		扬烈		扬烈	
	武牙				5上		从5上
	威远	5		5			
	宁远		宁远				
	虎威						
	材官		材官				
伏波		伏波		伏波		伏波	
凌江		凌江		陵江		陵江	
				平漠		平汉(4)	
				轻车		轻车	
				威远	5中	威远	从5
				虎威		虎威	
殿中	6	殿中	6	殿中			

第三章　北魏初期的将军号

续表

A晋		B宋		C北魏（前令）		D北魏（后令）	
将军号	官品	将军号	官品	将军号	官品	将军号	官品
				员外	从5中		6上
宣威[5]		宣威		宣威		宣威	
		明威		明威	6上	明威	
		骧威		襄武[6]		襄威	从6上
		厉威		厉威		厉威	
		威厉					
				威烈		威烈	
		威寇		威寇		威寇[7]	
		威虏		威虏	6中	威虏	
		威戎		威戎		威戎	
		威武		威武		威武	7上
	8	武烈	8	武烈		武烈	
		武毅		武毅		武毅[8]	
		武奋		武奋	6下	武奋	
						积弩	
						积射	
		绥远		绥远			
				绥虏	7上		
		绥边		绥边			
		绥戎					
		讨寇		讨寇		讨寇	7
		讨虏		讨虏	7中	讨虏	
		讨难		讨难		讨难	
		讨夷		讨夷		讨夷	

续表

A晋 将军号	A晋 官品	B宋 将军号	B宋 官品	C北魏(前令) 将军号	C北魏(前令) 官品	D北魏(后令) 将军号	D北魏(后令) 官品
		荡寇		荡寇		荡寇	
		荡虏		荡虏		荡虏	
		荡难		荡难	7下	荡难	从7上
		荡逆		荡逆		荡逆	
						强弩	
		殄寇		殄寇		殄寇	
		殄虏		殄虏		殄虏	
		殄难		殄难	8上	殄难	8上
				殄夷		殄夷	
						殿中	
		扫夷					
		扫寇		扫寇		扫寇	
	8	扫虏	8	扫虏	8中	扫虏	从8上
		扫难		扫难		扫难	
		扫逆		扫逆		扫逆	
		厉武		厉武		厉武	
		厉锋		厉锋		厉锋	
		虎威					
		虎牙		虎牙	8下	虎牙	从8
				虎奋		虎奋	
						员外	
		广野		广野		旷野	
		横野		横野	9上	横野	9上
		偏		偏		偏	
		神		神		神	从9上

注:(1)坂本義種氏指出此处存在差别应是正确的见解,见坂本義種:《古代東アジアの国際関係—和親・封冊・使節よりみたる—》,收入氏著《古代東アジアの日本と朝鮮》,吉川弘文館,1978年。

第三章 北魏初期的将军号

（2）《通典》卷三八将左右卫置于前左右后之后。
（3）《通典》中未见。
（4）《通典》中也作平汉，但是如中华书局本《魏书》校勘记所言，应为"平漠"。
（5）以下的将军号，仅见"杂号宣威将军以下"，《通典》官品表中没有详细记载。
（6）若以宋制与《后令》比较，似宜改作襄威。
（7）《通典》中未见。
（8）《通典》中作武敦。
此外，四平、四征等的"四"是表示东西南北（如征东将军等）。宋的武卫将军比照员外散骑侍郎（《宋书·百官志》）。

首先是关于晋与宋的将军号。中坚、中垒、积弩、武牙、威远、虎威等见于晋代的将军号却不见于刘宋；相反地，冠军、扬威、扬烈却不见于晋代。还有，中军、镇军、抚军（在晋宋）的序列也有所不同。虽有如此类的不同之处，基本上仍宜将晋宋将军号的名称和序列视为相同一致的。尤其是，晋代的表中不见冠军以下三个军号，任一者均可见到西晋时期的任命事例[1]，可以推测大约是《通典》失载之故，因此更可确认晋宋将军号的相似性。宣威以下的八品将军号在晋代的情形并不清楚，但《宋书·百官志上》记载：

> 自凌江以下，则有宣威、明威……凡四十号。其威虏，汉光武以冯俊居之。虎牙，以盖延居之，为虎牙大将军。……其余或是后汉及魏所置，今则或置或不。

可以推测，刘宋宣威将军以下军号，在晋代大概也是存在的。因为刘宋军号在后汉、三国时期已确定者，很可能也存在于晋代。此外，虽然数量较少，但根据明威将军郝彦（《晋书》卷六〇）、讨虏将军陈安（同书卷八六）、荡寇将军索靖（同书卷六〇）、殄寇将军乔智明（同书卷九〇）、厉武将军丁乾（同书卷五八）等事例的存在，可以更加确定这些军号存在的可能（但是，于刘宋也不常置者，于晋代大概也并非全部都设置）。如此，晋宋的将军号在官品表中可看作是大体一致的。

---

1. 冠军陶瑾（《晋书》卷五七）、扬威莫原（同书卷五九《赵王伦传》）、扬烈王浑（同书卷四二）等。此外，也有未载晋代中军的刊本，此处依据四库善本丛书所收的《通典》。

其次是关于北魏的《前令》与《后令》的问题。仅见于《后令》中的冠军、游击、平远、建义等各个军号，以及仅见于《前令》的建远、绥远、绥虏、绥边四号的存在之外，序列上仍可见到一些差别。但是，关于冠军如次节记述般，在北魏初期有许多实例，同样的事例在官品表产生的太和时代及其后都曾被提起过。游击也是同样的情形，可以推知此二号因《魏书》记载不备而未见。另外，建远与平远、建义的位置相当，前者的名称是省略后两者而来。管见以为，建远虽未见任用事例的记载，由于可见平远、建义的任用事例相当常见，这也是因为《魏书》的记载不全，建远应分拆为平远、建义二号。关于绥远等三号，虽然也可以认为是在《后令》中被减省掉了，但因为都是地位低下的七品之号，似不能将没有实例作为其不存在的证明。接着检讨在序列上存在前后差异的军号。前后左右与四平的差异只限于在同一官阶之内，鹰扬、折冲和宁远也是同样情形，这些军号并不存在值得重视的巨大差异。至于建威等五威将军的序列如《前令》中显著的不统一，一见即可明白，并在《后令》中获得重新整理。在序列上前后明显存在差异者，只有前后左右军和左右积弩射、强弩而已。如此观察的话，可以说《前令》与《后令》中的将军号（序列）基本上应是一致的。了解官阶的区分方法之后，仍然可以得到如上述的见解。《后令》一方面继承《前令》并修正其不统一之处，更可见对于极小部分的再调整（割舍七品以下的官职，而将六品以上重新分配到九品之内的结果，《后令》中见不到许多出现在《前令》中的官职[1]，这是在比较《前令》和《后令》时所不能忽视的。笔者认为，这是因为《后令》中的将军号的阶官性质获得加强。《前令》中全五十四阶中的二十五阶设置将军号，相对于此，《后令》的全三十阶中的二十一阶存在将军号，都显示出《后令》中将军号的阶官化倾向的发展。但是，也还没有进展到梁天监年间改革那样，把将军号划分为十品二十四班，与流内十八班完全对应[2]。

接下来，将更为详细地比较晋、宋与北魏（以下使用表1A–D的记号）。

---

1. 宫崎市定：《九品官人法の研究》，东洋史研究会，1956年，第397—399页。
2. 宫崎市定：《九品官人法の研究》，东洋史研究会，1956年，第340—341页。

第三章　北魏初期的将军号

以C为标准，由骠骑至龙骧（个别失载的部分已加以订补）并无显著的差别。只有A的中、镇、抚军序列与BCD有所不同，C的前后左右序列有所差异而已。就骁骑至中垒而言，AB与CD中骁骑、游击的序列有所变化，C的前后左右军的位置与ABD不同。此外，以B而言，不见中坚、中垒。应注意这些属于制度上的前后相承之处，但是除了镇远以下至显武为止的各个军号，只不过是先后顺序的不同而已，并没有根本的差别。不过，镇远以下至显武等十四号完全不见于AB，这是一个重大的差异。关于此点将于后文讨论。宁朔以下至强弩为止，除了积射弩，B与D是一致的。A与C虽然在五威、五武的序列上发生错乱，但仍可视为大致相同。由鹰扬至虎威的序列有明显差异，将军号本身也有一部分出入，但是仍可认为大体上都具有相同的特征。宣威以下的四十号在B与C之间有许多相同之处，不同者仅有四号而已。D之中插入了积弩射等已提及的军号，此外与C完全相同。A虽然详细不明，但是可推测与B大体相同，前文已经说明。

接着，镇远以下的十四号被认为是至北魏才初次使用的军号，实际上似乎并非如此。后赵石虎时，已有镇远大将军、建义、建节、曜武等军号的出现（《晋书·石季龙载记》），前秦时已可见到安远、建节、立忠（同书《苻生载记》等）、平远（同书《苻坚载记》）、立节、建忠（《金石萃编》卷二五），后秦时的镇远、平远（《晋书·姚苌载记》）、建节、建忠、立节、建义（同书《姚兴载记》等）、恢武（同书《姚泓载记》）等散见各处，这些将军号中的多数均出现于五胡诸政权中。关于晋代事例的检索并不充分，仅知东晋时有平远杨佛嵩（同书《姚苌载记》）一例，即使将忽略纳入考虑，与建威以下五威五武的事例之多相较，其事例的数量便显得太少。因此，可以推想，五胡诸政权继承晋代的将军号，并增加了镇远以下诸军号，北魏则是综合了这些军号而加以继承。以下试将《晋书》载记中所见将军号与数个政权配合列举来看（限于表一的关系，前述诸号除外）。前赵有骠骑、车骑、卫、四征、四镇、中军、镇军、四安、前后左右、四平、征虏、冠军、龙骧、前后左右军、中坚、中垒、宁朔、振威、建武、振武。后赵有骠骑、车骑、卫、四征、四镇、镇军、抚军、四安、前后左右、四平、征虏、冠军、辅国、龙骧、骁骑、前后左右军、游击、镇远、奋武、左右积弩射、宁远。前燕有车骑、四征、四镇、中军、抚军、四安、前后左右、征虏、冠军、辅国。前秦有骠骑、卫、四征、四镇、中军、镇军、抚军、四安、前后左右、四平、冠军、辅国、龙骧、骁骑、游击、中垒、宁朔、建威、奋威、扬武、鹰扬、伏波、凌江。尽管受限于使用的数据有限，即便如此，仍可见各政权几乎完全沿袭晋官品表中所见的将军号。此外又附加而使用了镇远等几种将军号，北魏也加以继承。当然，由于南朝的各个制度也给予北魏极大影响，在其整理官制的过程中也相当重视南朝的官品表，但是关于将军号方面应如前述笔者所论才是。将表3-1的ABCD进行比较得到的结果，并未推翻此一结论。

二、北魏初期的将军号

前面检讨过的北魏官品表，乃是孝文帝太和时代的产物。北魏初期是否也真实存在如表中所列的将军号，则需要另外进行讨论。表3-2即是为此而制作，以《魏书》为中心，同时以其他数据补充，以显示太祖道武帝、太宗明元帝、世祖太武帝时代中使用了哪些将军号。将军号及其序列依据《前令》，若有脱落之处则补以〔 〕号标示。由于未能广泛搜集相关资料，在精确度上仍存有问题，不过已足够把握大体的发展方向，对于帮助明了本问题而言可说是已相当足够。

表3-2 北魏初期使用之将军号及其任官数

将军号	任官者数			
	太祖	太宗	世祖	总计
骠骑			2（2）	2（2）
车骑		2（1）	3（3）	5（4）
卫		2（1）	2（1）	4（2）
四征	5（4）	3（2）	32（21）	40（27）
四镇	2（1）	4（1）	28（10）	34（12）
中军		1（1）	2（2）	3（3）

第三章　北魏初期的将军号

续表

将军号	任官者数			
	太祖	太宗	世祖	总计
镇　军		1（1）	2	3（1）
抚　军	1（1）	1（1）	4（3）	6（5）
四　安	1	2	19	22
前左右后	7	1	5	13
四　平	1	7	28（2）	36（2）
征　虏	2		2	4
〔冠军〕	3		11	14
辅　国	1	1（1）	1（1）	3（2）
龙　骧	3	3	11	17
骁　骑		1	1	2
〔游击〕			2	2
前左右后军	2		2	4
镇　远	2	2	2	6
安　远	5		6	11
〔平远〕	1	1	3	5
〔建义〕	1	1	4	6
建　忠			1	1
建　节	2		1	3
立　义			1	1
立　忠				
立　节			1	1
恢　武				
勇　武			1	1
曜　武				
昭　武				
显　武				
中　坚				

续表

将军号	任官者数			
	太祖	太宗	世祖	总计
中 垒				
宁 朔	2	1	5	8
扬 威	1			1
建 威		1	5	6
振 威		1	3	4
奋 威			1	1
建 武			3	3
振 武				
奋 武	1		2	3
扬 武				
广 武	1		2	3
广 威				
左右积弩				
积 射				
强 弩			1	1
鹰 扬			1	1
折 冲				
宁 远		1	5	6
扬 烈			2	2
伏 波				
凌 江				
平 漠				
轻 车				
威 远	1		2	3
虎 威			2	2
宣 威	1		3	4
明 威				

第三章　北魏初期的将军号

续表

将军号	任官者数			
	太祖	太宗	世祖	总计
襄　威				
厉　威	1			1
威　烈				
威　寇				
威　虏				
威　戎				
威　武				
武　烈				
武　毅				
武　奋				
绥　远		2	1	3
绥　虏				
绥　边				

注:( )内表示为大将军号。讨寇以下的将军号因就官者未详,故于此处省略。

如本表清楚呈现出的结论如下。(1)由骠骑到龙骧相当于晋代的二品、三品的各个将军号,可见许多任官者且分布均匀。(2)中坚、中垒、骁骑、游击、五威、五武、积弩射、强弩等相当于晋代四品的军号,除了中坚、中垒,也存在任官者的事例。(3)至于镇远以下至显武等不见于晋代的将军号,少见镇远、安远、平远、建义以外的任官者,也可见到一些无从得知任官者的军号。获得下级的宁朔等军号者反而较多。一般说来,列传中有记载高级官号的倾向,因此此处似有问题。不过,表3-2中不见任官者的立忠、恢武、昭武、显武各军号,以及包含这四号在内的各军号的就任情形,其后仍旧持续出现于整个北魏时期。任官者较少的问题或许与不见于晋宋官品表有所关联。(4)相当于晋代五品将军号的鹰扬至虎威,任官者数不等,尤其可发觉到伏波、凌江、平漠不见任何一例,这些将军号均属下级军号,被记录下任官事例的机会当然较少,就算有如官品表方式的存在,也并不能视为是错误的。(5)相当于晋代八品军号的宣威以下各号,除了宣威、厉威、绥远,未见任官的事例。但是与(4)由于同样的原因(这种情形是由于较(4)的官位更为低下),不能据此认为这些军号在北魏初并不存在。反而应该由此三例能够推测当时尚存在其他的军号。若直接浏览表3-2以下时期的任官事例,可以发现宣威、明威、襄威、厉威、威烈、荡寇、绥远、殄寇等的事例,不过数量极少。

依据前文所述,见于《魏书·官氏志》所载《前令》的将军号,应可确认在北魏初期便已经存在了。

表3-3 《魏书》载未见于官品表之将军号及其任官数

将军号	任官者数			
	太祖	太宗	世祖	计
材 官	1			1
四 宁	1	1	11	13
秦 兵	1			1
晋 兵	2	1(1)		3(1)
周 兵	1			1
鲁 兵		1		1
郑 兵		1		1
吴 兵		1	1	2
宋 兵		1	1	2
陈 兵		1	1	2
卫 兵			1	1
楚 兵		1	1	2
统 万			1	1
直 意		1		1
忠 意		1		1
鸿 飞		1		1
功 劳		1		1

第三章　北魏初期的将军号

续表

将军号	任官者数			
	太祖	太宗	世祖	计
胜　兵	1			1
黑　稍		1		1
正　直		1		1
南　统		1		1
东　统		1		1
上	1	1	1	3
内			2（1）	2（1）
柱　国			1（1）	1（1）
万　骑			1（1）	1（1）
义　兵			1	1
安　集			1	1
常　忠			1	1

注：（）内表示大将军号。

此外，《魏书》中仍有不少不见于官品表记载的将军号。表3-3整理了这些军号。关于这些军号需要进行若干说明。材官将军亦见于晋宋时期。北魏沿续晋代，之后才将此军号裁省[1]。其次，宁东等四宁将军也不见晋宋官品表的记载，至梁代才在"施于外国"的第二十二班将军号中见到。但是就实例而言，西晋末已有宁北将军王浚（《晋书》卷三九）、宁东将军郗隆（同书卷六七），在五胡政权的后赵、前燕、前秦、后秦和夏等国也可检出四宁将军的事例。如后文所述，官品表以外的将军号在各个时期多少都可见到一些事例，四宁将军大约也是其中一例。北魏初期如表所见数量很多[2]，此后也继续沿用，但是若与

---

1. 《宋书·百官志上》关于材官将军的记载，有一条"主工匠土木之事"，据说东晋将材官校尉改为材官将军。可以看出《晋书·职官志》中的材官营与此不同，这也与北魏的废止有所关联。
2. 由迁官事例来推测四宁的序列（参照后揭表3-4）高于从二品、低于二品下，换言之即在前后左右与四安之间。尤其是由四宁迁四安的例子颇多，可以推知为升进的一种模式。

表3-2中的将军号比较，似乎其数量减少许多。这个现象与以下所述其他将军号显示出相同的情形。接着还可见到，冠以古代地域名称的秦兵、晋兵等将军，计有十个例子（统万将军也包含在其中）。《魏书》卷四三《毛修之传》记载：

> 神䴥中，以修之领吴兵讨蠕蠕大檀，以功拜吴兵将军，领步兵校尉。

由修之担当率领"吴兵"的吴兵将军来看，可知这些军号意指率领各地域之兵的将军，不过，如修之这般实际统领其军号地域士兵的事例却不见其他记载，反倒可见如《魏书》卷二八《贺狄干传》记载般：

> 初，太祖普封功臣，狄干虽为姚兴所留，遥赐爵襄武侯，加秦兵将军。

而且这些事例大多可见"加"、"进号"等附加语，可能只是象征的意义。无论如何，这一类的军号在此之后数量也逐渐减少。直意以下的将军号，除了柱国大将军之外，在此之后也一样消失踪迹。就大体的发展倾向而言，表3-3的将军号集中出现于北魏初期，可以发现它们随着时间的移转而消失（同时，其他表一以外的将军号，几乎也不曾出现）。《魏书·官氏志》记载：

> 自太祖至高祖初，其内外百官屡有减置，或事出当时，不为常目，如万骑、飞鸿、常忠、直意将军之徒是也。

已有如此明白的说明。晋代的武威、武部、安集等，前赵的武牙、辅威、忠义、辅汉、安国、翼军等，后赵的横海、渡辽、戎昭等，前秦时前后左右的四禁、轻骑、破虏等，各个时代均可见到独特的将军号。因此，北魏初期有如表3-3的将军号，也不是不可思议的现象。这些军号渐渐被淘汰的现象，更值得受到注意。

三、北魏初期将军号的序列

了解了《前令》所载将军号在北魏初期大体皆存在之后，接着要来检讨这些军号的序列是否果真如官品表般的安排。为达此一目的，将太武帝末年以前、得到两次以上将军号的官员，制成表3-4的一览表。数字表示《前令》中的官品，未作记述处表示官品不详。资料以《魏书》列传为中心，以本纪等其他资料补充。依最初获得将军号的时间先后进行排列，例11以前为道武帝时期，例33以前为明元帝时期，以下为太武帝时期。例68以下为时代不详者。

表3-4 北魏太武帝末年之前获赐二次将军号官员一览

编号	姓名	将军号迁转	列传卷数
1	莫题	平远（从3下）→左（从2上）	二八
2	庾岳	安远（从3下）→征虏（3上）	二八
3	李栗	左军（从3上）→左（从2上）	二八
4	元遵	抚军大（从1中）→征西大（1下）	一五
5	高湖	右（从2上）→宁西（ ）	三二
6	安同	广武（4下）→安远（从3下）→征东大（1下）	三〇
7	于栗磾	冠军（3上）→镇远（从3下）→黑矟（ ）→安南（2下）→镇南（从1下）	三一
8	尉诺	平东（从2上）→东统（ ）→宁东（ ）→安东（2下）	二六
9	奚斤	晋兵（ ）→郑兵（ ）→晋兵大（ ）→安东（2下）→征南大（1下）→万骑大（ ）	二九
10	叔孙建	后（从2上）→龙骧（3上）→正直（ ）→楚兵（ ）→镇南（从1下）→征南大（1下）	二九
11	长孙嵩	安南（2下）→柱国大（ ）	二五
12	安原	鲁兵（ ）→征南大（1下）	三〇
13	尉古真	建节（从3下）→鸿飞（ ）→平南（从2上）	二六
14	韩耆	绥远（7上）→龙骧（3上）	五一
15	奚眷	安南（2下）→镇南（从1下）	三〇
16	奚和观	建威（4中）→龙骧（3上）	二九

续表

编号	姓名	将军号迁转	列传卷数
17	苟孤	车骑（1下）→镇军大（从1中）	四四
18	寇赞	绥远（7上）→安远（从3下）→安南（2下）	四二
19	司马准[1]	宁远（5上）→平远（从3下）	三七
20	司马楚之	征南（从1中）→安南大（2上）→镇西大（从1上）	三七
21	司马天助	平东（从2上）→征东（从1中）	三七
22	周幾	宁朔（4上）→宋兵（）	三〇
23	薛瑾	平西（从2上）→安西（2下）	四二
24	刁雍	建义（从3下）→镇东（从1下）→平南（从2上）→征南（从1中）	三八
25	长孙翰	平南（从2上）→平北（从2上）→安集（）	二六
26	长孙道生	南统（）→征东（从1中）→征西大（1下）	二五
27	费峻	龙骧（3上）→征南（从1中）	四四
28	陆俟	龙骧（3上）→平西（从2上）→平东（从2上）→平西（从2上）	四〇
29	楼伏连	晋兵（）→平南大（2上）	三〇
30	元崇	辅国（3上）→辅国大（2下）	一七
31	元范	中军大（从1中）→卫大（1下）	一七
32	元丕	车骑大（1下）→骠骑大（1下）	一七
33	娥清	振威（4中）→征南（从1中）→平东（从2上）	三〇
34	安颉	建节（从3下）→冠军（3上）	三〇
35	伊馛	振威（4中）→冠军（3上）→镇军（从1下）	四四
36	于洛拔	宁东（）→安东（2下）	三一
37	尉眷	陈兵（）→安北（2下）→宁北（）→安南（2下）→安西（2下）	二六
38	王斤	平北（从2上）→卫兵（）→镇西（从1下）	三〇
39	王慧龙	楚兵（）→龙骧（3上）→宁南（）	三八
40	王宪	中垒（4上）→龙骧（3上）→安南（2下）	三三
41	贺多罗	平东（从2上）→征西（从1中）	九九

续表

编号	姓名	将军号迁转	列传卷数
42	韩 茂	强弩（从4下）→冠军（3上）→平南（从2上）→征南（从1中）	五一
43	仇洛齐	宁南（ ）→平远（从3下）	九四
44	屈 垣	平南（从2上）→镇东大（从1上）	三三
45	源 贺(2)	龙骧（3上）→平西（从2上）→征西（从1中）	四一
46	古 弼	立节（从3下）→安西（2下）	二八
47	谷 浑	振威（4中）→骁骑（从3上）→安南（2下）	三三
48	崔 宽	威远（5中）→宁朔（4上）→镇西（从1下）	二四
49	长孙真	广武（4下）→建义（从3下）→冠军（3上）	二六
50	张 昭	平远（从3下）→宁东（ ）	三三
51	张 黎	镇北（从1下）→征北大（1下）	二八
52	豆代田	勇武（从3下）→平东（从2上）	三〇
53	莫 云	平西（从2上）→镇西大（从1上）	二三
54	皮豹子	冠军（3上）→安西（2下）→征西（从1中）→征西大（1下）	五一
55	封 礼	义兵（ ）→冠军（3上）	世祖纪
56	穆 颤	龙骧（3上）→镇北（从1下）	二七
57	毛修之	吴兵（ ）→前（从2上）→冠军（3上）→抚军大（从1中）	四三
58	游 雅	建威（4中）→建义（从3下）→平南（从2上）	五四
59	和 归	统万（ ）→龙骧（3上）→冠军（3上）	二八
60	来丘颓	安远（从3下）→右（从2上）	三〇
61	李孝伯	建威（4中）→建义（从3下）	五三
62	李 顺	后军（从3上）→奋威（4中）→左军（从3上）→前(从2上)→征房(3上)→宁西（ ）→安西（2下）	三六
63	卢鲁元	右（从2上）→征北大（1下）	三四
64	元 浑	平西（从2上）→镇东大（从1上）	一六
65	元 纂	内大（ ）→征东大（1下）	一五
66	元 他(3)	镇东(从1下)→镇南大(从1上)→镇西大(从1上)	一六

续表

编号	姓名	将军号迁转	列传卷数
67	元提	镇东大（从1上）→车骑大（1下）(3)	一六
68	薛提	晋兵（）→镇东大（从1上）	三三
69	晁晖	征虏（3上）→宁东（）	九一
70	窦瑾	宁远（5上）→冠军（3上）→宁西（）→镇南（从1下）	四六
71	韩备	扬烈（5上）→冠军（3上）→宁西（）	五一
72	崔徽	龙骧（3上）→平西（从2上）	二四

注：（1）平远将军这里记为降号。从他例可以推知平远、宁远的官品均无误，大概是列传的记述错误或者疏漏所致。
（2）据《世祖纪》，源贺在攻击北凉时为安远将军。列传所记先为平西将军，北凉平定后迁征西将军，大致没有问题。本纪或许有误。
（3）据列传，元他为镇南大将军、元提为镇东大将军时，二人讨伐吐京叛胡。但《世祖纪》真君八年条记载，讨吐京叛胡之际，二人军号分别为征南与征东。考虑到元他其后为镇西大将军，很难认为二人都从大将军被特别降格再任为四征将军。应是本纪或列传之一有误。但无论是何者有误，在迁官方面都是合适的。另外也有类似的例子。如例10叔孙建的征南大将军，《世祖纪》记为镇南大将军。

据表3-4可得知，迁官若以同品或向上级迁转为原则，与此不合的事例有例7、10、17、20、24、33、37、43、57、62十个事例。[1] 其中例7的冠军与例24的镇东、例33的征南三者均被记载为"假"。由假授然后真除的事例颇多，但是仍与真除有所不同。这三个例子并非真除，而是终于假授的可能性甚高。若是如此，应考虑将这些事例排除在正式迁官之外。将例外排除后，三例迁官均合于序列。例20的司马楚之由后秦来降后，立即授予征南将军，进入平城后即迁为安南大将军。这大概是由于入国的情形特殊，而暂时授予高位。例17的苟孤因太宗即位的定策之功，而获授车骑将军号。与例20皆被视为特殊的事例。例37所见四安→四宁→四安的迁官模式，无论四宁的序列为何都必然产生矛盾。以功而为宁北，不太可能是左迁，要对此进行说明实有困难。例43的仇洛齐为宦官，可以推知因其不再受宠而降号。例10、57、62

---

1. 关于例43的问题，请参照第99页注2。

第三章 北魏初期的将军号

都在与前后左右产生关联之处有些问题（例62由后军→奋威，也与序列相反）。就前后左右军号的其他事例而言，迁为四宁、征北大将军者有之（例5、63），也有由平远、安远、左军升迁者（例1、3、60）。若将前后左右将军号，置于骁骑之上、龙骧之下，便能够说明前述的事例。这个可能性并非不存在，但是我们不能忽视，晋宋和《前令》、《后令》任一种官品表中，前后左右军号均置于征虏将军之上。

除了假授和特例之外，还有如例10、37、57、62等四例仍然是难以解释的事例（实际为五例）。表3-4的七十二例中，排除军号品秩不详之处，每一次迁官均计算为一个事例的话，共有八十三个迁官的例子，其中有不相符的五个例子（6%），并非很显著的数目。在《前令》与《后令》诞生的太和前后时期里，不符合升迁序列的迁官事例仍然有相当的数量，如元天赐于高祖时由征虏将军迁为后将军，接着又迁为征虏（《魏书》卷一六），世宗时于忠由安北迁为平南（同书卷三一），肃宗时元徽由安西迁为辅国（同书卷一九下）等，也有像这一类不一定符合序列的官位迁转的情形。这五例大概可以视为少见的例外。

如前所述，可以认为，北魏初三位皇帝的时期内，将军号仍维持着如《前令》记载的序列。

结语

本章认为，北魏《前令》一方面取用了五胡政权下常见的许多将军号，另一方面大体继承晋代的将军号，这些军号由北魏初期便已使用，其序列应与《前令》记载相同。这些问题就此而言并无特别值得注意的结论，论证也还有不充足之处[1]，但是如本文开始所说的那样，本文仅预期达成考察的预备作业。就此搁笔，期盼方家不吝赐正。

---

1. 如关于骁骑、游击等将军号的处理，以及讨论仅限于将军，而未及于四中郎将、诸校尉，等等。这些问题容另论探讨。

【补记】镇远以下十四个将军号中,已可确认西晋时有立节(周权,《惠帝纪》)、东晋时有镇远(桓石虔,《孝武帝纪》)的存在。尽管十四号在晋代已存在的可能性甚高,配合本书以避免修改论点为编辑原则的方针,这里仅指出问题所在。(2003年5月记)

第四章

北魏的"光禄大夫"

前言

　　光禄大夫在汉代隶属于光禄勋，执掌顾问、应对或是由皇帝任命为使者的职务，以往并无固定的职务，亦无固定员额，为银章青绶。后汉时员额定为三名，逢诸王国国丧之际，充当朝廷使者赠官与赠赙，同时监护丧事的进行。但是到三国曹魏之后，不再执当使命的职务，而成为诸公年老后受任之官，以及作为高官的加官之用。而且没有一定员额。到了晋代，新置左右光禄大夫，另外在银章青绶的光禄大夫之中增设授予金章紫绶的金紫光禄大夫，四种光禄大夫一并设置（本章之中，提及以上四种光禄大夫时，均标示为"光禄大夫"）。左右光禄大夫与金紫光禄大夫置为二品，光禄大夫则置为三品。此后，南朝原则上承继此一序列，仅在官品的处理上略有差异[1]。

《晋书·职官志》记载：

> 光禄大夫假银章青绶者，……及晋受命，仍旧不改，复以为优崇之制。……其诸卿尹中朝大官年老致仕者，及内外之职加此者，前后甚众。由是或因得开府，或进加金章紫绶，又复以为礼赠之位。

《宋书·百官志上》则记载：

> 自左光禄大夫以下，养老疾，无职事。

---

1. 关于"光禄大夫"的种类与序列，在典籍中出现一些混乱。例如，《资治通鉴》卷一二〇"宋元嘉三年（426）二月"条的胡三省注云，"晋制，左右光禄大夫金章紫绶，后遂为金紫光禄大夫"，将晋代左右光禄大夫理解为之后的金紫光禄大夫。这个错误周一良氏已在《魏晋南北朝史札记》（中华书局，1985年，第129页）中提及。此外，《大唐六典》卷二和《通典》卷三四的记述中也有问题，此处不作讨论。

可见晋南朝时的"光禄大夫"的授予情形，是针对年老致仕者或养病的高级官僚，不任职事而表示优遇。此外，对高级的官僚表示优遇而加授，还有作为去世官僚的赠官之用。试着检索南朝正史中的实例来看，《南齐书》中记载的萧齐时期就任"光禄大夫"者总计三十六例，除了其中四例脉络不详外，其余三十二例中超过半数的十七例为老疾或以"闲养"为目的而就任其职。其他两例乃因就任者嫌弃其新任官职，因而左迁"光禄大夫"，其余的十三例均为表示优遇的加官（或者是单独授予的情形）。接着来看《梁书》记载的五十一个事例，除了脉络不详的两例，其他四十九例中明白表示为老疾就任者有十九例，加上由去世时年推算为逾七十岁、大概是因年老而就任的六例[1]，共计二十五例，约半数的事例乃因老疾而就官。除了左迁的一例之外，其余的二十三例皆可视为因优遇而任官的事例。另一方面，在《陈书》中，明白标记为以老疾就任者仅有三例，加上依年龄推测为年老就任的事例不过九例。另一方面，明白记载为加官、表示优遇的事例共计十九例。尽管如此，《通典》卷三四记述"梁……并养老病，陈因之"，以养老疾为陈朝授官的主要理由是无法否定的。萧齐、梁也是同样的情形，未明白记载的事例很可能都是由于老疾而授官。

　　如以上考察所见，南朝时的"光禄大夫"是一种授予年老、养疾官僚的官职，这种特征相当明显。另一方面，如《大唐六典》卷二所述，"光禄大夫"虽然有时为正授，但多数作为兼官（这种情况，宜视为加官）而授予。

　　相对于此，北魏的"光禄大夫"的样貌有些许不同。首先，因老、疾而就任的事例非常罕见。尽管如此，北魏末年就任"光禄大夫"的人数相当多。将老、疾与"光禄大夫"联系起来的看法，除了明白记载为以老疾就任的六例，《魏书》卷六九《袁翻传》记载：

　　　　（由安南将军、中书令、领给事黄门侍郎）后拜度支尚书，

---

1. 关于此一时期致仕年龄的问题，参照朱大渭：《两晋南北朝官员致仕刍议》，《中国史研究》1987年第1期。

> 寻转都官。翻表曰："……唯臣奉辞，非但直去黄门，今为尚书后，更在中书令下。于臣庸朽，诚为叨滥，准之伦匹，或有未尽。窃惟安南之与金紫，虽是异品之隔，实有半阶之校，加以尚书清要，位遇通显，准秩论资，似加少进。语望比官，人不愿易。臣自揆自顾，力极求此。伏愿天地成造，有始有终。矜臣疾病，乞臣骸骨，愿以安南、尚书换一金紫。"时天下多事，翻虽外请闲秩，而内有求进之心，识者怪之。于是加抚军将军。

可以因此得到确认。此外，在此例子中，袁翻所求官乃从二品的金紫光禄大夫一职。与此交换的是尚书（正三品）加上安南将军（正三品）。这里显示的是单独授予"光禄大夫"的事例。不过，北魏"光禄大夫"中的多数，不论是加官还是未记载其他官职，皆带有将军号。这些均显示出，北魏与南朝的"光禄大夫"在样态上存在的显著差异。如所周知，"光禄大夫"至隋代成为文散官的一部分。就所知的南朝"光禄大夫"而言，并无法看出表示官僚位阶的散官化倾向。宫崎市定氏已指出，北魏在光禄大夫、太中大夫、中散大夫之外，还有许多无员、员外之官，这两类官僚合称散官，并成为唐代文散官的直接渊源[1]。如其所论，但采用前述任用方式的北魏"光禄大夫"究竟如何成为标示位阶的官职，在这一点上仍有讨论的余地。本章将就北魏、东西魏"光禄大夫"的样态进行检讨，以期一探这些官职成为位阶标示的过程。

一、"光禄大夫"与将军号

北魏"光禄大夫"的任用事例，由第二代皇帝明元帝以降便能够确认，但是其数目十分少，目前能够确认的事例在后期的宣武帝以后急速增加。在这些事例中，明白可见的是"光禄大夫"与将军号显著的连结。以史书中的记载而言，例如：

---

1. 宫崎市定：《九品官人法の研究》，东洋史研究会，1956年，第402—403页。

第四章 北魏的"光禄大夫"

> 历骁骑将军、太中大夫、右将军，……迁光禄大夫，加平北将军。(《魏书》卷七一《梁祐传》[1])

即同时还加将军号。又如：

> 稍迁司徒从事中郎、河东邑中正。卒于安南将军、光禄大夫。(《魏书》卷六一《薛承华传》)

即"光禄大夫"与将军号并列。其他如：

> 太昌初，除中书侍郎，加平东将军、光禄大夫。(《魏书》卷八五《文苑·邢昕传》)

将"光禄大夫"与将军号皆视为加官的记载也并不罕见。这些事例中，也有在理解了下文所述的一定标准后才能够做出判断的事例，不过，将这些记载整理并予以量化后，应可看出明确的发展方向。例如，由孝庄帝至北魏分裂的时期内有八十三个就任金紫光禄大夫的事例[2]，未按照如前所见的形式与将军号相连接的事例仅占其中的六例而已。即便是这六例，若仔细的考察也可看出，记载方式仍存有疑问。薛孤延在当时是大都督(《北齐书》卷一九)，而持有将军号是相当普通的情形。刁整历任光禄、金紫光禄、右光禄大夫，其中仅有为金紫光禄大夫时未有将军号，疑为记载的脱落所致(《魏书》卷三八)。孙绍最后的官历为左卫将军、右光禄大夫，担任左卫将军理应持有的将军号并未被记载，可以推测任金紫光禄大夫的将军号也不见载于传记(《魏书》卷七八)。张安期的记事则是过于简略，因此无法当作无将军号的事例(《魏书》卷二一上《元树传》)。如此观察可知，文献记载事例之中，未直接联系将军号的例子是司马子如(《北齐书》卷一八)与王昕(《北齐书》

---

1. 为免繁琐，将不标明是否为附传。以下引文相同。
2. 事例由《魏书》《北齐书》《周书》中择取，以墓志来补充。不过，墓志的运用并不相当充分。

卷三一），仅此二例。由上述可知，孝庄帝以后到北魏末年之间，可以认为，被任命为金紫光禄大夫者大约同时也拥有将军号。此外，于西魏就任金紫光禄大夫的事例，已知有十六例，全部的例子都带有将军号。东魏的事例数量较少，而且包含记述过于简略的三个事例，因此没有积极的证据，然而余下的四例每一个都带有将军号。

　　接着，对同时期的左右光禄大夫与光禄大夫，试着进行同样的调查。为免烦琐，省略个别事例的检讨，仅叙述其结果。可知左右光禄大夫的任命，在孝庄帝以后的就任事例有八十四例（其他还有难与东魏作区别的事例，计十六例），其中四例（其他还有与东魏难以区分时期的五例）均无法直接证明是否与将军号有所关联。至于余下的八十例（与东魏难以区分的有十一例）或者记述了与将军号有关联，或者笔者可以判断应该与将军号有关联。东魏的十五例中，有十例可见到将军号的记述，余下五例因记载过于简略属于难以作为根据的事例。西魏的二十二例中，仅有一例未见记载其与将军号的关联。接下来看光禄大夫的任用事例，北魏末年的事例数有四十七例（与东魏难以区别时期的事例另有八例），其中四例并未直接与将军号连结（无法与东魏区分时期的例子另有三例），余下的四十三例（无法区别时期的另有五例）留下了与将军号有关的记录。东魏的七例之中有四例（余下三例中至少有两个事例记述过于简略），西魏的十七例全体，均是与将军号联系起来的任官例子。

　　以上所述，即孝庄帝以后至东西魏时期为止，"光禄大夫"的授任模式是与将军号联系在一起而被任命，至少可以认为，这种模式已成为常态了。

　　至于北魏，是否由初期开始，即将"光禄大夫"与将军号连结在一起呢？在太武帝的时期，崔浩、毛修之、李孝伯（《魏书》卷三五、四三、五三）的例子，均与将军号有所关联。不过，在孝文帝的时期：

　　　　太和九年封（北海王），加侍中、征北大将军，后拜光禄
　　　　大夫、解侍中、将军。（《魏书》卷二一上《元详传》）

　　　　太和九年封始平王，加侍中、征西大将军……高祖革创，

第四章　北魏的"光禄大夫"

> 解侍中、将军，拜光禄大夫。(《魏书》卷二一下《元飀传》)

存在这些不带将军号的事例。在此时期,加授将军号的明显事例有四项,应带将军号的事例有一项,但是未见将军号记载的事例却增加到十二例。尽管这些事例并非全部都未带将军号,但由于有如元详、元飀般确实未带将军号的事例,这十二例之中实际未带将军号的例子,可以说存在相当的可能性。

之后的宣武帝、孝明帝时期中,带将军号事例的比例逐渐增加。宣武帝时期内,明白记载具有将军号的事例有十一项,推测可能带将军号的事例有两项,相对而言,未见将军号记录的事例有二十二项。带将军号事例的比例,约占全体的三分之一。孝明帝时期内未见将军号记录的事例有四十一项,相对于此,确定有将军号的事例有五十六项,推测可能带将军号的事例有四项,两者合计约占全部事例接近六成。未记载将军号的事例中,可以推测应存在实际上带将军号的事例,对于官职迁转经过更加详细地考察的话,可推测为具有将军号的事例,应该还能够增加,不过仍无法将所有未记载的事例均视为带将军号的例子。值得注意的是,带将军号事例的比例随着时代的递移而增加。

二、"光禄大夫"与将军号的组合形态

四种"光禄大夫"与各种将军号的组合形态,究竟如何呢？由于略为繁琐,以下将根据表格来进行检讨。需要说明的是,表格化也就必然地伴随着单纯化。在"光禄大夫"与将军号的项目之外,另设"光禄大夫"与将军号之外同时另授其他职官的项目,将两者分别表示,这是为了了解两种情形在将军号上是否有所差别。此处对所谓"其他职官"的范围,将较为宽广地处理。举例而言,散骑常侍在现实中既是具有职务的职官,也是作为单纯授予荣誉的官,同时发挥两种机能。两者虽应作区别,但是此处不特别区别开来。还有,所谓别将与都督等,

原本并未纳入官制,此处也将它们纳入到职官之中[1]。因为本章有限考察的目标只是了解大体的倾向。

首先试着观察,在北魏太和《后令》中被赋予正三品位置的光禄大夫。

表4-1 北魏《后令》光禄大夫与将军号

将军号		宣武帝		孝明帝		孝庄以后北魏		东魏		西魏		时期不明		总计
		光禄+将军号	光禄+将军号+他官	光禄+将军号	光禄+将军号+他官	光禄+将军号	光禄+将军号+他官	光禄+将军号	光禄+将军号+他官	光禄+将军号	光禄+将军号+他官	光禄+将军号	光禄+将军号+他官	
四品以下													1(1)	1(1)
从三品				1	1									2
三品	前后左右		1											1
	四平	4	3	7	14	5	8		1		1			43
	四安	1	1	6	3	7	9	1	2	1	3(2)		1	35(2)
从二品					1	7	5	3	1	5	8	2(2)		32(2)

注:( )内表示能确定为孝庄帝以后的次数。

---

1. 都督原本并非官名,而是职务之名。但不久即朝向散官化的方向发展。参宫崎市定:《九品官人法の研究》,东洋史研究会,1956年,第499—500页。

第四章　北魏的"光禄大夫"

由整体来观察，可以看出光禄大夫与三品将军中的四平、四安被联系起来，随着时代的转移，其中居于上位的四安，其比重渐渐提高。孝庄帝以后变得常见的从二品将军，在东、西魏逐渐居于多数。这些从二品将军，几乎都是居于下位的中军、抚军和镇军将军。

接着来看，在太和《后令》中被置于从二品的金紫光禄大夫的情形。

表4-2　北魏《后令》金紫光禄大夫与将军号

将军号		宣武帝		孝明帝		孝庄以后北魏		东魏		西魏		时期不明	总计
		光禄+将军号	光禄+将军号+他官	光禄+将军号	光禄+将军号+他官	光禄+将军号	光禄+将军号+他官	光禄+将军号	光禄+将军号+他官	光禄+将军号	光禄+将军号+他官	光禄+将军号+他官	光禄+将军号+他官
三品以下						1							1
三品					1								1
从二品	中、抚、镇军			1	5	7	5		2	1		1（1）	22（1）
	四镇			2	4	7	10	2		3	5		33
二品	四征		1	5	1	18	20	1	1	2		3	52
	卫以上					6	1	1		3		1	12

注：（ ）内表示能确定为孝庄帝以后的次数。

就整体而言，从二品将军的中、抚、镇军与四镇，以及二品将军的四征，都与金紫光禄大夫联系起来。这些三类的将军号内部之中，比重的变动并非十分显著；至孝庄帝时期以降，也可看出二品将军中居于上位的卫、骠骑等将军号，也具有了不可忽视的比重，可以看出金紫光禄大夫与更高位的将军号连结起来的倾向。

太和《后令》中置于二品位置的左右光禄大夫的任命情形为：

表4-3 北魏《后令》左右光禄大夫与将军号

将军号		宣武帝		孝明帝		孝庄以后北魏		东魏		西魏		时期不明		总计
		光禄+将军号	光禄+将军号+他官	光禄+将军号	光禄+将军号+他官	光禄+将军号	光禄+将军号+他官	光禄+将军号	光禄+将军号+他官	光禄+将军号	光禄+将军号+他官	光禄+将军号	光禄+将军号+他官	
从二品以下					1									1
二品	四征			2		2								4
	卫以上		1	5	16	35	8	1	9	10	5(3)		4(3)	94(6)
从一品				2	6	18	1	1		2	2(3)			32(3)

注：( )内表示能确定为孝庄帝以后的次数。

如表格显示，左右光禄大夫与卫将军以上的二品将军，也就是与卫、车骑、骠骑、诸大将军连结起来，而与从一品将军如车骑大将军、骠

第四章 北魏的"光禄大夫"

骑大将军的结合,也占有一定的比例。若由四征将军的事例来看的话,并非无法指出随着时代推移而与更上位将军结合的倾向,但此一发展倾向并未像光禄、金紫光禄大夫的任命那般明显。

就以上所作考察进行整理,可以发现如下趋势。三品的光禄大夫与三品的将军号相结合。从二品的金紫光禄大夫与从二品将军号及下位二品将军相结合,尤以前者居多。二品的左右光禄大夫则主要与上位二品将军相结合,兼及从一品将军。经过时代的移转,可以发现"光禄大夫"与更上位将军号的结合获得了加强的趋势,但各种"光禄大夫"都与官品具有明确界线的将军号发生了紧密的结合。以上所述,并未涉及"光禄大夫"就任者是否保有其他官职的问题。

能够更加支持前述意见的材料,是一般认为与"光禄大夫"具有同样性质的太中大夫与中散大夫,以下将整理两者的事例并制成表格。但是,这里的整理仅供参考,材料仅于《魏书》中搜寻,也不另作东魏、西魏的区别。

表4-4 《魏书》所载太中大夫与将军号

将军号		宣武帝	孝明帝	孝庄帝以后	不明	总计
四品以下						
从三品			1	7	1	9
三品	前后左右	2	12	9	5	28
	四平		2	4	1	7
	四安					

表4-5 《魏书》所载中散大夫与将军号

将军号	宣武帝	孝明帝	孝庄帝以后	不明	总计
四品以下	1	1			2
从三品	3	20	9	8	40
三品以上					

太和《后令》中置于从三品的太中大夫,相较从三品将军,与三品的前后左右将军的结合更为显著。如前所见,几乎完全未见前后左

右将军与光禄大夫的结合。以四平将军而言,虽与光禄、太中两大夫都有结合,但随着时间推移,光禄大夫与上位的四安将军的结合获得了强化,其后可以窥见,形成了太中大夫与四平将军的结合。于是太中大夫与光禄大夫各自所结合的将军号,演变为截然二分的结果。太和《后令》中置于正四品的中散大夫,可以说仅与从三品的征虏、辅国、冠军、龙骧将军结合,随着时间移转也未见变化。换言之,与"光禄大夫"、太中、中散大夫分别结合的将军号,彼此基本上并没有重叠。

接着来看,北魏时文官也可加授将军号,两者的官品的关联性究竟如何呈现呢?此处并不打算讨论所有的将军号,而是就出现频率相对较高的安东、安南、安西、安北即四安将军,在《魏书》中出现的范围内进行调查,而制成以下的表格。此处还略去刺史与太守的事例。由于刺史与太守的官品因等级而有所不同,因此在决定官品之前需要进行许多操作。由于这里是为了掌握大体的趋势,即便如此也已经足够。

表4-6 《魏书》文官加授四安将军号事例

官职	孝文帝（改革后）	宣武帝	孝明帝	孝庄帝以后	不明	总计
四品以下				5（4）		5（4）
从三品			4	5（2）		9（2）
三品（7）	4	3（1）	13	6	1	27（1）
从二品以上						

注:( )内是同时授予光禄大夫的事例数。

此处仅采用明确记载的事例和可以确认和推定的事例,实际上在此以外应该也有不少带四安军号的事例,但是仅此便可一窥变化的趋向。将正三品将军的四安加授予正三品官的事例甚多,由表格可知占了三分之二。但四安将军所授予的官职孝明帝以后开始向从三品官职扩展,孝庄帝时期以后更扩展至正四品以下。原本在孝文帝和宣武帝时期,将军号便不限于与同样官品的职官结合。从二品四镇将军的任命情形为,加予从二品职官的例子,仅见在孝庄帝时期以后一例而已,授予正三品官的事例在宣武帝时有二例,孝明帝时有五例,孝庄帝以

第四章 北魏的"光禄大夫"

后有四例。进一步来看，授予从三品官的事例在孝明帝时有一例，孝庄帝以后有三例；加予正四品上以下官员的事例在孝庄帝时期以后上升到十四例。

尽管我们认为将军号有与特定官品的官职相结合的倾向，但是其为一缓慢的结合方式。而且，孝明帝以后特别是孝庄帝时期以后，将军号被大量授予官品较低的职官。这就是所谓"将军号贬值（inflation）"的现象。然而尽管如此，"光禄大夫"与将军号一方面受到"将军号贬值（inflation）"轻微的影响，另一方面仍维持紧密的结合，此点值得注意。

三、"光禄大夫"与其他职官的对应关系

北魏时"光禄大夫"多与将军号结合授予，然而如前表格所显示般，其中半数均兼带其他官职。此种情形显示出，北魏的"光禄大夫"大多是被当作加官而授予，这些其他官职与"光禄大夫"在官品上的对应关系究竟如何，以及未一并记载是否授予将军号的"光禄大夫"的事例，以下将同时进行检讨。

首先是左右光禄大夫，由孝文帝至孝明帝时期，特别与从二品和正三品官进行结合[1]。

表4-7 北魏孝文帝至孝明帝时期左右光禄大夫与其他职官之对应

官名	有将军号	无将军号
尚书仆射（从二）	元彧（卷一八）、元徽（卷一九下）、元顺（卷一九中）	穆泰（卷二七）、元晖（墓五五）
中书监（从二）	元子攸（卷一〇）、穆绍（卷二七）、李崇（卷六六）	崔光（卷六七）
尚书（三）	元幹（卷二一上）、萧宝夤（卷五九）	

---

[1] 以下为免表格及人名举例过于烦杂，《魏书》将不标明书名而仅标示卷数。《北齐书》略记为《齐》，《周书》略记为《周》，卷数以阿拉伯数字标记。墓志铭略作墓，依据赵万里《汉魏南北朝墓志集释》，列举书中的图版编号。

续表

官名	有将军号	无将军号
九　卿（三）	王温（卷九四）	元霄（卷一六）、刘腾[(1)]（卷九四）
侍　中（三）		元钦（墓一〇二）
护军将军（三）		元遥（卷一九上、墓一〇六）
左卫将军（三）		元略（卷一九下）

注：(1) 包含未见于官品表的中侍中、崇训卫尉。还有，《魏书》卷九四《阉官·封津传》载："中侍中、卫将军，寻转大长秋、左光禄大夫。太昌初，骠骑大将军、仪同三司。"《出帝纪》可见："以侍中、骠骑大将军、左光禄大夫封津为仪同三司。"可以参考。各例见于孝明帝时期。

此外，抱嶷为泾州刺史，因泾州属中州[1]，官品为从三品。（《魏书》卷九四）。元融以征胡都督出征而败北，一时为"加散骑常侍、卫将军、左光禄大夫"，然而本官不明。（《魏书》卷一九下。墓志五七五也有同样的内容。）此外，可以说有无将军号并未造成差别。

孝庄帝之后虽然未见从二品官的例子，但不少的事例都是与正三品官连结。

表4-8　北魏孝庄帝之后左右光禄大夫与其他官职之对应

官名	有将军号	无将军号
尚书	卢义僖（卷四七）、李郁（卷五三）、崔孝芬（卷五七）、杨津（卷五八）、辛雄（卷七七）、鹿悆（卷七九）、樊子鹄（卷八〇）	封隆之（《齐》卷二一）
侍中	高隆之（卷一一）、源子恭（卷四一）、杨侃（卷五八）、卢同（卷七六）、朱瑞（卷八〇）、李琰之（卷八二）、元海（墓一九五）、元顼（墓一八四）、元悰（墓一〇四）、元景哲（元融妃卢贵兰墓志，墓一五〇）	
中侍中 （参前表注1）	平季（卷九四）、封津（卷九四）	
九卿	陆昶（卷四〇）、孟威（卷四四）、郑严祖（卷五六）	叔孙固（墓三〇三）

---

1. 参考本书第一部第五章《北魏州的等级》，原载于《高知大学教育学部研究报告》2-40，1998年。

第四章　北魏的"光禄大夫"　　　　　　　　　　　　　　　　　　　　121

续表

官名	有将军号	无将军号
中书令	裴粲（卷七一）	
秘书监	常景（卷八二）	
左右卫将军	贺拔胜（卷八〇）	孙绍（卷七八）
护军将军	郑伯猷（卷五六）	

然而，孝庄帝以后，左右光禄大夫与从三品以下职官的连结却开始变得显著起来。由于散骑常侍本身也变成加官，使得判断何者为本官变得更为困难，但是此处先将它们都纳入[1]。除了可见到李神俊（卷三九）、崔秉（卷四九）、杨宽（卷五八）、裴良（卷六九）、羊深（卷七七）、魏子建（卷一〇四）六例之外，从三品官之中，武卫将军有尔朱荣（卷七四）、贾显智（卷八〇）、高岳（《齐》卷一三）三例，御史中尉有綦俊（卷八一），郑孝穆（《周》卷三五）就任的太师长史也置于此处。从三品官在孝明帝以前事例较少，可是与从三品以下官品的官相结合，却不能不予注意。就正四品上的给事黄门侍郎而言，计有元昭业（卷一九上）与源子恭（卷四一）、崔悛（《齐》卷二三）三例，司农少卿有朱元旭（卷七二），尚书吏部郎则有韩子熙（卷六〇）等各个事例，仪同开府长史的卢道约（卷四七）也包含在其中。高欢的丞相府由于府主掌握实质权力，其属官的实质地位因而较高，但是司马（李义深，《齐》卷二二）、主簿（孙搴，《齐》卷二四）、功曹参军事（张纂，《齐》卷二五）在制度上的官品却不高。地位最高的司马约为正四品上，事实上李义深由司马迁为并州长史，此职也是正四品上。高欢之子高澄的仪同府，府中的开府咨议参军甄楷（卷六八）也是从四品。

更为明白的是西魏的事例。即使最高等级的事例中也相当明显，正四品上的尚书吏部郎（苏亮，《周书》卷三八）、太子中庶子（王子直，《周书》卷三九），以及正四品的通直散骑常侍（杨绍，《周书》卷二九）、

---

[1].《北齐书》卷三一《王昕传》载："后吏部尚李神俊奏言，比因多故，常侍遂无员限，今以王元景等为常侍，定限八员，加金紫光禄大夫。"此处判定为孝武帝时的记载。

从四品上的尚书左丞（崔谦，《周书》卷三五）、大行台左丞（苏绰，《周书》卷二三）。丞相府从事中郎（叱罗协，《周书》卷一一）推知为正五品上，而柳带韦（《周书》卷二二）的县令最高不会超过正六品。

可知孝庄帝之后，将左右光禄大夫作为四品以下官职的加官，这种倾向更为明显，西魏时则已经成为常态的办法（加予刺史、行台、都督的相关事例，此处予以省略。以下相同）。

关于金紫光禄大夫的问题，因受论文篇幅的限制，未将个别典据的事例一一标示出来。自孝文帝至孝明帝之间，不见从二品之官，正三品之官计尚书二例、中书令二例、九卿四例、侍中二例、秘书监与领军将军各有一例。相对于此，从三品之官计有武卫将军一例、散骑常侍六例，较左右光禄大夫为多。还可见正四品上的给事黄门侍郎一例。孝庄帝之后，正三品仅有非常少的三例，从三品之官也仅有散骑常侍、国子祭酒和武卫将军九例。另一方面，给事黄门侍郎、少卿。即所谓正四品上之官有五例，通直散骑常侍（正四品）有二例，等等，正四品以下的事例提高到十六例。西魏时计有正三品之官一例，从三品之官二例，正四品以下有三例，与左右光禄大夫的事例相比起来，高位之官较引人瞩目，或者也有可能是普遍的现象。就整体而言，金紫光禄大夫比左右光禄大夫更常见到与较低官品的官职相结合的情形，这当然是因官品之差而产生的现象。此外，随着时代推移而加予官品较低之官的如此倾向，和左右光禄大夫的情形可以说大致是相同的。

关于光禄大夫的情形，下文将不提出作为根据的个别事例而仅止于叙述大致的情形。孝文帝时期，很明白地是以光禄大夫与司农卿、尚书、太子詹事等正三品官相结合。但是，在宣武、孝明帝时期被认为是正三品的事例却仅留下四个，从三品之官的事例也仅留下武卫将军四例、将作大匠一例。相对于此，尚书吏部郎、给事黄门侍郎、少卿、太尉司马、中常侍过去所谓的正四品上之官有十三例，尚书左右丞等从四品之官也有四例，员外散骑常侍所谓正五品上之官也可见到二例。与金紫光禄大夫的情形相比，相结合的职官分布在更低官品的层面。到了孝庄帝以后的时期，计有正三品、从三品之官各一例，正四品上二例、正四品二例、从四品上四例、从四品一例，除此之外，中书舍人、

第四章　北魏的"光禄大夫"

尚书郎所谓的六品之官，也可见到三例。这样的情形大约是继承了宣武、孝明帝时期的发展状况，进一步扩大了与低位之官相结合的范围。在西魏，正四品上为最高的例子，也可见到大丞相府东阁祭酒（约正七品上）的事例。

四、"光禄大夫"的散官化

如前节所见，孝文帝至孝明帝时期之间，位于二品的左右光禄大夫与从二品和正三品之官相结合，从二品的金紫光禄大夫与正三品和从三品之官相结合，位处正三品的光禄大夫与正三品、从三品和正四品之官相结合。换言之，"光禄大夫"都是与比本官低一阶或低二阶之官相结合。依据是否带将军号而定的差别，并未特别受到承认。若仅以孝文帝时期来看的话，差别的程度较变得更小。

然而，光禄大夫早在宣武、孝明帝时期，便已被加予更低下位置的官职，在北魏末年的混乱时期里，所有"光禄大夫"普遍授予下级官职的发展，变得更大规模地进行。尤其是在内乱过程中崛起的实力人物尔朱荣、高欢、宇文泰等人，在其下集结并追随的部将们，他们之中有不少人被授予高位将军号的同时也授予了"光禄大夫"，这一点是相当引人注意的。不过，他们保有的官职与"光禄大夫"品阶的差别也变得隔阂甚大。《魏书》卷十一《出帝纪》"永熙二年（533）五月"条记载：

> 诏曰：大夫之职，位秩贵显；员外之官，亦为匪贱。而下及胥吏，带领非一，高卑浑杂，有损彝章。自今已后，京官乐为称事小职者，直加散号将军，愿罢卑官者，听为大夫及员外之职，不宜仍前散实参领。其中旨特加者，不在此例。

可知也有身至"胥吏"却带大夫之职的例子。这种大夫如宫崎市定氏指出的《魏书》卷七五《尔朱世隆传》中：

> 又欲收军人之意，加泛除授，皆以将军而兼散职，督将
> 兵吏，无虚号者。自此五等大夫，遂致猥滥，又无员限，天
> 下贱之。

可与此一记述相对应。所谓五等大夫，依据宫崎氏的解释是指太中大夫、中大夫、下大夫、中散大夫、散员大夫[1]，不过此处描述的状况也适用于高位的"光禄大夫"。

以上所述与检讨将军号所得结果大致相同。从"光禄大夫"与将军号的紧密结合关系来看，这也是必然的结果。但是，在讨论实际官职与"光禄大夫"官品差距有多大这个问题时，我们暂时先不思考将军号的问题。理由是，将军号顶多是加官而已。与此相对，"光禄大夫"也能成为本官。虽然文献记载将军号只与"光禄大夫"结合的事例居多数，应了解其中不少部分是将"光禄大夫"当成本官，因此在这种场合下将其纳入考虑也有其必要。

"光禄大夫"的变化，并非仅是与其相互结合的官受"贬值"（inflation）影响而发生官品低下那么简单。以加官而言，既有本官官品高于加官官品或者两者相等的情形，也有本官官品低于加官官品的情形。就前一种情形来说，由于迁为较高官品是较为常见的，在迁转时不会产生那么大的问题。不过，在后一种情形中，可能产生作为加官的"光禄大夫"迁转为较低品之官。举例而言，如《魏书》卷四四《费穆传》载：

> 拜前将军、散骑常侍，迁平南将军、光禄大夫……迁金
> 紫光禄大夫，正武卫将军……迁中军将军、吏部尚书。

武卫将军为从三品而吏部尚书为正三品，因此由从二品的金紫光禄大夫迁转为吏部尚书，就官品而言为逆向的迁转。这一类事例还可见到其他例子，为了说明此种情形，下文引见《魏书》卷五八《杨侃传》：

---

1. 以上见宫崎市定:《九品官人法の研究》，东洋史研究会，1956年，第404—405页。

第四章 北魏的"光禄大夫"

> 车驾入都,侃解尚书,正黄门,加征东将军、金紫光禄大夫……诏侃以本官使持节兼尚书仆射,为关右慰劳大使。还朝,除侍中,加卫将军、右光禄大夫。

在孝庄帝初期阶段,杨侃由正三品的度支尚书转为正四品上的给事黄门侍郎,加授正二品的征东将军和金紫光禄大夫。在杨侃的例子中,就任从二品的金紫光禄大夫即反映出升官之意[1]。但是,转任正三品的侍中而加授正二品的卫将军与右光禄大夫,如此便产生了问题。因为将由金紫光禄大夫转为侍中视为迁转,这就成为官品上的逆向迁转。尽管如此,将杨侃事例视作由金紫光禄大夫升为右光禄大夫,如此便不会产生问题。换言之,以杨侃的事例而言,可以看出,从给事黄门侍郎到侍中此类实务官之间的升进,以及从金紫光禄大夫到右光禄大夫此类加官之间的升进,两者并行存在并无抵牾。况且,此处的加官如兼从二品的尚书左仆射所示,是将加官当作本官。在费穆的事例中,也可以认为不是由金紫光禄大夫迁转为吏部尚书,而是由武卫将军升进为吏部尚书,在此情形下,也应考虑金紫光禄大夫仍可能被继续授予吏部尚书。

如这般与"光禄大夫"同时授予的官职,彼此间官品落差较大的情形,在孝庄帝以后到东西魏时期之间,终于更为清楚地呈现出来。苏亮由长孙稚等人的大行台郎中,累迁为镇军将军、光禄大夫、散骑

---

[1]. "光禄大夫"与其他官职共同出现的情形,并非全部都当作加官。由迁转的过程来看,推测"光禄大夫"为本官的事例也不少。原先,"光禄大夫"是养老疾之官,在加官的功能之外,尤其被当作职务不定、优游闲适的职官而加以授任。单独授予"光禄大夫"以及仅授予"光禄大夫"与将军号,此类为数甚夥的事例之中,有相当部分是依上述原则所作的授任,可能性相当的高。例如,以光禄大夫来说,王谌(卷九三)、宇文福(卷四四)、孙惠蔚(卷八四)、卢尚之(卷四七)是在卸任刺史还都时获得任命的。毕祖晖(卷六一)、封琳(卷三二)、刘廞(卷五五)同样是由州还都时分别被任命为持有四平、四安将军号的光禄大夫。上述事例均属宣武、孝明帝时期,由于同时期内也有获授实务之官的例子,因此无法一概而论。但是,未见其他官职、迁转关系未见矛盾的多数事例,大概可视为仅仅授予光禄大夫的事例。有时会单独授予"光禄大夫"或者只与将军号一起授予,这种时候的叙位是采计"光禄大夫"原本的官品。此种叙位方式应该与在"光禄大夫"与官品较低之官职并行时,以"光禄大夫"叙位,可受到相当的待遇相关。

常侍，接着成为贺拔岳的行台左丞，孝武帝投奔宇文泰后叙任其为尚书吏部郎中，并加授卫将军、右光禄大夫，至大统二年（536）拜为给事黄门侍郎（《周书》卷三八）。由于最后就任的黄门侍郎为正四品上，实务官与光禄大夫或右光禄大夫任一者相较都居于下级。但是，行台郎中→行台左丞→吏部郎→黄门侍郎的系列与"光禄大夫"的系列，以及将军号的系列，若分别看待的话，在任一系列内均呈现出升进的趋向。其他相似的事例颇多，兹举一例。李彦于孝武帝西迁之际担任兼著作郎并加宁朔将军，之后进为冠军将军、中散大夫，再迁平东将军、太中大夫，于大统初年担任通直散骑侍郎。接下来，获拜为安东将军、银青光禄大夫、太保长史，历经太傅长史、尚书仪曹郎中、尚书左民郎中，于大统十五年（549）进号中军将军并兼尚书左丞（《周书》卷三七）。虽然有些繁杂，李彦担任的实务官任一者均位在从四品上之下，另一方面，中散、太中、光禄等三大夫均位居正四品以上。

一般认为，在宣武、孝明帝时期，将官人的官历与"光禄大夫"等"散官"[1]联系起来的模式已正在产生[2]。同时，如前所述般，在孝庄帝以后，特别是以高欢与宇文泰对立时期为中心，普遍地向武将们授予将军号和"散官"，可以认为不同于具有实务之官的"散官"框架内的迁转形式已经成立了。

在官僚体系中仅当作地位标志而发挥作用的"光禄大夫"，可以推想即在此种状况中产生，与太中、中散大夫等联结起来而构成了"散官"的序列，并首先在卢辩建立的北周官制中固定下来。但是，在北周的情形，如《周书》卷四七《艺术·黎景熙传》所述：

> 魏恭帝元年，进号平南将军、右银青光禄大夫。六官建，为外史上士。孝闵帝践阼，加征南将军、右金紫光禄大夫……除骠骑将军、右光禄大夫。武成末，迁外史下大夫。

---

1. 这里指没有固定实质职务、没有一定员额的官职。
2. 举例而言，参见《魏书》卷四七《卢义僖传》。由散骑侍郎转为冠军将军、中散大夫，其后由兼司空长史转为征虏将军、太中大夫，魏收对于这样的经历记述为"散秩多年，澹然自得"。如此类迁转的情形，并未显示出"光禄大夫"与迁任前后职官在官品上的矛盾，事例不少。

第四章　北魏的"光禄大夫"

上士为正三命、下大夫为正四命，相对于此，由于银青光禄大夫和金紫光禄大夫分别为正七命与八命，"光禄大夫"与实务官在官品上的差别仍未消除。乐逊（《周书》卷四五）、刘志（《周书》卷三六）的事例也反映一样的情形，可以想见这是沿袭了北魏、西魏的"光禄大夫"的特征[1]，与唐代作为文散官的诸光禄大夫的样态仍然有所不同。

另外，北齐的左右光禄大夫的情形为，中书监的一例以外，加授给尚书、侍中、国子祭酒、太子詹事等合计共有六例。金紫光禄大夫的加授情形为，尚书、国子祭酒各一例。光禄大夫的加授情形为，与秘书监、大司农结合的事例有三，与散骑常侍有一例。脱离了北魏末年的状态而与孝文帝时期的情况有些类似，可以认为这就是"（武定）七年三月，诏左右光禄大夫各置二人，金紫光禄大夫置四人，光禄大夫置四人，太中、中散各置六人"（《魏书·官氏志》）的改革结果。

结语

以上所述，与投入考证的工作量比较起来，很遗憾的是，显然获得的结果是琐碎的。笔者暂时先就此搁笔，欲就以下两点提出看法。

对于传主官历的记述，史书的记载未必能够保持前后一贯。例如，保有前官的话常见书写为"如故"，但是没有此语记述也不见得就没有保有前官，关于此点已见前述。此处欲表达的是，即便可见授任为其他职官的事例中使用了"迁"或是"除"等词语，同一时间内除官的可能性仍然存在。举例而言，在《魏书》卷一九中《元顺传》：

> 后除吏部尚书，兼右仆射……后除征南将军、右光禄大夫，转兼左仆射。

虽有如此记载，但这些官历在《汉魏南北朝墓志集释》一二七中则记述为"出为中军将军、吏部尚书、兼右仆射。续加征南将军、右光禄

---

1. 王仲荦氏的《北周六典》（中华书局，1979年）在卷九收集了北周"光禄大夫"的事例。

大夫，掌选如故，转兼左仆射"。墓志的内容宜解释为，由中军将军、吏部尚书、兼尚书右仆射迁转为征南将军、右光禄大夫、吏部尚书、兼尚书左仆射。换言之，在列传中虽分为除、转而分别记述下来的事例，仍然可能是同一时间的任命结果。"光禄大夫"在与具实际职务职官不同的范围内迁转时，如此处使用"为"、"转"、"迁"等语词来区别各个任命而作的记录，因此可能产生如前述的问题。本章中的事例虽未逐一以注释来标记，处理例子时已采取了上述的考虑原则。

其次应予说明的是，"光禄大夫"与将军号的关系。北魏时即便文官也持有将军号，因此与"光禄大夫"同时授予将军号，并是能够理解的情形。不过,将军号与"光禄大夫"在一定的官品范围内紧密结合，而且两者一起被当作加官来授予，换言之，可以说两者成为配套的状况，究竟反映出什么意义呢？对于将军号的检讨需要充分的准备，这里尚无法充分展开论述。希望将来能够进行研究，在此笔者想提示检讨之方向。推定为表示官品的"阶"此一语词，在考察其实例过程中如宫崎氏揭示般使用于具有职事之官的升降[1]。拙稿中也提出相同的判断[2]。只不过,《魏书》卷八四《儒林·李业兴传》载"又除征虏将军、中散大夫，仍在通直（散骑侍郎）。太昌初，转散骑侍郎，仍以典仪之勤，特赏一阶，除平东将军、光禄大夫，寻加安西将军"，考察如此记述之后，笔者认为阶乃是指将军号。如此说来，应该可以认为"光禄大夫"是被当作与表示将军号的阶对应的职官。[3]

【补记1】本章完稿之后，得知王德权《试论唐代散官制度的成立过程》（收入中国唐代学会编集委员会编《唐代文化研究会论文集》，文史哲出版社，1991年）。期盼读者能够一并参考此文。（1992年记）

【补记2】近年来，如《序章》所述，阎步克、冈部毅史致力于研究"阶"和散官的问题。期盼读者一并参考。（2003年5月记）

---

1. 宫崎市定：《九品官人法の研究》，东洋史研究会，1956年，第410页。
2. 参考本书第一部第五章。
3. "光禄大夫"与职事之官的官品出现很大差距，原因之一应在于北魏末年频繁发布的泛阶之令。

第五章

北魏州的等级

前言

根据《魏书·官氏志》中记载的太和《后令》，可以得知宣武帝之后的北魏州刺史分为上、中、下三个等级，分别为正三品、从三品及正四品下。但是，却不清楚各州相当于上、中、下的何者。而且，也不一定明白在此之前的州是如何区分的。本章将横跨北魏时代整体，以确认州的等级为目标，并试着谈及区分等级的方式。

一、宣武帝、孝明帝时期州的等级

作为事例之一，试调查担任过冀州刺史者就任前后的官职以及将军号。吴廷燮的《元魏方镇年表》中记载着宣武帝景明年间到孝明帝孝昌末年为止的十二名，现阶段尚无法得知这段期间有无其他就任者。首先是于劲。虽然从《北史》卷二七《郦范传附郦道元传》中得知他的就任，但在《魏书》卷八三《外戚传》中却看不到就任的记载，而无法辨明就任前后的情况。如果依据《郦道元传》，于劲的将军号是镇东（从二品）。下一任是京兆王元愉，他从中书监（从二品）转任该职，并于任期间举兵败死[1]，其将军号本传中虽无记载，当为征东（二品）。下一任的元丽是从雍州刺史迁调该职后又转任尚书左仆射（从二品），将军号在本传中虽然不清楚，但从卢同为其长史来推论，应该是镇东。下一任的元晖是从吏部尚书（三品）迁调该职后又内迁为尚书左仆射，将军号根据墓志五五[2]是镇东。下一任的元遥，根据其传记载是从左光禄大夫（二品）、领护军迁调该职后转任右光禄大夫（二品），而根据墓志一○六的话，则是在担任过七兵尚书（三品）、中领军（三品）之后才成为冀州刺史，转任为护军（从二品）后才加衔右光禄大夫。他

---

1. 以下只要没有特别说明，都是根据《魏书》和《北史》。
2. 单纯提到墓志的场合是指赵万里的《汉魏南北朝墓志集释》，数字是指图版编号。

第五章　北魏州的等级

的将军号在传中并无记载，从墓志上可得知是镇东。下一任萧宝夤是从安东将军、瀛洲刺史迁调的，之后以都督东讨诸军事的身份与梁军作战，此后被授予左光禄大夫、殿中尚书（三品），将军号是抚军（从二品）。下一任于忠是由仪同三司（从一品）、尚书令（二品）迁调该职，而这是被解除崇训卫尉、领军的职务，失去权势之后的事。即使如此，身为使持节、都督冀定瀛三州诸军事、征北大将军、冀州刺史的他，之后还是内迁为尚书右仆射（从二品）。下一任的李韶是由吏部尚书（三品）迁调该职后又转任定州刺史，将军号一开始是吏部尚书时的中军大将军（二品），任期中被授予车骑大将军（从一品）。下一任的封回是从七兵尚书、领御史中尉（从三品）迁调而来，之后内迁为殿中尚书（三品），而由于屡次辞退之故，被授予右光禄大夫，将军号为镇东。下一任侯刚记载于《恩幸传》，是从仪同三司（从一品）、领军将军（从二品）、领御史中尉迁调而来，还保有仪同三司的官位，但马上被左迁为征虏将军（从三品）并被剥夺其他官职，担任刺史时的将军号为车骑大将军。下一任的元孚因慰劳柔然阿那瓌时被拘留而被处以流罪，其后拜为冀州刺史，但之后转任的官职不明，将军号也不清楚。下一任的源子雍是从金紫光禄大夫（从二品）、给事黄门侍郎（四品上）以北讨都督的身份讨伐葛荣，后转任为冀州刺史，但旋即被葛荣击败而死，将军号为镇东。

　　从以上的检讨可以发现，太和《后令》施行之后的宣武帝、孝明帝时期，其间就任的冀州刺史，除了两例之外皆是从三品以上的官职迁调而来（只要在任期间未出现死亡或受贬谪的情况），并转任为三品以上官职。这意味着冀州刺史是三品的官职。换句话说，冀州可以当成是上州。上面提及的十二名冀州刺史之中，将军号可知的全部都是抚军以上，也就是说是从二品以上。这也支持冀州是上州的说法。

　　相对于此，试检讨东荆州刺史的事例。已知宣武帝、孝明帝时期就任过此官职的人为以下八名。第一任的杨大眼是从游击将军（四品上）迁调该职后转任为武卫将军（从三品），将军号是征虏（从三品）。下一任吴廷燮认为是杨钧，这可能有点问题，留在后文讨论。下一任的房亮，他是从汲郡太守迁调而来后转任沧州刺史。太守即便为上郡也是四品,将军号为前(三品)。下一任的寇治是从洛阳令(从五品)"稍迁"而来,可能表明经历过其他的官职,但究竟为何并不清楚。但是从身为刺史所拥有的镇远将军是四品来看的话,之前的官职不可能为从三品以上。虽然寇治转任的官职也不明,但他身负州民众望以郦道元的后任再次临治东荆州,此时虽进号为征虏将军,但却因罪免官。郦道元是在冀州刺史于劲的镇东府担任长史(五品上),接着试守鲁阳太守后才临治东荆州,将军号是辅国(从三品)。由于为政严猛而遭到该州蛮人的申诉,职务交替之后与寇治一同遭到免官。下一任的裴佗是从赵郡太守迁调而来,将军号一开始是前将军,任期中升至中军(从二品)。他的施政被记载于《良吏传》,因病而去职。最后是杜颙,他是从西征军司、行岐州事迁调而来的。如果考虑到行州事不是正规的刺史,且大多是权宜任命的话,其官品是很难能与刺史相匹敌的,而之前担任的谏议大夫(从四品)也可看出这点。将军号为征虏,之后转任为岐州刺史。

　　根据以上所述,很清楚看到东荆州刺史的前任官职多为四品以下。但杨钧是例外。其传(《魏书》卷五八)中记载他"入为司徒左长史(从三品),又除徐州、东荆州刺史,还为廷尉卿(三品)"。根据吴廷燮的年表,他是先就任东荆州的刺史,在承认这一点的前提下,他的前任官职是从三品。即使是他先就任徐州的情况下,虽然需要对徐州刺史进行讨论,但起码可以推定它是从三品以上。如此一来,因为在通常的迁官之中,官品是不会比前任官职更低,所以杨钧以及其他人就任的东荆州刺史就可能是从三品以上。同时,若以同样的想法来理解杨大眼转任为从三品的官职一事,东荆州刺史就只能够是从三品。但是应当更进一步考虑的有两点。第一是前任官职在四品以下的人占了一半。虽说上郡太守与从三品之间只有四品上的官职,但却无法忽视一半的事例都超越了一阶以上的官品的差距。第二是将军号的低下。除了杨钧,总计七名所拥有的将军号的官品是以三品(前)、从三品(征虏、辅国)为中心,特别是后者占半数之多。从三品的将军号许多也授予郡太守,但半数以上与本职的官品一致这点反而启人疑窦。此外,虽说四品的将军号仅有一例,但却不禁令人怀疑东荆州刺史的官品难道比从三品

第五章 北魏州的等级

还要低。在此为了避免草率的判断，将进行包含其他州的整体性检讨。

关于在宣武帝、孝明帝时期所能够得知总数有三名以上刺史的三十七州，将刺史就任前的官品、转任的官品、刺史就任时的将军号的官品制成一览表，如下表[1]（括弧内数字是行州事的数量）。

表5-1 刺史就任者的前后官品及将军号（宣武、孝明帝时期）

州名	总计人数	就任前的官品					转任的官品					将军号的官品				仅知就任的人数
		从二品以上	三品	从三品	四品以下	他州	其他	从二品以上	三品	从三品	四品以下	他州	其他	从二品以上	三品	从三品	四品以下	不明	
冀	11	3	5			2	1	6	1			1	3	11				1
定	13	1	4			7	1	4	3				6	9	3		1	1
雍	14	2	7			4	1		4			2	8	5	5		4	
扬	9	1	5			3		2				3	4	6	2		1	
瀛	11		6		1	2	2	1	4			2	4	3	8			1
相	15	7	2	1		4(1)	1		9				6	9	5	1		2
幽	13	6	2	1		2	2		3			2	8		8	2		3	1
徐	11		4	2		5			1	2		3	5	5	4	1		1	1
青	13	4	1	1		6	1	1	6	1		3	2	1	10	1			1
并	13	6	2			5(1)		1	3	1		1	7	2	9	2		
秦	10	3		1		4	2			2	1	1	6	1	5			4	2
兖	11	4	2	3		1		1	2	1	1	2	4	1	7	2		1	1
恒	11		2	2		5(1)			3			3	5		6	3		2	3
华	9	2	3			4(1)			1			5	3		7	2			2
泾	12	2	2			3(1)	3	1	2			1	7	2	6			1	2
肆	8		1	2	4			1		2			3	2	1	5	1	1	
齐	8		1		2	(1)	2		2	1	1		3		4	1			3
营	7						1				1	1	2		1			3
朔	5	1		1		3		1	1			1	1		2	3			3

---

[1] 史料来源是《魏书》、《北史》以及以《汉魏南北朝墓志集释》为中心的墓志。

续表

州名	总计人数	就任前的官品					转任的官品					将军号的官品				仅知就任的人数
		从二以上	从三品	从四品以下	他州	其他	从二以上	从三品	从四品以下	他州	其他	从二以上	从三品	从四品以下	不明	
济	6	1	1	3	1			1	2		3		2	3	1	
鄴	6		1	1	2	2(1)			1	1	2	2		3	3		2
梁	8	1		1	5	1	1	2	1		1	3		3	3	2	1
夏	4		1	1	2			1	1			2		2	1	1	1
洛	8	1		5		2				4(1)	4		2	5	1		2
豫	9		3	2	2(1)	2	1	1			5		4	2	1	2	1
岐	10		2	5	3(1)			3		1	2	4		4	4	1	2
南秦	6		3		1	2		1	1		1	3		3	1	2	
凉	11		3	6	1		1	2	3		1	5	1	3	6	1	3
荆	10		3	3	3(1)	1		4			4	2		3	6	1	
益	6		2	2	1(1)	1		1	1		3			1	4		1
东荆	8			5	2(1)	1		1	1		2	4		2	4	1	
光	4	1		1		2	1	1		2			1	2		1	1
幽	4		1	1	1				1			3		2	2		
东秦	3		1		2			1	1			1		2	1		
汾	3				2(1)	1		1			1	2			1		
安	3			2		1			2	1				2	1		
平	2				1(1)	1					2		1			1	1

定、雍、扬三州与冀州相同，就任前的官职为三品以上，转任的官职也是三品以上，而且因为所拥有的将军号是三品以上，应该是上州无误。瀛洲在前任官职有四品上一名，但这个王温是个宦官，如同

第五章 北魏州的等级

传中的记载"特除",是种特别的晋升。将军号也是抚军,也就是从二品的高位。因为其他皆与冀州等州相同,所以瀛洲也应当是上州。

而且一般来说,在讨论某官职之际,前任官职的官品低下通常不太会是问题。如果对照墓志来看的话就很清楚,一来因为传并不会网罗迁官的所有过程,而且前任官职低一等也是理所当然的。当有两阶以上的差距,还有多数事例的情况下才需要讨论。反之,转任出去的官职的官品与原本的官品相同,或是更高也不是问题。因此,在探讨某州刺史官品时,都大致上能够做与前任官职的官品相同或高一阶、与转任官职的官品一样或低一阶的判断。但是光凭这样是无法定夺的。官吏的晋升绝不可能一模一样,还有没有清楚记载的黜退及特别晋升,而且纵使官位降低实力反而上升的情形也不少。只凭一两件的事例很难判断这是特殊事例,或是一般事例。不厌其烦地搜罗就任事例来讨论的理由就在这里。

继续对州刺史的讨论。相州虽有一人的前任官职为四品上,但这是侍奉宣武帝的医者王显乞求永年本州的结果,可以说是一种特例。假若如此,也可确实地称相州为上州[1]。而且将军号虽然可以看到为从三品的征虏的李平,但其前任官职是三品的河南尹。因为刺史任期内又被授予三品的平东,将军号就达到了与本官相当的水平。接下来的幽州,因为接近半数且知道其迁官过程的六例的前任官职为三品,所以这也能列入上州之列。但是由从四品上迁调而来的王秉由于记载过于简单,所以很可能漏载前任官职,而若从作为刺史的将军号是从三品的辅国来看,前任官职为四品以下并不奇怪。将军号的十例之中有高达八例为三品,这也支持幽州为上州的理解,不过除了王秉之外,元世遵是从三品的征虏,关于此点会在后面来处理,但由王秉前任官职的低下与元世遵转任的荆州刺史(如同后面的讨论)并不是上州两点一并来看,显示纵使同样为上州,比起冀州和定州,幽州在迁官上所受待遇也有不同。换句话说,冀、定、雍、扬州(可以加上瀛洲)的

1.《魏书》卷二一上高阳王雍传中记载:"高祖诫雍曰:'相州乃是旧郡,自非朝贤德望无由居此,是以使汝作牧。'"这也可以作为了解相州地位的参考。

情形是前任官职与转任官职皆限定为三品以上，相对于此，其他的上州都含有一部分例外，可以说其不同点是表现在所带将军号的差异之上。从将军号这一点来说，相州也受到与冀州等州相同的待遇。接着，徐州从迁官的状况来看，很清楚地为上州，将军号从二品以上的也占了一半，可以推论与相州有同样的地位。唯一的例外是元鉴的征虏将军，因为能够透过墓志七〇来确认，传的记载并没有缺漏。接着来看青州，元邵的事例成了问题。他的前任官职是四品上的宗正少卿，但这是他的起家官，而且异常地高。转任的御史中尉是从三品，这是中央政府担忧他作为刺史会怀有谋反之心的对策。除了这个所谓的例外，将青州理解为上州是没有问题的，将军号也是十二例中只有一例是从三品而已。下一个看到并州，只有高聪之后转任从三品的散骑常侍是例外，可以认为是上州。将军号除了席法友的冠军、元融的征虏都是从三品之外，有高达十一例都是三品以上。下一个秦州，传中记载"尚书郎、秦州刺史、镇远将军、陇西镇将、带陇西太守"的薛峦是问题所在。尚书郎是六品，即使是下州也太低了。因为这段记载之后薛峦马上成为荥阳太守，所以陇西镇将顶多是四品。将军号也是四品，与此相符。如此，与其他的秦州事例相异甚大，令人怀疑秦州刺史的记载是否有误。如果屏除这件事例，秦州也可认为是上州，虽然多有不明者，但将军号也没有问题。

来看看与上州相异的一群。凉州在前任官职上没有三品以上的事例，而四品以下有六例。转任的官职，相对于三品的两例，从三品则有三例。明显地很难认定为上州，将军号也是相较于三品以上有四例，从三品反而占了六例。益州与凉州有相同倾向，将军号的官品更低。豫、岐、荆州的转任官职几乎都是三品以上，但前任官职是四品以下的比例很高，将军号是从三品以下的占了一半或是一半以上。南秦州的前任官职是从三品，但转任官职包含从三品，将军号也有一半是从三品与从四品，这些每一项都与凉州一样无法认定为上州。

相对于此，含有前任官职为三品的事例又是如何呢？泾州虽然出了两名自三品转任的就任者，但李世哲是被上表其罪后才被遣至地方，可以视为左迁。而传记中没有记载，但根据墓志一〇六得知其就任的

第五章　北魏州的等级

元遥虽然不容易加以说明，不过前任官职四品以下有三例之多[1]，而且转任官职三品以上有两例，从三品的武卫将军也有两例，很难说其为上州。即便将军号是三品以上有八例，但从三品也占了三例。肆州的前任官职是四品以下的事例超过一半，就如同前面谈过的，传记有简有繁，但大多数为四品以下，其可信度应该很高。尽管将军号几乎都是三品以上，但一并考虑到转任官职含有从三品，这也应该不是上州。齐、营、朔、济、郢、梁六州，每一州的前任官职的半数或半数以上是四品上以下，转任官职也含有从三品或四品。显而易见地，很难认为这些州是上州，而且连将军号也是半数或半数以上是从三品。夏州因为事例数目稀少，在判断上还留有不确定性，但若从前任官职的半数顶多为四品的郡太守来看，夏州也很难被认定为上州。洛州的前任官职几乎都是四品上以下，将军号也大多是从三品，很清楚地不是上州。光州以下六州虽然事例数不多，但光、幽、东秦、安四州都因为相同的理由可以认为不是上州。剩下的两州暂时不做判断，另外，东荆州则已经讨论过了。

兖州以下的三州很难加以判断，兖州的状况是前任官职为三品的有四例。但是其中有三例都是光禄大夫。光禄大夫在太和《后令》中虽是三品，但根据《魏书》卷一九上《元匡传》，他位居三品度支尚书之时，被问罪究责且被决定处以死刑，传中记载"世宗恕死，降为光禄大夫"。这段史料指出即使同为三品，光禄大夫也在尚书之下，至少可以得知光禄大夫的地位并不高。将之与其他的三品官一样地来看待是应该要谨慎的。（此外，在已经讨论过的州里头，前任官职为光禄大夫的，相州有两例，并州有三例，瀛、齐、夏州各一例，而光禄大夫为转任官职则是益、岐、荆、豫、肆、幽、济州各有一例。这与先前的论点并不冲突，反而在判断这些州并非上州的观点上更为有利。）另外，前任官职为四品上的有三例，还有转任官职为从三品及四品上的各有一例，这让人对于断定其为上州产生疑惑。但将军号为从三品的有两例，也看得到被认定为上州的事例。恒州则是因为前任官职为三

---

1. 卢道裕的前任官职是长兼散骑侍郎，但从左将军的将军号来看的话，侍郎（五品上）实在太低，应该是长兼散骑常侍的误记。

品的事例仅有两例,以及四品上有两例,还有将军号为从三品的比例变高而成为问题,不过虽说如此,都不是决定性的主要因素。华州因为前任官职为三品仅有两例而让人有些在意,但其并非为上州的证据在此相当薄弱,此时必须要检讨其他的要素。

因此,接下来想试着讨论州与州之间的异动。同一人就任复数的州刺史的场合,一般可以认为之后转任的州的地位应该与前一个州相等或是来得更高。就这一点来看看认定为上州的十一个州。此时,因为前一个州的地位不构成问题,所以来检视转任的州。因为曾经一度回任中央官职后又迁调至地方的情况也应当纳入考虑,所以用括号来加以表示。冀州是迁往定、(徐、定)州,扬州是往定、冀、雍州,雍州是往扬、冀、(定)州,瀛洲是往冀、青、(冀)州,徐州是往扬、东荆、(定、秦)州,青州是往定、相、恒、(雍、兖)州,并州是往青、秦、(幽)州,幽州是往青、荆州,秦州是往雍、(雍)州。而定、相两州虽然看不到直接转任到其他州的事例,但其间曾任中央官职者,前者是前往相、冀州,后者则是前往冀、定、泾州赴任。大多数是在认定为上州的州之间来进行异动,也替上州认定的正确性提供了佐证,但仍有五例需要检讨。从相州刺史转任过太常卿后才成为泾州刺史的李世哲,如同先前看到的,是因为被奏劾其罪后才被派到泾州,可以认为是左迁。前面提过的东荆州,因为现今没有说明的材料,所以当成例外而排除,还剩下荆州以及现在成为问题的兖州、恒州。

来看看兖州以下的其他州,而为了避免过于繁杂,故将这些以表5-2来呈现。

表5-2 州与州之间的异动(宣武帝、孝明帝时期)

先前就任的州	州名	之后转任的州
光、(恒、益、光、燕、青、南青)	兖	青、徐、(梁、梁、瀛)
青、肆、肆、荆、(东荆)	恒	青、徐、(兖)
岐、豫、豫、(广)	华	泾、幽、瀛、相、荆、(肆)
鄀、华	泾	秦、(秦)
(华)	肆	恒、恒、并、(相)

第五章　北魏州的等级

续表

先前就任的州	州名	之后转任的州
恒、荆、(凉、济)	齐	秦
洛	营	凉、(朔)
洛、(营)	朔	云、(朔)
南兖	济	齐
豫、(梁)	郢	泾、豫、豫
益、益、岐、洛、南青、(兖、兖)	梁	汾、(郢)
	夏	
	洛	营、梁、朔
郢、(郢)	豫	并、并、郢、华、徐、(徐)
益、南秦、(东秦)	岐	华、梁、(雍、幽)
凉	南秦	岐
营	凉	南秦、(徐、并、齐)
华、幽	荆	定、幽、齐、恒、(定、扬)
	益	岐、梁、梁、(兖)
徐	东荆	岐、沧、(恒)
	光	青、兖、(兖)
华	幽	
	东秦	岐
梁、安	汾	瀛
	安	(汾)
	平	青、徐

华州是迁调往已确认并非是上州的幽、肆、荆、泾四州，如果根据这一点来看的话，华州不是上州的可能性应该相当高。兖州也有两例迁调至很明显不是上州的梁州。成为问题的是刺史元端，他在担任青州刺史期间为了应对梁军的入侵，被任命为使持节、东南道大使，并在处理军机要务、击退敌军之后被授予兖州刺史一职，但因为此时梁仍持续入侵，这可以视为对付梁入侵的策略下的任命。这些是证明

先前怀疑兖州并非上州的理由。接下来值得注意的是恒州是迁调往齐、兖二州。从青州转任而来的元继是个问题，但光凭这点是无法作为否定该州并非上州的材料依据，这从众多其他事例中可以清楚地看到。透过这样检讨刺史之间的迁叙，可以得到兖、恒、华三州并非上州的看法。关于这点，根据《魏书》卷一九中《任城王元澄传》记载：

> 初，正始之末，诏百司普升一级，而执事者不达旨意，刺史、守、令限而不及。澄奏曰："窃惟云构郁起，泽及百司，企春望荣，内外同庆。至于赏陟，不及守宰，尔来十年，冤讼不绝。封回自镇远、安州入为太尉长史，元匡自征虏、恒州入作宗卿，二人迁授，并在先诏。应蒙之理，备在于斯。……今计刺史、守宰之官，请准回、匡，悉同泛限，上允初旨百司之章，下覆讼者元元之心。"

从征虏将军（从三品）、恒州刺史转任为宗正卿（三品）可以理解成为升官一阶。换句话说，恒州刺史是成了从三品，也就是中州。恒州如此，可以说华、兖二州也确实是中州。从迁叙的事例来看，元世遵从幽州转任荆州的事例以及恒州、东荆州的情况，现今仍无法说明，这些可以当成例外看待。

那么，上州大致上是确定了，而至此被一起归类为非上州的各州则有区分中、下州的必要。因为下州是四品下（表5-1的"四品以下"一栏的四品是指正四品上，而为了与此做一区分，正四品的官品表示为四品下），前任官职原则上是四品下，或者是四品下以下。举出前任官职的半数以上是四品下以下的州的话，是朔、光、郢、夏、洛、凉、益、东荆、安各州。中州因为是从三品，所以从迁调官职中找出含有四品上以下的事例的话，是兖、齐、朔、郢、岐、安各州。后者各州都各有一例，但由于有可能是例外，所以不能太过重视，不过与前者一致的状况下，则为下州的机率就很高了。这包括了朔、郢、安三州，与前者剩下的各州合起来后，将这九州做为下州的候补并来检视看看各州之间的异动关系。朔州与凉州有前任官职为营州的问题。但是营州的前任官职是四品下以下的也有两例,虽然作为中州但是似乎接近下州。安、夏、洛、益、光等州则没有问题,东荆州的情形则是已经讨论过的前任官职中的徐州是例外。鄀州的情况则是前任官职中有被认为是中州的豫州及梁州,因此将鄀州作为下州就有问题。虽然判断上很微妙,但鄀州与转任官职为三品以上且包含上州的光州,可以视作中州。根据先前提过的《任城王澄传》,从镇远将军(四品下)、安州刺史转任为太尉长史(从三品)是被理解成升官一阶。由于下州的四品下与从三品的位阶差是一阶[1],因此可以确认安州并非中州。安州之外,把将军号也纳入考虑的场合,确实是下州的有洛、益、东荆三州,而朔、凉、夏三州也暂且当成是下州。另外,在不包含于上、下州的各州中,试举出一个能够确认为中州的事例。《魏书》卷六三《王肃传附王翊传》中提到:

历司空主簿、清河王友、中书侍郎。颇锐于荣利,结婚于元叉,超拜左将军、济州刺史,寻加平东将军。

从中书侍郎(从四品上)转任为济州刺史是被当成"超"阶。因为下州刺史是四品下,就是从四品上的上一阶,这样是没办法说其任命是"超"。如果根据墓志二七〇,王翊在中书侍郎期间的将军号是四品下的镇远,从镇远将军到左将军之间有两阶之差,不能不说是"超"了,但《魏书》的记载是指实职。如此一来,济州就不可能是下州(因为就像前面提到的,也不是上州),所以是中州。虽然汾、平两州由于数据不足很难确定,但应该不是下州。还有,如果考虑到事例数的稀少象征着不受重视的程度,不是上州而当成是中州的看法应该是可以接受的。

---

1. 依照宫崎市定的说法,阶原本是与品相同,但各品分做上下阶后,上下各称为半阶,合为一阶,见宫崎市定:《九品官人法の研究》,东洋史研究会,1956年,第401页。因为是接连着四品下、四品上、从三品,所以四品下与从三品之间当作一阶来计算。先前看到的元匡的情况,因为从三品并没有上下的区分,所以与上面的正三品的差距仍然是一阶。

二、北魏前期州的等级

晋代的刺史，有领兵者是四品，无领兵者是五品，而刘宋继承了下来。但是太和《前令》中并未载明刺史的官品（太守、县令亦同）。关于这点，宫崎市定认为地方长官透过将军号来维持在中央政府中的官品，并加入其班列之中[1]。不过这必须要有前提，也就是说地方长官与拥有的将军号之间没有太大的差距。因此宫崎市定认为将军号与地方长官的地位是约略相等的，但之后渐渐地两者失去了平衡，不能光凭将军号来维持地方长官的品位，所以太和《后令》中订定了刺史、太守、县令的官品。的确如同到此为止的检讨，刺史与其拥有的将军号显示了一定的对应关系，在其范围内有所差异。但是这不是在《后令》以后才看得到的现象，从北魏初期就是如此。而且有如之后看到的，差异的程度变得更大。孝文帝以前，以刺史为首的地方长官应该也拥有一定的官品。

那么太和《后令》之前的州的等级该如何加以区分呢？应该不是像晋、宋那样用有无"领兵"来区分，因为北魏的州置有州军并由刺史统率[2]。《魏书·释老志》中载有文成帝的诏书，写道：

> 今制诸州郡县，于众居之所，各听建佛图一区，任其财用，不制会限。其好乐道法，欲为沙门，不问长幼，出于良家，性行素笃，无诸嫌秽，乡里所明者，听其出家。率大州五十，小州四十人，其郡遥远台者十人。

得知此时州有大小的区分。另外，根据《释老志》：

> （太和）十六年诏："四月八日、七月十五日，听大州度一百人为僧尼，中州五十人，下州二十人，以为常准，著于令。"

---

1. 宫崎市定：《九品官人法の研究》，东洋史研究会，1956年，第401页。
2. 参照本书第一部第八章《关于北魏的地方军（特别是州军）》，原载于《西嶋定生博士還暦記念 東アジアにおける国家と農民》，山川出版社，1984年。

第五章　北魏州的等级

因此可以得知孝文帝太和十六年阶段已经将州分为大（上）、中、下三等。太武帝时统一华北与南朝对峙的北魏，终于开始蚕食南朝领域下的土地。献文帝时期乘着宋的内乱而得到青、兖、徐等州就是其代表性的事例。除了透过这样的形式来增加州数外，割定州与冀州作瀛洲，割秦州作华州，还有新设岐州、东荆州，等等，太和十年以后州的增加非常显著。以往是上下两个等级的州，重新改编成三个等级就是为了对应州数的增加，因此该时期离太和十六年（492）应该相去不远[1]。

以这件事情作为背景，想使用检讨宣武帝以降的同样方法来检讨孝文帝末年为止的刺史就任者的事例，但这个时期的讨论则必须附上先决条件。太和十七年（493）颁布的太和《前令》被认为"只不过是将当时为止的现行的制度照其原貌做一整理而已"[2]，而当时施行的官职体系能够追溯到何时至今仍不清楚，所以其官品能够适用到哪个时间点亦不明白。不过，（1）晋代官品中的一、二品被收罗进太和《前令》的正一品之中，晋代的三品除了一例之外被包含在《前令》的从一品上到从二品中之间。相反，晋代四品以下被列入《前令》从二品中以上的仅仅只有一例。换句话说，虽然序列有所变化，但除了少数的例外，晋代三品以上的官职与《前令》的从二品中、后令的三品以上的官职相吻合。（2）将军号的序列在北魏初期也与太和《前令》几乎相同（但是无法确认官品[3]）。由此看来，作为操作上的便宜处置，可以使用太和《前令》的官品体系来分析孝文帝以前官职的上下关系。

根据以上的前提，首先找出孝文帝末年为止的冀州刺史就任者，总共多达二十九名。其中能够得知就任前后的官职或担任刺史时的将军号的人总计二十五名，将其整理为表5-3。

---

1. 福岛繁次郎根据《魏书·释老志》的记载，认为文成帝时是作大小二等制，但到了太和十六年就成了三等制，并著录于令文。福岛繁次郎：《北魏孝文帝中期以后的考课》，收入氏著《中国南北朝史研究》，名著出版社，1979年增补版。
2. 宫崎市定：《九品官人法の研究》，东洋史研究会，1956年，第392页。
3. 参照本书第一部第三章《北魏初期的将军号》，原载于《東洋文化》60号，1980年。

表5-3 冀州刺史就任者（道武帝～孝文帝时期）

时期	就任者	将军号	前任官职	转任官职	备考
道武帝	长孙嵩		南部大人	司徒	
	王建	冠军？	太仆		都督冀青二州、二州刺史
	元遵	征西大？	尚书左仆射		
	封豆	前			冀青二州刺史
明元帝	长孙道生	南统		廷尉	
太武帝	闾大肥		内都大官	特进	冀青二州刺史
	闾大肥		特进	内都大官	冀青二州刺史
	安同	征东大	光禄勋		冀青二州刺史
	陆俟	龙骧	给事中	虎牢镇都大将	
	崔颐	平东	散骑常侍	大鸿胪	
	仇洛齐	平远	中书令	内都大官	平远前史宁南将军
	薛提	镇东大	太子太保	侍中、治都曹事	
	窦瑾	镇南	尚书	内都大官	
文成帝	源贺	征南	给事中	太尉	
献文帝	韩麒麟	冠军			与房法寿对为刺史
	韩均	征南大	定州	广阿镇都大将	冀青二州刺史
孝文帝	元云	征南大	中都大官	长安镇、雍州	
	王琚	征南	散骑常侍	散骑常侍	散骑前为礼部尚书
	赵黑	镇南大？	定州		
	孙茂翘	冠军？	并州		
	张宗之	镇东	内都大官		
	元禧	骠骑大	中都大官	司州牧	开府
	元幹	征东大	豫州	司州牧	都督三州
	穆亮	征北大	司空	定州	开府仪同三司
	元雍	征北大	相州	司州牧	都督三州、开府

注：其他还有王辅、穆泥乾（两度）、沮渠万年，但因将军号、前后任官不明而省略。

第五章　北魏州的等级　　　　　　　　　　　　　　　　　　　　145

　　根据表5-3，前任官职最低的是从三品上的给事中两例，次低者是二品下的散骑常侍两例，转任官职最低是散骑常侍一例。在官品表中看不到内都、中都、外都即三都大官，但如果检讨其就任的事例，三都大官的地位确实是在散骑常侍之上[1]。换句话说，冀州刺史的情况，可以说标准上是自二品下以上迁调而来并转任二品下以上的官职。又《前令》二品下以上的官职除了散骑常侍外，全都包含在《后令》三品以上的官职内。因为散骑常侍于晋代在三品官中是次于侍中的第二位，虽然在《后令》变成了从三品，但在《前令》中应该与《后令》的三品相同。如此一来，应该可认为冀州刺史的地位与宣武帝时期以降相同。但是将军号就有所不同，相对于宣武帝以后全部是从二品以上，撇开四安（《后令》的三品《前令》的二品下）、四平（《后令》的三品《前令》的从二品上）不谈，还能看到冠军、龙骧这样相当于《后令》从三品《前令》三品上的将军号。[2]

　　接下来看看其他州的状况。仿效宣武帝时期以降的表格制成一览表（表5-4）。由于至孝文帝时期为止，存在刺史兼任镇都大将的情况，所以首先列出的是镇与州不同治，以及即便同治但为短期兼任的极少数事例。还有，因为道武、明元帝时期有大半的州不存在，所以为了方便比较，只处理太武帝以后的事例。因为刺史的官品尚不清楚，所以分界线该放在哪里就成了问题。因为认为是上州的冀州刺史的就任前后官职是以二品下为底限，以此做为分界线的话，刚好对应到后令的三品。因此援用表5-1所使用的从二品、三品、从三品、四品的区分法，大致上是从一品中、二品下、从二品下、三品[3]。

---

1. 担任三都大官的人很多，下述事例很能表示出这个官职的重要性。身为太武帝的太子而先父亲一步过世的拓跋晃（景穆帝），除了文成帝外还有十二名皇子，其中有八名是三都大官。并且七名在当时或是之前得到大将军的称号，其中五名是从镇都大将迁调而来。
2. 仇洛齐的平远将军，由于之前的将军号是宁南所以很难接受。还有在官品表中看不到四宁将军，若从实例来看应该在前后左右将军与四安将军之间（本书第一部第三章）。
3. 在散骑常侍的例子中能见到《前令》与《后令》的官品的区分方式，也没有很清楚且明确的对应关系。是否能断定这里显示的对应关系是正确的，也是个问题，需要对处于边界的官职做个别的检讨，但本章的目的是了解州的上下关系，就此而言已经足够了。

表5-4 刺史就任者的前后官品与将军号（太武帝~孝文帝）

州名	总计人数	就任前的官品							转任的官品							将军号的官品				仅知就任的人数
		~从一中	~二下	~从二下	三上~	三都	他州	其他	~从一中	~二下	~从二下	三上~	三都	他州	其他	~从一中	~二下	~从二下	三上~	不明等	
冀	20	3	5		2	4	5	1	2	6			3	4[3]	5	11	2	1	4	2	4
定	18	8	3		1		3[1]	3	2	1				5	10	8	7	1		2	6
相	15	1	4		1		4	5①		1		2	3	9	4	8(1)	1		1	1
幽	8		1			1	1	5	1	1				1	5		2(1)	2		1	3
徐	6		1				3[1]	2		2		1		2	3					3	2
青	10	1	3		1		2	3		1		2			7	3	2	2	2	1	1
并	9	1			3	2	1	2①				1	3		5		3	1	3	2	7
秦	8	1	3		1		1	2			1		1		5	2	6				3
兖	9		2				3[2]	4		2	1	1			5		2(2)	2	1	2	2
泾	7		3	1	2			1	1			1		1	4		3	2		2	3
齐	9			1	5			3						4	5	1		8			
济	3				1		2[1]					1		1	1		1	2			
豫	9	1	2		3		1	1	1	1				4	3	1	1	1	4	2	1
荆	6						4*2	2		1				2	3		1	2	2	1	2
平	4	1						2						2	2		1			2	2
光	3				2		1			1		1			1			3			
洛	5	2	2		1				1	1		1		2	1	1			3		
恒	3	1			1			1						1	2	2	1				

注：[ ]是镇，○是太守，*是行州事，( )是四宁将军。

另外也模仿表5-2将州镇间的异动情况制成表5-5。此外，在这里也一并处理与镇同治的州。

第五章　北魏州的等级

表5-5　州镇间的异动（太武帝~孝文帝）

先前就任的州	州名	之后转任的州
相、定、定、并、豫	冀	定、虎牢镇、广阿镇、长安镇
幽、广阿镇	定	冀、冀、相、恒、凉
定、济、平、枋头镇	相	幽、冀、枋头镇
相	幽	定
梁、梁、彭城镇	徐	秦、雍
朔、长安镇	青	
秦	并	青、冀、泰
相	秦	长安镇
荆、东青、瑕丘镇、瑕丘镇	兖	
	泾	徐
	齐	青、雍、徐、光
豫、长安镇	济	相
东荆、仇池镇	豫	冀、华、扬
鄀、平	荆	兖、东荆
	平	相、荆、凉州镇
齐	光	
崎城镇	和龙	凉州镇
燕	夏	雍
平原镇	统万	
齐、夏	雍	
秦、冀、怀荒镇、虎牢镇、虎牢镇	长安	青、虎牢镇
怀朔镇	朔	青
定	凉	定
虎牢镇、虎牢镇、和龙镇	凉州	敦煌镇
	梁	徐、徐
敦煌镇、武川镇	仇池	
定	洛	
定	恒	定

因为刺史是最终官历或是因为免官而没有转任官职的例子很多，地位高低的判断与宣武帝以降相比显得困难许多，但仍能推论出以下的内容。定州的前后任官职及将军号都比冀州的事例更可以清楚地说是上州。虽然相州有很多前后任官职及将军号都比冀州的例子更低的事例，但作为上州应该无误。幽州虽然迁叙关系的史料稀少，但没有与判断其为上州相抵触的事例。而将军号三品上以下的比例很高虽然也是问题，但一并考虑到从相州迁调而来又转任定州的事例，暂且当成是上州。秦州从迁叙关系来看也应该可以当成是上州，将军号也是相当高的二品下以上。徐州因成为北魏领地时期的关系，事例数很少，但没有与判断为上州相抵触的事例，而且在明确的事例中将军号非常的高。青州则是最早的青州刺史郦范的事例成为问题。他身为征南大将军慕容白曜的左司马并随之南征，献策时常切中要点，故在青州纳入北魏领域的同时，受到白曜的推荐而成为刺史。将军号虽然不清楚，但三品上的冠军以下则是毋庸置疑，然后旋即转任四品中的尚书右丞。但根据这样来看，青州的地位会变得非常低，应该可以视作伴随获得新领土而来的特殊事例[1]。这一事例与转任西中郎将（三品中）的元天琚（将军号是三品上的征虏）都摒除在外的话，其他事例用于判断青州为上州就没有问题。而且郦范从尚书左丞又再次成为青州刺史，此时的将军号是平东（从二品上）。

如此可以判断宣武帝以降时期隶属于上州的各州，在此之前就是上州，但只有并州是例外。这个州的情况，分做前任官职很高以及前任官职不高的两类事例，将军号也随着以上两类而有高低之别。泾州与这很类似，此外豫州与事例数稀少的平州有一样的倾向。此外，值得注意的是豫州与平州到了太和时代，迁叙关系、将军号都很明显地变低。兖州成为北魏领土后的第一任刺史李璨，他的前后任官职、将军号都很低，若排除这个例子，兖州是与幽州在同样的地位上。相对于此，齐州的前任官职及将军号低下的例子很多，明显地与到目前为

---

1. 与青州一起在这个时期成为北魏领土的兖州的情况，其刺史李璨也是从中书郎、参军事转任的，将军号是四品上的宁朔。

第五章　北魏州的等级

止的州不一样。光州也是如此。荆州的前任官职是以州任为中心，两例是行州事，其他是鄀州与平州。如先前看到的，平州在太和中期以后地位低下，而这就是属于该时期。鄀州因为正式成立于宣武帝时期，所以这是在此之前的事例。转任官中有之后为下州的东荆州，与将军号整体低下的情况一并考虑的话，这也与齐州属于同一集团。济州的问题则是在处理由长安镇将迁调而来又转任徐州司马（据《后令》为从四品上）的陆延上，无法明确辨别其中是有某些谬误存在，还是属于特殊事件。除此之外，从豫州而来的转任是在太和后期，而且将军号也称不上高，应与齐州有同样地位。另外，在迁都以前的洛阳所设置的洛州（因此与宣武帝时期的洛州不同），以及由于迁都之故从司州的一部分划成的恒州，在迁叙及将军号上都表现出是上州。

将以上内容整理如下：

A	认为是上州的州	冀、定、相、幽、徐、青、秦、兖、洛、恒
B	认为是下州的州	齐、济、荆、光
C	显露出上下双方倾向的州	并、泾、豫、平

试着将之与宣武帝以降的州区分比较，如表5-6。

表5-6　州的等级的比较（一）

孝文帝之前	州名	宣武帝以降
上	冀	上
上	定	上
上	相	上
上	幽	上
上	徐	上
上	青	上
下~上	并	上
上	秦	上
上	兖	中

续表

孝文帝之前	州名	宣武帝以降
上	恒	中
下~上	泾	中
下	齐	中
下	济	中
下~上	豫	中
下	荆	中
下~上	平	中
下	光	中
上	洛	

可以发现有相当清楚明了的对应关系。换句话说，孝文帝前认为是上州的州（因为成为司州的洛州应该排除在外），九州之中有多达七州是宣武帝以降的上州，孝文帝前的下州则全部都是宣武帝以降的中州，而孝文帝前的上或下州，除了一州外，到了宣武帝以降则成了中州。这可以推论出以下的内容。从太武帝到孝文帝的太和十年代间[1]，北魏的州被区分成上下，但由于州数的增加，到了太和十年代中叶就被分为三等。随之而来的是原本的上州被分化成能够照样维持上州地位的州以及被列为中州的州（豫州及平州在太和后期的地位变得低落就是如此），而原本的下州则大多成为中州。而此时成为下州的是比较新设立的州[2]。此外，恒州在刚刚迁都后还受到上州待遇，但大概是以刺史穆泰的叛乱为转折点而地位变得低落，宣武帝以降受到了中州的待遇。若从这一例子来看，三等区分在后来也有修正。但可以认定其大致上的确定是在《后令》施行之时。这点与接下来的讨论也有关。

试着同样地来检视设置州后与镇同治的情况，以及很晚才由镇改

---

1. 因为道武、明元帝时代的州数很少，所以替州订立等级的必要性就不大了。
2. 安州于献文帝皇兴三年（469）成立，东荆州于孝文帝延兴二年（472）成立洛州是因为迁都而使旧洛州（洛阳）成为司州，故将旧荆州分做荆州与洛州而成立的。而益州宣武帝时期从南朝夺取领土后新置的。

第五章　北魏州的等级

编为州的情况（表5-7）。

表5-7　刺史（镇将）就任者的前后官品及将军号（太武帝~孝文帝）

州镇名	总计人数	就任前官品						转任地的官品						将军号的官品				仅知就任的人数
		~从一中	~从二下	~三上~	三都	他州	其他	~从一中	~从二下	~三上~	三都	他州	其他	~从一中	~从二下	~三上~	不明等	
营	3			1		2						3		1	1	1		5
和龙	7		1	1	1[1]	4	1			3	1[1]	2		5	(2)			1
夏	4		1	1		2[1]		1			1		1	1		2		
统万	10	1	1		2	1[1]	5		2			1		7	9		1	1
朔	2					1[1]	1				1		1			1		1
云中	3		1				2		2			1		2			1	
雍	5	2				2	1					5		2	1		2	4
长安	20		8			2	5[3]	5				5	2[1]	8	5(2)	2	3	
凉	3			1		1						1		2	2		1	
凉州	10	1	1		2	3[3]	3				2	1[1]		6	6	3	(1)	1
梁	3				1*1	2		1				2				1	1	
仇池	5				2[2]	3	1	2				2			2	2	1	1

注：[ ] 是镇、*是行州事、( ) 表示是四宁将军。

和龙镇于太武帝的太平真君五年（444）成为营州。但是，直到太和十年代前都还有镇都大将的存在[1]。虽然镇将的迁叙关系不是很清楚，但将军号都非常高。镇将与刺史的兼任有三例。虽然关于刺史的史料不足，但能够指出将军号比镇将更低。统万镇到了太和十一年（487）后设置了夏州。镇将的迁叙及将军号都能与上州相匹敌。与刺史的兼任有一例。刺史虽然史料不足，但与上州的事例相近。云中镇从太武

---

1. 以下关于镇的存续状况请参照严耕望：《中国地方行政制度史——魏晋南北朝》上编（四）第十一章。

帝到太和中叶为止都是与州同治。镇将虽然有些史料不足，但可与上州刺史相匹敌。刺史兼任有三例。虽然刺史也是史料不足，但表中事例并未显示朔州刺史地位低下。雍州可以得知从太武帝时期开始就有刺史的存在，另一方面也能够确认直到太和十年代为止的长安镇将就任者。镇将其迁叙及将军号都能与上州相匹敌，兼任则有三例。雍州刺史的情况虽然不够清晰，但可以说没有足以怀疑其上州地位的史料。凉州也是从太武帝时期就知道有刺史的存在，并且能够确认太和十年代为止的凉州镇将、姑臧镇将[1]就任者。镇将的迁叙及将军号也都类似上州刺史，可以得知与刺史的兼任有两例。关于凉州刺史，虽然太武帝时的张珍的中书侍郎是四品上，但是如果看到将军号是从一品下的镇西，则应该是记录上的省略或者是有所脱落。也有从定州来的异动事例，迁叙关系即使史料不足但也不能说是低下。将军号也有两例是高位，但太和末年的安乐王元诠是三品上的冠军，这或显示出对宣武帝以后向凉州刺史地位的倾斜。最后的仇池镇在太和十二年（488）时成为梁州，但可得知此后仍有镇将的存在。关于镇将，已经判明的前任官职仅只是他镇，但看到其他的状况后也可以与上州刺史相匹敌。兼任有一例。知道前任官职的刺史只有李崇的行梁州事，他在此之前任职于《后令》中相当于三品的河南尹，而且将军号是高位，即使史料不足也可以认定具有上州的地位。

　　关于以上的六州，镇都大将每一个都具有相当于上州刺史的地位，这点也能透过表5-5的异动关系来确认。接下来看刺史，营、朔两州由于史料不足而难以判断，其他的四州都应该是上州，或者最起码不存在否定其为上州的史料。试着思索一下，就会让人觉得镇将与刺史的时常兼任象征两者地位的接近。献文帝时期，丘麟与游明根一起从瑕丘镇将迁调为兖州刺史，但瑕丘镇与兖州是同治。可以认为包含营、朔两州在内的六州刺史也与镇将同样具有上州的地位。

　　将这个结果与宣武帝以降的州区分比较看看。

---

1. 凉州镇于太和十四年（490）改名为姑臧镇。

第五章　北魏州的等级

表 5-8　州的等级的对比（二）

孝文帝之前	州名	宣武帝以降
上	雍	上
上？	营	中
上？	朔	下？
上	夏	下？
上	凉	下？
上	南秦[1]	中

尽管营、朔两州加上了"？"，但这六州除了雍州以外，宣武帝以后都转为了中州或者是下州。特别是朔、夏、凉三州没法明确地断定，但仍有下州的可能性。能这样地推论，可以说是因为州的地位大幅下跌。

三、结语：州的等级与户口数

北魏的州的等级区分如何施行？《魏书·高祖纪》太和十年（486）条提到：

> 议定州郡县官依户给俸。

对此，福岛繁次郎认为太和八年（484）的百官俸禄制施行之时，刺史是根据将军号的品第来领取俸给，但因为太和十年的改定是以户数的多寡为基准来区分州的等级，与此相对应，也订定了地方官的品第及俸给[2]。还有先前看到过的《释老志》的记事中，出家的数目依照州的大小而有等级差异。这件事让我假定太和十年（486）以前的州等级或许

---

1. 南秦州在太和末年以前为梁州，宣武帝正始年间，夏侯道迁以南郑降，北魏以其地为梁州，旧梁州则改为南秦州。
2. 福岛繁次郎：《北魏孝文帝中期以後の考課》，收入氏著《中国南北朝史研究》，名著出版社，1979年增补版。

也是依照户口数的多寡来决定的。

不过关于北魏各州的户口数并没有值得信赖的史料。《魏书·地形志》上记载的户口数并不是北魏鼎盛时期的数字，而且也没有扩及所有的州，记载的户口数也有年代上的差别。內田吟風认为，关于东魏武定年间在东魏治下的州郡，《地形志》所载为武定年间调查数字；而武定年间已经是东魏领土外的州郡，《地形志》所载则为北魏最后的永熙年间调查数字。由于永熙与武定之间东魏治下的户口数应该不会有剧烈变化，所以用武定的户口数来推论永熙的户口数是可以接受的[1]。虽说如此，这也不是鼎盛时期的户口数字。內田吟風认为在经历六镇之乱前的北魏户口数与北魏末年相比会相当多，并假定是将近一倍的数字。撇开确切的数字不谈，即便北魏末年户口数的减少未必各地都是一致的，但还是能够假定几乎扩及了北魏的全部领域。所以仅作为参考之用，在六镇之乱前就存在的主要各州中，把知道户口数的州由多到少列成表格如下：

表5-9 《魏书·地形志》所载各州户数表[2]

户数排位	州名	户数
1	司	371 675
2	定	177 501
3	冀	125 646
4	并	107 983
5	瀛	105 549
6	兖	88 032
7	青	79 753
9	齐	77 378
12	济	53 214

---

1. 请参照內田吟風：《後魏の戶口数について》，收入氏著《北アジア史研究—鲜卑柔然突厥篇—》，同朋舍，1975年。
2. 以前注提到的內田吟風论文的表为基础制作而成。户数排位是引用原本內田吟風论文所附的表。（补充）內田吟風的表格上的户数与《地形志》的户数有不同之处，则以地形志为准。另外，东秦州在內田吟風的表格中是写成改名后的北华州。（2003年5月记）

第五章　北魏州的等级　　　　　　　　　　　　　　　　　　155

续表

户数排位	州名	户数
13	光	45 776
14	梁	43 819
15	豫	41 172
17	肆	40 582
18	幽	39 580
19	徐	37 812
27	洛	15 679
30	东秦	14 596
32	汾	6 826
36	安	5 405
47	营	1 021
48	平	973

虽然包含由于户数过少而难以取信的州，但到十七名的肆州为止，除了兖州之外都与宣武帝以降的上、中州的区分相一致[1]。而判断为上州的幽州，纵使排名十八并且户数很少，但考虑到此州与在其周边的营、平、安州以及不在表上而户数排名第四十五位的东燕州都显示出极端稀少的户数，与六镇之乱前的数字有很大落差的可能性很高。同样地，想必是上州的徐州，其户数的稀少是由于受到位于南方的扬州在北魏末年归属成为梁的领土的影响。这也有与六镇之乱前的数字大大不同的可能性。另一方面，很清楚是中州的齐州的户数与青州几乎相同，内田吟风认为此州是在六镇之乱前后户数没有太大变动的例子。

以上的内容虽然不得不依靠不明确的数字，但从宣武帝时期到发生六镇之乱的孝明帝末期为止，上州、中州的区分是依照户数来决定

---

[1] 北豫州是原本的虎牢镇。洛阳迁都后在司州之下设置了东中府。表格上的司州是东魏迁都至邺后的。成为中心的是北魏的相州。另外，户数排名第八的殷州、第十的沧州、第十一的郑州、第十六的北豫州，都是六镇之乱后才设置的州，第二十之后不在表上的州大多也是乱后新设立的。

的这点，是可以透过实例来确认的。中州、下州的区分也同样可以加以确认。这样一来即使是户数不明的州，州的等级区分也可以提供一套极为粗略的推测户数范围的方法。不过暂时不谈这个，先来讨论孝文帝之前的州的区分。

前面已经提过孝文帝时期以前的州的区分基本上也应是依照户数多寡。不过在与镇同治或是很晚才从镇改编为州的州之中，孝文帝末年前的上州或者说具有上州地位的州在宣武帝以后除了雍州以外都下滑了，而且幅度还很大。虽然伴随着州的三等级化出现了从上州变成中州的例子，但这个集团改变的比率及幅度很大，考虑到它们至孝文帝最末期为止都还保有上州的地位，其变化之急遽与其他州有所不同。由于无法认为是这些州的户数在这段期间剧烈地减少，所以孝文帝时期之前的州的处理上，要考虑有户数之外要素的可能性。

这里应该考虑到的问题是都督号。太和《前令》中，都督三州诸军事是记载为二品上，并与一州的都督区别开来。这是因为复数州的都督可能影响迁叙过程及将军号。《魏书》和《北史》中，只担任自己所属州的都督的情形是几乎没有被记载下来的。但是由于率领州军的关系，刺史一般会被授予任职州的都督号。事实上，检阅墓志会发现都督某州诸军事及督某州诸军事的例子是非常常见的，而与列传相对照，这些记载大部分都在传中被省略。不过涉及到其他州的都督号，正史则会相当忠实地将之记录下来。将这些史料按照州与时期作成表来检视（表5-10）。

表5-10 都督诸军事表（孝明帝末年前）

州镇名	太和10年代前半为止	太和10年代中叶以后	宣武帝以后
冀		2	4
定			3
相	1		
徐	3		3
青	1	1	3
扬	—	—	5

第五章　北魏州的等级

续表

州镇名	太和10年代前半为止	太和10年代中叶以后	宣武帝以后
恒	—	1	1
齐	1		1
豫		3	3
岐			1
朔			2
洛	1		—
荆	—	—	4
统万镇	2		—
夏	—	1	
长安镇	10		
雍	1	1	6
凉州镇	2		—
凉		1	
仇池镇	4		—
梁（南秦）	1	1	
梁	—	—	1

注：— 表示该时期的州、镇并不存在。

太和十年至十五年，镇都大将大都担任都督复数州诸军事（以下都在这个意义上使用都督这个词汇）。特别是长安镇与凉州镇、仇池镇，严耕望认为经常是在都督诸军事的状态下[1]。但是各州中，以对南朝最前线的徐州为中心也散见都督的事例。那么这些州镇会是否由于都督而取得先前所看到的高等级呢？似乎也不一定。和龙镇的都督只有一例，但剩余的事例也显示出该镇具有与上州相匹敌的地位。镇及州所拥有的地位应该是与都督号的赐与连结在一起的。那么被赐与都督号的州镇的地位是什么呢？当然就是军事地位的重要性。因为设置广达复数州的都督区的情况中，都督一般都会被派到具有核心军事力量的镇或

---

1. 严耕望：《中国地方行政制度史》上编，第777—778页。

州。那么不具有能被认定为上州的户数的凉州等镇,以及后来的州能够取得上州或是与上州匹敌的地位,大概是因为具有能够作为都督区核心的军事力量而受到较高评价[1]。

到了太和十五年至二十年后半,除了周边地区之外都废除了镇,而都督的配置也产生了变化。冀、定等州很清楚地是由于户数众多而被认定为上州,其州刺史拥有了都督号(换句话说,并不是担任都督的缘故才受到上州等级的待遇)。另一方面,统万、长安、仇池等镇,它们之后的州或是与这些镇同治的州仍拥有都督权(原因已在前文陈述过)。

简单来说,孝文帝末年前存在着两种上州:其一为户数众多的上州;另一个是户数虽比不上上州但因军事因素而受到上州待遇的州镇。

尽管如此,到了宣武帝以后,夏、凉、南秦这些从旧时统万、凉州、仇池等镇改编而成的州,丧失了都督号,同时这些州也失去了上州的地位。这是否是由于军事上的重要性衰退了呢?姑且不论由于取得益州及梁州而不再是最前线的南秦州,夏州、凉州的重要性还是没变,位于最前线地区的益州及梁州也没有受到上州的待遇,都督也只有爆发六镇之乱的正光五年(524)的一例而已。这都让人觉得从军事因素角度来决定州地位的做法应该产生了变化。代替徐州成为对南朝最前线的扬州,在这个时期配置了很多都督,这应该是重视军事因素的结果,但看到未被赐与都督号的三例,每一个都显示出符合上州刺史的迁叙及将军号,所以其原本就为上州的可能性很高。

换句话说,宣武帝以后州的等级完全是依照户数而定,军事性要素对于决定州的地位不再有那么高的影响力。这与孝文帝改革之后所见(残存下来)的镇的地位的低落应该可归于一个进程。

【补记一】本章是以1987年东洋史研究会大会的报告修改补充而成。

---

1. 都督因此大都是配置在上州或等同于上州的镇,但是依据情况的不同,也有配置在上州以外的地方。严耕望认为有青齐都督区的存在,而通常是以青州刺史为都督。不过从献文帝到孝文帝初年,被认定为中州的齐州刺史武昌王元平原是青兖二州的都督。此时元平原拥有其他齐州刺史决不可能有的从一品下的镇南将军号,应该是受到与一般不同的待遇。

第五章　北魏州的等级

（1988年记）

【补记二】关于本章中所使用的"阶"，希望能一并参考《序章》中提到的近年阎步克与冈部毅史的新看法。另外，关于都督的部分请参考本书第一部第九章。表5-10是再次调查过后的结果，与原本刊载的表格在数字上有不同之处。

第六章

北魏的"赠官"

前言

在日本的律令制度时期，实行近乎机械形式的赠位制度，即"生前官位加以基准阶数"[1]。赠位乃是模仿唐代赠官而创造出来的产物，然而欲对于唐代之前的北魏时期，赠官是否有一定的标准来展开讨论，本文将思考一些与此相关的问题。

在晋代的赠官事例之中，以赠与包含将军的中央官之事例为主，虽有原为太守或刺史者分别获赠太守或刺史，或者获得包含两者的赠官，但是原为中央官而受赠太守或刺史的事例却似乎不存在。到了刘宋时期，至宋文帝时期为止，此种情形并未改变，到宋孝武帝的时代才出现中央官受赠地方长官的事例。然而，即便如此，可以说赠官仍以中央官为主。在萧齐时期，原为中央官而受赠地方长官的事例，即便加上原为地方长官而受赠太守或刺史的事例，也仅仅占全部赠官比率的三分之一。梁代此类事例与萧齐相比是减少的。相对于南朝，北魏的情形由初期开始，将刺史或太守当作赠官的事例便占了泰半，至后期几乎所有事例都是如此。若死亡时的官位较低的话，仅赠与将军号加上太守、刺史（由于持节或都督号必然与这些官号同时出现，本文将其排除在讨论之外）；若死亡时的官位变高，加授尚书仆射或尚书令，若是较此更高位，则加授仪同三司或三公、三师等官。以将军号与地方长官号为主来进行赠官，这是北魏时期的特色。

一、北魏后期的赠官

如《李思穆传》(《魏书》卷三九，以下包含表格，引用同书时均省略书名）或《元谧传》（卷二一上）般，记载着与"超赠"之语一起

---

1. 野村忠夫：《天武朝の外位をめぐる問題》，《律令官人制の研究》增订版，吉川弘文馆，1967年；虎尾達哉：《贈位の初步的考察》，《日本歷史》521，1991年。

第六章 北魏的"赠官"

出现的赠官记录，表示存在与此相反的一般情形的赠官。"赗赠之礼，有加常典"[1]、"赗赠之厚，礼越常伦"（汇107，元佑墓志）中所见"常典"、"常伦"等用语，大约表示它们是一般的赠官情形。由于"常"适用于相当广的范围，此种用语的规范性较弱，即便如此仍可窥见赠官中的某种标准。与此标准有关而引人注目的是元朗的墓志（汇201）。墓志载"以孝昌二年九月丁酉戊申日薨于师，于是朝廷爰案故典，加以二等之礼，赠使持节、安北将军、并州刺史，礼也"。如此记述，可以确知在赠官之际存在着应予参考的"故典"，也可以清楚地了解死亡时任官与赠官官品的差异。据此可以推知，在死亡时所任职官之上，以增加相当等级的方式来决定赠官。[2]

因赠官的意图所在而产生赠官官品高于死亡时任官的情形，大概颇为普遍，然而究竟实施至何种程度，下文将以《魏书》与墓志为材料来展开考察。在考察时，重点在于具有北魏赠官特色的将军号与刺史、太守号的变化，若同时有高于刺史的上级赠官的话，将以其官品来计算差异。与刺史官品有关的州之区分问题，采用本书第一部第五章[3]（以下，称为前章）的结论。

现在，对应《魏书·官氏志》所载太和《后令》官品表的宣武帝时期，将检讨此一时期的相关问题。首先，以太守为最终任官的八例[4]，在清楚可知的范围内他们全部带有或可推测带有从三品将军号，赠官的将军号大多数与此相同，不过仅有一例是在同一官品内上升。所赠州刺史，八例均为中州[5]。换言之，给予太守的赠官是以中州刺史（从三品）为通例。郡的序列尚未能完全清楚掌握，若假定这些郡皆为上郡，那么赠官与最终任官（四品）间的差距，含将军号在内，就是一阶。

---

1. 赵超：《汉魏南北朝墓志汇编》，天津古籍出版社，1992年，第137页，《元灵曜墓志》。以下本章所引墓志均根据此书，将略作"汇"并标注页码。
2. 就元朗而言，生前的将军号为安西，因此赠与的将军号级别并未改变。上升二等形成官职的差距，但是尚无法具体确知其情形。
3. 原载《高知大学教育学部研究报告》2-40，1979年。
4. 赵超宗（卷五四）、成淹（卷七九）、尹挺（卷七一）、杨令宝（卷七一）、崔振（卷五七）、裴彦先（卷七一）、陆凯（卷四〇）、刘文晔（卷四三）。
5. 关于南兖州与南青州的问题，在前一章里未作出判断，似以看作中州为宜。

下面列举以刺史为最终任官的事例。

表6-1 北魏宣武帝时期刺史赠官事例

	最终官		赠官			备考	就任者、典据
	州	将军号	将军号	州	其他		
1	下州	洛	显武（4）	本	光（中）			贾儁（卷三三）
2		″	龙骧（从3）	征东大（2）	洛（下）		"赠本官"，"征东大将军"仅见于志首	元绪（汇52）
3	中州	豫	征虏（从3）	平东（3）	青（上）			司马悦（卷三七，汇57）
4		南秦	″	左（3）	豫（中）			裴宣（卷四五）
5		齐	辅国（从3）	征虏（从3）	华（中）			薛聪（卷四二）
6		″	″	平东（3）	青（上）			李元护（卷七一）
7		″	平东（3）	本	幽（上）			郑懿（卷五六）
8		″	″	安东（3）	兖（中）			孟表（卷六一）
9		幽	征虏（从3）	本	朔（下）		《北史》也载为朔州	元燮（卷一九下）
10		″	冠军（从3）	本	豫（中）			元景略（卷一九下，汇88）
11		华	安西（3）	镇西（从2）	雍（上）		华州→免	杨播（卷五八）
12	上州	徐	征虏（从3）	卫大（2）	齐（中）		《北史》记载相同	元鉴（卷一六，汇51）
13		幽	平东（3）	本	″			李宣茂（卷四九）
14		并	平北（3）	安东（3）	青（上）			王仲兴（卷九三）
15		相	安北（3）	镇东（从2）	冀（上）			陆昕之（卷四〇）
16		扬	安南（3）	车骑大（从1）	扬（上）	领军		元嵩（卷一九中，汇52）
17		定	安北（3）	镇北（从2）	冀（上）			元鸾（卷一九下，汇46）

第六章　北魏的"赠官"

续表

	最终官		赠官			备考	就任者、典据
	州	将军号	将军号	州	其他		
18	雍	征南（2）	（征南[2]）	雍（上）	仪同三司		裴叔业（卷七一）
19	徐			豫（中）		徐州→亡匿、赐死	元寿兴（卷一五）

注：将军号后的括弧内表示官品。

　　表6–1的十九例之内，获赠州刺史的地位没有变化的事例为十例，占全体半数以上，获赠州刺史地位下降者有四例，上升者有五例。若仅注意到这些，结果令人感到有些意外，其实应该把将军号一并纳入考虑。以上表而言，除了停留在本将军亦即本号的五例和不明的一例之外，其他十三例中的将军号全部都较本号上升了（包含在同一官品内的上升）。就上升的范围而言，多达九例为上升一阶以下，三例为上升三阶。将军号的上升仅在一阶之内，大约可以将此视为通例。将军号的差距与上中下州的差距，各自的一阶以1为代表，将军号同一官品内的上升以α来表示，借此试着将它们量化。负1者为第9、第13例两个例子，正负0者有第10例一个例子，正α者有第5、第8和第14例三个例子，正1者有第1、第4、第7、第15和第17例五个例子，正2者有第3、第6、第11和第12例四个例子，正3有第2、第16和第18例（以从一品的仪同三司为准）三个例子。第19例仍有疑问，但是若归纳到负1者的事例中也并无不可。简单地说，包含将军号在内的整体情况可以确认为，赠官较死亡时任官更为上升的情形是通例，大多数是在二阶以内的上升。然而有两例中的赠官，由整体而言是下降的，或许可能是因州的地位变动造成的结果。第19例赠官中的州刺史下降，大约受到获赠者因逃亡被赐死而带来的影响。

　　以地方长官之外的官职作为最终任官，而且同时有将军号记录者的赠官，整理如表6–2。赠官与最终任官的差距将如前文一般，予以量化而附载于表格中。

表6-2 北魏宣武帝时期有将军号之中央官赠官事例

	最终官		赠官			就任者、典据	差
	将军号	官职	将军号	官职（州）	其他		
1	中坚（从4）	尚书左丞（从4）	平远（4）	南青（中）		李蕴（卷四六）	3
2	[中坚]（从4）	卫尉少卿（4）	镇远（4）	梁（中）		元演（汇68）	2
3	[中坚]（从4）	京兆王司马（4）	征虏（从3）	幽（上）		李遵（卷四九）	4
4	显武（4）	左中郎将（从3）	冠军（从3）	燕		元扬（汇75）	
5	镇远（4）	中散大夫（4）	本	南青（中）		韦珍（卷四五）	1
6	显武（4）	太尉咨议（从4）	冠军（从3）	″		李叔虎（卷七二）	3
7	征虏（从3）	中散大夫（4）	平东（3）	沧（中？）		高颢（卷五七）	2？
8	后（3）	武卫将军（从3）	平北（3）	并（上）		苟资（卷四四）	1+a
9	平北（3）	光禄大夫（3）	安东（3）	青（上）		徐謇（卷九一）	+a？
10	[安东]（3）	″	征北（2）	燕		罗伊利（卷四四）	
11	抚军（从2）	尚书（3）	车骑（2）	瀛（上）		邢峦（卷六五）	1
12	镇南（从2）	金紫光禄大夫（从2）	镇北（从2）	幽（上）		高闾（卷五四）	
13	[车骑]（2）	尚书左仆射（从2）	骠骑大（从1）	冀（上）		元珍（卷一四、汇76）	
14	车骑（2）	仪同三司（从1）、雍州	车骑（2）	扬（上）	司空	王肃（卷六三）	1
15	[骠骑大]（从1）	司空（1）	骠骑大（从1）	司州牧	太尉	穆亮（卷二七）	+a？
16	车骑大（从1）	金紫光禄大夫（从2）	大将军（1）	雍（上）	太尉	于忠（卷三一）	4

注：带有中括号[ ]的将军号，表示就任于所记官职之先。官职与将军号的数字表示官品数。
邢峦在传记中为车骑大将军，有误。

第六章 北魏的"赠官"

第1、第3和第6例与其赠官的差距颇大,死亡时的将军号、官职均较低阶时,赠官的官品上升程度便可能较大,其他事例中也存在呈现相同原则的可能。第4与第10例的燕州地位因事例较少无法判断,至少燕州并非上州,而是中州或下州。第7例的沧州大约属于中州。如以上所述,除了第6例,由第4至第11例,可以概括为上升二阶以内的事例。第12与第13例因上州刺史也只仅为三品,可看作赠官较死亡时任官官品下降的事例,需要另作解释。以第12例而言,并非以幽州刺史作为替代金紫光禄大夫的赠官,而应当理解为金紫光禄大夫、镇北将军、幽州刺史,并非赠官的官品下降了。第13例也是相同的情形,元珍墓志(汇76)之首便记云:"故尚书左仆射、骠骑大将军、冀州刺史元公。"第14例以下各例中,上州刺史之外还赠予一品官的三公,这种情形应当比较赠官与死亡时的任官。以第15例而言,太尉便较司空更居于上位。

总而言之,若排除死亡时任官较低的第1、第3、第6例,以及显示出赠官官品大幅上升的第16例,加上在官品上没有变动的第12例,这些赠官事例的方式均在二阶以内的范围中予以提升。此与检讨刺史或太守事例,所得结果是一致的。

下文将一并检讨,未同时记载将军号的中央官死亡时的赠官。

表6-3 北魏宣武帝时期无将军号之中央官赠官事例

	最终官		赠官			典据	差
	品	官职	将军号	州	其他		
1	从5	太尉属		益(下)		元悦(汇63)	3
2	从4	后军将军	征虏(从3)	洛(下)		司马裔(卷三七)	1
3	〃	司州别驾	镇远(4)	南青(中)		司马纂(卷三七)	2
4	4	北海王长史	安远(4)	光(中)		崔广(卷四九)	1
5	〃	兼通直常侍	镇远(4)	汾(中)		李彪(卷六二)	1
6	〃	司农少卿	龙骧(从3)	豫(中)		李㧑(卷三九、汇48)	
7	〃	兼太常少卿	〃	青(上)		蒋少游(卷九一)	2
8	〃	北海王长史	〃	兖(中)		鹿生(卷八八)	1

续表

	最终官		赠官			典据	差
	品	官职	将军号	州	其他		
9	从3	太中大夫	〃	南兖（中）		韦欣宗（卷四五）	0
10	〃	武卫将军	平北（3）	燕		寇猛（卷九三）	
11	〃	长秋卿	〃	并（上）		白整（卷九四）	1
12	3	秘书监	安北（3）	幽（上）		卢渊（卷四七）	0
13	〃	吏部尚书	安东（3）	瀛（上）		宋弁（卷六三）	0
14	从2	金紫光禄大夫	镇东（从2）	相（上）		赵怡（卷九三）	
15	〃	〃			左光禄大夫（2）	薛真度（卷六一）	1
16	〃	尚书左仆射	骠骑（2）	冀（上）	尚书左仆射（从2）	元诠（卷二〇、汇64）	0
17	〃				司徒（1）	元英（卷一九下）	1
18	1	司空	骠骑大（从1）	冀（上）	司徒（1）	元羽（卷二一上、汇40）	+a
19	〃	太师			司徒、太师（1）	元勰（卷二一下）	
20	〃	司徒			太保（1）	元嘉（卷一八）	+a

第1例赠官颇高的原因，可由其本官官品过低而获得解释。第3例也可视为相同的情形。若将燕州视为中州，则第10例在官品上便没有变动。第14例并非下降的例子，在前表已有相同的事例，第18例由司空到司徒、第20例由司徒到太保的迁动，都是同一官品内的上升事例。如此看来，未见带有将军号的中央官的事例中，赠官以零到一阶作为上升范围应可视为通例。将军号多在一阶之内的范围提升，可以说此一结果与本文至此的检讨若合符契。

孝明帝时期赠官的相关问题，虽然也可进行相同的检讨工作，为了避免冗烦，将不以表格显示。最终任官为刺史的例子中，卒于下州刺史的五例均含将军号，五例的赠官均呈现上升，在此范围内仅一例

第六章　北魏的"赠官"

为上升了三阶，其他均在二阶以内。中州刺史计有十八例，除了将军号和刺史号均无变化的李思穆（卷三九）、可算作上升三阶的穆子弼（卷二七）、高升了七阶的元诱（卷一九下；汇171），在这三例之外，其他均为二阶以内的上升。在上州刺史十二个例子中，上升二阶以内约占半数的六例，其中包含了死亡时获得加授仪同三司的元修义（卷一九上；汇190）。此外的事例中，包括上升三阶的元暐（汇216）、郭祚（卷六四），增加五阶以上的元熙（卷一九下；汇169）、裴衍（卷七一）、源子雍（卷四一），以及将军号仍旧而赠与中州刺史的元彦（元景略，卷一九下；汇88）。然而，就元彦而言又获赠都督二州诸军事，可能不能理解为负面意涵的赠官。换言之，受赠者若为死亡的现任刺史，均获得上升二阶范围内的赠官，已成为一般惯例，其中也有获得超过前述范围的赠官者，可以发现从宣武帝时期起数量逐渐增加。

同时具有将军号的中央官所获赠官，可以确认四十四个事例。在这些例子之内，将军号为四品以下、官职为从四品以下者（十例）的赠官，上升的程度相当大，多数上升三阶以上。获赠的州多数为中州，也包含下州（但有一个例子是获赠太守的）。将军号为从三品与三品的例子（二十例）中，除一例以外官职均为四品以上，然而赠官的上升包含将军号以二阶以下居多。例外为，增加三阶的辛穆（卷四五）与邓羡（卷二四）、增加四阶的元谧（卷二一上），以及授赠将军号不清楚的两个事例。将军号为从二品以上（十四例）与官职也是三品以上者，赠官之际除了三例外均含有仪同三司或三公。也存在着死亡时官职已为仪同三司或三公者，因此与赠官的官品并没有太大的差距，尽管如此仍可见相差三阶以上的六个事例。据此可以推知，此处所述与上述刺史的事例均显现出相同的倾向。

前文透过考察宣武帝、孝明帝两个时期的赠官，合计将军号与官职上升二阶以内者，可以确认为当时的通例。然而，当时的人们如何理解超越此一标准的赠官上升呢？又是在怎样的场合里赠与的呢？接着就来检讨记载为"超赠"的事例。元谧的将军号由安南（三品）到赠官征南（二品），上升二阶；官职则由尚书（三品）到赠官为司州牧（二品），上升二阶，合计上升四阶。李思穆如前所述，死后的赠官并未立即提升，而是到了孝庄帝时才"超赠"为卫将军、中书监、左光禄大夫。这也是上升四阶的事例。另外，元昭因贿赂元叉（元义）而得到"赠礼优越"的待遇，由征西将军、尚书到赠官为车骑大将军（从一品）、仪同三司（从一品）、尚书左仆射（从二品）、冀州刺史，差距达到四阶（卷一四）。由上文可知，合计将军号与官职（关于三阶的问题，现在仍不清楚）上升四阶以上的赠官，大约都被标示为"超赠"[1]。其次，查核获得大幅跃升赠官的官员们可知，在宣武帝时期，李遵为冀州刺史京兆王元愉的司马，因未援助元愉的叛乱而遭到杀害（卷四九）。在孝明帝时期，元熙与元诱举兵反对元叉虽然失败，却因灵太后重回权力之位而得到赠官。奚康生企图化解灵太后与孝明帝之间的隔离状况，而遭到元叉杀害（卷七三）。以及，裴衍、源子雍在镇压葛荣叛乱活动中战死。本来赠官具有彰显死于"王事"者的机能，此一特色在晋南朝的赠官中特别显著。对于他们而言，即便进行超越通例的赠官，也并非不可思议之事。应予注意的是赠官上升的幅度。此处有一点应予注意，上述对元谧"超赠"的实行，实因元谧为孝明帝末年掌握权势的丞相高阳王元雍之弟。接近权力人物者因昵近而受到特别待遇，是颇为普遍的现象，但是如此露骨表现的赠官记录，即便在北魏也是首见。而且，在此之后不久即可见到数个类似的事例。下文将予以检讨。

另外，虽然上升二阶以内也可视为通例，适用于四品程度以上的官职，低于此官品以下的事例，其上升幅度的增大，将再作确认。

二、北魏前期的赠官

关于北魏前期官制的问题，如太和《前令》究竟可上溯至何时并据此类推，以此为首的问题不清楚之处仍不少。《前令》失载的官职也并不算少，重要官历记载不够充分之处也颇多。因而要在现时点进行精细的检证实有困难，不过仍可发掘出关于赠官的一些特征。

---

[1] 元佑如前所见般虽然是"賵赠之厚，礼越常伦"，但将军号由征虏升为平东，刺史由泾州升为冀州，赠官计二阶，仍然是在通常的范围内。

第六章 北魏的"赠官"

首先，检索郡太守在任时死亡者的赠官事例，所得结果如下表。

表6-4 北魏前期郡太守赠官事例

时期		明元帝	"	太武帝	"	"	文成帝	孝文帝	"	"
最终官	将军						扬威	龙骧	镇远	宁朔
	郡	燕郡	赵郡	沧水	上党	扶风	沧水	荥阳	颍川	下邳
赠官	将军		平南	镇远	平远	平南	平远	本	征虏	冠军
	州	幽	荆	冀	豫	凉	冀	雍	秦	并
	区分	上	下	上	上、下	上	上	上	上	上、下
就任者、典据		费郁（卷四四）	李曾（卷五三）	高济（卷四八）	吕温（卷五一）	索敞（卷五二）	许安都（卷二四）	李承（卷三九）	李辅（卷三九）	辛绍先（卷四五）

迄孝文帝前期，北魏的州已区分为上下二等，根据上一章所述，除了荆州为下州、豫州与并州为上州或下州的倾向无法确定之外，其余诸州均为上州。以下将考察以州刺史为生前最终任官的事例。

表6-5 北魏前期州刺史赠官事例

时期		太武帝	文成帝	"	"	献文帝	孝文帝	"	"	"	"	"	"	"
最终官	将军	镇西	安南	镇西大	平南	平西	镇南大	镇西	镇南	平南	奋威	安南	安南	冠军	冠军	征南大
	州	凉	并	朔	洛	秦	徐	秦	青、益	太	徐	东徐	豫	洛	齐	东徐	雍
	区分	上	上	上	上	上	上	上	上	上	上、下	上	下				上

续表

时期	太武帝	文成帝	"	"	"	献文帝	孝文帝	"	"	"	"	"	"	"	"
赠官 将军	征东	镇南	征南大	平东	镇南大	本官	本官	大将军	镇南	冠军	本官	本官	安东	平南	本官
州	燕	青	扬	定	定	秦	冀	并	相	青				青	
区分		上	上	上	上	上	上	上~上	上	上				上	
就任者、典据	张珍（卷六八）	王宪（卷三三）	司马楚之（卷三七）	李灵（卷四九）	李孝伯（卷五三）	薛安都（卷六一）	崔衡（卷二四）	陆定国（卷四〇）	薛野腊（卷四四）	薛虎子（卷四四）	崔鉴（卷四九）	皮喜（卷五一）	杨懿（卷五八）	韩麒麟（卷六〇）	张谠（卷六一）	元平原（卷一六）

注：冠军、东徐州刺史是在张谠由南朝来归之际给予的官职，到了京师后又获赐爵并加授平远将军。

这类州刺史也大多获赠上州刺史。简言之，太守也好刺史也好，多数赠以上州刺史，有时以下州刺史为赠，此处并未见特别的差异。但是就将军号而言，存在着清楚的差距。太守的将军号假设若适用于太和《前令》（以下在本节中，姑且采用太和《前令》中的官品为标准[1]），由三品上迄四品上，其赠官的将军号便是由三品上迄从二品上之间，约上升零至一阶。另一方面，以刺史为最终任官事例中的将军号，除了奋威为四品中是较低的例外，在冠军（三品上）以上，几乎都达到四平（从二品上）以上。至于其赠官，除了以由奋威到冠军一例为较低的例外，其他都达到四平以上，上升幅度约零至二阶。换言之，就给予太守和刺史的赠官而言，获赠的刺史并无差异但是将军号则显现出差别，而在此类事例中，将军号为上升者仍居多数。

---

1. 北魏前期将军号的序列与太和《前令》中记载的序列大体一致的看法，请参见本书第一部第三章《北魏初期的将军号》，原载《東洋文化》60，1980年。

第六章　北魏的"赠官"

关于此时期的赠官，虽然数量不多，却仍有仅赠予太守的事例。特别是，其将军号则是如宁朔（四品上）与威远（五品中）的低阶。还有仅见赠予中央官而无刺史号的事例也不少。不过，包含了同时赠与刺史号和中央官的事例在内，此一时期的赠官泰半均与州刺史有所关联。而且，这些州多数为上州。如此说来，因为不能认为当时为政者的意图是将所有赠官均置于同一级别，所以可见将军号在此作为显示差别的标志所具有的重大意义。

但是，最终任官为中书侍郎者的赠官有镇东、豫州（上～下州，李熙，卷三六），平南、秦州（上州，裴骏，卷四五），安东、冀州（上州，许安仁，卷四六），定州（上州，李祥，卷五三），而相对于此，列曹尚书的赠官有安东、幽州（上州，罗敦，卷四四），幽州（上州，公孙质，卷三三），镇南、相州（上州，张白泽，卷二四），镇西大将军、太尉（李顺，卷三六），赠官将军号的差距似乎并未大到如中书侍郎与尚书的官品差距一般。在明元帝时期，张充由奋武将军、幽州刺史左迁为尚书令史以终，至太武帝时追录旧勋而获赠太保（卷二四），明元帝侧近的王洛儿（卷三四）、车路头（卷三四）都以散骑常侍分别加授直意将军、忠意将军而亡没，其后赠予太尉与太师。这类事例代表着在北魏前期，赠官大幅上升的一个方面。宣武帝时期以后那样的标准尚未能完备地发挥机能，应可认为，来自皇帝方面对个别人物的"功"之评价，发挥了相当强而有力的作用。

三、产生赠官差别的因素

在528年发生的河阴之变中，可知死者八十二名[1]，赠官可确认者有六十八名。其中，死亡时为四品、正从三品官者的事例整理如下表。

---

1. 参考本书第三部第十五章《河阴之变小考》，原载《榎博士頌寿記念東洋史論叢》，山川出版社，1988年。

表6-6 河阴之变四品、正从三品死亡官员

	品	最终官 官	将军号	赠官 将军号	州	其他	就任者、典据	差
1		通直散骑常侍		左（3）	齐(中)		袁升（卷六九）	(1)
2		"		卫大（2）	冀(上)	仪同三司	元毓（卷二一上、汇244）	(5)
3		"	骁骑（4）	车骑大（从1）	青(上)	"	元彝（卷一九中、汇225）	10
4		"	征虏（从3）	卫大（2）	并(上)	"	元叔仁（卷一九下）	8
5		"	龙骧（从3）	"	定(上)	"	元周安（汇247）	8
6	4	"	辅国（从3）	中军（从2）	瀛(上)		元廞（卷一九下、汇240）	4
7		给事黄门侍郎			并(上)		王遵业（卷三八）	(2)
8		太府少卿		征北（2）	定(上)		源纂（卷四一）	(2)
9		光禄少卿		车骑大（从1）	雍(上)	司空	元叡（卷二一上）	(6)
10		"	平东（3）	骠骑大（从1）	定(上)	"	郑季明（卷五六）	9
11		中散大夫	辅国（从3）	安东（3）	兖(中)		高长云（卷六八）	
12		（司空司马）	龙骧（从3）	镇东（从2）	青(上)		崔士泰（卷六六）	
13		武卫将军	前（3）	征北（2）	相(上)		元宥（汇236）	
14		"	平北（3）	征东（2）	兖(中)		宇文庆安（卷四四）	
15	从3	"	安南（3）	卫（2）	雍(上)	仪同三司	杨晖（卷五八）	
16		"	征东（2）	骠骑大（从1）	相(上)	司空	李神轨（卷六六）	
17		太尉长史		卫（2）	青(上)	仪同三司	崔励（卷六七）	
18		太中大夫	左（3）	车骑大（从1）	定(上)	"	元諴（卷二一上）	
19		光禄大夫	平南（3）	卫（2）	相(上)		陆希悦（卷四〇）	
20		"	平东（3）	车骑（2）	"		元法寿（卷一六）	
21		"		车骑大（从1）	岐(中)	仪同三司	元超（卷一九下）	

第六章　北魏的"赠官"

续表

最终官			赠官			就任者、典据	差
品	官	将军号	将军号	州	其他		
22	3	廷尉		征东（2）	青（上）	〃	元湛（卷一九下、汇239）
23		尚书		车骑大（从1）	雍（上）	司空	裴询（卷四五）
24		〃	抚军（从2）	车骑（2）	青（上）	仪同三司	袁翻（卷六九）
25		中书令	（中军）（从2）	本	雍（上）	〃	裴延儁（卷六九）
26		太常卿	镇东（从2）	骠骑大（从1）	武	太尉	元泰（卷二一上）

注："差"栏内的括号表示除去将军号后的上升者。

相较于含将军号在内上升二阶以内者为通例的宣武帝、孝明帝时期，此时期赠官的上升幅度增大，二阶为最低者，几乎所有事例都在二阶以上。由于河阴之变的牺牲者可视为死于"王事"者，可在赠官方面获得优遇，此外更显现出主政者为抑制混乱动荡、急切地谋求重建新的政治秩序，为了收买官僚阶层的欢心，更加强了优遇的程度[1]。

究竟此时在赠官方面是否有标准？虽然难以明言，但在赠予仪同三司或三公的事例中赠官级别大幅度上升，可以发现大约均上升六阶以上，而未赠予仪同三司或三公的事例，似乎都只有上升二阶以上至四阶以内。大约这就是可作为标准的事例。对官品较低者的赠官，品阶大幅上升，本文在此之前的检讨中均已描述了。然而，若检视比上表所列官位更低的事例，此时如给事中（从六品上）的事例而言，两例均赠以光州刺史（中州，从三品），不包含将军号而上升了五阶（元礼之与元昉，汇252、243。不过，赠官的将军号有所不同）。就六品官的事例而言，尚书郎赠光州（中州，裴元直，卷六九）、定州（上州，李翼，卷四九）、青州（上州，李暧，卷三九），太尉录事参军、记室参军赠兖州（中州，李晒，卷三九）、肆州（中州，王忻，卷九三）刺

---

1. 大约即缘于此。此时赠官甚至及于七品官，可得知有赠官予七品官的五个事例。对六品官的赠官，也可见到七个事例。

史，上升幅度均在五至六阶之间。据此亦可窥知，当时赠官确实存在着一定的标准。从二品以上官的事例中，必定赠予仪同三司或三公之官，大约也是一种标准。

受赠仪同三司或三公者生前任官，与宣武、孝明帝时期相比，呈现大幅度的低下，较上表揭载更为低下的前军将军（从四品上）、征蛮都督（元谦，卷一六），也有此类事例，这也呼应着赠官已然大幅上升的现象。也有获赠包含低于仪同三司或三公的尚书仆射或吏部尚书的事例。问题是，以三品以下官职而获得这些赠官者，与未获如此赠官者，两者之间为何会产生出差距呢？如前所述，河阴之变以前的赠官，上升两阶者为通例。然而，由正α至二阶为止的差距，究竟如何产生的疑问，目前尚无法提出能够支持明确答案的材料。这也具有与其相似的要素。接着还有应注意之处。以从三品官却未获赠仪同三司的元宥为明元帝的子孙，周身并未有权力者的奥援。以三品官而终的元法寿虽为道武帝子、阳平王元熙的子孙，但身为旁系，大概身旁还是未有亲近的权力者。相反地，具丞相地位的高阳王元雍，不仅自身获赠相国，其诸子也如此：

元泰	由镇东将军、太常卿，获赠为骠骑大将军、太尉、武州刺史（卷二一上）
元端	由镇军将军、金紫光禄大夫，获赠为车骑大将军、仪同三司、相州刺史（汇233）
元叡	由光禄少卿，获赠为车骑大将军、司空、雍州刺史（卷二一上）

不管死亡时任官为何，三人几乎都获得相同的赠官（因为庶子而赠官最低的元端，之后获追赠为司空）。高阳王元雍的权威与光荣甚至及于外孙女的丈夫，五品员外常侍的裴敬猷获"超赠"尚书仆射（卷六九）。另一方面，任尚书郎的敬邕之兄裴元直，就如前所述一般，仅获得一般的赠官。由此可见，当时权力关系、政治关系露骨地反映在赠官之上。就类似的事例而言，孝庄帝的近亲或姻亲获得了较高的赠官。在元氏之外，李神轨也是由于孝明帝时权倾朝野而获得较高赠官。

如上所见，可清楚地了解，政治状况对赠官安排的深刻影响。赠官虽具有一定的标准，但是在必须彰显死于"王事"等特殊功绩时，赠官比较宽厚。在此情形下，政权对于仰赖为自身支柱的阶层或个人的赠官也是特别高。元氏之中也是如此，对景穆帝子孙或献文帝子孙两者的赠官颇高，反映出他们在孝庄帝时期的政治地位。尤其是并无突出事迹的杨暐获赠仪同三司（卷五八）一事，对于观察支持孝庄帝政权乃至与尔朱氏对决的杨氏一族其后的动向极富启发性。

结语

与晋南朝比较，赠官所发挥的制度上的作用，仍有许多应予探究之处。还有，就赠官而言以将军号与职事官视为一种组合来掌握，虽然较易于理解，但是它与将军号的散官化有些什么样的关联，仍存在问题。这些问题只有留待日后，此处欲就州等级的相关问题略作说明。笔者在前一章内论及北魏区分州为上中下，本章也利用了其结论。前章的讨论中未包含赠官，根据本章（尽管有相当一部分事例，并未能排成序列），可再次证明前一章结论的正确性。而且，前章因事例不足而未举出的几个州的问题，在本章均进行了推论。此外，被概括为上州的诸州之中，冀州、定州、雍州、扬州被当作获赠仪同三司或三公、三师者所带的州，推测这些州的地位可能特别地高。在前章中列举了宣武帝、孝明帝时期的刺史就任者的表格，就任前官职包含从二品的将军号、就任前官为三品，与此一致的事例有以上四州，正好支持此一看法。

【补记1】本稿原于1992年在西安举办的"第四届中国魏晋南北朝史学会暨国际学术讨论会"上发表，其后增加一部分修订而成的结果。发表原稿的中译本揭载于《文史哲》1993年第3期，由于是节译，而且几乎省略所有表格，因而显得论证不够清楚明了。此外，关于墓志方面，取代赵万里《汉魏南北朝墓志集释》，改用了1992年刊行的赵超《汉魏南北朝墓志汇编》揭载页码。（2000年记）

【补记2】如《序章》所述，近年来阎步克、冈部毅史讨论了关于"阶"的问题。期盼读者一并参考。（2003年5月记）

第七章

北魏的太子监国制度

前言

　　北魏明元帝和太武帝时期实施皇太子监国。中国此前就有太子监国的制度，是因皇帝出征的权宜性措施[1]，相对于此，北魏的这两个例子却是皇帝在京时所实施，也就是说有将监国制度常态化的特色。关于这个问题，有曹文柱[2]、李凭[3]两人依据北魏所处的政治社会状况所作的研究。两人一致认为，太子监国起源于明元帝意图脱离部族联盟的君主继承制，落实嫡长子继承制，制度上大的理解是监国主内政，皇帝统军事；再者，太子元晃图谋暗杀太武帝，失败后被杀，造成监国制度被废止，对此两人也有共同的看法。两人的不同之处，在于这两个时期中制度是否有所变化。李氏似乎认为监国制的作法基本上没有变化，认为太武帝末年皇帝和监国对立的原因，在于长期监国造成东宫势力强大，因而与皇帝身边的势力产生冲突。曹氏则认为在强化皇权阶段的太武帝，对设置监国显得消极，因为皇太子的策划才不得不任命其为监国。此外曹氏又认为监国的职权、辅弼大臣的地位，两个时期也有所不同。

　　两人均认为如何掌握明元帝、太武帝时期的情况，是主要问题的关键所在。笔者也认为若无此问题意识，就无法解答监国的问题。然而有必要进一步以制度的实际状态为中心加以讨论，特别是与皇帝不在京时而设置的留台一并讨论。另外，讨论之中也包含笔者最近致力处理的"议"课题。

---

1. 《春秋左氏传》"闵公二年（前660）"云："君行则守，有守则从。从曰抚军，守曰监国。"从魏晋南北朝时的例子来看监国，多为五胡的国家，前秦苻坚灭前燕之时，令太子守长安，王猛曰"监国冲幼"；苻坚远征东晋之时，苻融以监国的设置为前提云"监国以弱卒数万留守京师"，表明对苻坚出征之后的不安（《晋书·苻坚载记下》）。后秦姚兴从长安去华阴，以太子监国（《晋书·姚兴载记下》）。另一方面，《宋书·礼志四》也可见"监国"之语。这是大明三年（459）竟陵王刘诞反叛时，"上亲御六师，车驾出顿宣武堂"，伴随孝武帝亲征情势而作的处置。
2. 曹文柱：《北魏明元太武两朝的世子监国》，《北京师范大学学报（社会科学版）》1991年第4期。
3. 李凭：《北魏平城时代》，社会科学文献出版社，2000年，第二、三章。

第七章　北魏的太子监国制度

一、留台

太延五年（439）太武帝远征北凉时，有"诏恭宗监国"的记载（《魏书》卷四下）。李凭认为这是恭宗（皇太子元晃）监国常态化的开始，曹文柱则指出恭宗监国的常态化，应该从太平真君四年（443）开始。也就是说，北魏皇帝即使出征不在京的时候也设置监国。恭宗在延和元年（432）成为皇太子，在此之前的阶段，皇帝不在京时所采取的措施为何？《魏书·世祖纪上》都有记载：

> （始光）四年春正月乙酉，车驾至自西伐，赐留台文武生口、缯帛、马牛各有差。（始光四年）八月壬子，车驾至自西伐，饮至策勋，告于宗庙，班军实以赐留台百僚，各有差。
>
> （神䴥四年二月）车驾还宫，饮至策勋，告于宗庙，赐留台百官各有差。

可知有设置留台之事。

关于留台，《资治通鉴》卷一一〇"晋安帝隆安二年（398）一月条"附胡三省注云：

> 自汉光武委任尚书，事归台阁，谓尚书省曰尚书台。晋惠帝西迁长安，置留台于洛阳，主留事，于是有留台之名。

上引的三例中，留台有文武、百官，不一定只与尚书有关。此外，同是《世祖纪》，太平真君十一年（450）云"留台郎吏已上"，虽然这段话像是与尚书有关的事例，但在《魏书·太宗纪》泰常八年（423），却有"率留台王公"的说法。胡注所述的是关于西晋永安元年（304）惠帝被强迫迁移到河间王司马颙的据点长安之时，尚书仆射荀藩、太常郑球、司隶校尉刘暾、河南尹周馥等人在洛阳组织留台"承制行事"，与长安的台，合称东西台（《晋书》卷四《惠帝纪》）。这个留台如同以荀藩为中心（《晋书》卷四五《刘暾传》），胡注的说明是合适的。但因永嘉之乱洛阳陷落，怀帝被掳走之后，王浚奉荀藩在荥阳开封为留台太尉，长安的皇太子（愍帝）委藩"督摄远近"（《晋书》卷三九《荀藩传》）。藩死后，其弟荀组作为司空、领尚书左仆射"复行留台事"（同书《荀组传》）。荀藩或有可能和荀组同样领尚书（附带一说，太尉之前是尚书令），但也应该重视"留台太尉"的记录。东晋末元兴三年（404）刘裕进入建康，有"置留台，具百官"的记载（《晋书·安帝纪》）[1]。可推测留台是包括尚书以外官员的组织。

上述西晋的事例都不是由于征讨的理由，而是皇帝不在京的异常状况下才设置留台[2]。前述刘裕设置的留台，也是由于桓玄挟持安帝出走建康的措施。但五胡诸国的留台，并非设置于皇帝不在的首都，在地方设置行留台的事例很多。前燕镇信都的吴王慕容垂"以侍中、右禁将军录留台事，大收东北之利"（《晋书·慕容垂载记》），后燕慕容垂使皇太子慕容宝建留台于龙城、慕容隆为录留台尚书事（出处同上），又慕容宝即位后，慕容德作为都督六州诸军事、车骑大将军、冀州牧，镇守邺城，同时采取"罢留台，以都督专总南夏"的措施（《晋书·慕容德载记》）。

以上所见，北魏的留台和西晋可说是相同，西晋留台的作用为何？如前面所见，荀藩的留台是"承制行事"而且"督摄远近"。荀组的留台是"州征郡守皆承制行焉"。根据"承制"之语，留台的权限很大。不过，可确定留台须接受并遵从皇帝的诏令，也有向皇帝上表报告的职责。长安的河间王司马颙以诏指示荀藩等人杀害惠帝的羊皇后，藩等上表言皇后无罪（《晋书·后妃传》、《晋书·刘暾传》）。

西晋末期因为有皇帝被前赵掳走的特殊状态，那个时期留台的性质，是否相当于其他时期是有疑问的。试重新探讨北魏留台的情况，《魏

---

1. 殿本等《宋书·武帝纪》云"率留台总百官"，《资治通鉴》云"立留台百官"。中华书局本《宋书》认为此有误，改为"立留台官"（参照校勘记），难以从之。
2. 《晋书》卷四一《高光传附子韬传》记载："初，光诣长安留台，以韬兼右卫将军. 韬与殿省小人交通，及光卒，仍于丧中往来不绝。时东海王越辅政……。"从前后文来看，这个留台是在被带到长安的惠帝之下所设置的台。为何称为留台，不详，留待后考。

第七章　北魏的太子监国制度

书》卷二五《长孙嵩传》云：

> 寻迁太尉。久之，加柱国大将军。自是，舆驾征伐，嵩以元老多留镇京师，坐朝堂，平断刑狱。

《世祖纪》神䴥二年（429）四月条云：

> 车驾北伐，以太尉、北平王长孙嵩，卫尉、广陵公楼伏连留守京师。

推测此记载的"自是"，指的是长孙嵩加柱国大将军的神䴥四年（431）以前，大约是始光二年（425）就任太尉以来之事。此外，虽然没有明白表示长孙嵩留镇京师，意即设置留台的史料，这个时期与前面所见曾设置留台而有留下纪录的时期相重叠，长孙嵩担任留台应无疑问。若是如此，可视"坐朝堂，平断刑狱"之事为留台的任务之一。《太宗纪》永兴三年（411）十二月条的记载：

> 诏南平公长孙嵩、任城公嵇拔、白马侯崔玄伯等坐朝堂，录决囚徒，务在平当。

这个时期在朝堂决断刑狱属特别的任务，即使此后不久的太武帝时期，"坐朝堂，平断刑狱"之事，也可以推测是超越尚书职务范围的重要任务。

另外，如果"留镇京师"或"留守京师"意谓着留台，《魏书》卷四四《苟颓传》作为孝文帝太和初年之事的记载：

> 大驾行幸三川，颓留守京师，沙门法秀谋反，颓率禁卫收掩毕获，内外晏然。

如此留台也被赋予军事指挥权，苟颓是当时的司空。另有明元帝行幸云中之时，留守京师的奚斤镇压慕容伯儿谋反的事例（《魏书》卷二九）。

这是"留台文武"说法产生的原因。

留台理所当然也担负行政的职务。《魏书》卷四〇《陆馛传》作为献文帝时的记载：

> 蠕蠕犯塞，车驾亲讨，诏馛为选部尚书，录留台事，督兵运粮，一委处分。

这段记载表示了行政方面之事。至于留台是否如西晋末那样，甚至拥有人事权则无法确认，即使假定大概没有那样的权力，也不得不承认北魏留台的权力很大，拥有行政、军事、裁判之权。

问题在于那样的权力是否由一人所独揽？太延五年（439）太武帝亲征北凉之时，侍中、宜都王穆寿辅佐皇太子"决留台事"。穆寿未遵从太武帝认为柔然会趁隙来犯，要他设伏兵捕捉的命令，因为没有防备，造成柔然入侵，又对入侵之事束手无策，只好劝皇太子到南山避难。后来是太武帝的"保母"惠太后，命司空长孙道生击退柔然（《魏书·世祖纪上》，同书卷一三《皇后传》、卷二七《穆寿传》、卷一〇三《蠕蠕传》）。穆寿看起来总揽了行政、军事之权，但实际上是如前述，远征北凉之时皇太子被任命为监国，由穆寿辅佐当时十二岁的太子元晃，实际处理一切事务，穆寿的行动并非根据留台的权力，来自监国的职权的可能性也很高。皇帝不在时为了防卫首都，当然会采取防卫措施，其指挥权被分散在多人手中，避免全部集中在留台一人身上。

另一方面，北魏后期留台的性质又如何？孝文帝迁都洛阳后连续三度南征。从太和十八年（494）到十九年（495）的南征，《魏书》卷八三上《外戚·冯熙传》云：

> （太和）十九年，薨于代。车驾在淮南，留台表闻，还至徐州乃举哀。

据此可知留台的存在，这时穆亮为司空，"高祖南伐，以亮录尚书事，留镇洛阳"（《魏书》卷二七《穆亮传》）。穆亮作为录尚书事全权处理

第七章 北魏的太子监国制度

留台事。接着是从太和二十一年（497）到二十三年（499）的南征，《魏书》卷六二《李彪传》云：

> 车驾南伐，彪兼度支尚书，与仆射李冲、任城王等参理留台事。

由尚书仆射李冲（《魏书》卷五三）、吏部尚书兼尚书右仆射任城王元澄（同书卷一九中）、兼度支尚书李彪、兼尚书左丞崔振（同书卷五七）等人组成留台。这个留台中，李冲与李彪的关系恶劣，李冲召集尚书以下、尚书令史以上，及治书侍御史等人于尚书省都座，揭发李彪的罪状，讯问李彪的部下，于尚书省"禁止"李彪，并向孝文帝上表报告此事（《李冲传》）。最后是太和二十三年（499）的南征，《魏书》卷六九《崔休传》中的记载：

> 高祖南伐，以北海王为尚书仆射，统留台事，以休为尚书左丞。高祖诏休曰："北海年少，未闲政绩，百揆之务，便以相委。"

即使北海王元详统留台的时间有问题[1]，但能够确认，孝文帝南征时的留台是以尚书省为中心[2]。关于洛阳的守备，《魏书》卷三一《于烈传》有太和二十三年（499）南征之际的记载：

---

1. 《崔休传》中续有此记载：（崔休）"转长史，兼给事黄门侍郎。后从驾南行。及车驾还，幸彭城，泛舟泗水。"孝文帝至彭城并非太和二十三年（499），而是在太和十八年（494）到十九年（495）南伐的归路上。《崔休传》另记载在那之前，北海王为尚书仆射。但仅看北海王元详传的话，成为仆射是在太和二十三年（499）。另外，太和十八年（494）时元详为十九岁的年龄，从这点看，难以认为在此之前能就任仆射。《崔休传》当有误。
2. 检索从太和二十一年（499）跟随南征者的列传，除地方官、军人之外，有太尉咸阳王元禧（《魏书》卷二一上）、都督南征诸军事的彭城王元勰（同书卷二一下）、领军将军于烈（同书卷三一）、左卫将军元遥（同书卷一九上）、右卫将军杨播（同书卷五八）、武卫将军宇文福（同书卷四四）、黄门侍郎宋弁（同书卷六三）、邢峦（同书卷六五）、中书侍郎郑道昭（同书卷五六）。换言之，无法确认有尚书省的官随行。

> 高祖舆疾赴之，执烈手曰："都邑空虚，维捍宜重。可镇卫二宫，以辑远近之望。"……称诏召世宗会驾鲁阳。以烈留守之重，密报凶问。烈处分行留，神色无变。

若对照先前《崔休传》的北海王"统留台"来看，领军将军掌握的军事权和留台的职务被划分开来。换言之，北魏前期和后期，留台的型态出现大的变化。这是以孝文帝改革为界而产生大变化的一部分，更直接的原因应是尚书省型态改变这一点[1]。胡三省的注正符合北魏后期留台制度。

二、留台与监国

前面提过，太延五年（439）穆寿辅佐监国的皇太子决留台事。姑且不论实际上的情况，形式上当然是皇太子决留台事。也就是说，皇帝不在时由所置的太子监国决留台事。这种监国型态也可见于孝文帝末年。《魏书》卷九三《恩幸·侯刚传》载有宣武帝的诏书云：

> 太和之季，蚁寇侵疆，先皇于不豫之中，命师出讨。……朕属当监国，弗获随侍，而左右服事，唯藉忠勤。

这时未见其他提及太子监国的史料，恐怕是因为抱病亲征的孝文帝很快就死去，太子监国的时间很短，以致没有值得记载的事。这样一来不免产生疑问，是否皇帝不在时的监国不一定会被记录。但《魏书》卷二二《孝文帝废太子元恂传》云：

> 后高祖每岁征幸，恂常留守，主执庙祀。

---

[1]. 关于北魏的尚书省应举严耕望的大作，眼下可参照本书的第一部第一章《关于北魏前期的尚书省》，原载《史学雑誌》87-7，1978年。

第七章 北魏的太子监国制度

从太和十八年（494）到十九年（495）南征之时，元恂作为皇太子留在洛阳，主要任务为进行祭祀，并不是决留台事的监国。孝文帝时期，皇帝不在时的太子监国尚未常态化。另一方面，除已述的太延五年（439）之外，北魏前期找不到其他皇帝不在时的监国事例。

反之，监国已成常态化存在之时，是否还设置留台？太武帝因盖吴的反叛，西伐至长安时，《魏书》卷一一四《释老志》记载：

> 帝既忿沙门非法，（崔）浩时从行，因进其说，诏诛长安沙门，焚破佛像，敕留台下四方令，一依长安行事。又诏曰……时恭宗为太子监国……。

可知即使有监国，皇帝离开首都时仍会设置留台。

三、监国

从明元帝泰常七年（422）五月开始到八年（423）十一月明元帝死的期间，恒常性地设置监国，与皇帝在不在无关，以皇太子元焘（太武帝）监国作为初例。太平真君四年（443）十一月开始到正平元年（451）六月皇太子元晃（恭宗）死的期间[1]，由元晃监国为第二例。此外则未见。

明元帝时崔浩劝太子监国，《魏书》卷三五记载其言：

> 今宜早建东宫，选公卿忠贤陛下素所委仗者使为师傅，左右信臣简在圣心者以充宾友，入总万机，出统戎政，监国抚军，六柄在手。若此，则陛下可以优游无为，颐神养寿，进御医药。

---

1. 《魏书·世祖纪》"太平真君十一年（450）条"云："九月辛卯，舆驾南伐。癸巳，皇太子北伐，屯于漠南，吴王余留守京都。"此记载表示太子被派遣到太延五年备柔然屯漠南的建宁王元崇等人的位置上。李凭认为这个时候皇太子元晃被取消监国。但泰常七年（422）十月明元帝开始南征之时，"泰平王亲统六军出镇塞上，安定王弥与北新公安同居守"（《太宗纪》），作为监国的太子元焘出塞上防备柔然。不能仅凭《世祖纪》的记载，就说恭宗被解除监国。

记述的实情是"太宗纳之"。崔浩所根据的应是《春秋左氏传》中的太子形象[1]。卷三五接着记载：

> 命世祖为国副主，居正殿临朝。司徒长孙嵩、山阳公奚斤、北新公安同为左辅，坐东厢西面；浩与太尉穆观、散骑常侍丘堆为右弼，坐西厢东面。百僚总己以听焉。太宗避居西宫，时隐而窥之，听其决断，大悦。……群臣时奏所疑，太宗曰："此非我所知，当决之汝曹国主也。"

《世祖纪上》有"五月，为监国。太宗有疾，命帝总摄百揆"的记载，可知监国对于内政握有实质性的裁决权。《魏书》卷二八《刘洁传》云："太宗寝疾，世祖监国，洁与古弼等选侍东宫，对综机要，敷奏百揆。"《魏书》卷二八《古弼传》云："令弼典西部，与刘洁等分综机要，敷奏百揆。"《魏书》卷二七《穆观传》云："世祖之监国，观为右弼，出则统摄朝政，入则应对左右，事无巨细，皆关决焉。"可知皇太子在辅政者的参与下，裁决行政者的上奏[2]。

然而并非将所有的权力均委任监国。《魏书·太宗纪》在监国后的九月云：

> 诏泰平王率百国以法驾田于东苑，车乘服物皆以乘舆之副。

至少最初并未预定将有关礼仪之事委任皇太子。另外，关于军事方面，趁着五月宋武帝死的时候，奚斤等人在九月进行南征。对于这件事，意图进占河南的明元帝与崔浩之间意见对立，"太宗大怒，不从浩言，遂遣奚斤南伐"（《魏书》卷三五《崔浩传》）。从当时议的形式来看，

---

1. 参照本书第180页注1。
2. 此外，担任辅政者的传中也有皇太子"临朝"（《魏书》卷三〇《丘堆传》）、或"临朝听政"（《魏书》卷二九《奚斤传》、卷三〇《安同传》）的记载。

第七章　北魏的太子监国制度

南伐是大议的对象[1]，这次南伐是由参加议的明元帝裁断而决定。接着《崔浩传》云"议于监国之前"，对于南伐是攻城优先或略地优先进行议论，明元帝不参与决定南伐大方针之后的问题，委任监国裁定。奚斤等人的南伐在滑台攻城作战中受到顿挫，至十月明元帝之亲征，《太宗纪》云"帝怒，议亲南讨，为其声援"，皇帝参加议的场合并决定此事。从这段记载可见，重大的军事性问题由明元帝裁定，重要性低的事件委任监国裁定，但不能认为明元帝掌握了全部军事权，而皇太子完全不参与。军事若如此，内政权限也难以认为会全部委让给皇太子。从监国期间的内政措施来看，因为都伴随着诏的发布，可见最终决定权在明元帝身上。

关于恭宗监国，《魏书·世祖纪下》"太平真君四年（443）十一月甲子"条所记的诏云：

> 其令皇太子副理万机，总统百揆。诸朕功臣，勤劳日久，皆当以爵归第，随时朝请，飨宴朕前，论道陈谟而已，不宜复烦以剧职。更举贤俊，以备百官。主者明为科制，以称朕心。

命令主事者准备，五年（444）正月壬寅条有实行过程的记载：

> 皇太子始总百揆。侍中、中书监、宜都王穆寿，司徒、东郡公崔浩，侍中、广平公张黎，侍中、建兴公古弼，辅太子以决庶政。诸上书者皆称臣，上疏仪与表同。

张黎（《魏书》卷二八）和崔浩的传中，记恭宗"总百揆"，《古弼传》记恭宗"总摄万机"。穆寿（《魏书》卷二七）、张黎、崔浩的各传中，记载他们"辅政"太子。换言之，统辖"百揆"，亦即裁断"庶政"（其中处理臣下的上书占有重要地位）是监国的任务，称为"副理万机"

---

[1]. 关于北魏前期的议，参照本书第二部第十四章《北魏的"议"》，原载第一回中国史学国际会议研究报告集《中国の歴史世界——統合のシステムと多元的発展——》東京都立大学出版会，2002年。

即是此意。

能够找到证明这个说法的事例，《世祖纪下》云：

> 初，恭宗监国，曾令曰……其制有司课畿内之民，使无牛家以人牛力相贸，垦殖锄耨。……又禁饮酒、杂戏、弃本沽贩者。垦田大为增辟。

对于农业生产的指示以皇太子令的形式出现，实行起来更有效果。另外，《魏书》卷一一一《刑罚志》云：

> 时舆驾数亲征讨及行幸四方，真君五年，命恭宗总百揆监国。少傅游雅上疏曰："殿下亲览百揆，经营内外，昧旦而兴，咨询国老。臣职忝疑承，司是献替。……"恭宗善其言，然未之行。

叙述省略的部分是游雅所提案，将被判流罪的犯人充实边境防备。这个提案虽未被实行，但属于监国的职掌范围。又《魏书》卷四八《高允传》云：

> 初，崔浩荐冀、定、相、幽、并五州之士数十人，各起家郡守。恭宗谓浩曰："先召之人，亦州郡选也，在职已久，勤劳未答。今可先补前召外任郡县，以新召者代为郎吏。又守令宰民，宜使更事者。"浩固争而遣之。允闻之，谓东宫博士管恬曰："崔公其不免乎！苟逞其非，而校胜于上，何以胜济。"

关于这个记载，李凭指出是在监国面前争执。若是那样，任命郡守也是由监国来处理。又《崔浩传》云：

> 著作令史太原闵湛、赵郡郗标素谄事浩，乃请立石铭，刊载国书，并勒所注五经。浩赞成之。恭宗善焉，遂营于天

第七章 北魏的太子监国制度

郊东三里，方百三十步，用功三百万乃讫。

据此记载，能否将刻在石上的国史建置在国都，也属于监国的权限。

以上所举的事例来看，明元帝时的监国和太武帝时的监国，发挥着同样的功能。但也有例外。

恭宗监国期间里，太武帝曾五次亲征。若从当时议的形式来看，应该是在太武帝出席之下召开大议，决定了征讨。非亲征的大小军事活动有九次，《本纪》显示很多是奉诏进行。这种诏难以确认是否如明元帝时一样，实际上是由监国主持的议，即重要性低的议所决定。但《魏书》卷一〇二《西域·焉耆传》云：

恃地多险，颇剽劫中国使。世祖怒之，诏成周公万度归讨之，约赍轻粮，取食路次。

《魏书》卷四三《唐和传》有"世祖遣成周公万度归讨焉耆，诏和与伊洛率所领赴度归。和奉诏"。据此，太平真君九年（448）远征焉耆，并非太武帝亲征，可认为是在太武帝的意志下进行。还有太平真君七年（446）安定刘超率万余众叛乱，据《魏书》卷四〇《陆俟传》记载：

世祖以俟威恩被于关中，诏以本官加都督秦雍诸军事，镇长安。世祖曰："……今使卿以方略定之。"于是俟单马之镇，……遂平之。世祖大悦，征俟还京师，转外都大官，散骑常侍如故。

包括事后的处置，均是由太武帝下指示。其他军事活动也应该都是如此。至少没有材料明白表示是由监国所决定。笔者同意先行研究对这个时期皇帝并未将军事权授予监国的看法。

关于内政方面，《魏书》卷三八《刁雍传》云：

（太平真君）五年，以本将军为薄骨律镇将。至镇，表曰……

诏曰:"卿忧国爱民,……有可以便国利民者,动静以闻。"七年,雍表曰……诏曰:"……诸有益国利民如此者,续复以闻。"九年,雍表曰……诏许之。至十年三月,城讫。诏曰:"……即名此城为刁公城,以旌尔功也。"

所省略表的内容包括:作渠灌溉之事、有关镇间运送的改善案、造城贮谷之事,都是以一镇之内的措施为中心。虽然应是监国处理的范围,但整个监国期间,刁雍的表是和皇帝的诏来往讨论。另外,《古弼传》云:

恭宗总摄万几,征为东宫四辅,……迁尚书令,……上谷民上书,言苑囿过度,民无田业,乞减太半,以赐贫人。弼览见之,入欲陈奏,遇世祖与给事中刘树碁,志不听事。弼侍坐良久,不获申闻。乃起,于世祖前捽树头,掣下床,以手搏其耳,以拳殴其背曰:"朝廷不治,实尔之罪!"世祖失容放碁曰:"不听奏事,实在朕躬,树何罪?置之!"弼具状以闻。世祖奇弼公直,皆可其所奏,以丐百姓。

这件事情被置于太武帝在河西狩猎的记载之前。恭宗监国以后,直到太武帝死的期间,太武帝在河西狩猎的记载,若据《本纪》有真君五年(444)和十年(449)两次。不论此为哪一次,都是在设置监国的期间发生。若是那样,尚书令是跳过监国而上奏太武帝。同样的事也见于《魏书》卷一一二下《灵征志下》:

真君五年二月,张掖郡上言:"……今石文记国家祖宗讳,著受命之符。"乃遣使图写其文。……于是卫大将军、乐安王范,辅国大将军、建宁王崇,征西大将军、常山王素,征南大将军、恒农王奚斤上奏曰:"……谨与群臣参议,宜以石文之征,宣告四海,令方外僭窃知天命有归。"制曰:"此天地况施,乃先祖父之遗徵,岂朕一人所能独致。可如所奏。"

第七章　北魏的太子监国制度

这里可用先前所举《世祖纪》之例来说明，太平真君四年（443）的诏有"诸上书者皆称臣，上疏仪与表同"，规定对监国的上书和对皇帝的上表接受同等待遇，表示两者能够并存。对此更明确的表示，在《高僧传》卷一一《释玄高传》中有关于皇太子晃监国的记载：

> 于是朝士庶民皆称臣于太子。上书如表，以白纸为别。

然而，对皇帝的上表和对监国的上书，即使用纸的颜色有所差别，两者并存可能很快就会导致政务执行上的重大障碍：政令出于二途。若打算避免那种情况，就有必要区分两者处理的范围。从这个角度来检讨上举事例的话，《刁雍传》记载对北魏防卫极为重要的镇问题，因军事是皇帝处理的范围，皇帝和镇将之间表和诏的反复往来是有可能的。另外，据《灵徵志》记载，发现了北魏受天命的符，并将之昭告天下的事。这并非监国治理的结果，而是皇帝统治所产生的结果，故对此处置的方式是直接上奏皇帝，仰其裁断的可能性很高。相较于此，《古弼传》的记事是包含政治考虑的处置。《魏书》卷四八《高允传》记载"恭宗季年，颇亲近左右，营立田园，以取其利"，高允劝谏当时监国的恭宗："所在田园，分给贫下。"上谷之民上书所言的苑囿，是否就是监国的田园是个问题，如前面所述，上书的时间可能是在太平真君十年（449），若是那样，时间则相同，田园、苑囿分给贫民的处理方式也是一致。高允的劝告被监国退回，但可认为其内容是处理和上谷之民上书相同的问题。古弼以此问题涉及监国的缘故，直接上奏皇帝处理[1]。另外，因太武帝的裁可，上谷的田园被分给贫民，像这种属于监国处理的问题，一旦上奏皇帝，就以皇帝的判断为优先。

---

1. 如曹文柱、李凭所言，太武帝派和监国派的官僚对立，间接支持了古弼的行动。

太武帝和监国分开处理问题[1]，但被裁判案件的实施手续，似乎仍委监国之手。例如原本虔信佛教的监国恭宗，频频上表劝谏太武帝刑杀沙门太多，不被太武帝听从，反而在太平真君七年（446）三月下废佛的诏书，《释老志》记载：

> 恭宗言虽不用，然犹缓宣诏书，远近皆豫闻知，得各为计。四方沙门，多亡匿获免，在京邑者，亦蒙全济。

此时太武帝为镇压盖吴之乱在长安，回到都城已是来年。前面所引用的《释老志》前段，能够确认这个时候有设置留台，管辖留台的监国应是在京城。监国延迟诏书的下达，不只平城附近，四方亦即全国的沙门很多因而得以获免，在长安发出的诏书，应该是先送到京城的监国之处，再由监国之手下达全国。因此，可以认为在监国制度之下，皇帝诏令通常经由监国颁布。前面所引"诏诛长安沙门，焚破佛像，敕留台下四方令，一依长安行事"之诏，应该是由皇帝下达要监国颁布诏令的指示。

结语

作为常态性的监国制度为何开始？关于这点，本文对曹文柱、李凭两人的说法并无需补充之处。但即使留台之语初见于明元帝的监国时期，实际上被视为与留台相同的"留守京师"之语，先前就已经出现过（《魏书》卷二九《奚斤传》）。从北魏皇帝频繁的亲征来看，留台

---

1. 《魏书》卷四六《李欣传》云："初，李灵为高宗博士谘议，诏崔浩选中书学生器业优者为助教。浩举其弟子箱子与卢度世、李敷三人应之。给事高谠子佑、尚书段霸儿侄等以为浩阿党其亲戚，言于恭宗。恭宗以浩为不平，闻之于世祖。世祖意在于欣，曰：'云何不取幽州刺史李崇老翁儿？'浩对曰：'前亦言欣合选，但以其先行在外，故不取之。'世祖曰：'可待欣还，箱子等罢之。'欣为世祖所识如此。遂除中书助教、博士。"难以判断这段记载的时间，但太平真君二年（441）李敷为中书学生，很可能是设置监国的时期。这个记载是太武帝介入属于监国处理范围的人事之例，恭宗之子、太武帝的嫡长孙文成帝，其教育者的选用并非一般的官吏人事。故太武帝直接下诏崔浩，又退回崔浩的提案。

的存在可能与监国制度常态化有关。另外，太武帝时期的监国制度，皇帝和监国间的职务似有区分，可以看到诏书似乎经由监国所下达，是根据"科制"以固定严谨的程序来运作。北魏是否如《宋书·礼志二》所载，太子监国时使用固定的公文格式则不清楚，不得不留待今后的研究。

【补记】本章是在2001年8月中国山西省大同市召开的"北朝史国际学术研讨会暨中国魏晋南北朝史学会第七届年会"所发表提交的原稿上，新加入史料，修正部分内容，刊载于《日中律令制の諸相》。以中文所写的会议论文，刊载于《文史哲》2002年第1期。（2003年5月记）

第八章

北魏的地方军(特别是州军)

前言

关于北魏军制的研究向来不少,但在此之前所阐述的,主要是关于鲜卑系族人占中心地位之中央军的事项,以及北边、西北边的镇戍这两点,最能显著表示北魏军制的特性[1]。关于北方、西北方之镇之外的地方军,尚未清楚的地方还不少。其中占地方军重要组成部分的是州军,关于其成员,有谷川道雄[2]的城民说和菊池英夫[3]等人的汉人兵役说两种对立的说法。不过菊池氏将州军限定于和北族、胡人统领的镇军的关系上来理解,而谷川氏则将两者视为实质相同,两者的州军理解方式有别,存在着一个根深蒂固的问题。近来西野正彬[4]的论述,强调了汉人齐民向南方的边屯,这个事实的揭示相当重要,但在探讨包含不在边境之州的州军的性质这一点上,似乎还有不很充分的地方。本章将把焦点放在地方军(特别是州军)组成的阐明上,同时具体探求地方军所占的位置,还将触及成立时期等与州军有关的几个问题[5]。

一、地方军的分布

记载"州军"[6]存在的州[7]和可确认城民存在的州大多一致,谷川氏

---

1. 代表性的研究有浜口重国:《正光四五年の交に於ける後魏の兵制に就いて》,《東洋学報》22-2,1935年;收入氏著《秦漢隋唐史の研究》上,东京大学出版会,1966年。本章在提及浜口氏之时,指的就是这篇论文。
2. 谷川道雄:《北魏末の内乱と城民》,《史林》41-3、5,1958年;收录于氏著《隋唐帝国形成史論》,筑摩书房,1971年。
3. 菊池英夫:《北朝軍制に於ける所謂郷兵について》,《重松先生古稀記念九州大学東洋史論叢》,1957年。特别是第一章。
4. 西野正彬:《北魏の軍制と南辺》,《北陸史学》25,1976年。
5. 以下本文中举名提及的浜口、谷川、菊池、西野诸位学者的诸说,大概都可见于注1至注4的研究,不再一一注记。
6. 以下的"州军"指出了史料中明白记载为"州军"的事例。
7. 谷川氏已说明营、定、冀、齐、徐、扬、汾、泾、秦等诸州,可见州军或州兵的用语。

第八章　北魏的地方军（特别是州军）　　　　　　　　　　　　　　　　　199

以此作为州军以城民组成的主要论据。谷川氏特别指出27个可知城民存在的州，这暗示州军存在的州很多，但笔者在此想尽可能确认存在"州军"的州名，包含谷川氏曾指出的州名在内。记载"州军"或"州兵"的例子，在整个北魏时期并不多见，就笔者所见只有14个州。然而就像《魏书·世祖纪》神䴥元年（428）条所载"豫州遣军"，显示（北）豫州拥有州固有的军队一样，有些州尽管并未明记有"州军"，仍可知道存在州军。关于豫州，《魏书》卷三〇《尉拨传》有"豫州兵"的字样，另外还有"陕秦二州兵"（《魏书》卷六六《李崇传》）的例子，这些"某州兵"的表述一般认为可以显示州军的存在。"督四州之众讨平之"（《魏书》卷三一《于洛拔传》）等"某州之众"也显示可能拥有州军[1]。更有甚者，州军是州刺史统率下的军队，因此当州刺史在进行军事活动之时，州军很可能也在其指挥下。例如《世宗纪》中频频出现扬州刺史在扬州附近的对梁活动记事，笔者认为其中大多有州军的活动，并确认事实上扬州同时期有"州军"存在[2]。此外，有时会有"州郡"平定叛乱的情事，这也包含在显示州军的例子当中。

　　若如上述所见，可认为州军存在的州应该大大地增加。表一从此立场确认州军所在的州。明示"州军"的州用◎表示，出现"某州兵"、"某州之众"、"某州之卒"的州用○表示，依据州刺史的活动的例子用□表示，"州郡"用△表示，而*的记号则是表现出"某诸军"的事例。再者，北魏的地方区划变化甚巨，目前暂以劳榦的《北魏州郡志略》（《中研院历史语言研究所集刊》32，1961年）所揭示的州名为准。这是高祖到世宗期间存在过的州，但为了知道州军的时代差，笔者一面以《地形志》的记述为主要准据，一面以成立时期将之区分。斜线表示未成立的州。关于州的时期区分，此时尚有许多未能确定的地方，但笔者以为这并不妨本章所要探讨的课题。

---

1. 但是"冀定瀛相济卒二十万"（《高祖纪》）等征召许多兵卒的事例，很可能是临时征发，不能将所有"发卒"、"发兵"的事例单纯地关联至州军。
2. 即使持有州刺史的头衔，远离任所远征之时和为平定叛乱往赴新任之时，也很难说和州军有关，这必须针对个别的事例来检讨。

表8-1 北魏州军分布情况

	州名	太祖[1]	世祖	高祖	世宗以降	全期[1]
1	恒州					
2	相州		○	□		○□
3	定州		◎○		◎	◎○
4	冀州	□	○	△	◎	◎○□△
5	并州	*	○　　*	○		○　　*
6	幽州				□△	□△
7	肆州			○		○
8	营州					
9	平州		□			□
10	济州				◎	◎
11	司州		□	△		□△
12	雍州		○□	○	△	○□△
13	秦州		○□	○　□	◎　　△	◎○□△
14	泾州		□	◎○		◎○□
15	洛州			□	□	□
16	东雍州[2]					*
17	北豫州[2]		□	○	○	○□
18	瀛州				□	□
19	汾州			◎○	○　□	◎○□
20	安州			□		
21	燕州					
22	兖州			□	□	
23	青州			◎　□	◎	◎　□
24	齐州			□	◎　□	◎　□
25	光州					
26	豫州			□	○　□	○□
27	徐州			□	□	□

第八章　北魏的地方军（特别是州军）

续表

	州名	太祖(1)	世祖	高祖	世宗以降	全期(1)
28	南青州				◎ □	◎ □
29	东豫州				□	□
30	岐州			○		○
31	南秦州				□	□
32	凉州			*	○	○
33	华州				○	○□
34	河州				△	△
35	东秦州				○	○
36	幽州					
37	夏州				○	○
38	荆州				○□	○□
39	郢州				◎ □	◎ □
40	扬州				◎○□	◎○□
41	益州				◎	◎
42	梁州				◎○□	◎○□
43	东益州				□	□
44	巴州					
45	南兖州(3)				◎ □	◎ □
46	东荆州(4)				○□	○□

注：（1）太祖的事例是天兴元年（398）以后的例子。太宗、高宗、显祖的事例包含于"全期"的项目中。
（2）此非劳榦揭示的州名。东雍州在世祖时期设置，在高祖时期废止。
（3）《地形志》记为正光年间设置。
（4）此不见于《地形志》。其正确的存续时期与（3）一样都不明确。

　　根据这一张表，以4冀州、13秦州、19汾州、40扬州、42梁州为主，"州军"和刺史的军事活动、"某州之卒"等的记载在一州之中都可以看到。这证明了前述主张，即这些记载是显示作为地方军的州军存在的各种表现。更值得注目的是，这些州军存在的州在46州之中达到41州之多。就算是剩下的5个州,恒州是旧京师所在地,可想而知当然存在着军队,世宗、肃宗期间并置平城镇[1]一事更印证了这个看法。8营州由东北要镇和龙镇演变而来,笔者并不认为由于自镇转化成州,其地之兵就被完全撤离。太延二年(436),平州刺史元婴率辽西诸军讨伐北燕(《世祖纪上》),其中应该也包含营州的军队[2]。36幽州、44巴州的治所不明,和21燕州一样都缺乏判断的材料,但既然能够推定其他43州都拥有州军,那只有这3州没有的话便不甚合理。

如以上所见,北魏之时各州都有刺史统率的州军。那么州军是州在初创之时即已设置的吗?《魏书》卷七〇《傅竖眼传》载"转昭武将军、益州刺史。以州初置,境逼巴獠,给羽林虎贲三百人,进号冠军将军",似乎显示除羽林之外还设置了其他地方兵种,又从表1州军的分布状况来看,其倾向似乎可理解为在置州的同时也设州军[3]。但就像太祖时期其倾向尚未明确化一样,这里所谈到的军队和后世是否具有同样性质,还需要其他的探讨。

二、地方军的活动

各州所置州军如何运作,这一点还须加以厘清。

史书所载军队的各种活动中,除警卫活动外,大致可区分为(A)叛乱、(B)敌军入侵、(C)远征敌地等战斗活动。依据不同的情形有(甲)地方军单独行动、(乙)地方军与中央军联手出击、(丙)中央军单独行动等三种处置的方法。表2根据以上项目,将北魏时代的各种军事活动予以分类,其目的是为了得知州军活动的位置。地方军除州军(包括郡兵)之外,还有镇戍的军队,明确为州军的事例在括号中显示。此外,如后所述,有些例子即使记载为中央军,有人认为实际上仍包含地方军,但其检讨将留待之后,暂且不在本表的考虑之中。

---

1. 关于镇与州的并置,将在第三节叙述。
2. 如本书第198页注7所见,谷川氏认为营州存在州军。
3. 笔者知道郡也存在兵,但和州军有相同性质,在此不特别论述。

第八章 北魏的地方军（特别是州军）

再者，也有难于归类于（A）（B）（C）的情形，也就是说本表的分类稍微呆板了一点。在制表之时，笔者以《魏书》为主要依据，并参照他书补充了不少事例。

表8-2 北魏军事活动分类

		太祖	太宗	世祖	高宗显祖	高祖	世宗	肃宗
A 叛乱	只有地方军	3(2)	2(2)	5(3)	7(5)	14(11)	9(9)	4(3)
	只有中央军	10	5	6	3	7	7	2
	两者联手	0	2	6	2	2	3	2
B 入侵	只有地方军	0	1	4(1)	1	10(6)	13(13)	2(1)
	只有中央军	2	1	1	1	8	3	3
	两者联手	0	1	2	1	3	1	1
C 远征	只有地方军	2	0	3(1)	0	3	2(1)	2(1)
	只有中央军	5	6	13	3	7	6	1
	两者联手	0	0	6	0	3	4	0

注：（1）太祖时期为天兴元年（398）以后，肃宗时期至正光五年（524）为止。
（2）世宗、肃宗期对B、C有详细之记述，很多事例难以判别其为一连串的军事行动或者为单独的军事行动。
（3）C包含对于南朝降者内附，北魏予与迎接之事例。

将远征统万那般可知有37名从军者的大军事活动，和仅以一郡之兵即可镇压的小叛乱视为同样的例子来处理，虽然是有问题的，但从表中，笔者可以读出下列倾向。（1）太祖太宗时期，每逢叛乱显然是派出中央军，但到了世祖时期，地方军已占有同等重要的地位，其后地方军更似乎转而成为主干。地方军以州军占绝大多数。（2）世祖以后，在面临敌人入侵的事例中，大多是出动地方军。此时州军似乎是主干，但其他兵种的例子也不少。（3）进行远征之际，派遣中央军的例子仍多，但世祖以后，包含地方军与中央军连手出击的活动也变得很显著。可确认为州军的事例非常少。

关于这些问题，笔者现在想加以详谈。

（一）叛乱之时

北魏时期发生叛乱的次数很多，但大多只有简单的记载。一般认为这是由于一来叛乱规模不大，二来镇压行动仅止于州郡阶段。以世祖时期为例，始光二年（425）慕容渴悉邻于北平叛变，北平太守与守将[1]将之讨平。神䴥二年（429），河内守将平定了上党的李禹之叛，蒲坂镇将于栗磾镇压了弘农等处的反贼（《魏书》卷三一），真君七年（446）卢水胡刘超之叛由镇守长安的陆俟平乱（同书卷四〇），正平二年（452）南来降民于中山谋反，"州军"将之扫平。"州军"或"州郡"的用语大多是用在这样的事例中，其倾向随时代推移而越趋明显。

叛乱规模过大而州军无法应付的时候，就会由别州或中央派遣军队。世祖之时盖吴、薛永宗叛乱，长安镇将元纥、秦州刺史周观战败而死之后，高平镇的敕勒骑和叔孙拔所率领的并秦雍之兵出击盖吴，此外笔者还发现长孙真（《魏书》卷二六）、屈道赐（《魏书》卷三三）、殿中尚书孔拔的名字，他们载于传中的前任或现任官职是京官，可知是由中央派遣而来。对于薛永宗，出征的是崔浩（《魏书》卷三五）、殿中尚书元处真等人，这些人也是派自中央。在这样的情形下，指挥官虽由中央派遣，所率之兵仍有可能是地方兵，但由于是世祖亲征（《崔浩传》），这场乱事的平定确实有中央军的参与。同样的例子还有来年盖吴的再叛、上邽的边冏、梁会之叛、定州的鲜于台阳之反、西河的山胡白龙之乱，而"并州诸军"（《魏书》卷一六《元他传》）出征的吐京胡之变也包含在内。

从头到尾均由中央派遣的例子也有。显祖时期东平王元道符于长安叛变，司空和其奴率"殿中精甲万骑"平乱（《魏书》卷四四），但如此清楚的事例很少。世祖之时，神䴥三年（430），敕勒于云中、河南叛逃，尚书令刘洁出兵讨伐，同年敕勒再度叛逃，尚书封铁出兵讨伐；延和二年（433）金崖等人于安定争权构隙，初上任的安定镇将陆俟（《魏书》卷四〇）举兵讨获；延和二年（433）金当川于阴密叛乱，元素出兵讨伐；太延三年（437）元健和司空长孙道生扫荡白龙余党；郁原等

---

1. 以下本节不特别指明出处的事例，引用的是本纪的记载。

第八章　北魏的地方军（特别是州军）

人于休屠叛变，元素（《魏书》卷一五）将之讨平。

除陆俟外，自其官历看来，皆可视为由中央派遣而来，但他们所带领的军队是否仅为中央军则不明确，笔者暂且将之归于此项目，但也可能有应归于前述二项的例子。高宗以降的事例，似乎可说是大略相同的状况。

那么太祖时期又如何呢？天兴元年（398）尹国于冀州叛变，应是刺史的长孙嵩将之平定，这场征战在形式上虽包含地方军，却是消灭后燕的远征军在回程中所为，毋宁说是远征军的一部分。镇守渤海、于同年讨伐博陵等地群盗的元遵，也是同样的情形，加上奚斤率领山东诸军的例子（《魏书》卷二九），都仍是北魏的中山远征军。天兴五年（402）常山太守楼伏连讨伐沙门张翘的事件，显示地方屯驻军的日渐整备。

相对于此，天兴元年（398）讨平离石胡呼延铁和渤海之乌丸张超的庾岳，与攻破渔阳之库傉官韬的伊谓、王建，他们的官历并不明确，但在此前后曾任将军于各地转战，庾岳于隔年平定了清河的傅世之乱，因而出任邺行台。讨伐破多兰部的元遵和扫平幽州之卢溥、黜弗部、素古延部的和突，也是同样的情形。天兴二年（399）讨伐赵郡之赵准的中领军长孙肥，与攻破库狄部等的越骑校尉奚斤，自其官职看来，所率领的都是中央军。讨伐上党之秦颇的莫题所率领的似乎是柴壁远征军的一部分。

庾岳以下的事例中，除长孙肥和奚斤外，没有明确的证据显示他们所率领的军队是中央军，但是从前后的状况来推测，是中央军的可能性很高。长孙嵩和元遵的事例中，其军队在形式上虽亦包含地方军，但仍是同样的性质。稍加思考就会发现，当时北魏只在后燕的土地上扩张领域，其支配地仅限于六州。即使设置了地方军，中央军分屯的性质仍然很强，而且一旦有事，主力的骑兵就会立刻赶赴事发之处，以应战事。太宗之时，崔浩反对迁都于邺的言论说，"今居北方，假令山东有变，轻骑南出，耀威桑梓之中，谁知多少？百姓见之，望尘震服"（《魏书》卷三五），就是为了这个缘故。就像在印证这句话，太宗时对叛乱的处置方式显示了和太祖之时同样的倾向。但正如首次见到"州郡"

一语一般，地方军的样貌稍稍明确化了一些。上述情况的转变，就如已见一般是在世祖时期。

（二）敌军入侵之时

和叛乱之时相同，以地方军即能应付的事例也不少。世祖神䴥元年（428），王玄谟等人入寇荥阳，北豫州遣军征讨；太延五年（439），氐人杨难当入侵上邽，镇将元勿头讨之；真君九年（448），氐人杨文德入寇，仇池镇将皮豹子伐之；太延二年（436）派河西、高平诸军攻讨杨难当（《魏书》卷一〇一《氐传》），此动员规模稍大。

若规模变大，除州镇军外还会派遣中央军。世祖神䴥三年（430），为了抵抗宋将到彦之等人的北进，本纪记载只派遣了长孙道生、叔孙建等人，看起来似乎只有中央军，实际上幽州以南的戍兵和防御南朝攻势而自河南撤退的虎牢、滑台等四镇之兵占了重要地位，王度麾下的五千骑等军队是中央派遣的将军所率领的中央军，若将此纳入考虑，地方军所占有的比重仍然很大（《魏书》卷三五《崔浩传》、卷二九《叔孙建传》、卷三〇《王度传》、《宋书·索虏传》等）。真君三年（442），宋将裴方明攻陷仇池，皮豹子等人率关中诸军，古弼等人督陇右诸军及殿中虎贲，进军仇池，司马文思时任督洛豫诸军事，进军襄阳。其他将领[1]所率之兵多数成员不明，明确的部分中，地方军都占有重要地位。

关于只派遣中央军的情形，世祖时期的事例很少，所以这里取了高祖时期的例子。八例中，太和四年（480）齐地的崔文仲入寇淮北，尚书游明根御之，所率二千骑应为中央军。但从人数看来，也可能有其他军种的参与。太和二十年（496），裴叔业入寇涡阳，二十三年（499）陈显达入寇，这些战争中，笔者只能从所遣将军的官历看出他们遣自中央，但所率之兵则种类不明。太和元年（477）杨文弘的入寇，十四年（490）地豆于的犯塞也是同样的情形。为抵御柔然的入寇，延兴二年（472）太上皇二度远征，太和九年（485）元澄远征，这些征战详情不明，中央军应为主力，但北镇军也很可能参与。由上述例子看来，

---

1. 除了元齐（《魏》卷一四）、贺纯（同书，卷一八）之外，还参照了《宋书·索虏传》。

第八章　北魏的地方军（特别是州军）　　　　　　　　　　　　　　207

可以说即使只见中央军的记载，地方军仍很有可能参与。

不管是以上哪种情形，在世祖以降的其他时期也可以找出同样的趋势。

太祖太宗时期的事例太少，所以无法清楚说明，但天兴五年（402），柔然入侵，元素讨之，所率万骑（《魏书》卷一〇三《蠕蠕传》）应为中央军。很少有让人认为全部都是地方军的军事行动，但太宗泰常元年（416），刘裕远征后秦，司徒长孙嵩等人率"山东诸军"以为防备（《魏书》卷二五），这段记载似乎可以看出地方军正日渐确立地位。

（三）远征之时

世祖真君六年（445），万度归发凉州以西之兵讨鄯善，元仁等人以六州之兵勇猛者二万人南略。然而，万度归等人似乎是自中央派遣而来。

远征这种大规模的军事活动，中央军参与的程度当然很大。世祖太延二年（436），娥清等人率精骑一万讨北燕，平州刺史元婴也率辽西诸军加入征战，但那一万骑应视为中央军。太延五年（439）的远征北凉，是一场治兵于西郊且备京师防卫之后的亲征，主力看来是中央军，确切参与的二十二人中似乎也多为京官。但史载元丕等人督"平凉、鄜州诸军"为后继，长安镇将奚眷似乎也有参与。真君五年（444）、六年（445）远征吐谷浑，先遣元伏罗督高平、凉州诸军伐之，后诏秦州刺史封敕文率步骑五千征之，又另外派遣乙乌头等二军加入战局（《魏书》卷五一《封敕文传》）。乙乌头等军和史载振旅还京师的元那军队应是中央军。真君十年（449）亲征柔然的军队应是以中央军为主干，但可见到督河西诸军的元羯儿的名字（同书卷一六）。真君十一年（450），世祖南征，就参加者来看，地方军的色彩很淡，但史载元仁率"长安之众八万骑"（《宋书》卷五〇《刘康祖传》），也能发现豫州刺史仆兰的名字（同书卷七二《南平王铄传》），地方军的参与似乎也占有很大的比重。

只以中央军远征的事例各个时期都有很多，但世祖时期特别显著。始光三年夏（426）远征的三十七人、神䴥三年（430）夏攻击平凉的十五人等，确切参加的人数量很多，其中大多可推定为京官，由于并未包含与地方军相关的记述，所以包括在这个项目中。然而显祖天安元年（466），薛安都等人内属之际，仅以官职的记载而言，吕洛拔在此之前为平原镇将，只显示了和地方军的关系，但另一方面，根据《宋书·索虏传》，乘内乱介入的北魏诸将的官职几乎都是京官，虽然如此，他们需率领的军队是陇右、幽、冀、江、雍、定、相之众。也就是说，一般认为尽管指挥官是京官，他所率领的军队也未必是中央军，这在之前就已指出来了。但就算比例有所减少，在远征之时中央军仍为主要战力，这一点并没有改变。

太祖太宗时期又如何呢？天兴二年（399）行台尚书和跋率军讨伐滑台，其主力应为前一年设置行台的同时奉诏镇邺的中山远征军的一部分，共有兵五千人。其他只有讨伐蒲子的离石护军的例子，太宗时期未见地方军的活动。中央军的活动，在太祖时期有天兴二年（399）的亲征高车和太尉穆崇对东晋洛阳的救援、五年（402）与后秦的柴壁之战（亲征）、六年（403）伊谓的远征高车。不管是哪一场征战，都运用了大量的骑兵，笔者以为这是北魏的主力兵团。天兴四年（401），兖州刺史长孙肥远征彭城，事发于兖州未成立之时，笔者以为之所以给予刺史的名号，是由于中央军的屯驻和远征。此外，加入柴壁之战者除了兖州刺史长孙肥（《魏书》卷二六）之外，还有常山太守楼伏连（《魏书》卷三〇），但这是在平定东方后不久，笔者认为东方的军队不易往西方移动（长孙肥之军的情形姑且不论）。太宗时期的事例，有泰常三年（418）护高车中郎将薛繁率高车丁零十二部大人之众北略，七年蕃附大人各率所部五万余人跟随南讨，尉眷亦率高车骑跟从（《魏书》卷二六）。其后高车分属北边各镇，但此时北镇的体制尚未确立，不分中央地方，皆随从军行。其他的例子和太祖时期并没有特别的不同。

以上三项的详细检讨，归纳之后如下。（1）太祖时期支配领域尚小，且开始支配的时间不久，尽管将军队屯驻于地方，中央军分屯的性质仍然浓厚，其军事活动的例子也很少。这样的体制在必要时直接以中央军出击各地，一言以蔽之，可视为地方军未分化的状态。（2）到了太宗时期，地方军的性质似乎稍稍明确化了一些，但支配领域和太祖

第八章 北魏的地方军（特别是州军） 209

时期没有任何不同，中央军的分出体制似乎也没有改变。（3）到了世祖时期，地方军的活动变得显著起来。也就是似乎确立了地方军的性质，其任务也明确了起来。地方军之中，镇的活动虽亦不少，但州军的活动更是引人注目，与中央军的协力活动也变得频繁。（4）世祖时期这种明确化的状态持续到肃宗时期。也就是说，地方军所占地位在世祖时期以降一直都很高。（5）整个北魏时期文献所载地方军的活动中，绝大多数是北边的镇以外的例子。

三、地方军的组成

（一）

众所周知，北魏的军队之中包含大量的非鲜卑系异民族兵士[1]。其中有高车族、氐和羌族、匈奴种、南边的蛮族、蜀人。世祖将夏君赫连定赶往西方，占领杨难当所据上邽之后，立刻发"陇右骑卒"讨伐高句丽，刘洁虽进谏道"陇土新民，始染大化，宜赐优复以饶实之。兵马足食，然后可用"（《魏书》卷二八），但世祖在征服后不久似乎仍如此征召地方上的军队。就《晋书》的载记所载各胡族国家频用异民族兵士的例子来看，笔者以为不是特别奇怪的现象。北魏运用异民族兵的例子中，以前述太宗泰常三年（418）的高车北征为最早，但以后述汉人的例子来看，笔者以为这种现象在太祖时期已可见到，其后更贯穿整个北魏时期。

关于他们的所属单位，首先以高车为例，笔者以为初期并无中央与地方的区别，但随着镇戍制的确立，高平部众被分属于北边六镇的全部与高平、统万、上邽等西方诸镇。另一方面，他们构成了羽林军的一部分，太和末年也能见到高车羽林的记述。[2]也就是高车分成为中央军与镇所属的军队来使用，但笔者推测高车羽林也是从镇所属的高

---

1. 参见周一良：《北朝的民族问题与民族政策》，收入氏著《魏晋南北朝史论集》，中华书局，1963年；又收录于氏著《魏晋南北朝史论集》（新版），北京大学出版社，1997年。
2. 以上所述，根据周一良：《北朝的民族问题与民族政策》，收入氏著《魏晋南北朝史论集》，中华书局，1963年；又收录于氏著《魏晋南北朝史论集》（新版），北京大学出版社，1997年。

车中简拔而来，镇所属的军队是高车兵原来的样貌。其他诸族也是同样的情形。氐与羌、蜀等在其居住地附近的西边和南边获得军事活动的场域，不能看出一个部族构成中央军一部分的样貌，杨大眼(《魏书》卷七三)这类个别的例子则另当别论。笔者以为基本上异民族兵构成了地方军。不过有不少临时征召异民族兵参与军事行动的事例[1]。在这样的情况下，分成中央军、地方军的意义变得不大。

异民族兵归属地方军是何种形态呢？前引《刘洁传》所见陇右骑卒的动员似乎遭元丕等人的反对而中止，但夏军似乎最终完成了往东北的移驻，最近曹汛指出"景明三年慰喻契丹使韩贞等人造窟题记"所见刘都都等人，便是那些移驻军队的后裔[2]。世世居于移驻地而世世为兵的他们，应确实为兵户。汉人也有被征服后成为兵户的例子，应当存在作为兵户而归属镇、州的异民族兵。[3] 笔者以为，作为兵户而附于军籍之时，他们割断了与本族体制的关系。

然而，异民族兵的情况似乎不只如上所示。例如，是否掌握了高车将其编户并附于镇的军籍呢？众所周知，高车不在解散部族的范围之内，而保持着原来的部族组织。其组织和不让部族长介入而掌握编户之下的兵户制不能相容。将一部分个别从部族分离出来成为兵户的可能性也有（高车羽林应是如此），但是将高车置于北边的目的若是为了防御柔然[4]，与其使用个别的高车兵的力量，运用高车族全体的武力才是最受期待的吧。高祖南伐之际，欲征召高车之众，但"部民"不愿如此，便推袁纥树者为领袖，相率反叛，其范围达于四镇(《魏书》卷一○三《高车传》;《魏书》卷一六《元继传》)。这显示出兵是攸关镇

---

1. 南征时包围盱眙城的北魏军，没有鲜卑系国人，只有常山、赵郡的丁零、并州的胡、关中的氐羌，他们阵亡之时世祖只说是减贼(《宋书》卷七四《臧质传》)。可知虽然称贼，却是征发的士兵。
2. 曹汛:《万佛堂石窟两方北魏题记中的若干问题》,《文物》1980年第6期。此外，刘都都拥有戍之队主的地位，在理解为徙镇兵即最下级方面，还留有疑问。
3. 参见菊池英夫:《北朝軍制に於ける所謂郷兵について》,《重松先生古稀記念九州大学東洋史論叢》, 1957年。
4. 参见浜口重国《正光四五年の交に於ける後魏の兵制に就いて》,《東洋学報》22-2, 1935年；收入氏著《秦漢隋唐史の研究》上, 东京大学出版会, 1966年。

第八章　北魏的地方军（特别是州军）

所属的部族全体的问题。如《魏书》卷四一《源怀传》所载："今定鼎成周，去北遥远。代表诸蕃北固，高车外叛，寻遭旱俭，戎马甲兵，十分阙八"，北蕃（北镇）的军队欠缺大半的理由之一，就是高车的外叛，显示高车为北镇军事力的重要成员。

如《魏书》卷四五《裴询传》所载："出为平南将军、郢州刺史。询以凡司戍主蛮酋田朴特地居要险，众逾数万，足为边捍，遂表朴特为西郢州刺史。"将蛮酋所率部族的兵力原原本本用作州军的情形，除北方的高车之外，在南方也得以见到，对光城蛮酋田益宗的处置（《魏书》卷六一）可说是其典型。原原本本运用部族拥有的军事力（与高车的情形一样），是北魏的统治理念之一，上述史实是在与南朝激烈的争斗中所产生的特殊事例，即使未必适合一般化，仍可说是在这样的背景下产生的[1]。

而根据《魏书》卷五〇《尉元传》，天安元年（466）尉元于迎接南朝宋的徐州刺史内附之时，其部下子都将中可见刘龙驹的名字。另一方面，《魏书》卷四二《薛和传》记载永平四年（511）山贼刘龙驹扰乱夏州，《魏书》卷四五《辛祥传》则称胡族刘龙驹[2]。此前也早有人指出彭城多胡人[3]，虽有四十五年的间隔，但两则记事的刘龙驹很可能是同一个人。若是如此，则刘龙驹在相当年轻之时曾为子都将，但凭其年龄竟能成为统率数千士兵的高级指挥官，其理由应不只在于他的才能。晚年成为叛乱的祸首，显示他有动员部族成员的能力，笔者以为刘龙驹身居部族长的阶级，并在此背景下成为子都将。若是如此，笔者推测他所率领的兵士虽少，一部分仍是他的部族成员。卷一九上《元遥传》记载"遥以诸胡先无籍贯，奸良莫辨，悉令造籍。又以诸胡设籍，当欲税之，以充军用"，指出肃宗以前冀州诸胡没有籍贯。就算不是所有的胡人都如此，在运用这类胡人之时仍应充分利用部族组织。但刘

---

1. 不过田益宗之后被迫从本据地迁出。可知如果情况安定，运用原先既有的部族兵力，未必是王朝方面所希望的。
2. 起兵造反的刘龙驹是稽胡，见唐长孺：《魏晋杂胡考》，收入氏著《魏晋南北朝史论丛》，三联书店，1955年。
3. 参见西野正彬：《北魏の軍制と南辺》，《北陸史学》25，1976年。

龙驹的情形有可能是临时征发而往徐州赴击，是否为地方军则难下论断。《魏书》卷二七《穆亮传》记载"氐豪杨卜，自延兴以来，从军征伐，二十一战，前来镇将，抑而不闻。〔仇池镇将穆〕亮表卜为广业太守，豪右咸悦，境内大安"，笔者以为这一点显示了氐豪率领其部民于镇将指挥下从军，应是异民族保持原本的部族组织而纳入地方军的一个例子[1]。在这样的情况下，他们和高车相同，应该没有和部族切断连系而个别加入兵贯[2]。

（二）

北魏的军制中汉人占有重要位置，这已为菊池氏和西野氏指出。西野氏陈述汉人齐民的边屯至迟已从高祖时期开始，征发汉人远征以世祖太平真君十一年（450）的南征为嚆矢。但将汉人用作士兵则更早。《魏书》卷四三《毛修之传》记载"神䴥中，以修之领吴兵讨蠕蠕大檀，以功拜吴兵将军，领步兵校尉。……云中镇将朱修之，刘义隆故将也，时从在〔讨和龙〕军，欲率吴兵谋为大逆"，《宋书》卷七六《朱修之传》称吴兵为"南人"。延和元年（432）将南人作为吴兵，从军于和龙，他们应是来自东晋南朝的汉人兵。神䴥年间的吴兵也是相同的成员，因此汉人兵的活动可追溯自世祖初期。

然而汉人参加军事活动，从更早以前就能见到。早在代国时代，汉人、乌丸作为新人，与原来的鲜卑系族人对立，但六修之乱时，卫雄等人道，"闻诸旧人忌新人悍战，欲尽杀之，吾等不早为计，恐无种矣"，煽动了数万新人（《魏书》卷二三）。如"新人悍战"的记载，汉人也从事军事活动，笔者推测他们也隶属于屡建战功的将军卫雄的麾下。代国之时若是如此，笔者认为到了北魏，自初期开始汉人也用为士兵。

在此令人想起步兵。北魏军队的主力是以鲜卑系族人为主的骑兵，

---

1. 古贺昭岑指出部族解散后，有许多非解散事例，见其《北魏の部族解散について》，《東方学》59，1980年。
2. 西野氏指出南方的胡人成兵是兵户城民。笔者的想法是，在认同兵户存在的基础上，能否另外思考其他胡人成兵的存在形态。

第八章 北魏的地方军（特别是州军）

此毋庸赘言，但另一方面，包含步兵的"步骑"的记载自初期已散见于文献中。太祖皇始元年（396），于栗磾等人以步骑二万讨后燕（《魏书》卷三一）；天兴四年（401），长孙肥率步骑二万往击彭城（《太祖纪》）；五年（402）于柴壁之战中，史载太祖率领的军队为步骑三万（《魏书》卷九五《羌姚苌传》）。太祖太宗时期"骑"的极多记载，印证了以众多骑兵为主干的军制，但在这样的情形下步兵仍然存在，并随着时代的推移而增加使用的比例。唐长孺指出在东西魏之间的沙苑之战中，被俘而放归的是由汉人组成的步兵[1]，这在北魏初期也应可做为参考。此外，按照《宋书》卷七七《柳元景传》的记载，柳元景于世祖末攻击弘农之时，捕获的北魏俘虏多为河内人，他们都说："虏见驱，后出赤族，以骑蹙步，未战先死，此亲将军所见，非敢背中国也。"汉人受到鲜卑系骑兵的胁迫而用作步兵。步兵不能保证只以汉人构成，但不能否认以汉人为多数。以上叙述应可证明自太祖初期汉人便用为士兵的推测。

这些汉人是否为兵户，并没有明确的证据。前述的吴兵可能是兵户，但一般较妥当的看法是在大规模军事行动之时才征发汉人编户[2]。《魏书》卷二八《刘洁传》记载刘洁的奏文："方难既平，皆蒙酬锡，勋高者受爵，功卑者获赏，宠赐优崇，有过古义。而郡国之民，虽不征讨，服勤农桑，以供军国，实经世之大本，府库之所资……。"西野氏解释为郡国之民原来就不从事征讨，但这是由于向郡县民的征发只及于一部分[3]，剩下多数的人民并不从事征讨，这段记载并不是表示北魏不向汉人编户征兵。

临时的征发如上所述，那么汉人平时的兵役义务又是如何呢？在以鲜卑系族人为主干的强力中央军形成的情形下，汉人不必于中央番上（但这并不意味汉人的羽林兵完全没有）。地方军中的汉人可分成（1）作为州与镇的兵户的情形和（2）受到州与镇的征兵的情形来思考。关于（1），有平齐后成为兵户的高聪（《魏书》卷六八）与蒋少游（《魏

---

1. 唐长孺：《魏周府兵制度辨疑》，收入氏著《魏晋南北朝史论丛》，三联书店，1955年，第276页。
2. 五胡十六国时代也常出现征发汉人为兵的事例。
3. 征发编户之时按照一定的征兵率，但是并不清楚是如高祖初期所见十丁一人，还是五胡诸国及南朝常见的三五简发。

书》卷九一），平凉后刘晒的诸子（《魏书》卷五二）等例子，自世祖至显祖期间，北魏推行着将被征服地的汉人编为兵户的政策。但这种汉人兵户，其后似乎多有解放[1]，此外，显祖以后并未大规模扩张征服地，笔者以为少有新成立的兵户的事例，且汉人兵户在北魏后期数量减少。在此同时，（2）变得更为重要。关于汉人编户的兵役义务，菊池英夫曾根据历史的趋势明确地揭示，近来也受到西野正彬的强烈主张，其主要内容现在尚不必补充。[2] 不过义务兵役开始的时期，西野氏的见解是从高祖以降，此见解和（1）之间的关系受到瞩目，但菊池氏认为仍是在称霸中原的同时已广泛推行，笔者以为从菊池氏的说法为宜。

（三）

北魏的地方军中也有鲜卑系族人。《魏书》卷五一载仇池镇将皮豹子的奏表："臣所领之众，本自不多，唯仰民兵，专恃防固。其统万、安定二镇之众，从戎以来，经三四岁，长安之兵，役过期月，未有代期，衣粮俱尽，形颜枯悴，窘切恋家，逃亡不已，既临寇难，不任攻战。……但承仇池局人，称台军不多，戍兵尠少，诸州杂人，各有还思，军势若及，必自奔逃，进军取城，有易返掌。"所谓怀有还思的诸州杂人，就是长久以来随从军征的统万、安定二镇之众及长安之兵，之所以将之作为民兵，是由于不论征发或兵役，都是往赴仇池的异民族或汉人吧[3]。若是如此，则豹子统领而口称尠少的戍兵，不是诸州杂人，而是正规兵，且必然是鲜卑系族人。《魏书》卷四五《韦珍传》记述乐陵镇存在着铁马甲骑和步士，但步士恐为服义务兵役的汉人，铁马甲骑则应以鲜卑

---

1. 关于这个问题，谷川、西野两人有不同见解。参见西野氏《北魏の軍制と南辺》。
2. 此再增加一个事例，益州刺史元法僧为人贪虐，"王贾诸姓，州内人士，法僧皆召为卒伍，无所假纵"，因而招致民众的造反（《魏书》卷一六）。这反而可以看出士族以外的人民成为士兵的状况，但肃宗初年的元法僧治下的益州（吴廷燮的《元魏方镇年表》记为延昌四年［515］至熙平元年［516］）不见有军事行动，因此笔者以为王贾的诸姓和人民不是临时征发，而是服义务兵役。
3. 高车附于统万之事已如前述。《世祖纪上》可见延和二年（433）金崖率部人与安定镇将争斗的记事，但《魏》卷四〇《陆俟传》记载他是休屠族。此外原居仇池的氐族由杨文德统率与皮豹子敌对，不是在其指挥之下。

第八章　北魏的地方军（特别是州军）　　　　　　　　　　　　　215

系族人为主体。

而这些地方军中的鲜卑系族人似乎称为城民，笔者想略微探讨城民一语的包含范围[1]。问题在于如何看待地方军中或地方可见的羽林及中品羽林。

《魏书》卷六五《李奖传》记载，"元颢入洛，颢以奖兼尚书右仆射，慰劳徐州羽林及城人，不承颢旨，害奖，传首洛阳"，区别了城民和羽林。《洛阳伽蓝记》卷三记载："时有虎贲骆子渊者，自云洛阳人，昔孝昌年戍在彭城。其同营人樊元宝得假还京师。子渊附书一封，令达其家云，宅在灵台南近洛河，……及还彭城，子渊已失矣。元宝与子渊同戍三年，不知是洛水之神也。"置籍洛阳的虎贲预定至少远戍彭城（徐州）三年[2]，休假后仍应继续远戍。虎贲和羽林的性质相同，因而中央军羽林曾长期屯驻徐州[3]，笔者以为李奖所慰劳的就是这支羽林[4]。

而滨口重国阐述太祖平定中山后，一面于定、相等州配备了精良的鲜卑军团，令其子孙永久屯驻其地，一面分遣部分军团至南部战线诸州，据说这些士兵就叫做中品羽林。若是如此，《李奖传》的羽林指的很可能就是移屯徐州的中品羽林。此外也很可能如下所述。《魏书》卷五〇《尉元传》叙述了太和中以"中州鲜卑"增实彭城兵数之事。此时彭城的戍兵，如尉元所言多胡人，但笔者不认为没有鲜卑系族人，在此若更见增员的话，其数量绝不稀少。鲜卑系戍兵也可能如前述骆子渊，是有轮替期的远戍兵，但就像中品羽林的成立所见一般，地方军的根干部分是永属其地的存在。但就算是在这样的情形下，他们仍留有前身为中央军的自豪。《李奖传》的羽林，指的或许就是这些鲜卑系的戍兵。

这时有必要将羽林和城人合起来讨论。城民的用语包含多种内容，但这里将之和羽林合并记载，按照一般的理解，笔者认为城民是附于州镇之军籍的人。鲜卑系以外的地方军成员中，如前所述有（1）异民

---

1. 关于城民，谷川氏前引书已有详述，西野氏触及了多种内容。
2. 《魏书·官氏志》的内入诸姓中有骆氏，可将子渊看成鲜卑系族人。由于是代迁户，附籍于洛阳。
3. 《北齐书》卷四七《酷吏宋游道传》可见其例。
4. 这一点和西野氏的见解相同，和后述持中品羽林说的谷川氏看法不同。

族（也可包括汉人）的兵户，（2）非兵户的异民族兵，（3）服义务兵役的汉人兵。（3）是短期而轮替的，其籍不在军籍，（2）虽是稍为长期的军种，仍无军籍，所以两者都不宜视为城民。（1）构成城民。若是如此，将"羽林及城人"的羽林理解为永属中品羽林或徐州的旧羽林的情况下，城民就只有（1）。确实彭城多胡人，但只将异民族兵视为城民的情形下，与鲜卑人明确占多数的北方城民性质迥异。这样的见解虽然也有可能，但一边让双方拥有同性质的军队，一边却让同一用语在北方和南方具有不同性质，这是很奇怪的事情。仍应将（1）之外中品羽林等于初期归属彭城的鲜卑系族人即（4）加入城民的成员中。羽林和鲜卑系城民的不同，在于设籍的所在。定州的中品羽林可视为代代定居于定州，笔者以为军籍就设在定州。移居南方州镇的鲜卑系族人也同样是移籍于州者[1]。相对于此，羽林和虎贲虽是稍为长期的屯驻，但总有一天会归还京师，其籍设于中央（例如虎贲骆子渊被视为洛阳人），是故必须与城民区隔开来[2]。

（四）

如同第二节开头已经提及的，谷川道雄认为城民多指州镇军的士兵。谷川氏虽推测其成员为北人贵族的子弟、汉人豪族的子弟、流罪人以及异民族，但似乎不特别理解为汉人义务兵。另一方面，菊池英夫指出组成州军的成员是服义务兵役的汉人。但菊池氏特别认定镇军的存在，指出镇军由世袭军户组成，所以前项的（1）、（4）相当于此。这种情况下的镇军，指的是将北魏初期的镇改置为州，其后又与州并置之军，镇将屡屡兼任刺史。也就是说，在同一地域内设定了镇军与州军两种军队，但若将两者总括为地方军，便和前述事情相符合了。

支持菊池氏想法的材料也有几个。有州中并置镇的例子，这已于前叙述，若按严耕望的研究[3]来整理的话，就可增为营（和龙）、朔（云中）、恒（平城）、夏（统万）、雍（长安）、秦（上邽）、梁（仇池）、凉（凉州）、

---

1. 这让人联想到徙于北镇的民众以其地为本籍。
2. 除以上的构成要素之外，地方军中包含犯罪徙居者，就像浜口氏等人的认知一样。
3. 严耕望《中国地方行政制度史》上编四之十一章《北魏军镇》。

第八章 北魏的地方军（特别是州军） 217

东兖（瑕丘）、北豫（虎牢）、青（东阳）、光（东莱）、豫（悬瓠）、徐（彭城）、东徐（团城）、泾（安定）等十六州[1]（括号内是镇名）。另一方面，《魏书》中可见对复数州拥有都督权的事例。置都督府的州和都督指挥下的州有着松散的对应关系，严耕望将此称为都督区，都督区的中心，即都督驻在的州，可视为军事要地。按照严氏的说法，有关右（梁、雍、岐、泾州是都督驻在州）、夏州、凉州、豫州、青齐（青州）、徐州、荆州、淮南（扬州）、冀定（冀、定州）、恒州、北边诸镇都督区[2]，据此，前述十六州中都督驻在州便有九州之多。这件事情显示州镇并置的诸州是军事要地，因此留下了镇。这些镇的将领多由刺史兼任，但亦有委派他人的例子。例如长安镇将元道符杀了雍州刺史鱼玄明等人造反，但被司马斩杀，代之而成镇将的陆真，和雍州刺史刘邈一同平定赵昌之乱（《魏书》卷一三、三〇、四九）。属军事要地的镇安置重军，军队以鲜卑系族人和异民族兵为主力，由镇将统率，其他的汉人义务兵则由州刺史指挥，这样的想法具有说服力。

然而这种想法也有一些问题。首先，镇与州的并置情况在高祖太和中似乎多有解消[3]。镇将统率的鲜卑系族人和异民族兵此时如何呢？改置中央军是在旧有的军配备体制中强迫做巨大的变更（少数的镇暂且不谈，此就通盘而言），因而很难实行，而且笔者以为若是实施，如此巨大的异动不会没有留下纪录。所以笔者以为附属于镇的士兵，便原原本本地移属州刺史的统率之下。也就是说，变成了州军的一部分。不经并置而由镇转州的诸州，其军队也可适用同样的事情。

第二，按菊池氏的说法，不存在镇的州之中没有鲜卑系族人，但冀定相瀛诸州中存在着称为中品羽林的鲜卑系族人。世宗时期，为了支持朐山之役，派遣了四千人（《魏书》卷四七《卢昶传》），孝庄时期，派遣冀、相、齐、济、青、光等州的羽林十万人至南方（《魏书》卷七九《鹿悆传》），此外并无直接言及此事的记录，但他们的军事活动应该不少。肃宗时期，大乘之贼起于冀州，长史崔伯骥所率州军战败，

---

1. 其他还有郡与镇并置的二例。
2. 参见严氏《中国地方行政制度史》第二章《州郡县与都督总管区》，特别是北魏都督区。
3. 见严耕望：《中国地方行政制度史》上编四之第十一章《北魏军镇》。

都督元遥率军十万北讨(《魏书》卷二四、一九上)。此时自然应该出动的冀州中品羽林,其活动并无特别记录,只能理解为包含于州军的用语之中。《世祖纪》真君七年(446)条记载盖吴再叛之事"发定、冀、相三州兵二万人屯长安南山诸谷,以防越逸",自此,冀、定、相三州之兵便屡屡派赴远方[1]。笔者推测其中大多即是那些中品羽林,但如同"州兵"的记述,他们终究是州军。

此外,不见中品羽林而亦无置镇的州郡中,也配有鲜卑系族人。《魏书》卷七〇《傅竖眼传》记载世宗时期,傅竖眼任初代益州刺史之时,"以州初置,境逼巴獠,给羽林虎贲三百人"。并且《宋书·索虏传》记载太宗末年奚斤南征之时,"虏即用颍川人庾龙为颍川太守,领骑五百,并发民丁以戍城",此所谓五百骑,就是奚斤统率的中央的"轻兵"(《魏书》卷二九),也就是鲜卑系族人。这些记载是就州郡初置的情形而言,似乎也可认为鲜卑系族人其后还于中央,但正如肃宗之时元澄的奏文所言,"羽林虎贲,边方有事,暂可赴战,常戍宜遣蕃(=番)兵代之"(《魏书》卷一九中),肃宗时期以前,可以见到中央军羽林虎贲的边方常戍,最后他们移籍于那些州郡。扬州于世宗之时纳入北魏的统治之下,初置兵三万,两年后再置二万,共计有五万之兵(《魏书》卷一九中《元澄传》),据说"扬州兵力,配积不少"(《魏书》卷四一《源怀传》)。扬州取代徐州成为对抗南朝的最前线,谋求兵备的充实,在此期间,扬州军队的活跃异常显著。徐州有不少鲜卑系族人,这已于前叙述,若是如此,扬州应该也是一样。然而扬州没有置镇,正始元年(504)早已确认州军的存在(《世宗纪》)。更知道荆州长社戍有"虏六七百骑"(《宋书》卷七四《鲁爽传》),关于并州,皇始二年(397),并州守将封真率其种族造反,刺史元延将之讨灭(《太祖纪》)。封氏包含在内入诸姓之中,显然并州配有鲜卑系族人。

稍加思考,就会发现太祖时期设置的冀、定、相、并、幽诸州皆无置镇(迁都后的恒州例外)。镇的大量设置是在世祖时期以降[2],在此

---

1. 到了太和十一年,将定州与冀州的郡分出,首次设置了瀛州(《地形志》)。
2. 参见严耕望:《中国地方行政制度史》上编四之第十一章《北魏军镇》。

第八章　北魏的地方军（特别是州军）　　　　　　　　　　　　　　　219

以前，镇（在如后的形态中）似乎很少设置。然而即在这种情形下，仍常见地方屯驻军，笔者以为即使北魏扩张了支配领域，这些军队（尽管有一部分移防）基本上并未废除[1]。此外，镇的废除始于高祖中期以降，相较于州的新设，镇的设置似乎更少[2]，但就算在这样的情形下，也很难认为鲜卑系族人不隶属扬州等前线新置之州[3]。

笔者认为，上述讨论阐明了不只城民组成了地方军的州军，地方军分为镇军与州军两种，以及北魏全期并不存在州军由汉人组成的明白区分。除了北方的军镇管辖地域之外，各州皆置州军，其成员包含以鲜卑系军士和异民族兵户为中心的城民，以及服义务兵役的汉人等各种士兵，依据各州的设置情况来决定各种组成比例。在军事重地，城民的比例就比较高，这种情形在高祖中叶以前可见镇将的统率，有可能采取刺史统领汉人兵的分离形态[4]。北魏的军制相当复杂，必须将之理解为数种制度的复合体，即使各州有所差异，仍然显现了这种情形。再者，上述内容在时间上适用于高祖至肃宗时期，在此之前则另当别论。

四、结语：州军的确立

第二节论述了太祖时期虽存在地方屯驻军，地方军的性质仍不明确，但到了世祖时期以降，中央军与地方军的分化变得明朗起来，地方军的活动也趋于活跃。第三节则指出地方军的成员（除北镇之外的州军）大致分为城民（由（1）鲜卑系族人、（2）异民族的兵户［包含一部分的汉人］组成）与（3）服义务兵役的汉人编户，（4）兵户以外的异民族兵也存在，但稍具特殊性。太祖时期和世祖时期以后的地方军的性质产生差异的要因之一，是支配领域的扩大（实时派遣中央军的体制变得困难），但更令人想到军制中（2）、（3）比例的增加。增加（1）的数量不太能够期待，领域的扩大很可能会将之稀薄化，因而为

---

1. 参见中品羽林之例。
2. 参见严耕望：《中国地方行政制度史》上编四之第十一章《北魏军镇》。
3. 肃宗时期以降，地域扩张的同时并未急增新设州，不适用这个想法。
4. 世祖时期和高宗时期常见的"某某诸军"，笔者以为是以镇将率领的前者的集团为主干。

了填补空缺，（2）、（3）是必要的。有并非兵户的高车兵的例子，而且若是考虑五胡诸国频用异民族兵的事情，太祖太宗时期运用（2）的可能性很高。然而与（1）相比，笔者以为其比例未必很大。领域扩张的同时，（2）也跟着增加。笔者以为灭了夏、北凉之后便得到他们的军队，后秦的军队或许也流入其中。北魏将这些军队与（1）统合起来于各地置镇，让这些军队成为镇民，并将籍固定于各镇。此时汉人中的豪宗和被征服地的人也被迁徙而成士兵[1]。另一方面，不置镇的州中，也设置了（1）、（2），虽然与镇相比是少数。然而为了排除新领土上的抵抗势力，并与敌国对峙，需要更多的兵力。也就是采用（3）变成必然之事。汉人编户在州，镇州并置之情形主要是在州，则服义务兵役。到了高祖中期以降，除北方、西北方外，整个领域中只见以（1）、（2）、（3）为成员的州军，但如此纵观州军的演变之时，不论从活动面来看，还是从构成面来看，州军的确立都可说是在世祖时期。

本章承继诸先学的业绩，新的见解不多，笔者感到遗憾，但为了阐明复杂万端且数据限制又多的北魏军制，若能对基础的整理工作贡献一隅之力，已属万幸。

【补记】第208页和226页在讨论谷川道雄的学说之时，旧稿的记述不甚正确，发表之后立刻受到谷川氏的指正。这篇文章收录于本书之时，将这两个地方做了更正。（2003年5月记）

---

1. 本章完稿后发表的直江直子《北魏の鎮人》(《史学雑誌》92-2，1983年)，区别了成为镇民和成为城民两件事。

第九章

北魏的都督——从军事面来看中央与地方

前言

军事制度是支持皇帝支配的重要因素。进入曹魏时代后出现都督制,经历晋、南北朝后,军事活动主要由都督负责,当时的都督为军团长。但是设于各地管辖区域横跨数州的都督,不久之后,也渐渐兼任核心之地的州的刺史,在晋、南朝时掌握军民两权,得以构筑庞大势力。此情况依照长期对魏晋南朝的都督制投注大量心力研究的小尾孟夫的用语[1],本章称之为"州都督";另一方面,"州都督"无法应付的军事活动,在必要情况时编成临时征讨军,都督担任指挥,这亦遵照小尾氏的用语,称之为"征讨都督"。

北魏初期便可见到都督一词,但都督制的大致完备要到太武帝期。之后至孝明帝的正光末年为止,都由上述两种都督进行北魏的军事活动。但由于正光末年起的内乱,都督制发生了极大变化[2],产生新型态的都督;另一方面,"州都督"被行台夺去在地方的军事支配实权,渐走向有名无实[3]。

本章欲了解北魏都督制的实态,同时希望透过此了解北魏中央政府统治地方的这一端。

一、北魏"武官都督"的出现

本节将讨论北魏都督制的各个变化时期与新产生的都督。

---

1. 小尾孟夫对于都督的研究成果丰硕。目前暂且仅举笔者认为具有整合研究意味的《六朝时代における都督制の展開》(《史学研究》192,1991年)。(补:小尾先生的都督相关研究统整于《六朝都督制研究》,溪水社,2001)
2. 前贤关于北魏都督制的研究不少,此仅举严耕望:《中国地方行政制度史(四)》第二章《州郡县与都督总管区》与张焯:《北朝的都督制》(《北朝研究》第1期,1989年)。
3. 参考牟发松:《北朝行台地方官化考略》,《文史》第33期,1990年。

第九章 北魏的都督——从军事面来看中央与地方

（一）正光五年的都督

正光五年（524）是中央不得不处理前一年发生的六镇之乱余波的一年。此阶段北魏的军事行动如下。

首先，对于北方的破六韩拔陵，三月派遣临淮王元彧为都督北讨诸军事，但于五月败北，别将的营州刺史李叔仁亦败北。五月重新派遣尚书令李崇为北讨大都督，任命广阳王元渊与崔暹为都督，崔暹为东道都督[1]、元渊为北道都督[2]，此外并确知费穆身为别将隶属于李崇之下。李崇于十月解任，广阳王渊代之"专总军政"。

其次为对于西方莫折大提与莫折念生的反乱，六月邻接之雍州刺史元志曾讨伐，传载他当时为西征都督。八月元志大败于陇东，不久之前的七月，吏部尚书元修义以西征行台西讨。据墓志（汇190）可知他同时是秦州都督[3]，元修义因病倒下，九月把原本派去对付裴邃入寇、在派遣途中的萧宝夤，与其所部一起，转任为西道大行台、大都督[4]。统率为西道都督崔延伯，此外也派遣都督北海王元颢，其下为西道别将薛修义，之外尚知西征别将崔模，以及咸阳太守韦遂以都督身份从之（《北史》卷四九《毛遐传》）。

对于西北所起高平敕勒胡琛的叛乱，四月击破别将卢祖迁，但至十月胡琛之将宿勤明达入寇幽、夏、北华州。都督华豳东秦诸军事[5]、西道行台北海王颢率领诸将讨伐，但似乎进击过迟，在兼侍中杨昱"催督"之下，终于解了豳州之围。附带一提，薛修义是以别将的身份随军。

---

1. 崔暹的出处为《魏书》卷一八《广阳王渊传》。
2. 《魏书》卷一八《广阳王渊传》的记载为大都督，可参考校勘记。对同一地区派遣复数的都督时，将上位的都督以大都督号表示。（复数的都督之间也有无从属关系的例子）。北魏首次能见到的大都督，为延昌三年（514）十一月任命高肇为总指挥官，率领步骑十万的平蜀大都督。但在更早之前可能有大都督之例，景明四年（503），任命中山王元英为都督征义阳诸军事，此事在《魏书》卷五七《崔游传》记为"大都督中山王英征义阳，引为录事参军"。在此不细论，但笔者认为"都督征义阳诸军事"为正规的职名，大都督为通称。同样的例子可见延昌四年（515）冀州大乘之乱，任命元遥为都督北征诸军事，《北齐书》卷二一《封隆之传》记为大都督。
3. 本章引用的墓志依据赵超《汉魏南北朝墓志汇编》（天津古籍出版社，1992年），简称为汇，附上所载之页数。
4. 据《魏书》卷七二《朱元旭传》为关西都督。
5. 《魏书》卷五八《杨昱传》为西北道大都督。

再者，对于汾州的胡人叛乱，由西北道行台的裴良，与刺史的汝阴王元景和共同防备，元景和过世后由裴良兼任刺史，但十二月时章武王元融成为大都督（汇204为征胡都督），同时派遣都督宗正珍孙、行台裴延儁，加上都督高防亦来支援。另外，汾州的胡人亦侵入雍州，由于刺史的请求，都督李叔仁也前往支持。

为了指挥上述的西方诸军，十二月时任命江阳王元继为大都督，但并不清楚到底握有多少权限。来年三月控有大权的其子元叉（元义）垮台之故，元继返军回洛阳。

至于东北地区，十月在营州发生就德兴叛乱，由幽州刺史、兼尚书行台卢同对付。

与南朝的国界上，九月由于梁的裴邃等人攻击寿春，由都督淮南诸军事、扬州刺史长孙稚对付。派遣临淮王元彧、河间王元琛、李宪三都督与行台郦道元救援，实际上是为了防备控有重兵想避开决战的长孙稚谋反的处置。同月由秘书监、安乐王元鉴率众对梁淮阳的攻击，很可能就是都督的身份。十二月梁的李国兴包围鄠州，刺史裴询与西鄠州刺史田朴特防守，待至援军到来，梁军便撤退。

最后对于西南的南秦州城民叛乱，派东益州刺史魏子建为行台，行台不久就被梁州刺史的傅竖眼取代。

以上是正光五年（524）所知全数的军事活动，由于在各地需要大规模的军事行动，可见在同一年内大都督存在于四个地区，他们指挥都督、别将或统军，所派遣的都督，若在本纪等仅以"都督"表示，但实际上也能见到如"东道"都督等，附上应是说明活动场所的文字。关于前述二种都督，也未脱离以前的样貌。

现在来确认上述所记就任都督者的将军号。在就任阶段就能辨别其将军号者，大都督者有同为征西将军的北海王颢、章武王融；都督有临淮王彧为镇军与抚军将军、崔逞与李宪为抚军将军、广阳王渊为镇军将军，与崔延伯为征西将军。有许多不明的例子，但就知晓的事例来看，都督为从二品的镇军、抚军将军，或二品的四征将军；大都督为四征将军。

第九章　北魏的都督——从军事面来看中央与地方　　　　　　　　　　225

（二）孝昌三年的都督

现同样探讨三年后的孝昌三年（527）军事行动。首先，对于继承前年一月举兵的鲜于修礼势力的葛荣，三月金紫光禄大夫源子雍为北讨都督前去讨伐[1]，另一方面命安乐王元鉴为北讨大都督、北道行台、相州刺史，与北道都督裴衍一同前往救援信都[2]，但是七月元鉴就于邺城反叛，降于葛荣。镇于邺之西方武城的裴衍，与火急赶来讨伐元鉴的源子雍，以及可能因黄门侍郎的地位而派来的李神轨，一同镇压元鉴的叛乱。本纪有"都督源子邕、李轨、裴衍攻邺"一语，可知李神轨（李轨）当时亦是都督。接着源子雍、裴衍向葛荣发动攻击。当时任命源子雍为冀州刺史，"余官如故"，同时为北讨都督；裴衍为相州刺史、北道都督。两人于十二月败于葛荣。

西方与莫折念生的战争仍在持续，萧宝夤从正光五年（524）起为西道大行台、大都督，担任总指挥，此时（孝昌三年，527）西道都督元恒芝亦加入。两者的军队于一月大败于泾州莫折军，大陇都督南平王元仲冏、小陇都督高聿各自从自己的战场撤退。莫折军接着攻下岐州，更侵入了豳州，俘虏岐州刺史魏兰根，豳州刺史毕祖晖战死，正光五年起担任西北道大都督、西北道大行台的北海王元颢与行台羊深亦败走。接着雍州面对莫折军的威胁，在萧宝夤指挥下的都督雍南豳二州诸军事、雍州刺史杨椿，以行台身份指挥关西诸将，亦授其子杨昱以兼尚书、持节、都督，防守雍州之任。杨椿生病后，由于之前败仗一度免官的萧宝夤，再次被任命为都督四州诸军事、雍州刺史、西讨大都督，再度以行台身份指挥关中以西。九月莫折念生为杜粲所杀，杀害杜粲的骆超于十二月归顺，西方的乱事似乎终告休止，但十月萧宝夤反叛。之前由大陇撤退的都督南平王冏此时被杀，对此中央派遣大行台长孙稚，而都督宗正珍孙前去讨伐响应萧宝夤的正平薛修义等人。

东方的相州东郡在二月发生赵显德的叛乱，与齐州广川郡于三月发生的刘钧叛乱均由都督李叔仁镇压。与南朝的国界上，一月湛僧珍

---

1. 本纪中为大都督。
2. 前年的孝昌二年（526）二月，身为大都督广阳王元渊之下的右都督，讨伐鲜于修礼。当时为左都督的章武王元融，据传所言为前驱左军都督，因此裴衍很可能是前驱右军都督。

包围东豫州，这一战事由豫州刺史萧正表作为东南道行台、尧暉为都督处理。同月对于梁军胁迫徐州琅邪，由青州与南青州的刺史讨伐；让崔孝芬以徐州行台，率领都督李叔仁讨伐二月攻击徐州彭城的成景儁[1]。还有十月曹仲景逼迫涡阳，由元昭救援。

统整上述的军事行动看来，兼任行台的大都督与都督为数甚多，此处值得注意的是都督。首先，看大都督的情况，都督号带有北讨、北道、西讨等呈现活动范围之处，与正光五年（524）相较未有改变。将军号亦是源子雍为镇东、裴衍为抚军、萧宝夤为征西将军，与正光五年（524）阶段相比，从二品将军占过半之数，可说稍稍下降。但是可说大体未有太大差距（安乐王鉴的将军号不明）。

其次看都督，除了源子雍与裴衍，都是仅记载为都督。但是推测李神轨亦与源子雍等为同类的都督，给予两者类似的都督号。也就是此处的三名可称为"征讨都督"；杨昱从北中郎将转任都督，于此时给予"防守华州"的任务；尧暉信息不足。关于带有都督之称的将军号，源子雍为中军、李神轨为征东、杨昱假以安东或抚军。据传所言裴衍的平东将军为极低之号，从接着授予抚军将军看来，平东应是误记吧。虽然材料不丰，全体来看，上述都督的样貌与正光五年相较，可说未有太大差别。

另一方面，看到前所未见的都督。首先是镇城都督（防城都督）。十一月冀州陷落，身为冀州的防城都督之刺史元孚兄元佑（《魏书》卷一八）之外，亦知尚有潘永基（《魏书》卷七二）、李瑾（《魏书》卷四九）。《资治通鉴》卷一五一记有都督名潘绍，但潘永基之字为绍业之故，此潘绍与潘永基应可视作一人，如此看来镇城都督偶有用都督表现之事；关于李瑾据《魏书》卷八八《杜纂传》所记亦为都督，可表现类似之例还有许多。镇（防）城都督的名称，前面所见孝昌三年任命萧宝夤为西讨大都督之时，甚至上佐亦任其牒用，杨椿对此担忧，向政权中枢进言，"更遣长史、司马、防城都督。欲安关中，正须三人耳"（《魏书》卷五八）。由此句看来，可得知镇城都督的设置是在此之前的

1.《魏书》卷五七《崔孝芬传》中为大都督。

第九章　北魏的都督——从军事面来看中央与地方　　　　　　　　　　　227

阶段施行。

　　再来是冠上地名的都督[1]，即先前所谈到的大陇都督、小陇都督。《魏书》卷五九《萧宝夤传》中，一月的败仗前记有"大都督元修义、高聿，停军陇口"，修义的墓志（汇190）记载可能为此时之事："加开府仪同三司、秦州都督、兼尚书左仆射、西道行台、行秦州事。"（大）都督元修义恐怕就是以都督秦州诸军事镇于陇口。与他同时镇守的高聿，委有土地之故，而称为小陇都督，大陇都督的称呼也是同样因素吧。如此用州以下的地名冠为都督号者，得见于前年的孝昌二年（526），源子雍为建兴都督、兼行台。孝昌二年（526）以汧城大都督镇守北陇，死于任内的薛峦（《魏书》卷六一）也大约是同时任命的。另一方面，二月至三月间前去镇压不同的三州发生三起叛乱的李叔仁，恐怕并非每次都被任命为都督，而是在徐、相、齐某州内，或是接近此地常设镇守的都督。但是，他在正光五年（524）早已是都督，可能是与"征讨都督"一并所受的职位。宗正珍孙在正光五年（524）也已是都督。李叔仁可能为相同的都督。尧暐的资料不足。

　　总而言之，孝昌三年（527）之例子展现原本型态的都督制的作用，同时不限于此而孕育出新型态的都督。

（三）孝庄帝期至孝武帝期的都督

　　前述所谈之外，孝昌年间也能看到与目前所见皆不同样貌的都督。赵昶"孝昌中，起家拜都督，镇小平津"（《周书》卷三三），将军号不明，但以都督起家的事例至此未见。于谨（《周书》卷一五）于孝昌二年（526）进为都督，同时授予宣威将军（六品上）、冗从仆射（六品），与目前所见都督的样貌有很大的差异。还有孝昌年间有记载：政府担忧蛮酋乱事，以李长寿为防蛮都督安抚蛮族之意（《周书》卷四三）。有学者认为北魏末期部队的指挥官阶层都称为都督，以上大概是与此相呼应

---

[1]. 州名冠上都督号者初见于孝昌元年（525）的幽州都督元谭。宣武帝时期有裴宣为司州都督的记载（《魏书》卷四五），他之前为州别驾，之后成为太尉长史，再进为征虏将军、益州刺史。很难认为他是司州的都督，可能是司州内的武官职用此称呼吧。

的较早期的例证[1]。

另一方面,《北齐书》卷一八《高隆之》传曰:"魏自孝昌已后,天下多难,刺史太守皆为当部都督,虽无兵事,皆立佐僚,所在颇为烦扰。隆之表请自非实在边要,见有兵马者,悉皆断之。"孝昌以后,太守皆为当部都督。郡太守带有将军号,得以指挥士兵之事历来多见,但值得注意甚至会授予都督号。北魏末年为止可知有五例,其中也包含大都督。而此记载说明,包含未被任命为都督某州诸军事的刺史在内[2],全部的州刺史皆为当州都督。实例多见"某州刺史、某州都督"这样的记载,此为简称的形式,正式的为"都督某州诸军事、某州刺史、当州都督",已见严耕望所述。孝昌年间可确认为当州都督者有两例。

将时间扩至孝庄帝与孝武帝时,能见到更多的新型态都督就任的例子。首先是京畿大都督,第一例为《魏书·官氏志》载"永安已后,远近多事,置京畿大都督,复立州都督,俱总军人"。正确来说应为改年号永安之前的建义元年夏,尔朱荣进入洛阳之后,任命其同党的元天穆之事(汇276)。担当京畿大都督一任者,为尔朱荣一族或其党羽、高氏一族或其同党。不论是尔朱氏或是高氏,都未以北魏时代的洛阳、东魏时代的邺为根据地,因此必须在首都安置信赖者掌握军权以压制他人[3]。

其次为阁内都督、阁内大都督。《魏书》卷八〇《斛斯椿传》云:"遂密构间,劝出帝置阁内都督部曲,又增武直人数,自直阁已下员别数百,皆选天下轻剽者以充之。"《周书》卷二二《杨宽传》曰:"孝武与齐神武有隙,遂召募骑勇,广增宿卫。以宽为阁内大都督,专总禁旅。"

---

1. 参看严耕望《中国地方行政制度史(四)》第二章《州郡县与都督总管区》与张焯《北朝的都督制》(《北朝研究》第1期,1989年)。
2. 据《元顺传》"出除平北将军、恒州刺史。顺谓(元)又曰:'北镇纷纭,方为国梗,桑干旧都,根本所系,请假都督,为国捍屏。'又心疑难,不欲授以兵官"(《魏书》卷一九)所见,也有不是都督的刺史。
3. 前废帝时,斛斯椿为京畿北面大都督(《魏书》卷八〇)。同时授予侍中、骠骑大将军、仪同三司,这些官职与元天穆等人匹敌,但似乎非为京畿大都督。同样地,尔朱荣进入洛阳之时,慕容俨成为京畿南面都督(《北齐书》卷二〇),这也与京畿大都督不同。而关于东魏、北齐时代的京畿大都督,可参考杨耀坤:《东魏北齐兵制概论》,收录于中国魏晋南北朝史学会编:《魏晋南北朝史论文集》,齐鲁书社,1991年。

第九章 北魏的都督——从军事面来看中央与地方

为了与高欢对抗，孝武帝企图增强宿卫，新设作为部队长的阁内都督。可确认的八例均为孝武帝期，其中有七名跟随孝武帝逃出长安。之后就未见其他例子。同时间能有两位以上的阁内都督存在。

再次为帐内都督、帐内大都督。帐内如同宫川尚志所述，为主将的直属部队[1]。也有与之后会谈到的领民都督、亲信都督等组合而成的帐中领民都督（汇435韩裔）、帐内亲信正都督（汇428赵道德）、帐内直荡都督（《周书》卷二九《王勇传》）这些例子。帐内都督的实例光此时期就有十三例。孝昌二年（526）贺拔岳成为都督，时常于尔朱荣帐下共同谋划，但不能确定为帐内都督。因此永安元年（528）陆腾之事成为可知的最早例子（《周书》卷二八）。类似之例可见《资治通鉴》卷一五五梁中大通三年（531）十月条胡注的说明："亲信都督，魏末诸将擅兵，始置是官，以领亲兵。"以主将亲兵的指挥官的身份为亲信都督。此时可知有四件实例。

接着据《周书》卷一六《侯莫陈琼传》，侯莫陈琼随孝武帝入关，为宇文泰的直荡都督；以及王勇也成为宇文泰的帐内直荡都督（《周书》卷二九）。《资治通鉴》卷一六七陈永定元年（577）十月条附于"荡主"的胡注说明："主骁锐跳荡之兵，犹北齐之直荡都督也。"还有同书卷一六六梁太平元年（556）三月条的胡注："主勇士以突荡敌人。"宫川氏认为荡指战斗单位部队[2]，但由胡注可知是非一般的精锐部队，直荡都督是精锐部队的指挥官。附带说明，虽然此时可知的事例仅有以上两例，但东魏、北齐时也能确定继续存在。[3]

次为领民都督、领民大都督。此时期仅知牒舍乐为西河领民都督（《北齐书》卷二〇）一例。若看之后的事例，有许多与牒舍乐同样冠上地名的领民都督。可视为握有一定地域的军事指挥权，同时也被赋

---

1. 宫川尚志：《南北朝の軍主・隊主・戍主等について》，收入氏著《六朝史研究 政治·社会篇》，日本学术振兴会，1956年。
2. 宫川尚志：《南北朝の軍主・隊主・戍主等について》，收入氏著《六朝史研究 政治·社会篇》，日本学术振兴会，1956年。
3. 东魏、北齐之例，有直荡正都督（汇451梁子彦）、直荡正右箱都督（汇447吴迁）、直荡备身都督（汇450乞伏保达），可见为直荡都督的分化。《隋书·百官志》中，可见属于左右卫将军的直荡正副都督。

予行政权。也存在领民副都督（刘悦，汇445）。

再次为子都督，其七例几乎之后都迁为都督，可知子都督为都督下一阶的部队指挥官之位。如此说来，与此期之前身为都督下位的别将有何差别？达奚武（《周书》卷一九）的情况是由别将成为子都督，很可能子都督的设定是位于别将之上[1]。

其他还有莫多娄贷文为虞侯大都督（《北齐书》卷一九），从名称来看可能为斥候部队的指挥官。以及尔朱彦伯（《魏书》卷七五）于前废帝时，王建（汇460）于后废帝时同为马场大都督。由于防境都督封延之同时亦行渤海军事（汇344），可能如此称呼当郡都督或是冠上地名的都督。也有斛律金（《北齐书》卷一七）等就任的六州大都督[2]。

（四）身为武官的都督

这些新形态的各种都督，与目前为止所谈的都督到底有何不同？以下就此点加以讨论。

孝庄帝期确切为"征讨都督"的都督或大都督如下所示，并附上将军号与同时带有的官职。虽然都督号在本纪或本传、他人传记等记载不同之例不少，表中列出最类似"征讨都督"的例子。据前后记载而推断为当时之事的将军号也包含在内：

表9-1 北魏孝庄帝时期的"征讨都督"

人名	都督号	将军号	所带官职等	出处
杨津	讨房都督	镇军	北道行台	《魏书》卷五八
贺拔岳	前军都督	前？	太中大夫	《周书》卷一四
郑先护	东道都督	？	南广州都督、当州都督	《魏书》卷五六
高市贵	前锋都督	卫		《北齐书》卷一九
尔朱世隆	前军都督	车骑	尚书仆射	《魏书》卷七五

---

1. 据《周书》卷二五《李贤传》，李富在太武帝期为子都督。这是孝明帝前的例子其中之一，多样的都督出现之前的事，因此子都督可能为类似于之后的部队长。这尚待后人论考。
2. 参照周一良：《领民酋长与六州都督》，收入氏著《魏晋南北朝史论集》，中华书局，1963年；后收录于氏著《魏晋南北朝史论集》（新版），北京大学出版社，1997年。

第九章 北魏的都督——从军事面来看中央与地方

续表

人名	都督号	将军号	所带官职等	出处
元景夏	征巴州都督	?		《魏书》卷一〇
费穆	都督南征诸军事、大都督	征南		《魏书》卷四四
元天穆	大都督东北道诸军事	?	太尉	《魏书》卷一〇
贺拔胜	前锋大都督	抚军	（跟随元天穆）	《周书》卷一四
贺拔胜	前军大都督	抚军?		《周书》卷一四
杨昱	东南道大都督	征东	右光禄大夫、散骑常侍	《魏书》卷五八
尔朱天光	大都督（注）	骠骑大	都督二州、雍州刺史、行台	《魏书》卷七五
贺拔岳	左大都督	（假）卫	（尔朱天光之副手）	《周书》卷一四
侯莫陈悦	右大都督	征西	（尔朱天光之副手）	《周书》卷一四
源子恭	大都督	征南	大行台	《魏书》卷四一
元显恭	大都督节度诸军事	镇西	都督三州、晋州刺史、大行台	汇297
高道穆	大都督	卫	南道大行台	《魏书》卷七七
郑先护	大都督	（假）骠骑		《魏书》卷五六

注：本纪与本传都未有尔朱天光为大都督之记载。此据《魏书》卷五八《杨侃传》。

当时也有将军号有贬值的情况，与之前所见孝明帝期"征讨都督"相比，将军号自身大多更高。但是"征讨都督"的样貌并未有变化。值得注意的是，费穆为都督南征诸军事，同时授予大都督号之事，这可与"州都督"身为都督某州诸军事同时授予当州都督号一事相呼应。而元显恭所被授予的都督号亦值得注意，本纪（永安三年[530]十月条）与传（《魏书》卷一九下）记载为都督三州诸军事、晋州刺史与西北道行台，而未有大都督的记录。但是墓志（汇297）为"兼尚书左仆射西北道大行台、大都督节度诸军事"，其首为"都督晋建南汾三州诸军事、镇西将军、晋州刺史、大都督节度诸军事、兼尚书左仆射、西北道大行台"，明记有二种都督号。笔者认为本纪记载的"为征西道行台、节度都督薛善乐……等",能显示身为此大都督的权限。也就是身为"征讨都督"的大都督,正式的称呼很可能是大都督节度诸军事。

以同样方式来看判定为孝武帝期"征讨都督"的例子,如以下所示:

表9-2 北魏孝武帝时期的"征讨都督"

人名	都督号	将军号	所带官职等	出处
寇洛	右都督	卫	(下方所记的贺拔岳的手下)	《周书》卷一五
韩轨	中军大都督	?		《北齐书》卷一五
邸珍	徐州大都督	?	大行台、节度诸军事	《北齐书》卷八七
贺拔岳	关西大都督	骠骑大	关中大行台	《周书》卷一四
宇文泰	关西大都督	骠骑大	开府仪同三司（贺拔岳的后继）	《周书》卷一
长孙子彦	中军大都督	?	行台仆射	《魏书》卷二五
广陵王欣	左军大都督	征东以上	大司马、司州牧	《魏书》卷一一
长孙稚	中军四面大都督	?	太傅、录尚书事	《魏书》卷一一
斛律沙门	中军大都督	车骑大	开府仪同三司	《魏书》卷一一
斛斯椿	前军大都督	?	侍中、仪同开府	《魏书》卷八〇
念贤	中军北面大都督	骠骑大	开府仪同三司、吏部尚书	《周书》卷一四
窦善	中军大都督	?		《周书》卷三〇
娄昭	西道大都督	骠骑大	开府仪同三司	《北齐书》卷一五
任延敬	南道大都督	?	(经历仅有开府仪同三司)	《北齐书》卷一九
尉长命	东南道大都督	安南?		《北齐书》卷一九
莫多娄贷文	左厢大都督	?		《北齐书》卷一九
独孤信	大都督	卫大	东南道行台、荆州刺史	《周书》卷一六

与孝庄帝期相比,在任命之前或当时所带的官职与将军号变得更高了。这应该是由于孝武帝与高欢对立,奔至长安的宇文泰处,导致高欢与

第九章 北魏的都督——从军事面来看中央与地方   233

宇文泰对决的局面。大都督的例子中，最低也有二品将军，大多数都拥有车骑大将军或骠骑大将军的将军号，带有开府仪同三司。如此说来，其中尉长命的安南将军特别低，也有可能是记载有误。

那么"征讨"以外的都督是如何呢？《北齐书》卷二一《高昂传》载，东魏天平四年（537），高昂为西南道大都督，结束西征的任务归来，有"复为军司大都督，统七十六都督，与行台侯景治兵于武牢"的记载，难以想象这七十六名都督均是"征讨都督"，应该包含如同前项所见各种都督与大都督。在本纪和列传中单单记载为"都督"的事例，不易辨别是"征讨都督"、"州都督"或是新型态的都督。以下列出《周书》列传中没有明证为"征讨都督"的都督，且能判断其将军号以及同时所兼官职。

表9-3 《周书》所见非"征讨都督"的都督

人名	将军号	同时所兼的官职	备考	出处（卷）
宇文护	征虏	通直散骑常侍	升进	一一
寇洛	龙骧			一五
于谨	宣威	冗从仆射		一五
侯莫陈崇	安北	太中大夫		一六
若干惠	镇远	直寝		一七
怡峯	征虏			一七
杨忠	安西	银青光禄大夫	升进	一九
梁台	卫	左光禄大夫	升进	二七
梁椿	征西	金紫光禄大夫		二七
常善	龙骧	中散大夫、直寝		二七
宇文虬	征虏	中散大夫		二九
窦炽	扬烈			三〇
赵善	征虏	行台左丞		三四
杨㩉	平东	太中大夫		三四
郑孝穆	冠军			三五

在备考栏记载升进者，表示这之前也有为都督的记载，但此阶段为将

军号或所带之官情况不明之例。应该是最初受任都督之际，与升任后同等或带有更低的将军号、官职。如此说来，仅限于这些例子中，在最初就任都督的阶段时将军号为四安将军以下，主要为征虏、龙骧、冠军这些从三品将军。而都督带有从三品将军与更下官品的将军号之情形，同时所带之官多为中散大夫（四品）、太中大夫（从三品）或直寝。与目前为止所述的"征讨都督"比较，可清楚得知将军号以及同时所带官职不同。直寝为禁卫武官，非"征讨都督"。以上所揭示的不能说全数皆非"征讨都督"，但大多数非"州都督"，也非"征讨都督"，是别种都督，恐怕可说是部队指挥官的都督，暂时称之为"武官都督"。此时期未谈的都督中，有将军号不明但为中散大夫的达奚武（《周书》卷一九）；将军号不明但当时为四品通直散骑常侍的韩果（《周书》卷二七）、杨宽（《周书》卷二二），应该同属此团体。

辨别大都督的情况要比都督更加困难。仅有永安元年的行台、大都督尔朱天光西征之时，其副将右大都督侯莫陈悦（之前所述）下属的李弼，持有大都督之号，加通直散骑常侍，在关西平定后成为清水郡守（《周书》卷一五）。这与其称为"征讨都督"，更应视为身为部队指挥官而称大都督的例子。而《魏书》卷八〇《侯莫陈悦传》曰："遂归尔朱荣，荣引为都督府长流参军，稍迁大都督。庄帝初，除征西将军、金紫光禄大夫。"可了解大都督为官职之一。身为部队指挥官的"武官大都督"，当然居于前述"武官都督"的地位之上，所带将军号通常为中、镇、抚军、四镇、四征将军。若仅看将军号，与正光五年（524）、孝昌三年（527）阶段的"征讨都督"属同一级。

至西魏时，身为"武官都督"的都督、大都督可更确认有官职的性质。至此确立子都督——都督——帅都督——大都督的顺位。接着，大统元年（535）起至十年（544）为止之间所知十五例大都督的情形，其中大部分为车骑大将军（十一例），同时带有仪同三司（十二例），附带一提，有四例担任散骑常侍。如此所见都督号与特定官职结合，也就增强都督官品的特定倾向，到了西魏恭帝三年（556），如六官制所见大都督、帅都督、都督的官品固定下来。

前项的新型态都督如何与上述的理解对应呢？首先是当郡（大）都

第九章 北魏的都督——从军事面来看中央与地方　　235

督，若见裴庆孙（《魏书》卷六九）、司马子如（《北齐书》卷一八、汇389）、封隆之（《北齐书》卷二一）、李愍（《北齐书》卷二二）、元玕（汇315）的将军号，分别为宁远、辅国、后、假四平，均以从三品到三品将军为中心。当州（大）都督的情形，都督的将军号为平南、安西、抚军、中军、车骑；大都督为镇北、镇南大将军。引人注目的是都督分散之广，但是说来此时期州全数都设置州都督，仅讨论偶然记下的州都督没有多大意义。

其次是京畿（大）都督，在尔朱氏专权时期担任的四名，不论是谁都兼任左右卫将军或是领军将军。将军号方面，未记载是大都督的元鸷（汇342），当初是征北将军，不久就成为卫将军；尔朱度律（《魏书》卷七五）是卫将军；元天穆（汇277）为骠骑大将军。在北魏末年被视为与"征讨都督"相同等级的都督。

阁内（大）都督的情况，都督宇文显和（《周书》卷四〇）的将军号为冠军；宇文虬（《周书》卷二九）很可能为安西将军。另一方面，赵刚（《周书》卷三三）为征东将军。虽然例子不多，将军号不能说特别高，似乎与身为部队长的都督相同等级。大都督方面则是窦炽（《周书》卷三〇）为抚军将军，于谨（《周书》卷一五）与侯莫陈悦（《周书》卷一九）为卫将军，杨宽（《周书》卷二二）为骠骑将军。若只看将军号仅有些微差别，但由同时所带官职明示位在京畿大都督之下。宇文贵（《周书》卷一九）为武卫将军，其后进为右卫将军；窦炽与宇文显为朱衣直阁；侯莫陈顺为千牛备身。也就是禁卫的指挥官，但非禁卫全体，而是构成禁卫的各部队长官。只是身为禁卫指挥官之故，应该比一般部队长的都督地位更高，将军号也略高，其次的阶段便带仪同三司。但是，由调为宇文泰或独孤信的帐内都督（宇文虬）、帐内大都督（宇文显和）之例看来，有力者的帐内都督似乎有别的基准。

此时能推断为帐内（大）都督者有十多例，但记载大多都很简单，能够判断将军号者仅有三例。步大汗萨（《北齐书》卷二〇）为镇南将军，其等级对于身为部队指挥官的大都督来说甚为普通。同样为大都督的暴显（《北齐书》卷四一）为较低的安东将军，同时为兼银青光禄大夫的等级与一般的都督相同。这在高欢为主将的举兵初期，尚未拥立皇帝（后废帝）之时，因此将军号等很可能被压为较低，或者也有可能非大都督而是都督。云荣（汇464）的征虏、中散大夫，这是身为部队指挥官的都督中最常见的组合。此外韩贤（《北齐书》卷一九）由镇远将军、屯骑校尉，历经本都督，迁至前将军、广州刺史，当时很可能为从三品将军。由阁内都督迁至帐内都督的宇文虬（《周书》卷二九），维持阁内都督时就有的安西将军。以上数人都可以认为与身为部队指挥官的都督处于同一等级。因为有由帐内都督进为左右直长（《周书》卷二〇《贺兰祥传》）、直阁将军（《周书》卷三三《杨荐传》）、朱衣直阁（《周书》卷二八《陆腾传》）等禁卫武官之例，因此排除宇文泰的帐内等特殊情形，帐内都督应居阁内都督下位。

亲信都督至北魏末年为止，仅知有高欢（《北齐书》卷一）、段韶（《北齐书》卷一六）、库狄盛（《北齐书》卷一九）、斛律光（《北齐书》卷一七）四例，但不论何者将军号均不明，其中的斛律光由都督迁为亲信都督，如此看来亲信都督很可能位在身为部队指挥官的都督之上。再看东魏，六例中二例由都督迁为亲信都督（《北齐书》卷四一《元景安传》、汇428赵道德），可支持这个推测。但是西魏仅有一例，为豆卢永恩由右亲信都督迁至都督、散骑常侍（《周书》卷一九），若推测分成左右的亲信都督与东魏亲信副都督（《北齐书》卷四一《皮景和传》、《鲜于世荣传》）相当的话，东西魏并无不同。由将军号来看，斛律光之后成为征虏将军；段韶迁为武卫将军，加龙骧将军、谏议大夫，也就是可推测将军号的两例，不论何者均在从三品以下。但是来看东西魏，赵道德为安西将军；豆卢永恩得到龙骧、中散大夫的地位，之后成为右亲信都督。都督的将军号也是以龙骧将军层级为中心分成上下，无需特别讨论之处。

笔者认为直荡都督位于身为部队指挥官的都督之上。王勇（《周书》卷二九）由直荡都督迁至后将军、太中大夫。若看东魏、北齐之例，梁子彦（汇451）、吴迁（汇447）、云荣（汇464），都由都督、领民正都督、帐内都督迁为直荡都督。还有乞伏保达由前锋都督迁为直荡备身都督（汇450）。将军号相当分散，为平西、抚军、骠骑大将军。附带一提，赵道德由征虏将军、中散大夫、直荡都督，历经副都督、正

第九章　北魏的都督——从军事面来看中央与地方

都督，成为帐内亲信正都督（汇428），这尚待后人讨论。

领民（大）都督先前已知为都督中领有人民者，其地位与身为部队指挥官的都督相仿，就算合看东西魏的六例，也难以动摇此结论。

之前将子都督置于都督下位，由将军号与其时所带官职看来，达奚武（《周书》卷一九）为羽林监（六品）；梁椿（《周书》卷二七）为中坚将军（从四品上）、屯骑校尉（五品）；韩果（《周书》卷二七）为宣威将军（六品上），此理解适切。

而镇城（大）都督、防城（大）都督的情况，都督有八例。一同表示将军号与当时所得官职：李孝怡为左将军、太中大夫（《魏书》卷三六）；崔说为冠军将军（《周书》卷三五）；王则为征虏将军（《北齐书》卷二〇）；库狄盛为中军将军（《北齐书》卷一九）；李裔（《魏书》卷五八《杨津传》）、窦泰（《北齐书》卷一五）、韩轨（《北齐书》卷一五）不明；辛子馥为给事中（从六品上），次进为宣威将军（《魏书》卷四五）。中军将军虽然稍高，但与将军号、所带官职一并考虑，与部队指挥官的都督地位相仿。另一方面，若看大都督之例，独孤信（《周书》卷一六）为将军号不明的荆州防城大都督、带南乡守，之后成为大都督，此点并无问题。于谨（《周书》卷一五）兼任当时夏州刺史宇文泰的长史，将军号为卫，之后转任阁内大都督，但是他的情况，担任镇城大都督前也曾为大都督。若将大都督与镇城大都督视为原本就属同一等级，也就不足为异了。慕容俨（《北齐书》卷二〇）由京畿南面都督成为豫州防城大都督，其将军号为极低的积射将军（七品上）是个问题，但由累迁至安东将军看来，似乎也非误记。刘丰（《北齐书》卷二七）为灵州大都督但将军号不明，由其后成为平西将军看来，应是比此更下位的将军号。以身为大都督看来将军号较低，由大都督与都督屡屡混同看来，这两例或许是都督的误记。虽有些问题待解决，但可认为镇城都督与身为部队指挥官的都督、大都督属同一等级。附带一提，元贤（汇386）为豫州大都督，但将军号不明，推测可能为安北至车骑的将军号。

冠上地名的都督，除了前述所举，尚知有秀容大都督（《北齐书》卷一九《高市贵传》）、建州大都督（《魏书》卷一一《张悦传》）、潼关都督（汇273元海）、龙门都督（《北齐书》卷二《薛崇礼传》），辛威之父辛生担任的河州四面大都督（《周书》卷二七）也相类。其中薛崇礼在《周书》卷三五《薛端传》记为"令大都督薛崇礼据龙门"，《北齐书》卷二〇《薛修义传》则载"西魏北华州刺史薛崇礼屯杨氏壁"，虽有西魏二字，所指为孝武帝西迁后身为龙门都督的行动吧。也就是都督或刺史镇守特定地域时，冠上其地名而称为某都督，实际上，等同于身为部队指挥官的都督。若检讨将军号等，高市贵为卫将军、光禄大夫；张悦为右将军；元海为平西将军、假抚军将军、行台；薛峦为镇军将军，均支持此说。

统整以上所言，六镇之乱发生前，北魏的都督仅有"州都督"与"征讨都督"两种，之后出现"武官都督"，并且分化出多种。新出都督中，京畿都督拥有特殊地位，匹敌"征讨都督"，或是更在其位之上，其余几乎都位于同一等级。若明确区别大都督与都督：大都督拥有从二品至二品的将军号；都督所拥有将军号以从三品为中心横跨上下（包含部分极分散之例）。虽说几乎是同一等级，"武官都督"之中以阁内都督的地位最高，依序次之为帐内、亲信、直荡各都督，领民、镇城与未冠上这些的都督为最下位[1]。

---

1. 尚有不能放在上述理解框架中的都督。北齐之例有乾明元年（560）常山王高演政变，由云龙门进入至东阁门。记载当时"孝昭将入云龙门，都督成休宁列仗拒而不内，归彦谕之，然后得入，进向柏台、永巷亦如之"（《北齐书》卷一四《平秦王高归彦传》）。不仅是云龙门，柏阁、永巷也有都督。此情况的都督可能为阁内都督。其次来看《北齐书》卷五〇《韩凤传》："稍迁都督，后主居东宫，年幼稚，世祖简都督二十人送令侍卫，凤在其数。"为了皇帝应留有更多都督，侍卫的都督应该有相当数目，此是否视为"武官都督"仍有问题，但北魏末年能见到兼为禁卫武官的都督，因此或许可视为都督更加的武官化。

　　尚值得注意东魏兴和二年（540）《敬史君碑》（《金石萃编》卷三〇）碑阴，为都督而载有姓名者高达四十人。前揭严耕望与杨耀坤将其视为"武官都督"的存在，真是如此吗？的确，由宇文泰为夏州刺史之时，蔡佑为其下的都督（《周书》卷二七）看来，刺史之下存在都督。以及《周书》卷三九《皇甫璠传》"永安中，辟州都督"，他其后成为州主簿，看来此州都督为刺史之下的都督。刺史之下置有帐内都督、镇城都督等都督，这些与其他各种都督相同等级，蔡佑与皇甫瑶可视为此种"武官都督"。但是这样的"武官都督"能高达四十人吗？不能否定四十名都督与州刺史下的部队相关，但难以判断都督是否为此正式名称。包括西门豹祠堂碑记载最少二十五名（此碑文包含磨灭之处推断有二十八名）的武猛从事，是否称为都督？笔者认为至少与前述的"武官都督"样貌不同。

第九章　北魏的都督——从军事面来看中央与地方　　　　　　　　　239

　　这样的"武官都督"是如何产生的呢？因正光末年六镇之乱引发，北魏境内各地叛乱、举兵相继而起，这一情形持续连年。包含对南朝前线的北魏领土，整体不得不采取某种相应的军事行动，仅组合以往的"州都督"、"征讨都督"，可想象并不足以应付。肃清尔朱荣的孝庄帝，让薛修义为弘农、河北、河东、正平四郡的大都督（《北齐书》卷二〇）。统管广大司州西边四郡的都督，提升了军事行动的机动性，同时此任命亦期待能有效掌控盘踞于此地河东蜀的群众，任命他是因为薛修义为河东蜀出身。很可能在各地皆有如此具有提升机动性的目的与特殊需求而任命的都督，这一方面也造成州军的分割。一旦州内设置了"州都督"、"征讨都督"以外的都督，州军各部队的指挥官亦会称为都督，不论是郡都督或防城都督，冠上地名的都督，或是刺史直属部队指挥官的帐内都督均是如此。如此一定等级的部队指挥官均称为都督后，刺史本身与更上级的部队指挥官，为了表现军事指挥权的范围，不仅是都督诸军事，指挥官本身都必须有都督号。指挥之下的部队仅限于一州者称呼当州都督，横跨复数州的情况受到与"征讨都督"相同的待遇。严耕望认为虽然都督诸军事与当州都督原本具有相同性质，但因为前者变得流于具文，即加当州都督以强化刺史军权。都督性质的变化值得注意。

二、北魏都督区的特质

　　严耕望指出北魏存在十一个都督区。其中除了北方的六镇地带以外，笔者试就十都督区，将就任事例做出了一览表。几乎所有事例严氏都已举出来了，但本表将这些事例大致分为孝文帝改革以前及以后，记述了都督权的范围与就任者、屯驻的州、镇名称。本表不包括包含于赐予河西沮渠氏等人的册封号的事例，并且为免芜杂，不显示出处。

表9-4 北魏孝文帝改革前后都督区就任事例

都督区	孝文帝改革前		孝文帝改革后	
关中	雍秦梁益（乐安王范、王度）	长安镇	三雍三秦二岐二华（贺拔岳）	雍州[(1)]
	雍秦梁益（崔徽）	长安镇副	雍岐泾南豳（萧宝夤）	雍州
	雍秦梁益（武昌王平原、李顺）	长安镇	雍岐东秦（源贺）	雍州
			雍岐泾华东秦（胡国珍）	雍州
	雍秦梁荆（皮豹子）	长安镇	雍岐华（郭祚）	雍州
	雍秦（淮南王他、窦瑾、陆俟）	长安镇	雍南豳（杨椿）	雍州
	陕西（任城王云）	长安镇	二雍二岐（尔失天光）	雍州
	关右（李惠）	雍州	梁秦（李崇）	梁州
	雍秦梁荆益（皮豹子、皮喜）	仇池镇	陇右（侯莫陈悦）	秦州
	秦梁益（穆亮）	仇池镇		
	梁益宁（中山王英）	仇池镇		
	梁益荆（任城王澄）	梁洲		
统万、夏州	夏东秦豳（章武王彬）	统万镇	夏、高平镇（穆罴）	夏州
河西、凉州	凉沙河（尉眷）	敦煌镇	凉河鄯善镇（楼毅）	凉州
	凉及西戎（南安王桢）	凉州镇		
	河西（城阳王鸾）	凉州镇		
豫州	豫洛及河内（淮南王他、奚眷、尉眷）	虎牢镇	豫雍兖徐司（裴叔业）	豫州
	豫洛（陆俟）	虎牢镇洛州	豫东豫东荆南兖（王肃）	豫州
	并雍怀洛秦肆北豫（冯熙）		豫东豫东郢（王肃）	豫州
			予郢东荆（赵郡王幹）	豫州[(2)]
			二豫东雍（郑先护）	豫州
			二豫郢（樊子鹄）	豫州
青齐	青齐东徐（慕容白曜）	青州	青齐光南青胶（鲁郡王肃）	青州
	青兖徐（司马天助）	青兖二州	青光南青（广陵王羽）	青州
	齐兖（武昌王平原）	齐州	青光兖（穆绍）	青州
			青光南青（元罗）	青州
			齐济西兖（萧赞）	齐州
徐州	徐南北兖青冀（薛安都）	徐州	徐南兖（萧宝夤）	徐州
	徐南北兖（尉元）	徐州	三兖二兖（尔朱仲远）	徐州
	徐兖缘淮（任城王云）	徐州	三徐（安丰王延明）	徐州
	徐南兖（孔伯恭）	彭城镇		
	徐豫扬兖（刁雍）	徐豫二州		

第九章　北魏的都督——从军事面来看中央与地方　　241

续表

都督区	孝文帝改革前			孝文帝改革后	
荆州				三荆二郢南襄南雍（贺拔胜） 三荆（寇治） 三荆（崔孝芬） 荆口东洛（萧宝夤）	荆州 荆州 荆州 荆州
淮南				扬南徐（薛真度） 淮南（长孙稚、王肃、李崇、任城王澄）	扬州 扬州
冀定	冀定相（韩均） 冀定相（杜超）		广阿镇 镇邺城	冀相兖东兖南豫东荆（咸阳王禧） 冀相瀛（高阳王雍） 冀定瀛（赵郡王幹、于忠） 冀瀛（元晖、穆绍） 冀定瀛幽营安平（彭城王勰） 定瀛幽燕（李崇） 定瀛（安乐王诠） 定恒朔云燕（叱列延庆）	冀州 冀州 冀州 冀州 定州 定州 定州 恒州
恒州				恒朔肆（陆叡）	恒州

注：（1）其后都督下之州有所增加，永熙二年增至二十州。
（2）传中将都督州记为南豫，但由刺史名看来，应为豫州。

乍见之下看不出所以然来，但可以发现都督区的范围各自有固定的部分。首先，关中都督区于北魏前期乃以秦、雍州为基本组合，有时又加入北方的泾州、南方的梁、益二州。梁州与益州虽也成为基本组合，但这是和南朝争霸的地域，北魏不能确保。秦、雍州是仇池镇将所率之兵的供给源，有时包含于都督圈之中。到了后期，两者完全分离，笔者以为秦州与南边的梁州成为组合，雍州则与东方诸州结合起来。笔者推断，河西、凉州都督区不论前后期，都以凉州与河州为中心。至于豫州都督区，前期是豫州与洛州组合，河内[1]附加在内。都督的屯驻地是洛阳东方的虎牢镇，称洛州都督区的讲法比较适当。都督包含洛、豫在内的七州的冯熙，是洛州刺史，这件事情支持了这个

---

1. 元他的事例在《魏书》记为河南。然而《宋书》卷九五《索虏传》则记为河内，考虑其他二例，笔者认为河内才是正确的。

想法。定都洛阳的后期，包含洛阳的地域成为司州，洛州成为其西南的小州。豫州与东豫州成为组合，并且与郢、东荆、兖州等结合起来，形成了都督各异的都督圈。至于青齐都督区，严氏从慕容白曜和广陵王元羽的事例指出了该都督区的存在，但从萧赞和元罗的事例可以看出孝明帝时期青州和齐州成为了不同的都督区。然而有武昌王元平原的事例，孝明帝以前，也很难说青齐一定是以同一都督区的形态存在的。应该是根据不同时期的需要，青齐或结合为一个都督区，或各自形成不同的都督区。青齐结合之时，必然以青州为都督屯驻地。徐州都督区将徐州与兖州联结起来。与前期相较，后期的都督权减小，这是由于宣武帝初期裴叔业内附而成立淮南都督区的缘故。淮南都督区其后在对南朝战线的东方中占有中心地位，都督名不是具体的州名，多以领域名显示都督圈。荆州从前期就已存在，但能够以都督区来理解是后期以降之事。事例很少，很难看出成为组合的州的存在。似乎是以荆州、东荆州为中心，领域较小。贺拔胜的事例，是在高欢与宇文泰的对决情况下产生的特例，也就是宇文泰将重军送到两者的争战地点而获得的都督号。至于冀定都督区于前期由冀、定、相州组成，但后期已不见此事。后期有时设置了包含冀州与定州在内的都督圈，但大多时候冀州与定州是分离的状态。定州刺史兼任的都督号中包含了瀛州，但冀州很多时候也将瀛洲包含在内。从定州与冀州分割出郡以置瀛州，是这件事的背景。恒州都督区将洛阳迁都后的平城设置的恒州与朔州结合起来，成为基本的组合，但事例的数目很少。统万、夏州都督区少有事例，尚未有特别揭示这些事例的研究。

　　如上所述，史料显示有些都督的领域含括了固定作为中心的复数州，由此或可称为都督区。但是必须特别讨论这些都督区是否恒常存在。这是因为有下述问题。

　　首先，前述都督区在史料中出现的次数很少。北魏就任刺史者的人数可观。例如可以确认就任冀州刺史的人数在太武帝以降共计三十一人[1]。然而在上表中，冀州刺史出现的次数不过六例。笔者可以指出其他

---

1. 本书第一部第五章《北魏州的等级》，原载于《高知大学教育学部研究报告》2—40, 1988年。

第九章　北魏的都督——从军事面来看中央与地方　　　　　　　　　243

的州也有同样的倾向。关于此，可以指出在《魏书》等史料记载中省略都督号的可能性。但是不能认为是由于全部省略。其理由如下所述。

就像严耕望已经阐述过的一样，未都督其他州的北魏刺史大多数只单纯记载为某州刺史，而不写为督某州或都督某州。笔者就这一点再稍做探讨。利用墓志，现在可以知道只有一州的都督号的刺史共计有五十六例。其中成为前述都督区之基干的州的刺史里，若抽出持有单独的都督号的事例，有以下二十例。笔者并不举出非都督屯驻州的州。

表9-5　刺史中有单独都督号的事例

雍州	元修义（汇190）*、安丰王元延明（汇286）*
梁州	元子直（汇150）*
凉州	安乐王元诠（64）*、刘懿（汇335）
豫州	安丰王元延明（汇286）*
青州	元端（汇233）*、安乐王元鉴（汇178李谋）、章武王元融（汇204）*
齐州	元顺（汇223）*、元修义（汇190）*、武昌王元鉴（汇51）*
徐州	武昌王元鉴（汇51）*、安丰王元延明（汇286）*、华山王元鸷（汇342）
扬州	元嵩（汇52）*、李宪（汇328）*
冀州	侯刚（汇188）*
定州	安乐王元诠（汇64）*
恒州	元顺（汇233）*

五十六例中的二十例并不是少数[1]。由此可知横跨复数州的都督区并非恒常设定的，都督权只及一州的刺史可能不少。而且这不限于都督不屯驻的州[2]。

然而，为了确认这个假说，有必要检视墓志中记载横跨复数州的

---

1. 再者，墓志之外，由《魏书》本纪（卷一一）及列传（卷七五）可知尔朱世隆曾任都督相州诸军事、相州刺史，高欢曾任都督冀州诸军事、冀州刺史。
2. 表中附加*者，是列传并无都督的记载而仅知就任刺史的事例。没有*者是没有列传，或列传中没有该州刺史就任记载的人物。笔者在严氏的基础上更进一步，认为在《魏书》的列传中，一州的都督原则上不记都督号。可以得知的例外只有元浑（《魏书》卷一六）与次注的尔朱世隆的事例。

都督的事例在《魏书》中如何记载。乐安王妃冯氏墓志（汇155）记载冯熙"又除使持节、车骑大将军、都督并雍怀洛秦肆北豫七州诸军事、开府、洛州刺史、羽真尚书、都坐大官、侍中，王如故"。这在《冯熙传》（《魏书》卷八三上）记为"于是除车骑大将军、开府、都督、洛州刺史、侍中、太师如故"。此外，元晖在墓志（汇110）中为都督冀瀛二州诸军事、冀州刺史，但传（《魏书》卷一五）中只单单记为冀州刺史。同样地，安乐王元诠在墓志（汇64）中载为"敕王都督定瀛二州诸军事，余如故"。之前为都督定州诸军事、平北将军、定州刺史，另一方面，列传（《魏书》卷二〇）中只单单记为就任定州刺史。这些记载显示即使《魏书》没有都督区的记载，都督复数州的事例仍然存在。

然而，笔者现在能够确认的事例仅止于上述的三例。相较于只治一州的都督，极其少数。《魏书》中只记载刺史就任的事例，大多仍很有可能是只治一州的都督，而横跨复数州的都督区可能未必是恒常设定的。

这件事情意味着什么呢？

小尾孟夫指出，本来"州都督"管辖的州数是一、二州，但西晋末年，横跨二州的事例开始出现，到了东晋，管辖多州的都督变得普遍，以后多州都督在整个南朝都存在。而且这种制度的诞生、变化，产生的要因小尾氏认为是长期以来内外的不安定。他也指出，这导致了地方上的军事优先化，迫使中央政府将大范围的军事权委让给州刺史。[1]

相较于东晋南朝，笔者以为北魏"州都督"的形态相当不同。首先探讨多州都督。在北魏方面，统辖五州以上的都督原本不多，但各有理由。冯熙是文明太后的兄长，胡国珍是灵太后的父亲，都是因为和掌握权力的皇太后有血缘关系而获得任命的。裴叔业与薛安都自南朝归附后，立刻受到任命。咸阳王元禧是由于有志于宗室改革的孝文帝将重任委予自己的长弟，至于彭城王元勰，是由于虽然最得孝文帝的信赖，在孝文帝死后却未获辅政之任，为了安置他，才任其为多州都督。鲁郡王元肃是受尔朱氏拥立的长广王元晔的弟弟，在兄长即位

---

1. 小尾孟夫：《六朝时代における都督制の展開》，《史学研究》192，1991年。

第九章　北魏的都督——从军事面来看中央与地方　　　　　　　　　　245

的同时他也得到任命，贺拔胜如前所述，是因为孝武帝逃出长安引发高欢与宇文泰的对立，而派遣至军事要地。另一方面，关中是北魏西方的政军活动中心，因此常委予都督统辖多州的都督权。乐安王元范、贺拔岳、皮豹子，以及身为四州都督的萧宝夤，每个人都进行过重要的活动。反过来说，笔者以为在进行极其重要的军事活动的情形下，也会设置五州以上的多州都督。总之以上事例是特例。

四州都督包括上述的王肃、萧宝夤，计有十例。其中半数在关中都督区。笔者认为这显示了该都督区的重要性，但益州在北魏前期并无实体，梁州也多为与南朝之间的必争之地。此外笔者想提醒一下大约到了后期，北魏将州分割，都督的州数在名目上增加了。叱列延庆特别受到尔朱世隆的重用，在尔朱荣死后的尔朱氏专权时期得到此任。广陵王元羽是孝文帝的三弟。同一时期，成为刺史的次弟赵郡王元幹，其将军号虽高于元羽，却是三州都督，其后迁至冀州仍只都督三州，由此看来，是很难理解的事例，但却似乎显示了是亚于咸阳王元禧的任命。刁雍于太平真君二年（441）获得此任，但即使将徐州权立于外黄城，这个时期扬、豫、兖州仍无实体，朝廷冀望他对南朝亡命者有号召力而让他挂名刺史。王肃归附后不久也授予他三州都督继而四州都督的名号，朝廷也冀望他对南朝亡命者具有号召力。也有像李崇般看不太出特别理由的事例，因此难以断定，但笔者认为通常不设置四州都督，这很可能是在特别的事例中任命的。

以上所述恐有强加判断之虞，但笔者认为北魏的都督普遍是一州都督，即使是复数州的都督也只统辖二至三州。也就是说，和南朝的一个差别是都督之州的领域较小。只治一州的都督占多数，笔者认为这特征较为显著。那么南朝产生多州都督的要因是内外的不安定，这一点在北魏又如何呢？北魏并非没有危机情况。南朝若是处于军事紧张的状态下，北朝在军事上当然也紧张。这与北方的柔然、西南的少数民族政权也有关系。虽然没有招致王朝交替那样的对立状态，但仍有一定的政治紧张关系。因而之所以没有产生南朝那种多州都督，应该是由于有其他要素存在的关系。

北魏的都督早见于道武帝时期，但其数量不多，自太武帝时期开始事例增多。这也可能是因为史料记载的着重之处不同，但道武、明元帝时期支配领域尚小，如崔浩所述："今居北方，假令山东有变，轻骑南出，耀威桑梓之中，谁知多少。"（《魏书》卷三五）居住都城周边的魏主力骑兵遇事便会出动，由此即可抚平乱事，所以就像镇守渤海的元遵（《魏书》卷一五）的事例，即使于州、郡或要地置军，也不太有必要将这些地区画为都督区。到了太武帝时期，北魏覆灭五胡诸国，统一华北，大幅拓展了支配领域，仅以旧有的中央军派遣体制来灵活地统治国内、维护对南朝战线，变得困难，州军的活动变得显著。转而将一州或结合二、三州设置都督区，确立了就任都督者为镇将或刺史的情势。叛乱或敌军入侵之际，州军先在"州都督"的指挥下应对变乱，不能应对的情况下，才出动"征讨都督"率领的中央军，这种情势说起来，就是采取分工体制。不过就像阐明前节列举的北魏末军事活动一样，即使称为中央军，"征讨都督"虽多由中央指派，但中央派遣的羽林、虎贲只占一部分，邻近诸州的军队编入了不少[1]。

那么，这些军队的出动是如何决定的呢？在《魏书》本纪中，将宣武帝景明元年（500）至孝明帝正光四年（523）的二十四年间记载反、叛的事例加以整理，可得二十八例。若是检索相关记事加以整理，则其中州军、州郡或邻近之州平乱，也就是地方层级即可解决的事例有十一例，由反、叛所起之州与中央所遣人物解决的事例有五例，没有州层级的行动的记载，明确仅由中央的应对即已解决的事例有九例，不知如何应对的有三例。由此可以指出以下三点。一是由中央的应对而解决的事例很多。虽是中央与地方的分工体制，但中央所占比重非常大。二是虽与此有关，但州军活动之时构成都督区的其他州的活动却完全没有记载。关于乱事的记载大体都很简单，因而可能省略了不值记录的行动，但这也不得不对都督区的机能产生疑问。三是由中央

---

1. 参考本书第一部第八章《北魏的地方军（特别是州军）》，原载于《西嶋定生博士還暦記念　東アジア史における国家と農民》，山川出版社，1984年。景明四年（503），北魏派遣李崇任都督征蛮诸军事之时，将东荆州刺史杨大眼徙为别将，景明元年裴叔业内附之际，正如汝阴镇将、带汝阴太守傅永为统军，率汝阴之兵三千人入寿春，进入"征讨都督"手下的诸部队的指挥官在本来的官职之外也获得军团内临时的职制。总指挥官"征讨都督"的职称也是在本官之外加上去的。

第九章　北魏的都督——从军事面来看中央与地方　　　　　　　　　　　　247

派遣之际，多达十三例是奉诏赴行。另一个例子记载"假光禄大夫郿虮抚军将军以讨之"（《肃宗纪》正光二年，521），所以也是奉诏赴行。剩下一个例子记载"遣龙骧将军崔袭持节喻之"（《肃宗纪》神龟元年，518），似乎未达于军事行动，但确实有下诏派遣。当然有关中央的军事活动全依诏行事，即使记载篇幅不多，仍明确显示此事。另一方面，关于州军的记载，没有显示由中央下令的语句。等待中央的指示缓不济急，所以这也是理所当然的事情。重述这理所当然的事情，是为了先确认北魏虽然限定了应对敌对势力的军事活动的范围，仍将地方军的活动委任给地方决定[1]。

　　试将第三点与"征讨都督"加以比较。在"征讨都督"方面，不只都督本人，进入其指挥下的诸军的组织，也就是分出这些军队的母体、指挥的都督、别将、统军的人选等，都是由中央政府决定的。此外，似乎明确给予每一次的征讨目标。宣武帝正始三年，由于梁军侵入东南方面，北魏派遣中山王元英为都督扬徐二道诸军事，另外对入寇宿豫的梁军派遣邢峦为都督东讨诸军事。遣别将元恒攻固城，统军毕祖朽攻蒙山，另一方面，命刘思祖统领水军，杨大眼从北逼之，邢峦于孤山大破梁军，收复失土宿豫。这是八月的事情。这个阶段里，由于元英进攻的梁城方面没有收复，中央诏命邢峦率兵二万南渡淮水，与元英夹击梁军。然而九月元英的军队于淮南告捷，继续攻向钟离。于是中央再诏邢峦会同元英。邢峦上表陈述不可攻击钟离，对此中央重命进击钟离。邢峦与中央之间再度往复表、诏，结果中央听从邢峦自身召还的要求（《世宗纪》,《魏书》卷一九下《中山王英传》、卷七三《杨大眼传》、卷六五《邢峦传》）。如此看来，在执行分派的任务之前，军事行动委由都督指挥，但任务完成后，则由中央下达新的指示。

　　这场征讨，据说中山王所率之兵为十万。不只此时，"征讨都督"率领的兵数常常达于十万。包含精良的骑马军团的大军，在中央的指令下集中运用。这是北魏军事活动的基本形态。这一点，和北魏初期

---

1. 永平元年（508）冀州刺史京兆王元愉叛乱之际，若注意邻州的动向，可发现济州平原郡遭受愉军的攻击，太守当然的举措便是发兵防御。笔者可以确定济州、瀛州、相州、定州等刺史各自与愉军作战，但不能明白这是他们自己原来就有的任务，还是出于中央的指令。

崔浩所述军队的运用并无不同。

有时为了执行任务，会给予"征讨都督"必要的特权。正始元年（504）夏侯道迁内附之时，邢峦以都督征梁汉诸军事的身份处理此事，但对此宣武帝下诏"峦至彼，须有板官，以怀初附，高下品第，可依征义阳都督之格也"（《魏书》卷六五）。虽是给予板授之权，却是以前年中山王英的征义阳都督的事例为先例而使用的。此外，孝明帝熙平元年（516），梁军入寇益州，傅竖眼为西征都督赴击，但其时朝廷"给铜印千余，须有假职者，听六品已下板之"（《魏书》卷七〇），采取了类似的措施。这些事例都是在国境附近的征战之地对新获土地的人民的措施，"征讨都督"有可能不是普遍授予这项权力的，但不少"征讨都督"获得这项权力。此外，史载正始二年（505）任都督平氐诸军事讨伐武兴氐王的源怀，赋予其"须有兴废，任从权计"的权力（《魏书》卷四一）。

然而拥重兵，并赋予须招徕人民的特权的"征讨都督"，当然是应在朝廷统制之下的存在。前述下诏指示之事即已明示了。再者，鹿悆兼任殿中侍御史监临淮王元彧之军，这类监军之制是统制"征讨都督"的手段之一。而延昌四年（515）由于对梁军事行动而各自从定州刺史、冀州刺史任升"征讨都督"的崔亮与萧宝夤对立起来，因而中央重新派遣李平，授权"节度诸军，东西州将一以禀之，如有乖异，以军法从事"（《魏书》卷六五），这种行台之制也是为了同样的目的[1]。宣武帝以降，有许多实例且大部分与"征讨都督"同时活动的军司[2]，在史籍中也从事许多军事活动，是与都督同等地位的存在，也有都督以外的任命，可以看出其军监之性格。

然而，统制"征讨都督"最有效的方法，大概是完成派予的任务之后，就解除其都督之职，并解散军团吧。

---

1. 行台的性质有各种各样，这种监军的性质不过是其中的一部分。关于此点，请参考牟发松：《北朝行台地方官化考略》，《文史》第33期，1990年。
2. 《魏书》中宣武帝以降有二十九个军司的事例。其中二十七例是"征讨都督"的军司。中山王元英上表请命豫州刺史司马悦与东豫州刺史田益宗进行军事行动，皆言"请遣军司为之节度"（《魏书》卷一九下），这也可看作是"征讨都督"的事例吧。

第九章　北魏的都督——从军事面来看中央与地方　　249

另一方面,"州都督"的情形又是如何呢？若是看徐州刺史元法僧的监军毕祖彦的事例(《魏书》卷六一),会发现"州都督"也可能有监军。跨越州域或都督区域的军事行动是根据中央的指令[1]。虽然加入这种统制,但在任期这一点上,当然会根据事情的不同而有时间长短的差别,没有"征讨都督"那种临时性的特征。

对南朝军事活动的据点徐州、其后的扬州、西方军事活动的中心雍州、有中品羽林的冀、定、相州等一部分的州屯驻了重兵[2],但在其他大多数的州中,"州都督"持有的兵力没有那么多[3]。笔者认为,对于中央的统制稍稍难及的"州都督",北魏缩小其规模,选择每次组成统制易及的"征讨都督"军的方式。在制度上也可避免南朝那种"州都督"肥大化的现象。

结语

本章就北魏都督制,列举了只治一州的都督很多、都督区的范围狭小、由中央派遣"征讨都督"所行的军事行动很显著等特色。并阐明这些特色都是以确保中央统制地方为目的,而当北魏末的内乱波及全国之时,以这种体制很难应对,因而以置于地方各地的都督为始,出现了各种"武官都督"。笔者认为与南朝相异的都督制的形态中,可以发现北魏中央与地方的关系的特质,但遗憾的是,本章尚仅止于粗略的理解。

【补记1】1999年,"中华民国史专题第五届讨论会"在台北举办,笔者在会中发表了论文(中文),题目是《国史上中央与地方的关系》。

---

1. 《周书》卷三六《段永传》记载:"时有贼魁元伯生,率数百骑,西自崤、潼,东至巩、洛,屠陷坞壁,所在为患。魏孝武遣京畿大都督匹娄昭讨之,昭请以五千人行。永进曰:'……虽有大众,无所用之。'帝然其计,于是命永代昭,以五百骑讨之。"京畿大都督率兵出征之时,似乎需要皇帝的裁可。
2. 关于中品羽林,可参照浜口重国:《正光四五年の交における後魏の兵制に就いて》,收录于氏著《秦漢隋唐史の研究》上,东京大学出版会,1966年。
3. 参照张焯:《北朝的都督制》,《北朝研究》第1期,1989年。

本章即其日文原稿加入部分修订而成。

【补记2】关于第246页的叛乱，中文版的数字有问题，特此改正。论旨未变。（2003年5月记）

第十章

魏晋南北朝时期地方官的本籍任用

前言

　　中央权力控制乡村，其统治方法会随时代变化而有各种差异。所以要了解王朝权力对乡村的控制，不可或缺地应先对当朝王权的本质有所理解。不过，谈到王权对乡村的掌控，豪族的存在不容忽视。豪族对乡党拥有统治力，某些时候甚至可与王朝权力相竞争。若不充分厘清豪族与乡村的关系、豪族与王朝权力的关系，则对中国史特别是对魏晋南北朝时期就很难有完全的理解。探索这个问题有几种方式，考察魏晋南北朝地方官的本籍任用是其中之一（本文所讨论的地方官，范围限定于州刺史、郡太守、县令长这些地方长官）。

　　浜口重国曾探讨东汉本郡任调回避原则的成立，即本郡人回避担任当郡长官太守、副手郡丞，以及本县人回避担任县长官县令长、副手县丞、县尉及本郡内诸县的职务。他指出此回避措施开始于西汉武帝中期，即便是刺史也遵循着相同原则[1]。隋代以后，不仅是州县长官须回避，甚至其流内官以上的僚佐也完全不能任用当地出身者[2]。浜口氏根据此说认为隋代的君主专制权力较之汉代更来得强化。

　　汉隋间君主专制权力的强弱说法暂且搁下，在这两个时代中间的魏晋南北朝，其本籍任用制度究竟为何？浜口氏有着如下的叙述：

> 又，州郡县的长官、副长官及统治级官员，任用出身于他州、他郡、他县的原则并非完全形同具文。但由于各种因素渐渐使得本州、本郡、本县出身的官员数目不少，有时甚至出现世袭地方官的风潮。[3]

---

1. 详见浜口重国：《漢代に於ける地方官の任用と本籍地との関係》，《歷史学研究》101，1924年；刺史部分，见《隋の天下一統と君権の強化》，《日本諸学振興委員会研究報告—特輯第四編 歷史学》，1942年；二文与注2皆收入氏著《秦漢隋唐史研究》下，东京大学出版会，1966年。
2. 浜口重国：《所謂隋の郷官廃止に就いて》，《加藤博士の還暦紀念東洋史集說》，富山房，1941年。
3. 浜口氏认为这种情况是从东汉末黄巾之乱后开始出现。

第十章　魏晋南北朝时期地方官的本籍任用

诚如浜口氏所言，在魏晋南北朝时代本籍任用的官员数目变多。经笔者调查这段时期前后大约有五百多例，而且这一现象几乎贯穿整个时代。他们如何因历史情势变化而出现？研究南朝的越智重明[1]、小尾孟夫[2]曾探索过这个问题。越智氏认为南朝的本籍任用，一方面是因垄断官场的贵族阻塞了地方豪族迁往中央的任官道路，地方豪族只能在地方官僚层中任调；另一方面也是期待土豪的军事力量被纳入国家权力机构后有利于治安维持和军兵招募。这一现象显示了国家权力的衰弱与土豪权力的实质性上升。小尾孟夫则根据越智重明的论点，广泛地搜集、整理南朝本籍任用的案例，指出其时代特色在于，本籍任用多见于王朝交替期和内乱期。并认为这一现象的出现，是希望具备武力的土豪能够安定局部地区的结果。

越智重明与小尾孟夫的研究成果十分重要，本文也从中得到许多启发。然而关于本籍任用问题的讨论并非已结束，还有一些细节未能解决。无论如何，越智重明与小尾孟夫的分析，仅仅以南朝作为考察对象，至于北朝、三国、西晋与东晋则尚未论及。关于南朝与北朝的差异从前就有许多不同的议论，仅是研究南朝未必能厘清。因此，本文关于魏晋南北朝时期地方官本籍任用的讨论，首要目的是尽可能从多方面来梳理其具体面向；其次，（在参考越智重明与小尾孟夫的研究成果的基础上）希望究明本籍任用的历史意义[3]。

---

1. 越智重明：《南朝における地方官の本籍地任用に就いて》，《愛媛大学歴史学紀要》1，1953年。
2. 小尾孟夫：《南朝における地方支配と豪族—地方官の本籍地任用問題について》，《東方学》42，1971年。
3. 这种情形下如何认定本籍地成为一项问题。本文（囿于篇幅，暂先省略出处），大抵将正史列传开头所记的"某郡某县"视为本籍地，已清楚移居地的案例里，多以其地为本籍（迁居地与本籍的关系，可参考矢野主税《南朝における南人、北人問題—南朝の成立》等一连串关于南北人问题的专题论文，刊《長崎大学教育学部社会科学論叢》，1970年，也可参考小尾孟夫《南朝における地方支配と豪族—地方官の本籍地任用問題について》，《東方学》42，1971年）。又，在州郡县统属关系的变化上，采取以县名为中心的方式（如"河东闻喜"，因闻喜县属北魏时期的正平郡，故以正平郡为本籍）。至于搜罗合适个案（由于这个时代的州郡县统属关系变化激烈，为因应多数侨郡县的存在），有必要逐一分析地名，本文搜集的案例都是经过这些步骤。

一、东汉末、三国时代、西晋的本籍任用

（一）东汉末、三国

浜口重国认为汉代的本籍回避制，一直执行至东汉末灵帝时，"在灵帝一朝爆发黄巾之乱，紧接在后有来自西方的流寇横窜，使得之后情况有了大变化"。但是浜口氏并无举出具体例证，仅从撰写时代不甚明确的《华阳国志》中提供两个属于黄巾之乱以后的例子[1]。其后严耕望广搜资料，增补孙嵩、公孙康、公孙度、樊敏四位属于东汉末年的本籍任用案例[2]。此外，笔者又发现一例（雍州刺史张既[3]），总计东汉末本籍任用的个案共有七例（二例是刺史、五例是太守）。由于这几位人物都与三国历史有密切关系，遂将与三国案例合并讨论。

三国时期的本籍任用，有荆州刺史李胜（南阳人[4]）、建宁太守李恢（建宁俞元人[5]）、雁门太守范方（雁门人[6]）三例。加上东汉末的七例，共计有十例（三例是刺史、七例是太守）。东汉建国大约一百六十年，几乎不见本籍任用的例子，但在灵帝中平元年（184）以后的大约八十年间却出现十个案例（虽然其数目绝对不能算多），是否显示情况已有所变化？只是，让我颇为在意的是，在承继汉代严格执行的本籍回避，却未呈现出这个特殊意识[7]，关于此，由于现有史料不足，将留待后论。

从任官者的分布地域来看，虽有分散于雍、青、并、幽、荆五州，其中益州所属的巴蜀之地却占四例，相较于其他时期这个区域的本籍任用例明显较少的情况而言，此现象值得我们注意。它或许是采用（巴蜀）当地特殊史料《华阳国志》所致，收录一般正史等书不纳之例的结果。

---

1. 浜口重国：《漢代に於ける地方官の任用と本籍地との関係》，《歴史学研究》101，1924年，第805页注10。
2. 严耕望：《中国地方行政制度史》上编上，第十章籍贯限制，第348—349页。
3. 冯翊高陵人，《三国志》卷一五。
4. 《三国志》卷九《曹爽传》。
5. 《三国志》卷四三，但李恢与非汉民族的爨氏有婚姻关系，若考虑到建宁是诸葛亮征服西南夷之后的情况，这个任命应是一种羁縻政策。
6. 《晋书》卷九一《范隆传》。
7. 只有李胜的例子是"当忝荆州"或"当还忝本州"，虽因恩遇的可能性并非没有，但其根据应是极其微弱的。

如果其他地方也留存如此详细的史料，应能举出更多本籍任用的例子。此外，虽有魏人荆州刺史李胜一例，却未找到吴国本籍任用的案例。

关于任用原因几无提及，然孙嵩是因刘表上表而被任命的，樊敏则为刘焉所命。由此看来，东汉末地方割据的豪族之本籍任用并不少见。《华阳国志》中所见的两例，恐怕是由益州牧刘焉所任命的。

（二）西晋

西晋本籍任用有十四例，可细分为刺史二例、太守十二例。从时代来看，武帝时并无一例，尽是惠帝末年八王之乱后出现的，令人关注。为了能更仔细地察看，可将时间切分为：a.八王之乱至永嘉之乱；b.永嘉之乱以后。属于a类的有任太守的刘殷[1]、王逊[2]、鞠羡[3]、鞠彭[4]等四例，另刘隗[5]附属其中的可能性也很高。属于b类的有刺史二例、太守四例（剩余的三例无法归类）。由于b类的性质与从永嘉之乱到东晋建国的过程密切相关，遂与东晋合并，于下节一同讨论。

属于a类的五例不见地域分布重心，分属于荆州（魏兴郡）、并州（新兴郡）、徐州（彭城郡）、青州（东莱郡）。而旧吴之地果然丝毫不见。本籍任用前后经过并不明确。

整体来看，从东汉末至西晋本籍任用的案例仍少，虽然很难肯定认为其已步上轨道，但也不能因此无视存在的几个例子。从特色而言，在东汉末及西晋八王之乱后的乱世里，都集中出现本籍任用。在地域上，扣除未发现本籍任用案例的吴国地域外，也无法从中判断其分布重心。

---

1. 新兴太守，《晋书》卷八八。
2. 新兴太守，《晋书》卷八一。
3. 东莱太守，《资治通鉴》卷八六。
4. 东莱太守，《资治通鉴》卷九一。
5. 彭城内史，《晋书》卷六九。

二、东晋、南朝的本籍任用

（一）东晋

晋怀帝永嘉五年（311）之后的北方乱世，对地方官的本籍任用似乎有些影响。此时开始的本籍任用案例急遽增加，与前述三国、西晋时代的事例之少形成了鲜明对比。东晋时期的本籍任用有刺史二十九例、太守二十一例、县令四例。加上西晋永嘉五年后的六例，刺史有三十一例、太守二十五例、县令四例，合计达六十例。下文将考察这些案例与本贯的关系、时代、地域性之特色。

表10-1　东晋、南朝地方官本籍任用事例

（Ⅰ）刺史

与本籍、居住地的关系		数目	时间	地域（州）	出处[1]
A	1 居住于本籍，并担任当地官员	0			
	2 虽离开本籍，但仍于本州率领抗敌，任当地官员	5	成帝咸和三年（328）以前（即永嘉年间至东晋初）	兖、司、雍、豫、青 各1例	晋一五、三九、六三、六七
B	1 已迁离本籍并移居，仍任本籍地官员	18	整个东晋	豫12、兖4、徐1、冀1	晋六七、六九、七三、七四、七九、八一、八四、九八、九九，宋四五
	2 已迁离本籍并移居，任移居地官员	8	安帝元兴三年（404）以后（东晋末）	雍1、交2、徐5	宋一、四、五、五一、七四、七八、九二

注：本节及次节之表，出处略记如下：
《晋书》→晋；《宋书》→宋；《南齐书》→南齐；《梁书》→梁；《陈书》→陈；《魏书》→魏；《北齐书》→北齐；《周书》→周；《隋书》→隋；《新唐书》→唐；《资治通鉴》→资；《金石萃编》→金；《陶斋藏石记》→陶斋；《八琼室金石补正》→八琼；《汉魏南北朝墓志集释》→墓志。

以下扼要说明A2的情形。据《晋书》卷六七《郗鉴传》，高平金乡出身的郗鉴，在永嘉末年乱世里被众人推为领袖（坞主），率领千余家

第十章　魏晋南北朝时期地方官的本籍任用　　　　　　　　　　　　　257

避难至峄山附近（位于兖州），于元帝时被任命为兖州刺史[1]。在其他案例中，李矩（《晋书》卷六三）、魏该（《晋书》卷六三《魏浚传》）也被认为是坞主。剩下的两例（荀祖、曹嶷）也都在本籍州具军事势力。在乱世中给予地方或大或小的割据者官职或官爵，以便拉拢他们进入己方阵营，并非新的特殊手段，但是与本贯有关的行动，以及对此授予与本贯有关的官职，对于这样的现象应予以重视。

B1是可与A2并列显示这一时代特色所在的现象。如表所示，这些案例几乎皆位于豫州、兖州（若翻阅《二十五史补编》的《东晋方镇年表》，豫州刺史的大部分是此种的本州任用）。而且分别由豫州谢氏、庾氏、桓氏、兖州的郗氏等特定家族所垄占。但是，约在太宁三年（325）豫州、兖州为石勒所攻占。沦陷的诸州虽设立侨郡州，但收复故地已很困难，就像到东晋末年也无法完整收复豫州。随着豫州失陷，庾氏、桓氏、谢氏等逐次南渡，切断与故里的联系。在这种情况下，庾氏虽然仍任本籍豫州刺史，其统治条件已与直接掌控故里本籍地有所不同。这种本籍任用该如何来认识，将于后节讨论，在此仅先指出此乃东晋特色，案例甚多，且皆集中于豫、兖两州。

排除B1的案例后，以本州具军事行动力者为对象的本籍任用个案多集中于东晋初期；在迁移地担任刺史的案例则多出现在东晋末年。

（Ⅱ）太守、县令

		太守				县令		
		数目	时间	地域（州）	出处	数目	时间	地域（州）	出处
A(1)	1	8	东晋初期、末期	扬6、冀1、荆1	晋六八、七六、七八、八一、宋五四、魏三二	2	东晋初	扬2	宋五三、九一
	2	4	永嘉末年至东晋初年	司2、豫1、雍1	晋六三、八一、八九	1	东晋末	青1	晋一〇〇

---

1. 原本此时兖州另外尚有两名刺史，三人分别割据一方，民众归属情形则不甚清楚。另两名分别为荀璠任命的李述、刘琨任命的刘演。

续表

		太守				县令			
		数目	时间	地域（州）	出处	数目	时间	地域（州）	出处
B	1	10	淝水之战后	司1、豫1、徐8	晋七四、八一、八四、宋一、四五、四八、四九、五二	0			
	2	3	东晋初期、末期	交2、豫1	晋五八，宋九二	0			

注：（1）以下的太守、县令之"与本籍、居住地的关系"，皆与刺史处分类相同，故仅以记号标示。

以太守为例，此期要像《方镇年表》般严谨地将史料条列整理面临许多困难，仅能就其概略推测，然而即便如此，例子多集中于永嘉末至东晋初和东晋末期，东晋中期几乎完全不见。此与B1以外的刺史，发展趋势大致相同。地域上，旧吴之地（扬州北部）首次出现，是A1数目增加的主因。县令例中，由于有一则为非正式任命（李方，《宋书》卷四五《王镇恶传》），所以将其省略。县令类所显现的趋势也雷同于刺史、太守。

（二）宋

南朝宋的本籍任用案例数大致同于东晋，有刺史三十例、太守二十四例、县令七例，共计六十一例。然而宋朝立国时间只有东晋的一半，就密度而言比例更高（当然此与撷取史料的方法不同有关，尤其在太守以下的情况）。以下，仿照东晋的分类列表于下。

（Ⅰ）刺史

	与本籍、居住地的关系	数目	时间	地域(州)	出处
A	1 居住于本籍，并担任当地官员(1)	11	孝武帝大明八年以后7、文帝中期3、宋初1	雍2、江1、郢1、徐4、司1、兖1、南徐1	宋四六、七四、七六、八三、八四、九五，南齐二五、二九，魏五五、六一
	2 虽离开本籍，但仍于本州率领抗敌，任当地官员	0			
B	1 迁离本籍并移居，仍任本籍地官员	3	明帝泰始以后	豫2、徐2	宋八七，南齐二五、二九
	2 迁离本籍并移居，任移居地官员(2)	8	宋初及泰始以后	徐2、交1、雍1、梁1、秦2、南徐1	宋六五、七六、七七、九二，南齐一、二一、二七，魏四五
	3 迁离本籍并移居，可能住在侨郡县，担任侨地官员(3)	8	泰始以后明显泛布	冀8	宋一〇、六五、八八，南齐二八、五四、五五

注：（1）如兖州等般，包含五胡诸国或北魏攻占区域的本籍人士。当中虽有迁徙移住的可能性，但由于实况并不算清楚（例如兖州毕众敬《魏书》卷六一传所呈，其与本籍的关系密切），暂先将此项目纳入其中。

（2）迁徙后历经一段时间，也有将移居地视为本籍者。例如王玄谟《宋书》卷七六所载，原为太原祁（县）人，其从祖兄王玄载在《南齐书》卷二七则记为下邳人。类似此例者似乎应合并于A1较为妥当，但目前姑且先将其独立设置。

（3）例如清河崔氏有一部分迁移至青州（青州房），其中族人崔道固成为位于青州的冀州侨立地刺史。此项也包含这类案例。这个时代的冀州虽然只是侨郡县的统治，却拥有实际土地。对居住在青州清河（即东清河）的崔氏而言，冀州既是名目上的本州，同时也是实际上的本州。又，虽未必能知其是否真居住于侨郡，但确知侨郡存在者则纳入此类。

表中值得注意的是，与东晋相比，B1的例子变得非常少；反之，A1、B2中的在本籍或是在移居地任官的例子增加（包含B3），A2中的抗敌坞主型态也销声匿迹。从年代来看，几乎整个南朝宋，特别是宋初和明帝泰始年间的内乱（晋安王子勋之乱）到宋末的例子较多。区域上，未直接受到五胡北魏影响的地方，如江州、郢州也出现本籍任用，反而在东晋时居多数的豫州数目急遽减少。至于侨郡县多有滥立之地如徐州、冀州，则案例增加，引人注目。

（Ⅱ）太守、县令

		太守				县令		
	数目	时间	地域（州）	出处	数目	时间	地域（州）	出处
A 1	18	宋后半，特别是从孝武帝末年到宋朝末年	扬13、江1、郢1、荆1、豫1、徐1	宋五三、五四、六三、七四、八三、八四、八七、九四、南齐二四、二五、三一、三三、四四	7	宋后半6	扬5、徐1、南兖1	宋六三、七四、八二、八八、南齐二九、三一、五二
2	0				0			
B 1	1	宋初	徐1	宋九二	0			
2	3	宋前半	雍1、青1、广1	宋七七，梁四八，魏四三	0			
3	2	宋前半1、不明1	青1、豫1	魏三二、陶斋八	0			

在太守、县令的案例中，东晋时居住本贯且任本郡、本县的地方长官虽然不少，但到南朝宋已成为压倒性的多数。迁徙后任本籍太守的例子较东晋大量减少。A2的情况与刺史相同，都已消失不见。这样的趋势已可见于刺史，在太守的例子当中更为清楚。时间上，则集中于孝武帝末年经泰始年间的动乱期，一直到宋末。以区域而言，江、郢、广州等地也开始出现，与刺史情况相同。此外，扬州比例具压倒性，其中三吴之地——会稽、吴兴、吴郡——占了绝大多数。

（三）南齐

由于南齐国祚较短，能找到的本籍任用案例较少，仅有刺史五例、太守十例、县令三例，合计十八例。

第十章 魏晋南北朝时期地方官的本籍任用 261

（Ⅰ）刺史

	与本籍、居住地的关系	数目	时间	地域（州）	出处
A	1 居住于本籍，并担任当地官员	0			
B	1 迁离本籍并移居，仍任本籍地官员(1)	3	中期	徐2、兖1	南齐二七、二九
	2 迁离本籍并移居，任移居地官员	2	齐初1、不明1	南徐1、梁南秦1	南齐四二，北齐三五
	3 迁离本籍并移居，可能住在侨郡县，担任侨地官员	0			

注：徐州、兖州于宋泰始年间为北魏所占，其中三例的任命是后来在淮水南岸所侨设。他们在这点上与东晋时迁离本籍担任本州（桥州）刺史的案例相似。然二者也有不同之处。东晋的侨州领有多数的侨郡县，其侨郡县是北人南迁后居住之处。亦即虽说是侨州，但当时统治者承认其与旧州间的相似关系。反之，宋泰始以后，如兖州中的七郡，其中五郡有名无实，记载以"荒"，剩余的两郡，东平除去割他郡区域外，仅有四百户，阳平郡也只不过寄附于山阳郡（《南齐书·州郡志》）。兖州几乎仅是名目上的州而已。所以属B1的三例，虽与东晋相同，但应注意其性质上的差异。

引人注目的是，B1再次出现。

（Ⅱ）太守、县令

		太守				县令			
		数目	时间	地域（州）	出处	数目	时间	地域（州）	出处
A	1	2	齐初与齐末	扬2	南齐二四、三二	1	齐中期	扬1	南齐五六
B	1	1	齐末	徐1	梁16	0			
	2	4	整个南齐	雍3、南徐1	南齐四二，梁一八	2	齐末1、不明1	雍2	梁九、一二
	3	3	齐前半	南豫1、兖1、南徐1	南齐二九、三七，魏七一	0			

（四）梁

梁朝时的本籍任用例有刺史十五例、太守十六例、县令五例，合计达到三十六例。

(Ⅰ)刺史

	与本籍、居住地的关系	数目	时间	地域(州)[1]	出处
A	1 居住于本籍,并担任当地官员	6	梁末(例外有一例)	荆1、江1、梁2、司1、南徐1	梁一八、陈八、一一、一三、周四四
B	1 迁离本籍并移居,仍任本籍地官员	0			
	1-1 迁离本籍并移居,可能住在侨郡县,担任本籍官员[2]	3	梁后半	豫3	梁二八、陈一三
	1-2 迁离本籍并移居,任非移居地,而是与本籍同名的侨地官员	0			
	2 迁离本籍并移居,任移居地官员	4	梁前半	雍2、豫1、南兖1	梁九、一一、一二、二八
C	北朝来的降者,之后任本州刺史	2	梁中期1	兖1、徐1	梁三九、魏五五

注:(1)此时开始州数急遽增加。由于不能利用新州名来与前代作比较,是以仅举《南齐书·州郡志》中所见之州名。以下陈代亦同。
(2)此处所举三例皆在豫州。豫州从晋以来虽历经多次变迁,最近一次发生在南齐末,由于豫州刺史裴叔业归降北魏,淮南大半州县划入北魏领土。不过,即便在此背景下,这三例似乎仍与"乡里"有密切连结,与南齐B1有所歧异。随时代发展,旧贯意识逐渐薄弱,本处似乎应包含B2较为妥当,但暂时先予以区别。

与南朝宋代相同,居住本籍的例子较多。再者,也需留意南朝宋代已可见长江下游、淮水流域以外的区域,如梁、荆、司、江州也已出现本籍任用。此外,表中无法呈现的新趋势,即已有不少将迁移地称为本州、乡里的例子。南朝宋代以后虽然可见迁移地的本籍任用,但以本州来称呼则为首见。(宋代有一个郡级例子。)

第十章　魏晋南北朝时期地方官的本籍任用

（Ⅱ）太守、县令

		太守				县令		
	数目	时间	地域（州）	出处	数目	时间	地域（州）	出处
A	1	12	梁末（一例除外）	扬6、江4、秦1、梁1	梁二一、四五、周四四、陈一〇、一一、一四、三五	4	梁后半3、不明1	扬3、南徐1	梁四八、陈一六、二〇
B	1	0				0			
	1-1	1	不明	豫1	陈一三	0			
	1-2	1	不明	梁1	北齐三五	0			
	2	2	梁初1、不明1	雍1、扬1	梁一二、二一	1	不明	荆1	周四二

A1太守的情形大致同于其他时代。只是跟他朝比起来不同的是，A1郡县中的扬州比例不到一半，而且在扬州内也出现前所未见三吴之地以外的东阳、晋安等郡县，值得注意的是它们都集中在梁末，其发展情况可与刺史接轨。

（五）陈

陈朝的本籍任用有刺史四例、太守十二例、县令四例，合计二十例。

（Ⅰ）刺史

	与本籍、居住地的关系	数目	时间	地域（州）	出处
A	1 居住于本籍，并担任当地官员	4	陈初3、陈中期1	扬1、湘1、南兖1、南徐1	陈八、九、三五
B	1 迁离本籍并移居，仍任本籍地官员	0			

应注意其仅出现A1的型态。虽有扬州、南兖、南徐州等长江下游的州，但从郡名来看，东阳、义兴、秦郡都是前此未见的地区。它们接续梁朝的发展趋势，多出现于陈朝初年。

（Ⅱ）太守、县令

		太守				县令		
地域	数目	时间	地域（州）	出处	数目	时间	地域（州）	出处
A	1	11	陈前半（尤其在陈初）	扬7、湘2、江2	陈七、八、一〇、一二、一三、二二、二五、三三	4	梁初3、不明1	扬3、南徐1	陈一一、二〇、二二、三一
B	1	1	不明	扬1	陈八	0			

太守任官于前此未见的始兴（湘州）、新安（扬州）、临川（江州）等郡，情况甚为显著。县令方面，吴兴、会稽等虽是过去频繁出现的郡名，但视其官员姓名，却与之前在这些郡名下出现的特定家族（如吴兴沈氏）有所差异。其发展特色同于刺史类，可说是与梁末频繁出现的新区域本籍任用趋势相接轨。

（六）东晋南朝的小结

以上采取近似繁琐的方式，对东晋南朝地方官的本籍任用进行分类，其结果略述于下。

1. 东晋时出现很多迁移后仍任旧籍的刺史、太守、县令之案例，尤其是刺史，占其中的大多数。但是此类型在南朝宋的数量大幅缩减，齐有少数类似的例子，梁、陈则是绝迹。相对于此，担任新徙地和本籍地的地方官，在宋代以后成为主流，当中又以任太守、县令占绝大多数。

2. 地域上，刺史以任于兖州、南兖州、豫州、冀州、徐州、南徐州的例子特别多[1]。但随时代发展，其他区域也逐渐变多。以太守来说，占压倒性多数的居住本籍者，几乎多集中于扬州（包含三吴之地）。此

---

[1] 关于扬州、兖州、徐州、豫州例子较多的原因，并非无法解释。东晋南朝列传中所记载之人物大多出身于这几个地方。加上，刺史是列传会收录记载的人物，所以在特定区域中集中出现本籍任也无需意外。至于太守、县令虽多不被列传所载，但本籍任情形理应仍多。由于本章叙述以外的本籍任甚多，推测这些可能多位于扬州以外之地。此外，根据目前能得知的讯息虽无法论之过多，加上没有确切方法来检证，但时常先将这些可能性放在脑海里应为必要。

虽非片面之词，但若将其他型态纳入考虑，大体可言各地皆有本籍任用例（除益州外）。

3. 从梁末至陈，过去未见本籍任用的区域，如湘州或江州，也出现案例。或者州名虽与过往相同，但从郡县名来看，完全是新区域的本籍任用。

4. 从年代来看，整体而言可说是动乱时期案例较多。在刺史方面，迁徙后仍任本州刺史的个案多，此现象存在于各个王朝，未有太大变化。若排除上因，仅考察本籍居住者和成为迁徙地官员者，其结果如下表。

表10-2　东晋、南朝地方官本籍任用情形

	东晋	宋	齐	梁	陈
刺史	东晋初、东晋末	宋初一部分，多在泰始年间至宋末	（因数量少，略之）	梁前半、梁末	陈初
太守	同上	通朝泛布，泰始之后比例较多	通朝	梁末	陈前半（尤其在陈初）
县令	同上	宋后半	（因数量少，略之）	梁后半	陈初

据上表更容易掌握其发展趋势。如多集中于永嘉之乱至东晋建国、东晋亡国到宋初、宋泰始年间内乱至南齐建国、梁末（侯景之乱）至陈初等时段。当然其他时期也有，但大致上仍可看出其整体特色，即多出现在混乱时期，也就是国家权力遭受动摇之际[1]。

三、五胡十六国时期及北朝的本籍任用

（一）五胡十六国时期

由于五胡十六国缺乏史料，难以得知本籍任用的详细情形。然而即便如此，根据《晋书·载记》或《资治通鉴》、《魏书》等书，仍有一些蛛丝马迹。笔者从中找出十九例，似乎也不算太少。不过，若将

---

1. 此已为小尾孟夫所指出，请参照其依本籍任用的就任年代之制表。

之后的北魏时期纳入考虑，或许还有其他更多的例子也说不定。如前节所言，在东晋的本籍任用数目急遽增加，在华北虽然没有那么明显，但可能也出现了同样的情形。

这个时期十九个本籍任用例，可细分为刺史三例、太守十四例、县令二例（《晋书》卷一〇九、一一〇、一一五、一二二、一二四、一二七、一二八；《魏书》卷四六、五二、五五；《周书》卷一七、二二；《北齐书》卷三〇；《资治通鉴》卷八九、一一一、一一九）。由于记载简略，与本籍及居住地的关系无法清楚厘清，但例如北凉担任敦煌太守的索氏，国家领地和任官地域相符，大致可视为居住在本籍。从年代来看，始于前赵、后赵，及于后秦、南燕，扩及整个十六国。地域则几乎泛及所有区域，从东北边的右北平、范阳，到渤海、高阳、平原等的华北平原，和冯翊、天水等关中一带，以及武威、敦煌等之西北地区。不过，与东晋交界的前线，如徐州、兖州、豫州等地，则不见任何本籍任用，若与同时期的东晋相比，显得特别需要注意。下表以《晋书·地理志》为基础，对任官区域的州进行分类，以兹比较：

表10-3　五胡十六国时期各州本籍任用人数

	幽州	冀州	青州	司州	雍州	秦州	凉州
刺史	2		1				
太守	3	3		2	1	1	4
县令		1					1
合计	5	4	1	2	1	1	5

应注意北魏以后许多由家族辈出之本籍任用现象已经出现，如范阳卢氏、河东柳氏、渤海封氏等，右北平阳氏、天水赵氏、广平游氏情况也相同。综合各种现象来考虑，可以得知五胡十六国时期的本籍任用是北魏的发展前驱。

（二）北魏

北魏时期的本籍任用数甚多，有刺史七十二例、太守九十六例、县令十三例，共计一百八十一例[1]。

表10-4-1　北魏地方官本籍任用事例（刺史）

（Ⅰ）刺史

	与本籍、居住地的关系	数目	地域（州）	出处
A	1 居住于本籍，并担任当地官员	62	平3、幽7、冀7、青4、徐2、兖6、司17、雍4、秦2、并6、凉1、荆2、不明1	魏 一五、二四、三二、三三、三八、四二、四三、四四、五四、五五、五八、六一、六五、六六、六七、六八、七二、七四、七五、七六、七九、八三、八六、九一、九三、九四，北齐 一七、一九、二〇、二一、二二，隋 六二、六五、七三，梁三九，金八，墓志
	2 迁离本籍，因率领乡民、流民，而得以任官	2	雍1、冀1	魏四二、北齐二一
B	1 迁离本籍并移居，仍任本籍地官员	3	并3	魏九三
	2 迁离本籍并移居，任移居地官员	1	青1	魏七六
C	南朝来的降者，之后任本籍地方官	3	冀1、兖1、豫1	魏二四、六一
	其他	1	幽1	魏九三

其中以居住本籍者占绝大多数，情况大异于东晋南朝。然而，若考虑东晋南朝多为北来的高级官僚，此现象又可说是理所当然。从地域分布来看，几乎泛及北魏所有区域，其中又以冀、幽、兖、并、司州较多。虽然表中无法呈现，但从孝明帝开始，北边诸州的本籍任用逐渐增多，此应与六镇之乱至北周、北齐建国的过程相联系。其次从年代趋势来看，

---

1. 此处有可能将东魏例掺进北魏里。《魏书》以东魏为继承北魏的正统王朝，对相同的记载并无刻意区别。所以此处记载人物中，若是记述简要，则究竟是担任哪个时代的官员并不清楚的情况甚多。且墓志铭或《新唐书·宰相世系表》等，也只记载着"魏"与"后魏"，并无区别二者差异（也有西魏例混入其中的可能性）。因此本文仅将确定者列入东魏，时代不明者则归入北魏时期来看待。

表中之所以未标示出年代，乃因主要史料来源《魏书》列传的记载甚简，不易确定时间。北魏统治华北的时间较长，即使只分成前中后三期仍显得含糊，再者，在整个北魏时期都可以看到本籍任用。因此，本文对本籍任用例，采以各帝朝为限之分类方式排列。（参看补注一）

表10-4-2　北魏地方官本籍任用统计（刺史）

	道武帝	明元帝	太武帝	文成帝	献文帝	孝文帝	宣武帝	孝明帝	孝庄帝	废帝	孝武帝	不明
例数	0	1	4	1	4	9	6	15	10	5	2	16
年平均	0	0.06	0.14	0.07	0.57	0.47	0.35	1.07	3.33	2.5	0.67	
附注		1例A2				3例C		B2、A2各一例				

从上表来看，道武帝到文成帝的例子尚少，献文、孝文、宣武帝时期增多，孝明帝以后剧增。关于此，下列的说明或许恰当。首先，《魏书》列传不仅详细记载特定人物的事功，也包含其后世数代子孙，撰述方式宛如家谱。若完成系谱，其家世承继关系将更为扩大、清楚，越到后代记载的人物越多。如此一来，本籍任用例愈往后愈清楚，也是理所当然。第二，北魏初在征服地设置实行军政的镇，当统治步入正轨后，再由镇改为州郡，其时间因地域有所不同，但大多数的镇改州多在孝文帝太和年间以后设立。若此，则孝文帝时期开始，本籍任用数的增加也是理所当然[1]。上述是合理的解释,若考虑时间不明十六例的归属时代，属于北魏后半期的可能性很高。若再将上述两个因素纳入考虑，或可言整个北魏，平均可见本籍任用的案例。这个想法将于后节得到证实。不过，下文似乎显示对本籍任用的数量达到高峰。接近孝明帝治世末期的正光五年（524），为应付六镇之乱，中央必须采取对策。以正光五年（524）前后为界，切分孝明帝时期的本籍任用十五例，则

正光五年（524）以前一例

---

1. 严耕望：《中国地方行政制度史》上编卷中之下，第十一章《北魏军镇》。

第十章 魏晋南北朝时期地方官的本籍任用

正光五年（524）以后七例（不明七例）

由于不明的情况近半数，无法详析，但若考虑到孝庄帝至孝武帝时例数特多的话，或许可以推论正光五年以后的本籍任用例较为集中。

（Ⅱ）太守、县令

表10-5-1　北魏地方官本籍任用事例（太守、县令）

		太守			县令		
		数目	地域（州）	出处	数目	地域（州）	出处
A	1	72	幽11、冀23、青10、徐1、兖2、豫1、司11、雍6、秦2、凉1、荆2、并1、不明1	魏一四、二四、三二、三六、四三、四六、四七、四九、五三、五四、五五、五六、六一、六三、六七、七一、七二、七九、八三、八八、八九、九一、九二、九三、九四，北齐二一、二二、二三、二七、四三，周三六、四四，宋九五、隋六六、六八、七四，唐七一、七五，资一五六，金四〇，陶斋七，八琼一六，墓志	11	冀3、青1、司5、秦1、不明1	魏一九、三六、四五，周四四，陶斋七，八琼一八、墓志
	1-1*	12	司12	魏四二、六九、八八，北齐二〇，周三八，唐七三，资一一八	0		
	2	1	冀1	魏七二	0		
B	1	4	兖1、幽1、并1、凉1	魏九三、九四，北齐一九，周二七	0		
	2	3	兖2、司1	魏六一、七七、八五	2	司1、不明1	魏七七，周二五

续表

	太守			县令		
	数目	地域（州）	出处	数目	地域（州）	出处
C	4	冀1、雍1、豫1、梁1	魏三二、七一	0		

*此处列举虽居住于本籍但似以他郡为本郡者[1]。

从表中可知，其情况大致同于刺史。从地域上来看，几乎散布各地，特别以幽、冀、司州较多，其他如青、雍州也有。其次，仿效刺史的方式，以太守为中心，依年代排列。相较于前者，太守、县令的记载较为简略，具体时间多不确定，即使以帝王在位年限来区分时也仍有存疑者（下表中以问号表示）。

表10-5-2　北魏地方官本籍任用统计（太守、县令）

	道武帝	明元帝	太武帝	文成帝	献文帝	孝文帝	宣武帝	孝明帝	孝庄帝	废帝	孝武帝	不明
太守例数	1	3	0	3(?1)	2(?1)	2(?1)	9	23(?2)	7(?8)	5(?1)	0	41
年平均	0.04	0.19	0	0.21	0.29	0.11	0.53	2.65	2.33	2.5	0	
县令例数	1		1				2	2	2			5
附注		1例A1-1		1例A1-1	1例C		1例A1-1	2例B2、3例C		1例A2		

就不明状况近半数的统计结果而言，说服力似乎稍弱，然而，至少可

---

1. 本项所举皆为河东太守的案例。河东裴氏虽号称"河东闻喜人"，但北魏时闻喜县属正平郡而非河东郡，所以应将正平郡视为本郡，河东太守亦是本郡任用的变形之一。所以本文特辟本项，并收入河东汾阴薛氏例。据《魏书》所载，汾阴县隶属北乡郡，薛氏应是以北乡郡为本郡。但由于裴氏与薛氏皆曾出任河东邑中正，足知其与河东郡关系甚深。裴氏系谱中洗马裴及西眷裴，因避乱曾暂时迁至凉州，之后居住在解县（依《魏书·地形志》，属河东郡）。由于解县与闻喜县甚为接近，推测可能是裴氏散布于两县的附近后聚合成几个团体。因此，河东裴氏担任河东太守（即便不是洗马裴与西眷裴）并非只是纯粹的本籍任用，应尚有其他含义。

以确定其大体同于刺史情形。不同之处只有献文帝、孝文帝时期的例子稍少。若以孝明帝正光五年为界，则情况为：

正光五年（524）以前三例

正光五年（524）以后十七例（不明三例[1]，其中二例属正光五年以后的可能性大）

由此可知，太守与刺史都在正光五年后于本郡任官急遽增加。这与刺史情况相同。

（三）东魏

东魏的本籍任用，确知的只有刺史五例、太守五例，共计十例。从前文六镇之乱后激增的本籍任用情形而言，似乎过少。这或许是因部分案例无法辨别，而被归到北魏的缘故。

（I）刺史、太守

表10-6　东魏地方官本籍任用事例

与本籍、居住地的关系		刺史				太守			
		数目	时期	地域	出处	数目	时期	地域	出处
A	1 居住于本籍，并担任当地官员	4	东魏初	幽1、司1、冀1、不明1	魏四七、六九，北齐二一、二七	4	散布	幽1、冀1、青1、司1	魏三二、三四、五六，北齐二二
	1-1 虽居住本籍，但似以他郡为本贯	0				1	东魏初	司1	魏四二

---

1. 上表中孝明帝时期以问号标示的案例有八，此处却只列三例，乃其中五例虽发生于正光五年（524）以后，但也有可能是孝明帝太平治世之后。

续表

与本籍、居住地的关系		刺史				太守			
		数目	时期	地域	出处	数目	时期	地域	出处
B	2迁离本籍并移居，担任移居地官员	1	不明	幽1	魏八八	0			

由于例数过少并无法具体言之，不过散布区域则与北魏一致。在时间上，刺史集中在东魏初期；太守则分散于整个时期（虽说是分散，但由于时间过短，并无太大的意义）。扼要言之，大体承继着北魏的情形。

（四）北齐

北齐的本籍任用数目稍少，有刺史六例、太守二例、县令一例，共计九例。

（Ⅰ）刺史

表10-7　北齐地方官本籍任用事例（刺史）

	与本籍、居住地的关系	数目	时间	地域（州）	出处
A	1居住本籍，且任当地官员	4	齐中期3、不明1	兖1、冀1、并1、不明1	北齐二一、四七，墓志
	1-1虽居住本籍，但似以他州为本州	1	齐中期	豫1	北齐四二
C	南朝来的降者，之后任本州刺史	1	齐中期	扬1	北齐三二

（Ⅱ）太守、县令

太守仅有二例，均属于居住本籍的A1。时间上，北齐中期有一例，另一例不明；地域皆在冀州（《北齐书》卷二一、《陶斋藏石记》卷一）。县令一例，属B2的担任迁移地县令，时间在北齐中期，位于荆州(《汉魏南北朝墓志集释》)。

总括而言，北齐的本籍任用，在与本籍的关系和地域上的特色，皆与北魏一致，时间多集中在北齐中期。

（五）西魏

西魏的本籍任用数相当多，有刺史十五例、太守十八例、县令四例，合计三十七例。

（Ⅰ）刺史

表10-8　西魏地方官本籍任用事例（刺史）

	与本籍、居住地的关系	数目	时间	地域（州）	出处
A	1 居住本籍，且任当地官员	11	通朝	雍4、司5、凉2	周一四、二二、二七、三一、三八、四四，资一五八
B	1 迁离本籍并移居，仍任本籍地官员	0			
	2 迁离本籍并移居，任移居地官员	4	通朝	雍4	周二五、二九、三〇

迁移后的B2里，从"本州之荣"或"牧宰乡里"一词来看[1]，可知其已归属于新郡县。时间泛布整个西魏，且以初期比重较大。这个时期从河东到洛阳，正是与东魏激烈竞争之际，区域分布应该也与此事有关。其中以大统三年（537）被任命的例子最多，当年正发生著名的沙苑之战。可知其大体承继着北魏末的情形，区域虽分布各地，但应注意西北边境一带（雍州的例子都与河套相近），和与东魏交界的前线，例子都较多。

1.《周书》卷二五《李远传》、卷三〇《李穆传》。

（Ⅱ）太守、县令

表10-9　西魏地方官本籍任用事例（太守、县令）

		太守				县令		
	数目	时期	地域（州）	出处	数目	时期	地域（州）	出处
A	1	14	通朝	雍5、司8、凉1	周二、三三、三四、三五、三六、三七、三八、三九、四三、四四	2	西魏初1、不明1	司1、秦1	周二九、三五
	1-1	1	不明	司1	周三五	0			
B	1	0				1	西魏末	司1	周二二
	2	2	西魏初1、西魏末1	雍2	周二五、三〇	1	西魏末	雍1	周三〇
其他		1	不明1	豫1	金三七	0			

*此处列举虽居住于本籍但似以他郡为本郡者。

从年代来看，集中在西魏初期与西魏后半，大致泛布整个时期。从地域上来看，特别是与东魏的前线地带例子较多。（此处虽无法呈现，但与东魏交界的前线地带，其本籍任用多集中在西魏初年。此外，也有向原东魏境内的举兵、归附者给予本籍任用的例子。）

（六）北周

北周的本籍任用，有刺史十二例、太守八例、县令一例，合计二十一例。

第十章 魏晋南北朝时期地方官的本籍任用

（Ⅰ）刺史

表10-10 北周地方官本籍任用事例（刺史）

	与本籍、居住地的关系	数目	时间	地域（州）	出处
A	1 居住本籍，且任当地官员	9	泛布整体	司5、秦2、凉2	周一一、二〇、二九、三一、三七、隋三九、四六、五四，墓志
B	1 迁离本籍并移居，仍任本籍地官员	1	不明	并1	周三六
	2 迁离本籍并移居，任移居地官员	1	北周初	并1	周二〇
C	来自北齐的降者，任本籍地官员	3	不明	冀1	隋七〇

年代大体泛及全北周，分布区域有与北齐前线的交界处，及关中的北边至西边，情形同于西魏。

（Ⅱ）太守、县令

表10-11 北周地方官本籍任用事例（太守、县令）

		太守				县令			
		数目	时期	地域（州）	出处	数目	时期	地域（州）	出处
A	1	5	北周末2、不明3	徐1、司1、雍2、凉1	周三二、三六，隋四七、七一、七四	1	北周初	司1	周四四
B	1	0				0			
	2	3	北周末1、不明2	冀1、司1、雍1	周三六、隋五〇、五二	0			

时间上来说，太守三例都出现于北周末建德六年（577）以后，其余部分虽不甚明确，然视其记载，或在此之前。总之，似乎可视为泛

布全北周。地域上,除与北齐交界的前线地带、关中、西北边之外,合并北齐之后的旧北齐领地也有案例。

(七) 五胡十六国时期及北朝的小结

上述是从细部来察看,以下将综合言其梗概。

1. 五胡十六国、北朝时期的情形异于东晋南朝,居住本籍且成为当地地方官的案例占绝大多数。即使曾经迁徙,历长久岁月于居住地任官,也类似于本籍任用,因此本文将二者合并考虑,而这个时期的所有例子几乎皆为此类。

2. 地域而言,大体泛布各个区域,其中尤以冀州至幽州和包括河东至洛阳的司州较多。此外,北魏末以降,北边、西边地带的例子也逐渐显著。

3. 从时代来看,本籍任用几乎通贯整个时期,尤其是从北魏末年六镇之乱到东西魏建立初期的案例特别多。

四、隋代的本籍任用

隋代本籍任用例,经笔者调查后,目前掌握有下列五例:

表10-12 隋代本籍任用的官员

人名	本籍	居住地	任官	年代	出处
(1) 于玺	河南洛阳	京兆?	洛州刺史	文帝中	《隋书》卷六〇《于仲文传》
(2) 樊叔略	陈留		汴州刺史	开皇初	《隋书》卷七三《循吏传》
(3) 虞庆则	京兆栎阳	灵武	京兆尹	开皇元	《隋书》卷四〇
(4) 李叡	博陵安平		板授本郡太守	开皇4	《汉魏南北朝墓志集释》李则墓志
(5) 唐直	京兆长安		本县令	开皇元	同上,唐直墓志

然而这五例尚未可言是隋代全部的数目。此乃因笔者调查之史料,主

第十章　魏晋南北朝时期地方官的本籍任用　　　　　　　　　　　　277

要限定在与隋代相关的正史、金石文献类，搜讨中遗漏的其他资料甚多。再者，即便曾搜讨过，也有可能发生疏漏。特别是在隋代，要判断本籍任用与否是件困难的事[1]。

是以，虽然数据不完整，本文还是尝试分析这五例。（1）于玺本为代人，于北魏孝文帝时被强迫迁到洛阳，即所谓的代迁户。代迁户在洛阳居住的时间甚短，大多数在六镇之乱后被迁至邺（有些可能迁往关中），若此他们很难将河南视为本籍。恐怕对他们而言，甚至连本籍任用的意识也没有。（4）李叡因高龄七十五岁，才被板授予本郡太守的名衔，并非实际任官者。（3）、（5）例的虞庆则、唐直，本籍系于京兆。在汉代，三辅之地是任用地方官时的例外区域[2]，甚至在北朝的京师（河南），也是中正官任用时的例外区域[3]。换言之，隋朝的首都京兆，其本籍任用也应该有特殊规定的可能性。若此，仅存（2）樊叔略一例，根据列传记载，他"因功"而任。樊叔略的情况是否为本籍任并不清楚，若依下节分类，其恩遇仕任的可能性高。所谓恩遇仕任，是浜口重国在检讨汉代本籍任用时所举出的几种特例之一。如此看来，隋代是否真存在着本籍任用，令人怀疑。

关于这五例，从年代来看全发生在隋文帝时，且集中于开皇初年。浜口重国曾指出隋开皇十五年（595）废止刺史二重僚属制中的州官系统，留下来的府官系统也是流内官皆由中央任命，且"立下州县流内官不得任用当地出身者的政策"[4]。关于僚属，目前尚未找到足兹讨论的

---

1. 到隋代地方行政区划已有大的变化，在废郡的前提下（在更变数回的情形下，在最后郡销声匿迹前，也有州先废止的情况。同时《隋书・地理志》记载为郡而非州），许多小郡县大多被统合并废，原有郡县（注意郡望表中的关系）该隶属于哪个新州县难以掌握，加上《隋书》记载之州县名大多是新的，与原有郡县名完全不同（《隋书・地理志》带有非常详细的注，但还是不够的）。
2. 详见浜口重国：《漢代に於ける地方官の任用と本籍地との関係》，《歷史学研究》101，1924年；刺史部分，见《隋の天下一統と君権の強化》，《日本諸学振興委員会研究報告—特輯第四編歷史学》，1942年；二文收入氏著《秦漢隋唐史の研究》下，东京大学出版会，1966年。
3. 北朝的中正官几乎都是在现居住地被任为中正官的。但河南邑中正有六名，包括陇西李氏、陇西辛氏、河南穆氏、河南于氏、京兆韦氏、广平韩氏，以河南为本籍乃至居住地者达三分之一。这说明河南郡作为京师之地受到了特别待遇。
4. 详见浜口重国：《漢代に於ける地方官の任用と本籍地との関係》，《歷史学研究》101，1924年；收入氏著《秦漢隋唐史の研究》下，东京大学出版会，1966年。

史料。然而若观察地方官的情形，则大体吻合此说，至今仍未发现开皇十五年以后的本籍任用例。由此除可以知道浜口氏的论证无误外，开皇十五年以前隋的本籍任用例也甚少，而且皆为特殊个案，似乎可推测从隋初开始，已确立了某种程度本籍回避的原则[1]。

五、地方长官本籍任用原因的探讨

在前四节的详述中，地方官本籍任用大体贯穿东汉末到南北朝末期，特别是在王朝专制统治力大幅滑落时，本籍任用的现象更为显著。原因之一在于这个时期特殊功绩之人物较为突出，正史中的记载也较其他平稳时期来得多，但此尚不足以完全说明本籍任用的现象。在王朝统治的动摇时期（对新王朝而言是统治的确立过程），本籍任用情形较多，很容易导出一个与军事相关的推测[2]，本节将以此作为出发点，考察数种本籍任用的类型，试图探索其实行之原因。

（一）对主动投诚归附者的暂时任命

这是以对立王朝归附的情形为主，但也有因叛乱等因素而与本朝相敌对，之后再投诚的情况。当然对于无名的投诚归附者没有必要给予特殊待遇，这里讨论的人物大抵在投降前就已经具有了与新地位基本相当的地位。毕众敬由南朝宋的反乱军推举而行本州（兖州）事，之后归降于宋，被任命为兖州刺史，后来又降于北魏，仍除授兖州刺史一职[3]。如代表性案例毕众敬所示，在归附或投降后得到本籍任用，其前职已是本籍任用的例子并不少[4]。但是这种情况都是特殊且暂时性的，常不久后即解任召回中央，甚至也有在短期任内，中央再派遣一名刺史，形成二位长官同时治理的局面。据《魏书》卷四三《房法寿传》记载，他与从弟房崇吉一同归顺北魏，据守于盘阳城时，遭受南朝宋冀州刺

---

1. 浜口重国：《所謂隋の郷官廃止に就いて》。
2. 越智重明：《南朝における地方官の本籍地任用に就いて》，《愛媛大学歷史学紀要》1，1953年。
3. 《魏书》卷六一《毕众敬传》。廢
4. 详见南谯太守夏侯道迁（《魏书》卷七一）、冀州刺史崔道固（《魏书》卷二四）等例。

史崔道固攻击。此后记录如下：

> 初，道固遣军围盘阳，法寿等拒守二十余日。（长孙）观军至，贼乃散走。观军入城，诏以法寿为平远将军，与韩骐驎对为冀州刺史，督上租粮。……及历城、梁邹降，法寿、崇吉等与崔道固、刘休宾俱至京师。以法寿为上客，崇吉为次客，崔、刘为下客。

又，毕众敬、薛安都等由宋投诚于北魏担任兖州刺史时，也有与李䜣一同"对为刺史"的记载（《魏书》卷六一）。这些都是为了利用投诚归附者的统率力统治新附群众而采取的权宜处置，应注意的是其与被统率民众间的强固联系。本类型的问题在于朝廷期待新地方官能对本籍地产生某些作用，笔者将于后文处理其相关问题。此外，必须指出这一类型的事例除了任期短暂之外，也带有奖赏归附者功绩的恩遇的性质。属于此种类型的，南朝有四例，北朝有十例，数量相当多。

（二）因君主恩遇而本籍任用

因君主的特别恩宠而给予本籍任用，情形可分为下列几种。首先是因高龄而得到本籍任用。《魏书》卷九四《宦官·抱嶷传》即是一例：

> 抱嶷，字道德，安定石唐人，……加嶷大长秋卿。嶷老疾，请乞外禄，乃以为镇西将军、泾州刺史，特加右光禄大夫。

又，甄琛任定州刺史，也是之前因高龄而乞骸骨致仕，也属高龄而荣任的一种（《魏书》卷六八《甄琛传》）。

其次，恩幸者或宦官（及其近亲）因宠遇，而得以本籍任用。据《魏书》卷九三《恩幸·赵邕传》载，赵邕为南阳人：

> 邕父怡，太和中历郢州刺史，停家久之，以邕宠召拜太常少卿。寻为荆州大中正，出除征虏将军、荆州刺史。

赵邕弟赵尚与父亲赵怡，也在这个时候担任南阳太守，即或因赵邕受宠的缘故。同样在《恩幸传》的侯刚，出身代人，后为河南洛阳人，后来又假托上谷侯氏而家于上谷。侯刚请长子为燕州刺史，而欲为"家世之基"，这应是他受皇帝宠遇才能有的结果。北魏时期类似这样得以本籍任用的恩幸者、宦官为数不少。即使在南朝宋也有恩幸，如杨运长（《宋书》卷九四）。即使不是来自个人的恩幸，如因子贵而得以任用的侯文捍（《隋书》卷八《侯安都传》），或因弟弟荫庇任本郡太守的项景曜（《陈书》卷八《周文育传》）等，都包含在此类。

再次，也有因病或孝养年长亲属，得特殊宠遇而本籍任用。如《魏书》卷三六《李顺传附李宪传》载：

> 稍迁散骑侍郎，接对萧衍使萧琛、范云。以母老乞归养，拜赵郡太守。

赵郡李宪为尽孝道乞归养老母，得以任本郡太守。又，崔励因父亲崔光病笃，而任本州刺史（《魏书》卷六七《崔光传》）。侯秘（父侯安都）为侍养祖母得以任本郡太守（《陈书》卷八《侯安都传》）。

因恩遇而得以本籍任用，以在职仅百余天的吕僧珍最有代表性，见《梁书》卷一一《吕僧珍传》：

> 吕僧珍，字元瑜，东平范人也，世居广陵。起自寒贱。……以本官领太子中庶子。僧珍去家久，表求拜墓，高祖欲荣之，使为本州，乃授使持节、平北将军、南兖州刺史。……在州百日，征为领军将军。

因君主恩遇而本籍任用的例子，每个都是一时宠遇，这本身并没有多大问题，不过，应特别留意像李宪一族般，出现很多本籍任用的例子。

（三）因功业丰硕而任命

本类甚为机械化，乃基于记载"因某功"而本籍任用的情况很多，

第十章 魏晋南北朝时期地方官的本籍任用

所以特立此项，但若视其内容则有下列几个问题。第一，其与前项（二）的关系很深。换言之，即恩遇色彩浓厚。如同"饰锦故乡"之语所示，本籍任用常带有恩遇等之荣誉色彩，后项（四）也有类似情形。前项（二）虽也因有功绩才能蒙君主宠遇，但当中多以恩幸、高龄为中心，欠缺具体内容的功勋。反之，（三）项中的功绩（以军功为主）多标示具体的任命理由。例如，宋吴郡太守张瓌因平定前任太守的叛乱，得以代其职（《南齐书》卷二四）；梁末徐世谱追随陈霸先征讨王僧辩有功，而得任信州刺史（《陈书》卷一三）。更甚者，也有事先约定立功后就给予本籍任的情形（《南齐书》卷二五《张敬儿传》《周书》卷一八《王罴传》）。另外，也有立功后自己请求本籍任的情形（《宋书》卷七七《柳元景传》等）。简言之，相对于（二）单方面由君主给予恩惠的倾向，（三）则是被赐予者本身先持有实质功绩，或较极端地以本籍任为目的之挟恩要求，此点与（二）有所别异。

关于（三）的下一个问题是，立功过程中，与本籍有密切关系的现象。例如，前段曾提及之信州刺史徐世谱，在《陈书》本传载：

> 梁元帝之为荆州刺史，世谱将领乡人事焉。侯景之乱，因预征讨，……以功除使持节、信武将军、信州刺史。

徐氏可能因率领乡民讨伐侯景有功，而得以本籍任。北朝方面，《周书》卷三六《郑伟传》载：

> 于是与宗人荣业纠合州里，建义于陈留。信宿间，众有万余人。……因是梁、陈之间，相次降款。伟驰入朝，……录前后功，除中军将军、荥阳郡守。

荥阳人郑伟因纠合乡里归顺西魏有功，而被任命荥阳太守。如此项（四）所论，魏晋南北朝时期，由于地方官与本籍间的关系十分紧密，所以有不少官员得以本籍任用。即便任命与功绩有直接关连的郑伟、徐世谱，也难以摒除其与本籍地的联系。其他"因功"任命者，即使未留下明确记载，也应与本籍地有深刻连结。基于此，这些应纳入（四）较为恰当，之所以说（三）为一机械化的分类，原因也在于此。

（四）期许能在本籍地域有特殊贡献

本文第二节检证永嘉乱后至东晋的本籍任用时，曾指出与五胡诸国交界的前线地区，率领流民、乡民的坞主或类似之领导者，被任命刺史、太守的例子甚多。此种也与本籍地有着深刻连结。虽然那波利贞氏认为坞主所率徒众，多为避难民众的集合体，"此种坞主统率的流民聚落，应视为异姓混同的自治共同体，其本质应视为与本地本籍民不同……"[1]，但笔者的理解却与之有所出入。如在《晋书》卷六三《李矩传》载：

> 李矩字世回，平阳人也。……属刘元海攻平阳，百姓奔走，矩素为乡人所爱，乃推为坞主，东屯荥阳。

《晋书》卷六三《郭默传》：

> 郭默，河内怀人。少微贱，以壮勇事太守裴整，为督将。永嘉之乱，默率遗众自为坞主，以渔舟抄东归行旅，积年遂致巨富，流人依附者渐众。抚循将士，甚得其欢心。

如上所述，二者是以乡里民众乃至士兵为根基，流民的加入是使其声势更为浩大而已。这种集团并无实施政治统领，反而为了避免政治干预，而将坞主视为领导者，营造自给自足的自治生活[2]。此般自治势力的存在，虽是永嘉之乱中央权力暂时崩解的中空期产物，但以晋元帝为中心的势力或关中残存的西晋势力，并无直接促成坞主的统治结构（而是默认其存在），反而企图赐予官爵加以收编。对坞主而言，他们已在根据

---

1. 那波利贞：《塢主考》，《東亞人文学報》3-4，1943年；再收录于《史窓》30，1971年，第41页。
2. 那波利贞：《塢主考》，《東亞人文学報》3-4，1943年；再收录于《史窓》30，1971年，第42-46页。

地建立了统治基础，授予本籍任可以说只是一种权宜方法。上述为（4）项中的第一种型态[1]。

第二种是地方上发生问题时，直接任命当地出身者为官的类型。以下试着撷取史书中各种样式的呈现进行探究。

首先，在南朝《南齐书》卷二七《王玄载传》载：

> 王玄载字彦休，下邳人也。……泰始初，为长水校尉。随张永征彭城，台军大败，玄载全军据下邳城拒虏，假冠军将军。官军新败，人情恐骇，以玄载士望，板为徐州刺史、持节、监徐州豫州梁郡军事、宁朔将军、平胡中郎将。

为了收揽对宋战争失败的惶惶人心，所以任命具有"士望"王玄载担任本州刺史。

其次，在北朝方面，于北魏末年动乱之际，记载于《北齐书》卷二一《高乾传》的渤海高翼：

> 高乾，字乾邕，渤海蓨人也。父翼，字次同，豪侠有风神，为州里所宗敬。孝昌末，葛荣作乱于燕、赵，朝廷以翼山东豪右，即家拜渤海太守。至郡未几，贼徒愈盛，翼率合境，徙居河、济之间。魏因置东冀州，以翼为刺史，加镇东将军、乐城县侯。

因具"山东豪右"身份而被任命为渤海太守，之后又率领部众徙居，以刺史身份统治他们。在六镇之乱时，以豪右身份担任当地地方官的例子，并不限于高翼。如《魏书》卷一四《元天穆传》：

> 初，杜洛周、鲜于修礼为寇，瀛冀诸州人多避乱南向。幽州前北平府主簿河间邢杲，拥率部曲，屯据鄚城，以拒洛周、

---

1. 以青州为根据地尊奉晋元帝的青州刺史曹嶷（《晋书·地理志》青州条），同于此型。晋宋嬗递时期，三代独占交州刺史、交趾太守的交趾朱鸢杜氏，亦近于此型（《宋书》卷九二《杜慧度传》）。

> 葛荣，垂将三载。及广阳王深等败后，杲南渡居青州北海界。灵太后诏流人所在皆置命属郡县，选豪右为守令以抚镇之。

因是山东一带流民区域的豪右，而被选命为当地长官，在当时为普遍现象。

其三，也有来自叛乱者被任命的例子，如《魏书》卷四三《房法寿传附房士达传》：

> 永安末，尔朱兆入洛，刺史萧赞为城民赵洛周所逐，城内无主。洛周等以士达乡情所归，乃就郡请之，命摄州事。

即因"以士达乡情所归"，而被命摄州事。又，《北齐书》卷二一《封隆之传附封子绘传》：

> 大宁二年，迁都官尚书。高归彦作逆，召子绘入见昭阳殿。帝亲诏子绘曰："冀州密迩京甸，……"即以其日驰传赴军。子绘祖父世为本州，百姓素所归附。既至，巡城谕以祸福，民吏降款，日夜相继，贼中动静，小大必知。贼平，仍勒子绘权行州事。

为求说服叛乱军队，举用"百姓素所归附"的封子绘，乱平之后，为安定民心仍命权行州事。另封子绘同传中也载：

> 高祖崩，秘未发丧，世宗以子绘为渤海太守，令驰驿赴任。世宗亲执其手曰："诚知此郡未允勋望，但时事未安，须卿镇抚。且衣锦昼游，古人所贵。善加经略，绥静海隅，不劳学习常太守向州参也。"仍听收集部曲一千人。后进秩一等，加骠骑将军。

高欢死后，唯恐民心动摇的高澄，为"绥静海隅"而举用封子绘担任本郡渤海太守，前言之"百姓素所归附"的因素，应也在高澄的考虑里。

据《周书》卷三六《司马裔》传载：

> （大统）八年，率其义众入朝。太祖嘉之，特蒙赏劳。顷之，河内有四千余家归附，并裔之乡旧，乃授前将军、太中大夫，领河内郡守，令安集流民。

为了安置从河内来的归附流民，举用具河内出身"乡旧"的司马裔。

封子绘父封隆之，可以说是本类的代表例（《北齐书》卷二一）。他与高乾等人一同举兵时：

> 乾等以隆之素为乡里所信，乃推为刺史。隆之尽心慰抚，人情感悦。……（天平中）以本官行冀州事。……元象初，除冀州刺史。……隆之素得乡里人情，频为本州，留心抚字，吏民追思，立碑颂德。

以"素为乡里所信"，而能"素得乡里人情"，屡次担任本州刺史。

从上述所举的例子来看，不论南朝或北朝，被授予本籍任用的人，多是当地的"士望"、"豪右"、"乡旧"，因"素得乡里人情"、"素为乡里所归附"，而能"绥静"依附之民心。

还有不少例子虽然不像上面的例子这样明显，但从其任命目的看来，派任之际也是考虑到素得乡里之情的。《周书》卷四四《泉企传》：

> 泉企字思道，上洛丰阳人也。世雄商洛。……及齐神武专政，魏帝有西顾之心，欲委企以山南之事，乃除洛州刺史、当州都督。未几，帝西迁，齐神武率众至潼关，企遣其子元礼督乡里五千人，北出大谷以御之。齐神武不敢进。

北魏孝武帝投奔宇文泰时，已先派泉企任洛州刺史作为准备，此乃因泉企是商洛的首望，以便确保西迁途中所经区域都能得到掌控（如泉企的募兵能力)。

(五)已迁离本籍,仍担任原来本贯的官员

东晋时此类甚多,尤其是刺史占了绝大部分,宋朝数目减少,齐比例再度增加(实际总额减少),梁陈以后绝迹;在北朝已如前节所述,在本籍任用中这种情况所占比例很小。

考察东晋案例,有下列两个问题。其一,本籍地产生变化。此型以豫州例子最多。豫州在明帝太宁三年(325)为石勒占领,成帝咸和四年(329)以扬州芜湖为治所而侨立(至东晋末年豫州故地似乎大部分已回归,因而分立南北豫州)。治所历设于寿春、历阳、姑孰、抚湖,皆位于距离长江沿岸不远的地方,与原豫州故地间隔甚远。然而,若说豫州刺史与原豫州之间毫无关系的话,其结果也绝非如此。侨立地豫州有一部分为原豫州属地,随着战争胜利逐渐扩大,且原豫州的民众多数南迁,形成以江北为中心的侨郡县,与侨立地豫州结合在一起。这些现象显示其与原豫州间的关联。

其二,得以本籍任的人物皆已搬离本籍[1]。豫州颍川庾氏迁徙江南后并无居住于侨豫州,移住荆州的桓氏亦是如此。

对于这种现象该如何解释较好呢?永嘉之乱后不久,人们期待收复华北,再度建立晋朝,并相信这种可能性。所谓侨郡县、白籍的存在,都是以复还华北为前提下的措施。虽然已经迁离,但与原乡的乡党人情尚存于人们心里,即便各自移住地方不同,具乡里"声望"者与乡民间的联系也不可能完全被切断。因此,以"得乡情"者任本籍官,如前项(4)所言乃众所皆望。只是随着时间发展,收复华北的希望逐渐渺茫,东晋领土也趋于固定化,迁徙来的人开始有定居化趋势。土断法的实施是决定性因素。以桓氏为例而言,《晋书》卷七四《桓彝传附桓石传》载"桓氏世莅荆土",在荆州强大势力的基础上,从穆帝永和元年(345)至孝武帝太元十三年(388)为止的四十四年间,桓

---

1. 关于华北人士寓居江南,矢野主税《東晋における南北人対立問題—その社会的考察》(《史学雑誌》77-10,1968年)已有详细研究。

氏独占荆州刺史一职，桓玄即靠此背景得以篡乱，他们对于过去的豫州却几乎毫无言及。也就是说，桓氏已经丧失了其与旧里的关系。在此情形下的本籍任用，与最初型态已有本质上的不同，与前项（4）的性质有明显差异。假使迁徙前"素得乡情"，因移迁而舍弃了"乡情"，并在定居后逐渐消减，若此因"得乡情"之任命理由就很难说得通。笔者阅目所及，过去未论及此类任命的原因，并非没有道理[1]，但是他们绝非完全断绝与故里间的联系，只是相较于（4），已是单纯地意识连结，而非有着如下文所述之具体内涵。

由于东晋就已经有了这种情形，所以南齐时此类的本籍任用，不用说是完全形式化的。如第二节所言一般，南朝齐此类的本州任用，与原有州并无任何关系，完全是字面上的任命，实际上是否能称之为本州任用也有疑问。

在北朝，即使迁居本籍地也还存在，与东晋、南朝的情况迥异，迁徙者与本籍地的关系颇值得注意。《周书》卷三六《王士良》传：

> 王士良字君明，其先太原晋阳人也。后因晋乱，避地凉州。……祖公礼，平城镇司马，因家于代。……建德六年，授并州刺史。建德六年授并州刺史。士良去乡既久，忽临本州，耆旧故人，犹有存者，远近咸以为荣。

王士良祖先离开并州，最迟可溯至曾祖父以前。经历三代以上的时间，尚有老旧故人记得与王氏的关系。只是这种认识是否有可能继续发展？《魏书》卷九四《阉官·封津传》：

> 封津，字丑汉，勃海蓨人也。……肃宗初，冀州大乘贼起，诏津慰劳。津世不居桑梓，故不为州乡所归。

---

1. 虽无豫州的例子，但有郗愔因"与徐兖有故义"而得任徐兖两州刺史之例。此处的"故义"，乃指之前郗愔已曾任数次徐兖两州刺史的北府长史，但无提及其与兖州之连系。明示任用理由的仅有此例。

封津由于代代不居乡里,故不为州乡所归服,诏他慰劳故里也是徒劳无功。是以,迁移者即便与故里有着精神连结,但也不能太过期待能有更具体的行为,此也能说是没有得到"乡情"吧。这条史料也可以说明要如(4)项中的"得乡情",居住乡里是必要之事。

上述将本籍任用的原因区分为五种类型进行了检讨。本章焦点尤其置于(4),重视与本籍的连系。其次,在(4)项中所见之"旧望"、"得乡情"等笼统说法,希望能再进一步具体探索。

六、"得乡情"的分析

什么样的人可以"得乡情"呢?《晋书》卷五八《周处传附周玘传》记载:

> 玘宗族强,人情所归,帝疑惮之。

即因宗族强盛而为人情所归。另一方面,《北齐书》卷二二《卢文伟传》:

> 卢文伟,字休族,范阳涿人也。为北州冠族。……除本州平北府长流参军,说刺史裴俊按旧迹修督亢陂,溉田万余顷,民赖其利,修立之功,多以委文伟。文伟既善于营理,兼展私力,家素贫俭,因此致富。孝昌中,诏兼尚书郎中,时行台常景启留为行台郎中。及北方将乱,文伟积稻谷于范阳城,时经荒俭,多所赈赡,弥为乡里所归。

卢氏在荒年之际赈赡,出钱修复灌溉设备,而为乡里民心所归。类似行为常见于官僚活动,作为美谈收入史书的也不少,卢文伟的行动乃针对其故里,颇具特色。笔者试着再以周氏、卢氏为线索进行考察,其实两者的立场并无对立。卢文伟出身于范阳卢氏。如同"北州冠族"之称般,范阳卢氏极为强盛,高官达宦辈出,尽详载于《魏书》以下诸正史。就宗族强盛这点而言,与周氏并无不同。一般多称之宗族强盛、大族或大姓，其救赡乡里的例子必定不少，如《宋书》卷九一《孝义·张进之传》：

> 张进之，永嘉安固人也。为郡大族。少有志行，历郡五官主簿，永宁、安固二县领校尉。家世富足，经荒年散其财，救赡乡里，遂以贫罄，全济者甚多。

翻阅史书，身为官员不取丝毫俸禄，全数赡给宗族的记载甚多。此非单纯的美谈，也非当时士人奉行的纯粹伦理，而是在宗族结合、繁荣基础的稳固下，藉此进一步坚固自身地位，不可缺乏的必要行为，应也是确保大族地位的重要手段。超越宗族范畴救济乡里，也应该基于同样的考虑。为确保大族地位，只靠一族的团结并不够，还得扩大到统治宗族以外的人。扩充土地是其主要方法，但不只是靠这种直接手段，平常或非常时期的救恤，亦是产生保护与被保护者的统治关系，且随时间嬗递应会更加稳固。正是利用这种较乡党统治更为确实的手段，使得扩大土地所有权变得更为容易。作为大姓、宗族强盛的卢氏，透过救济乡里"得乡情"，又因此能在范阳维持，甚至扩大其统治力与影响力。换言之，"得乡情"之事，可以说是"确立其在乡村的统治，并且拥有强大的影响力"。

不过，这种统治范围应不单限于村落。持有强固的宗族结合与村落支配之大族成员，时常出入于官场，在地方官圈中维持势力，并以所谓的"县姓"、"郡姓"，甚至受推荣的"州里冠族"，将势力扩大到中央。此正是三国以降显著出现，被泛称为"门阀"的诞生。根据各自县、郡、州之等级，设定彼此的门第等级，成为封闭式的社会团体。以婚姻作为主要媒介，维护着纯正血统，排斥他者，维系同等门第间之强烈的同类意识。能在州郡官场中执牛耳的虽不过只有几个大姓，他们彼此互相结合、支持，形成以一家为中心，其他家族完全地支持之型态。从外部来看也恰同"得乡情"吧！这个时代特有之门生故吏关系，又进一步催化其发展。

简言之，"得乡情"有上述两种含意。而被称为"宗族强盛"或"州里冠族"的家族,应被视为获得了这两种"乡情"。

此般"得乡情"的大姓、豪强,各自拥有不少的部曲与家兵[1]。《梁书》卷二八《夏侯亶传附夏侯夔传》载:

> (大通)六年,转使持节、督豫淮陈颍建霍义七州诸军事、豫州刺史。豫州积岁寇戎,人颇失业,夔乃帅军人于苍陵立堰,溉田千余顷,岁收谷百余万石,以充储备,兼赡贫人,境内赖之。夔兄亶先经此任,至是夔又居焉。兄弟并有恩惠于乡里,百姓歌之曰:"我之有州,频仍夏侯;前兄后弟,布政优优。"在州七年,甚有声绩,远近多附之。有部曲万人,马二千匹,并服习精强,为当时之盛。

夏侯夔由于身为官僚,行动较一般来得不同,但救赡乡里,并因此获得乡里拥戴的经过,则同于"得乡情"的一般模式。为数一万人的部曲或许过于夸大,但仁井田陞也曾指出当时豪族拥有为数众多的部曲,[2] 恐非虚妄之词。私附豪族的多数部曲,都以其主家的私兵身份(当然平时可能也从事农耕)在乡里活动,一旦遇事则与主家的宗族一同出征。如《陈书》卷一八《沈众传》载:

> 侯景之乱,众表于梁武,称家代所隶故义部曲,并在吴兴,求还召募以讨贼,梁武许之。

沈众在家乡吴兴招募自家历代隶属之故义、部曲,以其兵力讨伐侯景。

但是,为众所皆知,在南北朝末期"率募乡里"、"率领乡人"、"率

---

1. 请参阅滨口重国:《秦漢隋唐史の研究》上、下,东京大学出版会,1966年;《唐王朝の賤人制度》,东洋史研究会,1966年。关于部曲的性质,有何兹骥等之私兵说与滨口氏的官私双方兵制说,本文不涉及此论争。
2. 仁井田陞:《支那身份法史》,东方文化学院,1942年;1983年东京大学出版会改以《中国身分法史》复刊,第871页。滨口重国认为率领私家的部曲里,可因是否有隶属关系区分为两种,但在本文的讨论中,不需特别作区别。

第十章 魏晋南北朝时期地方官的本籍任用　　291

领乡兵"等记载频出。特别是从北魏末至西魏、北周，这类记载最多，因大抵记为"乡兵"，而被作为西魏特有的兵制，得到学界很多研究关注[1]。这种"率募乡里"与前述之豪族招募乡里故义、部曲，是否有所关连？

　　根据菊池英夫所言，过去对乡兵之研究方法大概可分为四种模式[2]。第一种是傅安华所指出，豪族召集组织"良民壮丁的临时征发兵"的看法。第二种是宫崎市定"如同地方上补助性警察队般的民兵"的说法。第三种是浜口重国主张之乡兵为二十四军的兵员，即所谓的府兵。第四种是唐长孺的见解，认为是西魏特殊环境下所产生的特殊制度，此点虽同于浜口氏，但唐氏主张乡兵与府兵是平行发展的不同兵制。菊池氏则提出不同于这四种的新说，主张乡兵是在地豪族结集私兵后，所得之乡人宗族军事力，应可归于第五种说法。若从笔者上面的论述来看，以菊池氏的说法较值得重视，以下引述其说法。"综观上述可知，如前一两个例子的推测般，主帅都是拥有一乡、一郡势力的在地豪族，在各个王朝的统治下出仕地方或属吏，政治混乱时靠着自我判断，趁机坐大，维护乡里治安外也进一步扩大势力。这种结合军团的力量，并非来自政府策略或官僚的地位权能，他们自发性的储备势力，兵力以宗人、乡亲之类的宗族为中心构成，进而在乡里中广泛招募。此种纠合乡人而成的兵力，即是乡兵命名的由来吧！……乡兵性质若如上所言，仍未能有效说明其地域性与时代性的特色。事实上，此类军事集团乃至兵力集结，虽未见乡兵之名，也普遍见于东魏、北齐及晋、南朝。……他们概略可称为乡人部曲、本乡部曲，都是从家僮奴仆，或家兵部曲为核心的宗族乡人所形成之在地势力的爪牙。如此，北魏末期到立国关中的西魏、北周、隋的乡兵，正确来说只能视为是

---

1. 以乡兵为中心的研究，有菊池英夫：《北朝軍制に於ける所謂郷兵について》，《重松先生古稀記念九州大学東洋史論叢》，九州大学东洋史研究室，1957年；谷川道雄：《北朝末期の郷兵について》，《東洋史研究》20-4，1962年，收录于氏著《隋唐帝国形成史論》，筑摩书房，1971年。其他以北朝兵制研究中之一环而言及乡兵的著作，可参考菊池氏论文中的研究概要。
2. 菊池英夫：《北朝軍制に於ける所謂郷兵について》，《重松先生古稀記念九州大学東洋史論叢》，九州大学东洋史研究室，1957年，第108—109页。谷川道雄是以乡兵意识为中心来处理，在观点上有些许的不同，故此处暂不采用。

一种乡人部曲,绝非特有之现象。"[1]除将乡兵从头到尾视为一体,此点笔者无法认同外,菊池氏的说法大致妥当。若此,能"率募乡曲"者,如前所见之"得乡情"者,似可说是拥有大致相同的性质吧。"得乡情"的豪族率领其客、宗族、部曲,将统治力扩及乡村并维持秩序,一旦国家统治发生动摇时,其维系地方秩序的能力则更加凸显。此时除私家拥有的宗族、部曲、客之外,也包含平时藉由"得乡情",将统治力渗透至村落的成员,甚至超越村落与其他豪族结合(如前所述,此也是"得乡情"中的一部分),将其置于统帅之下。鄙意以为对于"率募乡里",应有如是之考虑。本节之初曾举因"宗族强盛"而"人情所归"的周玘,在元帝初年钱璯趁陈敏之乱时谋反,时"玘复率合乡里义众,与(郭)逸等俱进,讨璯,斩之";"北州冠族"的范阳卢文伟,也在六镇之乱时"率乡闾屯守范阳"。

"得乡情"若如上述所言,足见朝廷给予本籍任用的意图十分明确,即承认地方豪族拥有对乡村的统治力,并利用此点维持该区域秩序,且在军事上利用他们的乡党组织力。如《南齐书》卷二九《王广之传》载:

> 北虏动,明年,诏假广之节,出淮上。广之家在彭、沛,启上求招诱乡里部曲,北取彭城,上许之。以广之为使持节、都督淮北军事、平北将军、徐州刺史。

此种对乡村的统治力,未必一定要任用本籍地官员,也可能利用其所率部曲与乡里分离的形式。实际上亦有此情形。例如浜口重国所言,保卫部将安全的家兵等,原来隶属于私家[2]。然而由于豪族的影响力在地方上最强,即便离开本乡担任兵士的部曲等,多只是暂时性。关于此,《魏书》卷七六《张烈传》记有:

> 寻以母老归养。积十余年,频值凶俭,烈为粥以食饥人,

---

1. 菊池英夫:《北朝軍制に於ける所謂郷兵について》,《重松先生古稀記念九州大學東洋史論叢》,九州大学东洋史研究室,1957年,第108—109页。(原译文为"同前注")
2. 浜口重国:《唐の賤民部曲の成立過程》,收入《唐王朝の賤人制度》,东洋史研究会,1966年。

第十章　魏晋南北朝时期地方官的本籍任用

> 蒙济者甚众，乡党以此称之。……先是，元叉父江阳王继曾为青州刺史，及叉当权，烈托故义之怀，遂相诣附。除前将军、给事黄门侍郎，寻加平南将军、光禄大夫。后灵太后反政，以烈叉党，出为镇东将军、青州刺史。于时议者以烈家产畜殖，僮客甚多，虑其怨望，不宜出为本州，改授安北将军、瀛州刺史。

张烈因参与政变而贬放地方，虽一度让他担任本州刺史，但虑及不满声浪，后改授瀛州刺史。不可仕任本州的理由，乃张烈在乡里家产丰渥且僮客甚多。换言之，朝廷担心张氏利用其在乡党的影响力起而叛乱。因此，可知张氏势力虽不小（为了维持其影响力与统治力，张烈时常在乡里救济困穷民众），但仍得在当地才能发挥作用。《北齐书》卷二一《高乾传附弟高慎传》载：

> 太昌初，迁光州刺史，加骠骑大将军、仪同三司。时天下初定，听慎以本乡部曲数千人自随。慎为政严酷，又纵左右，吏民苦之。

太昌初年（532年，北魏孝武帝统治时期），六镇之乱终得平息，天下初定之际，却又有多事之端，朝廷听允高慎的本乡部曲（理应在乡里），随之迁徙至光州任所。此史料显示这些部曲本应留在本乡，不应随附私家迁徙至他地。若此，则更能明了史料中"归还故乡"招募乡里的意思。朝廷除授本籍地官员的意义，也越来越清楚了。

七、任用同一家族的考察

第五、六节已探索本籍任用的朝廷策略，与被任用者的在地统治结构，但问题尚未完全解决。因为不论在第五节（四）的史料或第六节"率募乡里"的相关史料中，北朝六镇之乱后的大动乱时期，或南朝的叛乱和防卫北方的前线地带，皆属特殊时期与特定区域。若考虑前文分析得知之本籍任用多发生在混乱时期，或许可将问题就此打住。

但至少对于北朝（尤其是正光五年后急遽增加的本籍任用例）不能视之无睹，需承认其大体存在着泛布整个时期的本籍任用。虽说如此，正光五年以前的本籍任用（荣誉任、归降的案例除外）几乎毫无记载，阻碍甚大。为解决这个问题，本节将从累世本籍任用案例着手进行讨论。

如浜口氏与越智氏所言一般，魏晋南北朝时期的本籍任用特色之一，即是来自同一家族的任用案例非常多。其中有世袭本州县令、本郡太守的例子（如上洛泉氏等），也有连续三代以上出任本籍官员，予人世袭般的印象（如交阯杜氏、华山康氏等）。笔者尝试撷取同一家族中出现三名以上的本籍任用例（不区分刺史、太守、县令。同一人任不同官职纳入总数计算，朝代不同也纳入总数计算），结果如下：

表10-13 南朝同一家族本籍任用之事例

族姓	例数	备考	出处
彭城刘氏	11	包含移居京口，但是否为同一族则有疑问	《晋书》六九、八四，《宋书》一、四、五、四五、五一
吴兴沈氏	11		《宋书》六三、七四、八二、八八，《南齐书》四四，《陈书》一二、三三，《梁书》四八，《隋书》七
会稽孔氏	8		《晋书》七八，《宋书》五四、八四，《梁书》四八
吴郡张氏	8		《宋书》五三，《南齐书》二四、三二、三三，《梁书》二一、四五
谯国桓氏	7	移居荆州	《晋书》七四、八一、九八、九九
颍川庾氏	5	南渡	《晋书》七三、八四，《宋书》九五
交阯杜氏	5	原为京兆人	《宋书》九二
河东柳氏	4	居住襄阳	《宋书》七七，《梁书》九
南阳张氏	4	有一例移居河阴	《南齐书》二五，《魏书》七九，《汉魏南北朝墓志集释》二七八
谯国夏侯氏	4		《魏书》七一，《梁书》二八
京兆韦氏	3	居住襄阳	《梁书》一二
陈郡谢氏	3	南渡	《晋书》七九

第十章　魏晋南北朝时期地方官的本籍任用

续表

族姓	例数	备考	出处
高平郗氏	3		《晋书》六七
华山康氏	3		《梁书》一八
安康李氏	3		《周书》四四
下邳王氏	3		《宋书》七六、《南齐书》二七
沛郡王氏	3		《南齐书》二九

表10-14　北朝同一家族本籍任用之事例

族姓	例数	备考	出处
河东薛氏	20		《魏书》四二、六一，《北齐书》二〇，《周书》三五、三八，《资治通鉴》一一八，《新唐书》七三下
赵郡李氏	10		《魏书》三六、四九、五三、七二、九二，《北齐书》二二，《新唐书》七五上
范阳卢氏	10		《晋书》一二四，《北史》三〇，《魏书》四七、七六，《北齐书》二二，《汉魏南北朝墓志集释》
河东裴氏	9		《魏书》四五、六九、七一、八八，《周书》三六、三七，《新唐书》七一上
清河崔氏	9	包含清河东武城、东清河郡	《魏书》二四、三二、六七，《北齐书》二三，《南齐书》二八、五五
渤海封氏	9		《晋书》一二八，《魏书》三二，《北齐书》二一
上洛泉氏	9		《周书》四四
陇西李氏	7	居住高平	《周书》二五、三〇
清河房氏	6		《魏书》四三、七二，《隋书》六六
荥阳郑氏	6		《魏书》五六，《周书》三六，《新唐书》七五上
东平毕氏	6		《魏书》六一，《北齐书》四七
太原王氏	5	包含居住武威的两例	《魏书》九三，《汉魏南北朝墓志集释》四一八

续表

族姓	例数	备考	出处
顿丘李氏	4		《魏书》六五、六六
秀容尔朱氏	4		《魏书》七四、七五
弘农杨氏	4		《魏书》五八,《周书》二二
武功苏氏	4		《周书》二三、三八
泰山羊氏	4		《晋书》八一,《梁书》三九,《魏书》七二
彭城刘氏	4		《魏书》五五,《隋书》七一
安定皇甫氏	4		《魏书》四四,《北齐书》三五,《汉魏南北朝墓志集释》三二四
勃海高氏	4		《魏书》八九,《北齐书》二一
北平阳氏	3		《晋书》一〇九,《魏书》七二
河东柳氏	3		《周书》二二、三二
天水赵氏	3		《魏书》五二、八六,《隋书》四六
敦煌索氏	3		《晋书》一二二,《资治通鉴》一一一、一一九
冯翊田氏	3		《隋书》七四
乐陵李氏	3		《八琼室金石补正》一六
京兆韦氏	3		《周书》三一、三九,《隋书》四七
阳平路氏	3		《魏书》七二

*横跨南北朝者,归入多数例中

同一家族出现多位本籍地官员的情形,经由上表一目了然。下文将以表为中心,选取几例作代表,尝试探索同一家族出任本籍地官员者之间,是否真有血缘关系。笔者撷取南朝吴地四姓之一的吴郡张氏,与多人担任本籍地官员的吴兴沈氏;北朝则以出现二十例的河东薛氏、有北州冠族之称的范阳卢氏与勃海封氏为例。

(一)吴郡吴县张氏

张氏虽有八人出任本郡太守,实数是却只有七位。根据列传记载整理如下:

第十章　魏晋南北朝时期地方官的本籍任用　　　　　　　　　　297

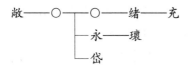

（张彪与其他人的关系不明）

同一家族交替担任本郡太守的情况明显。

（二）吴兴武康沈氏

吴兴沈氏有十一人出任本籍地官员，但实数只有九名。九名中能将画出系谱的只有以下四人。

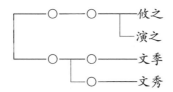

推测这九名彼此或许有血缘关系，但囿于史料局限无法厘清。即便如此，仍可知近半数有较为亲密的关系。

（三）河东汾阴薛氏

河东薛氏的本籍任用例虽计二十例，但实数只有十五人。其关系谱系如下：

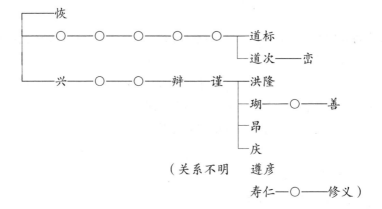

其中薛道标随父亲薛安都从南朝来归，从其曾担任扬州中正官来看，虽为本籍任用，但与其他系谱性质有所差异。扣除薛道标世系下的三名与关系不明的三名后，薛辩房支的其余九人有极为密切的血缘关系。

（四）范阳涿郡卢氏

范阳卢氏计有十名出任本籍地官员，实数却只有九人。关系如下：

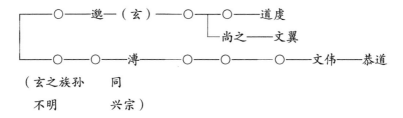

彼此间血缘关系相当密切。

（五）勃海蓨县封氏

勃海封氏计有九名出任本籍地官员，实数却只有七人。

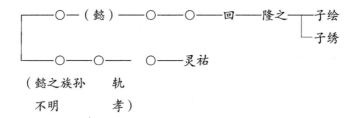

封氏间有较浓的血缘关系，特别是封回以下的三代四人，都依次担任过本籍地官员。

上文清楚可见，任本籍地官员多有较近的血缘关系。笔者虽无逐一检视表中其他人的关系，但大概会有相同的结果。

本文也调查了这五姓与乡里间的关系。

（一）吴郡张氏

《南齐书》卷二四《张瓌传》载：

> 升明元年，刘秉有异图，弟遐为吴郡，潜相影响。因沈
> 攸之事难，聚众三千人，治攻具。太祖密遣殿中将军下白龙
> 令瓌取遐。诸张世有豪气，瓌宅中常有父时旧部曲数百。遐
> 召瓌，瓌伪受旨，与叔恕领兵十八人入郡，与防郡队主强弩
> 将军郭罗云进中斋取遐，遐逾窗而走，瓌部曲顾宪子手斩之，
> 郡内莫敢动者。……即授辅国将军、吴郡太守。……高宗疾甚，
> 防疑大司马王敬则，以瓌素著干略，授平东将军、吴郡太守，
> 以为之备。

张氏代有豪气，张瓌父生前已拥有部曲数百人。萧道成委任张瓌抑制吴郡太守刘遐，必是注意到拥有部曲的张氏在乡里的统治力。即便张瓌实际率领的部曲为数不多，他也能如期地完成任务。为防备大司马王敬则所引发的紧急情势，派命张瓌担任靠近京师的吴郡太守，其背后原因恐也是出于同一理由。

（二）吴兴沈氏

《宋书》卷六三《沈演之传》中载子勃的事迹：

> 时欲北讨，使勃还乡里募人。

其后虽有一些关于"自恃吴兴土豪，比门义故，胁说士庶，告索无已"的行为问题，但任命他在乡里募兵，足见沈勃还是握有一些势力。根据《宋书》卷七七《沈庆之（文季之父）传》：

> 庆之少有志力。孙恩之乱也，遣人寇武康，庆之未冠，
> 随乡族击之，由是以勇闻。

在乡里集结成乡族。再者，根据《陈书》卷三三《儒林传》记载，本籍任用的沈峻子沈文阿，于侯景之乱时在简文帝的命令下（可能在吴兴）招募士卒援助京师，京师沦陷后，他与张嵊一同守卫吴兴。此外，

虽与本郡任用者的关系不明确，沈昙庆在宋文帝被杀害后，回到乡里招募乡人（《宋书》卷五四）；沈恪也在侯景之乱时率先召集宗从子弟，并在陈霸先的命令下，回到武康召集兵众（《陈书》卷一二）。

（三）河东薛氏[1]

《魏书》卷四二《薛辩传》：

> 薛辩，字允白。其先自蜀徙于河东之汾阴，因家焉。祖陶，与薛祖、薛落等分统部众，故世号三薛。父强，复代领部落，而祖、落子孙微劣，强遂总摄三营。善绥抚，为民所归，历石虎、苻坚，常凭河自固。……强卒，辩复袭统其营，为（姚）兴尚书郎、建威将军、河北太守。辩稍骄傲，颇失民心。刘裕平姚泓，辩举营降（刘）裕。

从史料已见薛氏三代的记载，可能在此之前数代都有分统部众、以营称之的情形。他们在北方混乱的五胡时期，以黄河为天然防壁，坚守河东之地。从同传所附孙薛初古拔传，能进一步得知薛氏与乡党具密切关连的军事实力：

> 真君中，盖吴扰动关右，薛永宗屯据河侧，世祖亲讨之。乃诏拔纠合宗乡，壁于河际，断二寇往来之路。

太武帝之所以命薛拔防堵叛乱蔓延，亦是注意到他在问题所在地河东已有基础。薛氏招募兵力的类似记载，也见于《北齐书》卷二〇《薛修义传》：

---

1. 薛氏，在本处兹引之薛辩，乃自蜀地迁移至河东（本纪频出河东蜀等之称号），且率领"部落"。又《薛初古拔传》所载"（谨）长子初古拔，一曰车辂拔，本名洪祚，世祖赐名"有三个字的姓名等线索来看，可能出身非汉民族。然而，本节关注在地统治力，无须过于拘泥汉族与非汉族的区别，故不涉及薛氏出身。

第十章　魏晋南北朝时期地方官的本籍任用　　301

> 时有诏，能募得三千人者用为别将。于是修义还河东，仍历平阳、弘农诸郡，合得七千余人，即假安北将军、西道别将。

又，《周书》卷三五《薛洪隆曾孙薛端传》载：

> 端以天下扰乱，遂弃官归乡里。魏孝武西迁，太祖令大都督薛崇礼据龙门，引端同行。崇礼寻失守，遂降东魏。东魏遣行台薛循义、都督乙干贵率众数千西度，据杨氏壁。端与宗亲及家僮等先在壁中，循义乃令其兵逼端等东度。方欲济河，会日暮，端密与宗室及家僮等叛之。循义遣骑追，端且战且驰，遂入石城栅，得免。栅中先有百家，端与并力固守。贵等数来慰喻，知端无降意，遂拔还河东。东魏又遣其将贺兰懿、南汾州刺史薛琰达守杨氏壁。端率其属，并招喻村民等，多设奇以临之。懿等疑有大军，便即东遁，争船溺死者数千人。端收其器械，复还杨氏壁。

混乱之际率领宗亲、家僮，据守离根据地不远的杨氏壁（可能其为要塞），并在之后努力夺回其地。不只是薛端，薛氏三人都在这场东西魏的杨氏壁之争扮演着重要角色，足显薛氏在当地影响力与统治力之大。薛氏军事力与乡党组织力的根源，从薛端传"宗族家僮"、或《周书》卷三五《薛善传》"善家素富，僮仆数百人"，从拥有为数众多的僮仆（当然也包含部曲）等记载来看，毋庸置疑。

（四）范阳卢氏

如前文引述《北齐书》卷二二，卢文伟为北州冠族，荒俭之时多赈赡乡里，于六镇之乱率领乡里守卫故乡。此外，卢同也于六镇之乱慰劳幽州（《魏书》卷七六）；卢文翼在永安年间担任都督，镇守范阳三城抵御"贼帅"韩娄（《魏书》卷四七《卢玄传》附）。他们都是出身北州冠族的卢氏，因其在乡党的影响力所以被任命。

（五）渤海封氏

关于渤海封氏已如前文所论。封隆之"素为乡里所信"、"素得乡里人情"，其子封子绘也"百姓素所归附"，所以朝廷同意封子绘"收集部曲一千人"，关于此应无须复述。

综而言之，攫取这五姓为例，他们都具有统治乡里的必备要素——"得乡情"。但是此种结构（从上所见已十分清楚），绝非靠一人之力即可完成，应该是花费长时间的世代积累才能达到。如《薛辩传》所见一般，历经数代方能持续。换言之，如吴郡张氏中仅举到的张瓌个案，其实张氏在乡村的统治结构，并非只靠张瓌，其父亲张永、曾祖张敞、叔父张岱、从父兄张绪、从子张充等人都应纳入考虑，他们皆与本籍任用有着密切关系。相同情况也存在其他四姓（以河东薛氏为例，历经数代依然维持着相同结构；封氏情况亦然）。这种情形并非限于这五姓，其他有累世的本籍任用之家族亦然。这种结构，都非当代一人之力，而是历经数代持续维系下的成果，如"门居戚里、世擅名家"（《魏书》卷六五《李平传附李奖传》）、"世雄河右"（《汉魏南北朝墓志集释》四九一《张寿墓志》）、"世为著姓"（《隋书》卷六六《房彦谦传》）之记述，在这个时期的史书上不胜枚举。

行文至此，应已解决本节直接相关的问题。也就是说，利用授予在地具影响力、维持治安，甚至能发起军事性活动者本籍任的念头，并非只存在于混乱时期，即便在表面承平的时期里，本籍任用可能也被赋予同样目的。当然，在承平时期这种现象未必如此明显。史书原本即多记载特殊事物，如叛乱或者王朝嬗替等混乱情况，由于他们在地方的势力庞大而引人注目，所以史书必然会特地书写。此外，在混乱时期与其仰赖朝廷权力，倒不如利用在地势力较为容易，就如同第一节至第四节搜讨史料后的结果一般，在混乱时期本籍任用的现象较多。但是，这些并未显示其异于平常时期之任用。

八、关于乡兵的检讨

如上所述，魏晋南北朝时期多授予当地具影响力、统治力之"得

第十章 魏晋南北朝时期地方官的本籍任用

乡情"者为本籍官员。不过也如第四节所言,隋代所有的本籍任用似乎都变成了例外。因此,盛行于魏晋南北朝时期,北齐、北周依然延续的地方官本籍任用,究竟结束于何时?针对这个问题目前还未能充分回答,但笔者认为或许有一条相关的微弱线索,那就是北朝末期的乡兵。

关于乡兵已于第六节的讨论中触及。当时笔者基本上同意菊池英夫的见解,但是对于乡兵自始至终是否性质不变感到怀疑。(补注二)原因在于从北魏末年到大统初年所见"率募乡里"等之记载,与大统末年所见之率领"乡兵"的内容不甚相同。于是,笔者在第六节中检讨"得乡情"一词时,曾举出大统初年以前的案例来说明,但对于此后的例子却有意识地排除。在此,先将"率募乡里"与"率乡兵"之类的记载,依年代顺序排列如下:

表10-15 "率募乡里"与"率州兵"之事例

人名	事迹	时期	出处
薛修义	"合得七千余人"	正光末	(《北齐书》卷二〇)
李贤	"率乡人"	北魏末~大统二年	
	"率乡兵"	大统四年	(《周书》卷二五)
李远	"率励乡人"	北魏末	(《周书》卷二五)
李穆	"领乡兵"	永熙~大统九年	(《隋书》卷三七)
泉企	"率乡兵"	孝昌三年	(《周书》卷四四)
泉元礼	"督乡里五千人"	永熙三年	
	"率乡人"	大统三年以前	(《周书》卷四四《泉企传》)
王罴	"率乡里"	大统三年?	(《周书》卷一八)
郑伟	"纠合州里"	大统三年	(《周书》卷三六)
裴邃	"纠合乡人"	大统三年	(《周书》卷三七《裴文举传》)
魏玄	"率募乡曲"	大统三年?	
	"每率乡兵"	大统九年以前	(《周书》卷四三)
韦瑱	"以望族兼领乡兵、加帅都督"	大统八年~恭帝二年	(《周书》卷三九)
令狐整	"率乡亲二千余人"	大统十二年	(《北史》卷六七)

续表

人名	事迹	时期	出处
郭彦	"统领乡兵、除帅都督"	大统十二年	《周书》卷三七
苏桩	"(当州乡帅)领乡兵"	大统十四年	《周书》卷二三《苏绰传》
泉仲遵	"率乡兵"	大统十五年	《周书》卷四四《泉企传》
柳敏	"加帅都督、领本乡兵"	大统十五年以后	《周书》卷三二
王悦	"率募乡里……又率乡里千余人"	大统初及大统四年	
	"以仪同领兵还乡里"	西魏废帝二年以后	《周书》卷三三
任果	"率乡兵二千人"	西魏废帝二年	《周书》卷四四
田式	"授都督、领乡兵"	北周孝明帝	《隋书》卷七四
张𤨏	"授大都督领乡兵"	大象二年	《隋书》卷六四
樊子盖	"以仪同领乡兵"	开皇初	《隋书》卷六三
刘权	"以车骑将军领乡兵"	开皇初	《隋书》卷六三
陈棱	"拜开府、寻领乡兵"	开皇十年	《隋书》卷六四

史料记载的陈述方式以大统十年（544）为界有所不同，应可一目了然。相对于大统十年以前"率募乡人"、"率乡兵"的说法，大统十年以后却变成"领乡兵"，特别是以都督或仪同等官衔来领兵的记载。（虽有例外之令狐整、任果、泉仲遵，在西魏废帝二年左右与大统十五年"率乡亲"、"率乡兵"的记载，但令狐整是在国难之际希望倾其宗族之力，率领乡亲进入关中的敦煌豪族，应视为边界地带的特例。任果也是边区南安一代的豪族，率领乡兵前已经授封仪同三司，正确来说应视同于"领乡兵"。泉仲遵的情况也是如此。又，恐怕李穆"领乡兵"的记载，时间可能发生在北魏末年。李穆与李贤、李远是兄弟，在当时或许同时率领乡兵。若此，推测李穆与乡兵的关系，应与李贤、李远一样，比起只出现于《隋书》的"领"字，应改成与李贤、李远相同的"率"字较为恰当。）笔者推想此可能与"乡兵"的统率方式产生变化有关，《周书》卷二三《苏绰传附苏椿传》载：

第十章　魏晋南北朝时期地方官的本籍任用

除帅都督，行弘农郡事。椿当官强济，特为太祖所知。（大统）十四年，置当州乡帅，自非乡望允当众心，不得预焉。乃令驿追椿领乡兵。

苏椿并非率领自行招募的乡兵，而是受西魏朝廷的命令，以当州乡帅预领乡兵。指挥乡兵的任命权，则握在西魏朝廷手里。以都督、仪同（三司）、开府（仪同三司）、当州乡帅的身份"领"乡兵之书写方式，正显示着领导乡兵的人，丧失了原来纠合乡里领兵的初衷，成为朝廷官员的一职而已。同时，明显地是以这些官职来指挥乡兵，如同当州乡帅的官衔般，清楚地显示其是以州为单位来考虑（原本是以村落为中心，范围大小不定），乡兵从过去以地方统治力者为主的组织，偏重与领导者有私属连结之性质，转化为国家兵力，纳入常态兵制里。原本这种情形就像《周书》卷三三《王悦传》所记一般：

魏废帝二年，征还本任。属改行台为中外府，尚书员废，以仪同领兵还乡里。

原本乡兵是以本乡为原则，其领兵者也出身于当地籍贯[1]。但引人注意的是同传又载：

悦既久居显职，及此之还，私怀怏怏。犹陵驾乡里，失宗党之情。其长子康，恃悦旧望，遂自骄纵。所部军人，将有婚礼，康乃非理凌辱。军人诉之。悦及康并坐除名。

兵士向朝廷控诉王康非理凌辱，朝廷于是罢免王氏父子官职。《王悦传》开头即言：

太祖初定关、陇，悦率募乡里从军，屡有战功。……（大

---

1. 浜口重国：《西魏の二十四军と仪同府》，《東方学報》东京8.9，1938年、1939年。收录于氏著《秦漢隋唐史の研究》上，东京大学出版会，第199页。

统)四年,东魏将侯景攻围洛阳,太祖赴援。悦又率乡里千余人,从军至洛阳。

结合王悦曾经两度率领乡里兵士的记载来看,二者情况差异益发明朗。

以下试着论及乡兵与本籍任用的关系。如第六节所述,"得乡情"者招募乡里,与乡兵统帅者为本籍任用,二者可说都在乡村具备着同样性质。由于被期待能在乡村发挥影响力与统治力,所以出现本籍任用,(六镇之乱后)发现其影响力偏向军事层面,于是被赋予期盼,在乡里实施招募。乡兵的性质,由于是离开乡里出征,当然与本籍任有所不同,但基本上二者有着密切关连。在本节中所举之"率募乡里"、"领乡兵"的例子中,极为清楚地显示多数皆为本籍任用。

由于二者基本上有着密切关连,只要其中一方乡兵的性质改变,则另一方的本籍任用也会受到影响。浜口氏认为从大统十一(545)、十二(546)年到大统十五年(549)左右,尽量挑选当地首望或乡望之有力人士充任乡兵统帅的方针,大体被大统十六年(550)以后成立的二十四军继承[1]。笔者虽然对于乡兵的理解与他有些微出入,但浜口氏上述所言应极为恰当。最重要的是,统帅乡兵者出身本乡的形式从未改变过。只是乡兵既已被纳入国家兵制,统帅的任命权也就掌握在朝廷手里。换言之,形式上虽仍维持旧有姿态,但实质上已产生变化,这就是大统十年左右以后的西魏乡兵。本籍任用又有何变化呢?调查大统十年(544)以后明显能本籍仕任的理由,北周时期冯迁以朝之旧齿,衣锦荣归任本州刺史(《周书》卷一一《晋荡公护传》附传);王杰以勋望俱重(《周书》卷二九);刘雄亦授衣锦荣归(《周书》卷二九);韩擒则以军功而获任(《隋书》卷五二)。西魏初期虽因功得任本籍者较少,但几乎与西魏末、北周的案例一般,皆因以恩遇而得任[2]。如《周书》卷三六《令狐整传》载其弟令狐休言:

---

1. 浜口重国:《西魏の二十四軍と儀同府》,《東方学報》東京8.9,1938年、1939年。收录于氏著《秦漢隋唐史の研究》上,东京大学出版会,第199页。
2. 北周平齐之役时,以防御洛阳、长安为由,给予本籍任的例子有二,分别为代人贺若谊、京兆韦寿。关于代、京兆为例外之地,可参见第四节。

第十章　魏晋南北朝时期地方官的本籍任用

入为中外府乐曹参军。时诸功臣多为本州刺史，晋公护谓整曰："以公勋望，应得本州，但朝廷藉公委任，无容远出。然公门之内，须有衣锦之荣。"乃以休为燉煌郡守。

这个时代（虽难以界定，但至早也要到率领乡亲入朝的大统十二年以后）本籍任用虽然很多，但多是因勋望贵重而授任。这里几乎不见过去授予本籍任的目的——利用其在地方的统治与影响力。就如同上述所言，大统十年（544）以后乡兵在"形式上虽维持旧有姿态，但实质上已有变化"一般，关于本籍任用应该也是如此。

浜口重国于后文有言："从北齐北周以来，府官的任用权既已逐渐回归中央，至隋代则已将其全部收回。"[1]关于州府属官的任用权，诚如浜口氏所揭示一般，是国家权力对官僚机构的再整编，本籍任的情况也应是如此。随着地方官制的改革，乡村再度纳入国家编制的发展，历经西魏末、北周时期的本籍任用，其实质内容已产生变化，隋代后逐渐消失踪影。

九、望族的讨论

本节想探讨担任本籍地官员的家世背景为何。讨论方法有：（1）利用至今研究已十分清楚的家世背景（如东晋、南朝时，众所认同之天下第一家王氏、谢氏），以其为判定基准（如检视其通婚关系。众所皆知，当时实行着相当严格的身份内婚制）[2]；（2）检讨起家官和中正官的仕宦有无、父祖官品、自身历任官职等方式；（3）史料中具体言及家世者；（4）将（2）、（3）中梳理清楚的家世背景，再以（1）的方式扩及其他。只是，即使辛苦地作了严密调查，要确切判断其名族家世仍是非常困难。

---

1. 浜口重国：《所謂、隋の郷官廃止に就いて》，收入氏著《秦漢隋唐史の研究》下，东京大学出版会，第783页。
2. 仁井田陞：《六朝より唐初の身份の内婚制》，(《歷史学研究》9-8，1939年；收入氏著《中国法制史研究　家族村落法》，东京大学出版会，1962年。

就像决定家世有力关键的起家官,即便宫崎市定已费尽苦工厘清其原则[1],但几乎每个王朝都会实行官制改革(甚至同个王朝也可能有多次革新),远远超越制度架构的实际官制运作,以及门第等级常改变官制序列的评价[2],都让起家官不可能完全成为决定门第等级的关键。故需事先说明,本文将不以追求严谨的门第等级为矢志,能掌握大致情形即可。

本节将分为(一)西晋末之前、(二)东晋南朝、(三)五胡十六国及北朝进行分析。

(一)西晋末之前

东汉三国的例子较少,要看出明确的趋势困难。龚杨、赵敏、樊敏虽然没有出现在正史列传,但有收入《华阳国志》、《隶释》里;张既被记载为"单家";李胜、孙嵩不用说个人专传,连家族传之一部都不是,只是在他人合传中稍微触及。不论从哪例来看,皆非在中央官场拥有著名家世。本来以家世决定官品即是西晋以降的事[3],故在此情况下或许不需太在意。在西晋案例当中,能清楚得知起家官的有刘殷与刘隗[4]。刘隗以秘书郎(六品)起家,相当于王公身份之"灼然二品",迁升到最高官品也是二品,可见其门第等级似乎很高。刘殷以郡主簿入仕[5],据此可推测其门第等级较低,他成为并州豪族的女婿时,曾被岳母指责其不配女儿,足知他近于寒人出身。王逊父为寒人多仕任的吏部令史,所以应是寒人。关于其他人无法明确得知,但至少不能说其出身门第等级较高。总之,可以说(一)类,在中央出身名门的例子较少。但是由于例数较少,也不能完全断定。此外,当中毫无一人担

---

1. 宫崎市定:《九品官人法の研究》,东洋史研究会,1956年。
2. 宫崎市定:《九品官人法の研究》,东洋史研究会,1956年。
3. 参考矢野主税:《門閥社会の社会的政治的考察》,收入氏著《門閥社会史》,长崎大学史学会,1956年。
4. 以下关于起家官与门第等级高下的关系,请参阅宫崎市定:《九品官人法の研究》,东洋史研究会,1956年。
5. 在列传中清楚记载起家官的情形很少。逼不得已,只能依所见的第一个官名为准,其中也有明显并非起家官者。于是在初见官非起家官的情形中,由于起家官官品比初见官更低,表示门第等级更低微,所以用初见官仍是有帮助。

任过中正官。

（二）东晋南朝

首先，察看迁离本籍后又担任本籍地刺史、太守、县令的官员（如前述，此型以东晋例子较多）。关于谢氏、王氏不需多言，"王谢"并称为东晋最高名族。郗昙、郗愔（皆附在《晋书》卷六七《郗鉴传》）分别以秘书郎（六品）、散骑侍郎起家，自身也爬升至二品，由此可知拥有一流家世。关于庾氏，庾亮（《晋书》卷七三）起家官为琅邪王西曹掾（丞相掾），地位肯定还不错（前述之谢氏，谢尚、谢万以司徒掾起家），加上他与王导同为东晋建国功臣，又是外戚身份，虽然地位尚无法与王谢相比，但也是公认的次等名族。以第一清官秘书郎起家的庾希（庾亮弟，《晋书》卷七三），可为此背书。庾亮孙庾楷（《晋书》卷八四）得以侍中（三品）起家之特例，并非只是因为身为权势者的子孙。桓氏的话，桓玄（《晋书》卷九九）以太子洗马、族人桓秘（附于《晋书》卷七四《桓彝传》）以秘书郎、桓胤（同上）以太子丞等清官起家，可见是甚为著名的望族。据上所见，可以得知离开本籍担任旧贯刺史者，其出身都极为高崇。但是若留意他们与乡党（颍川）的关系，如同第五节所述，已经丧失了实质的联系（东晋初例外），没有"得乡情"的情况。若是考虑其与迁徙地所建立的新乡党关系，虽然此无法简单地讨论，但若只从本籍任用的角度来看，这些东晋第一流名家应与当地土著豪族具有着不同的性质。

其次，坞主类型中，除郗鉴外，郭默（《晋书》卷六三）、李矩（《晋书》卷六三）出身微贱；魏该（《晋书》卷六三）族父为雍州小吏；苏峻（《晋书》卷一〇〇）出身单家，总的来说家世都较卑微。

次之，从居住本籍者来看。东晋南朝此型案例，以三吴之地的名族占绝大多数。三吴四姓之一的张氏，有四名以州从事、二名以府参军为起家官。姑且不论参军，以州官为初任官显示其门第等级不高。同为吴郡四姓之一的顾氏，也是以郡主簿、州从事起家，似乎与张氏一样，不被认为有很高的家世。出现很多本籍任用的沈家，载有"家世为将"（《宋书》卷六三《沈演之传》），而且沈攸之（《《宋书》卷七四》以队长为起家官，足见与军人关系甚深。然而当时风气却是卑视武人。沈家尚有两名以主簿起家（沈文季、沈恪），及世代从农者（《梁书》卷四八《儒林·沈峻传》），他们虽为同姓但可能出身自不同的家庭，这些都无法否认其门第低微。比起张氏、顾氏，沈氏居于更下一级。会稽山阴孔氏一族有七名本籍任，起家官分别为：一名州主簿、一名郡功曹（其子又有两名）、一名府参军（其子又一名）、一名国子助教，种种迹象显示他们的门第等级不高。总而言之，居住三吴地区的本籍者，其门第等级肯定不高。这个区域拥有最好的家世，是吴郡四姓中的张、顾二氏尚且如此，则三吴地区的其他居住者，以及一般来说评价更低的居于三吴地区以外的居住者，他们的家世状况可以推想。例如梁朝的张惠绍，以所谓直阁的军官出身（《梁书》卷一八），宋代的张敬儿也是以曲阿戍驿将之军官出身（《南齐书》卷二五）。其他暂且搁略，南方土著担任本籍地官员，其门第等级肯定可说是不高。此外，上述分析乃以居住本籍地为主，若是移居地官员又是怎样的情况？从结论来看，情况同于居住本籍者，门第等级都不高。例如居住京口的彭城刘氏，因以武人为业，门第等级肯定不高。迁移至襄阳附近的河东诸族，则因南渡时间较晚，难以立足。柳庆远以郢州主簿起家（《梁书》卷九），韦叡及其族弟韦爱则都以雍州主簿起家（《梁书》卷一二）。又，居住广陵的吕僧珍出身门下书佐，有着"起自寒贱"的记载（《梁书》卷一一）。其余的也大同小异。另外从梁末至陈，过去从未显名于中央的地方土豪，有许多得到了本籍任用。他们有的趁侯景之乱以实力强迫中央派遣来的地方官将官位让给他们（参考《陈书》卷一三《周敷传》），地方上的割据势力往往不服从中央命令，在陈朝基础确立之后，也有像留异那样被讨灭的例子。这些人由于先祖官品未留下记载，自身仕履亦不甚明朗的情况下，门第等级应是极低，但是他们在乡里却有着"素为乡里畏伏"（《陈书》卷一〇《程灵洗传》）、"邑里雄豪"（《陈书》卷八《侯安都传》）、"召募乡人"（《陈书》卷三五《周迪传》）的记载。

在东晋南朝，扣除迁移后仍任旧籍刺史者外，一般门第等级多是不高（当然也有例外，如宋代王玄载以江夏王国侍郎起家，就起家官而言地位甚高（《南齐书》卷二七），但此是极少数的例外）。越智重明曾指出南朝的本籍地方官，多出身第二等的家世[1]，大体上可说是正确的。

不过，如前所言，担任本籍乃至迁徙地之地方官者，多拥有以宗族为中心，在地方乡党中具有强烈的影响力。因此，在东晋南朝，王谢等第一等名族另当别论，可以推测次等诸族多具有与乡党强韧连结的基础。

（三）五胡十六国及北朝

北魏孝文帝曾实行著名的定姓族，不论是汉人或非汉人，重新排定门第等级高下[2]。《魏书》卷一一三《官氏志》载：

> 其穆、陆、贺、刘、楼、于、嵇、尉八姓，皆太祖已降，勋著当世，位尽王公；灼然可知者，且下司州、吏部，勿充猥官，一同四姓。

出现了"四姓"一词。给北方代表性名族等同"四姓"的对待，"四姓"清楚指涉着汉族第一等名族。这"四姓"内容为何，从《魏书》得不到答案，但众所皆知在《新唐书》卷一九九《儒学中·柳冲传》，记载着柳芳的相关议论。柳芳驳斥"四姓"乃崔、卢、李、郑（加王氏为五姓）的"流俗之说"。然而即便柳芳不同意，作为"流俗之说"，正显示其是当时流行的说法。换言之，北魏时期一般公认的第一名族为崔、卢、李、郑、王诸氏。崔是清河崔氏、卢是范阳卢氏、李为赵郡李及唐宗室的陇西李、郑为荥阳郑氏、王为太原王氏。这些华北第一名族与本籍任的关系为何？第七节曾论及，此处再多举例说明（仅举实数）。

清河崔氏（只含北朝）	5
范阳卢氏	9
赵郡李氏	10

---

1. 越智重明：《南朝における地方官の本籍地任用に就いて》，《愛媛大学歴史学紀要》1，1953年。
2. 关于定姓族的讨论甚多，由于其结论为何并不影响本文论述，故将不涉及此议论。

陇西李氏（限居住高平者）	5
荥阳郑氏	6
太原王氏	4

各族都出现不少本籍任。另外，在柳芳的议论里，对各地名族有如下的描述：

> 过江则为侨姓，王、谢、袁、萧为大；东南则为吴姓，朱、张、顾、陆为大；山东则为郡姓，王、崔、卢、李、郑为大；关中亦号郡姓，韦、裴、柳、薛、杨、杜首之。

根据这份史料大抵可知关中地区的大姓，分别为京兆韦氏、河东裴氏、河东柳氏、河东薛氏、弘农杨氏、京兆杜氏。这六个家族与本籍任的关系如下：

京兆韦氏	3
河东裴氏	9
河东柳氏	3
河东薛氏	15
弘农杨氏	4
京兆杜氏	0

除京兆杜氏毫无本籍任的例外之外，其他五个家族都出现不少本籍任官员。这六姓加上前六个名族共十二姓，是第七节中累世出任本籍官员数的前五名，在前十名中就占有七姓。其他出现较多本籍任的渤海封氏、东平毕氏、安定皇甫氏、顿丘李氏、清河房氏也是深具名望的家族[1]。

---

1. 例如顿丘李氏"门居戚里，世擅名家"（《魏书》卷六五《李平传附李奖传》）、清河房氏"世为著姓"（《隋书》卷六六《房彦谦传》）所载。

第十章　魏晋南北朝时期地方官的本籍任用　　313

但是即使出现多数本籍任的家族，如具"世雄商洛"称号的上洛泉氏，其先祖在历史上没没无名，门第等级应未如称号那么高的。获得本籍任用者，以"寒微"(《魏书》卷九一《刘灵助传》)、"寒士"(《魏书》卷八八《窦瑗传》)、"世寒"(《魏书》卷七九《冯元兴传》)、"家世寒素"(《魏书》卷八五《温子昇传》)等"寒"字称呼之低门第等级者为数众多。就如同据《八琼室金石补正》补充之赵郡赵氏的本籍任资料，可推论史料未载之本籍任数目甚多，名族、大族以外的家族出仕本籍任者或许也为数不少。但是即便如此，仍未能抹削华北名族大多数获得本籍任的事实。

总之，如先前所示一般，获得本籍任用者多数在本籍乃至居住地靠着以宗族为核心，拥有强大统治力与影响力，如范阳卢氏、河东薛氏、渤海封氏的具体案例。在北朝第一名族以降的诸家族获得多数本籍任，显示这些名族、大姓都与乡党有着强韧连结，具有较强的影响力、统治力[1]。

结语

综上所述，魏晋南北朝时期地方官本籍任用之具体诸面向，已然清晰。朝廷利用这群在地方上以宗族、私附（如部曲）为中心，在乡村或更大地域中拥有统治力乃至影响力的群体。当然这并非意味在整个魏晋南北朝的情形都是一样的。三国、西晋本籍任用例数少，并非普遍化现象，而是有逐渐一般化的倾向。西晋末年王朝权力暂时性崩解，新王朝权威尚未成熟，在华北异民族活跃的前提下，在地统治势力急剧浮上台面，此后王朝权力便以本籍地官员的方式，相当程度地依赖在地势力。从《魏书·张烈传》，可以得知本籍任用并非例外。朝廷因"虑其怨望"，不敢让有叛乱危险的张烈回乡担任本籍官员，而非

---

1. 关于中正官，本文无暇论及，在此稍作简单介绍。在东晋、南朝得本籍任用的官员中，中正官者甚少（时代多集中于宋代），且集中于三吴孔、张、沈、顾四姓与移居襄阳的河东柳氏。相较于南方，北朝得本籍任的中正官数目非常多。从中正官的职务来看，任用门第等级高者为原则，能成为本节叙述的一项证据（在北朝，原先也有任命寒人为中正官的情形）。

囿于本籍回避的原则。这时已看不到像西汉时期地方与中央剧烈的权力竞争，反之他们在乡村的关系未必是对立。朝廷当然希望能扩大自身威权，提出贯彻统治乡村的政策，但是也不想激起地方势力的急遽对立。

如王朝递嬗之际为代表的朝廷权力的相对弱化期、混乱时期，在其他朝代也未必没有，但是就只有在这个时代，广泛出现了利用在地影响力，并给予本籍任用的方式，此显示当时朝廷权力性质的一个侧面。其次，如文中所见，不仅要理解表面的现象，朝廷何以不得不采取此政策，也有必要掌握王朝权力与地方势力的关系结构。

在本文探索过程中，已厘清一个问题，即尤以北朝为中心的一流名族、大姓，可能在地方上行使统治力与影响力的情形。众所皆知，门阀研究的论争焦点之一，即对于"门阀世族"与"豪族"的理解问题。也就是说，存在着两种对立的立场。一种从豪族有着某一面是地方土豪、另一面是官僚性世族的观点出发，认为门阀与豪族之间本质上并无差异；一种认为门阀是政治性存在，豪族是社会性存在，换言之，两者并非互相包容的概念。而且后者往往与门阀只是依赖中央国家权力生存之寄生官僚制说法相连结。在笔者的研究中，似乎与寄生官僚制的理解有些许抵触。然而，门阀与豪族的问题复杂多端，有待检讨所有面向后，才能展开具说服力的门阀论述，本文仅是迈向这个方向的一个小指标。

本文考察仅以地方官员中的地方长官为主。地方僚属虽无暇论及，但其僚属中，州官采本籍任用为原则；府官则由州刺史自行辟任，而不论其是否为本籍出身，实际上成为本州府官的人数仍是不少。这些僚佐多被名族大姓的子弟所垄断（《周书》卷二三《苏绰传》、《梁书》卷一〇《杨公则传》等），这些史实更加印证了本文论点。

【补注1】收入本书之际，事例数有七十三例，与先前文章中之七十二例不甚吻合。应该是整理数据时的遗漏，在不影响论点之下，此处仍保留原貌。（2003年5月记）

【补注2】菊池氏认为乡帅、乡兵的性质至隋代一成不变的说法并无错误（第114页）。但是，他认为大统九年之后以帅都督统领乡兵等，乃基于朝廷命令而纠合乡兵盛行一事，对笔者而言，此处理方式有所差异，有必要加以附注。（2003年5月记）

第十一章

4世纪的东亚国际关系——以官爵号为中心

要在中国文献中探求4世纪日本的形迹，虽然不是毫无推测的线索，但也极为困难。在本章中，笔者想把焦点集中于官爵号，来检视4世纪以中国为中心的国际关系的一个侧面。因为这样的做法虽然迂回，却与理解5世纪倭五王之册封有关，进一步而言，还可能有助于往前思考4世纪日本的情形。

一、五胡十六国的君主称号

4世纪的中国，伴随着八王之乱展开。在八王争斗的期间，晋朝陷入了巨大的混乱之中，而使情况更加恶化的，是诸王和诸势力引入的异民族武力。刘渊在成都王司马颖的手下做事，都督幽州诸军事王浚则将两个女儿嫁予鲜卑段部和宇文部的首长，而得以运用二部的武力。在此过程中，异民族自觉于自己的实力而达成独立，最终打倒了晋朝，这些五胡诸国以及无法计入十六国的如段部与丁零的翟氏等独立的势力，再加上东晋，使华北化为逐鹿的场域。

在这种情况下，国际关系不得不有所变动。以往中国王朝的外交是与周边诸地域的关系，如今则被迫转为以与中国内部诸国的关系为主。不但如此，3世纪后半频见的周边地域的朝贡也随之大幅减少。应和哪个分立政权建立关系令周边诸国困惑，因为朝贡本身并不一定能够促进友好关系，很多时候也因为实际情况无法通行。

在此先来看看中国内部的诸国关系。

4世纪于华北兴亡的诸国，并不只十六国（精确而言，十六国之中的北燕与夏乃于5世纪初开国，为便于行文，仍涵括于4世纪之内而合称十六国）。代国与继之于后的北魏、短暂称帝的西燕、冉闵的魏等国家，就不包含于十六国之中。细察这些诸国的君主称号，可分为称公、称王、称天王、称皇帝等各种情形。笔者将其整理如下：

（1）只有王号：代（代王）、西秦（河南王、秦王）、南凉（西平王、武威王、河西王、凉王）、北凉（河西王）。

（2）由王号改为天王号：后凉（三河王）。

（3）由王号改为帝号：前赵（汉王、赵王）、成汉（成都王）、前燕、南燕（均为燕王）、北魏（代王、魏王）、后秦（秦王）、西燕（济北王）。

（4）由王号改为天王号，再改为帝号：后赵（赵王）。

（5）只有天王号：北燕。

（6）由天王号改为帝号：前秦、夏。

（7）由王号改为帝号，再改为天王号：后燕（燕王）。

（8）只有帝号：冉魏。

（9）只有公号：前凉、西凉。

大致上，又可分为止于称公、止于称王、称天王或皇帝三种。

只有公爵称号的前凉和西凉都是汉人所建的国家。前凉的张重华称王，张祚称帝，其继任者根据《魏书》则自称凉王，但因为对东晋称臣，所以《晋书》记述为用公号，西凉也对东晋称臣，以致这两国在与东晋的交往中都仅使用公号。在晋朝的制度中，皇子以外的人禁止称王，所以只要向晋称臣，都很难称王。

前燕于337年自称燕王，而东晋虽立即晋升其官号，却并未改变元帝以来授予的辽东郡公的爵号，直至341年才终于"以其绝远，非所能制"（《晋书·慕容皝载记》），认同了燕王的称号。没有使用任何手段惩处前燕僭称之事，是由于必须与燕结盟以对抗后赵，才这样权宜处置。同样的例子还有代国，晋朝在永嘉之乱的混乱中，为了与匈奴族作战，便封拓跋部之主猗卢为王以利用其武力。除了这两个例子，晋朝并不承认异姓王的存在，因而凡自称王号者，《晋书》皆记述为僭称。自称天王的后凉投降之时，虽然后凉已是腹背受敌的弱小国家，东晋给予的爵位仍仅为建康公。

附带一提，自称的公号和东晋所给予的公号是两回事。前凉自称凉公，最终并未获得东晋承认，而仅得西平公的称号，西凉亦自称凉公，所得的爵号也只是酒泉公。

成为王后就要设置官属。由于"僭称"王号通常意味着独立，称王者必然整顿官僚体系以成为独立政权。后凉的吕光在就三河王之位后，便设置百官。南凉的秃发傉檀在归附后秦，受封为广武公之际，由于辞去了尚书丞郎的官职，在自称凉王之时便存在了以尚书为代表的官制。

不过，就算未称王，仍可整备官制。史书说前凉虽对东晋称臣，却未用其年号，而所置官僚、官府亦比拟王府。前燕在称王之前，慕容廆就已行使"承制"封拜，慕容皝在受封为王后，也如慕容廆一般进行封拜，并获得承认。成汉称王前，李特也行使"承制封拜"。

天王号是特殊的称号，与王号、皇帝号之间的关系值得探讨。在（4）的后赵之中，石勒和石虎都称为天王。也就是说，石勒经由天王而即帝位之后，石虎再度称为天王，随后又在群臣的劝进下称帝。（7）的后燕中，慕容盛虽亦即帝位，其后又称天王（也可能称大王，在此根据《资治通鉴》），继任的慕容熙、高云也都称天王。（5）的北燕是取代高云的政权，并随之继承了天王号。

天王号的性格如此复杂，在（2）（3）（4）的例子中，其子弟都受封为王，可见天王号无疑优于王号。但另一方面，天王号可附于国号之下，如大秦天王、大夏天王等，有的例子则是在使用皇太子、皇后之号的同时，又使用太子、王后的称谓，由此可知，天王的地位比起皇帝仍低了一截。但我们可以将其理解为相当接近皇帝，且其所受待遇是使用相当于皇帝的礼仪（宫崎市定：《天皇なる称号の由来について》，《思想》1978年4月号）。

如上所述，诸国的君主称号可分为公、王、天王或皇帝三个等级。而拥有这些称号的各国之间，具有什么样的关系呢？

五胡时代的大势是，首先前赵起而独立，打倒了西晋，但治理东部的石勒建立了后赵，与其东西对立。后赵并吞了前赵，但不久又陷入内乱中，前燕乘此动乱，从东方侵入了华北平原，与摆脱后赵统治建国且占领长安的前秦争霸东西。前秦灭了前燕，并吞了前凉、代等地方政权，暂时统一了华北，但在侵略东晋的淝水之战中一败涂地，随后治下的诸族同时独立出来，华北陷入大分裂状态——并立了八个

第十一章　4世纪的东亚国际关系——以官爵号为中心　　　　　　321

王朝，直至5世纪。其中核心的政权是东方的后燕和西方的后秦，但慕容氏的燕在败于北魏之后便衰弱下来，最终北魏成功地再度统一华北，结束了五胡十六国时代。

　　4世纪引领时代趋向的这些国家，尽皆采用了天王号或皇帝号。包含东晋在内，这些国家之间显现出来的关系，主要是站在对等的立场对立和抗争。虽然也有这样的例子：前燕在东晋桓温北伐之际向前秦求援，南燕面对刘裕的北伐向后秦求援，后秦与北魏交好而缔结婚姻关系，但类似的例子却极少，而且大多在短期内就结束了。尚有往来的各国仍保持对等的立场。

　　然而称皇帝号、天王号之国与称王号、公号之国两者间（虽然大多处于对立和抗争的关系，并不适用于这种情形），产生了上下关系。前燕在称帝号之前接受晋的册封，后燕的慕容垂在称燕王之时对前秦称臣，南凉称河西王之后仍向后秦称臣。他们虽在国内、国际局势的双重不利下被迫称臣，但毕竟是王，这样的立场也确实让他们必须对称帝号者稍作退让。南燕的慕容超尽管称帝，却屈于母亲被俘的胁迫，臣服于后秦，而在之后对后秦称王，但这也说明了王号和帝号的差别。

　　有时称帝号者在诸条件都处于优势地位的情况下，甚至不允许其他国家称王、称公。南凉的秃发傉檀虽称凉王，但在后秦的强大和获得姑臧的目的下，接受后秦的官号而成广武侯，同时北凉的沮渠蒙逊从凉州牧、张掖公变成后秦的沙州刺史、西海侯。

　　此外，晋在授予王号方面极为严格，而五胡诸国偶尔会将王号赐予属国。例子很少，虽然情况或有不同，不能一概而论，但一般认为五胡诸国授予王号比较轻易。

二、五胡诸国所得官爵

　　五胡诸国在独立以前，接受他国的官爵，其详情如何呢？
　　前赵刘渊的父亲接受西晋的任命，成为分裂为五部的匈奴的北部都尉，刘渊在父亲死后继任为北部都尉，接着又成为建威将军、五部大都督、汉光乡侯。在八王之一成都王司马颖手下任事时，刘渊更获授宁朔将军、监五部军事的职位，其后也得到北单于的称号，但不久他便接受匈奴族的推戴，成为大单于，甚至还自称汉王。由此可见，西晋授予刘渊的官号是用来统治匈奴族的。大都督、监军事等职位接近晋朝的军事体制，但晋朝尚未给予刘渊作为地方官应有的官号。似乎完全没有让刘渊统治汉人的意图。

至于前燕的慕容廆，西晋拜其父为鲜卑单于，而廆原先虽与西晋对抗，之后也降格拜为鲜卑都督，到了4世纪，愍帝又授其镇军将军、昌黎辽东二国公的官爵号。此时的称号代表的是鲜卑族的支配者，和刘渊的情形是同样的性质。晋元帝即位后，封廆为假节、散骑常侍、都督辽左杂夷流人诸军事、龙骧将军、大单于、昌黎公。这些官爵所赋予的军事支配权，除了辽左（辽东）杂夷（鲜卑等诸族）之外，还包括流人，即躲避战乱而流亡至辽东的汉人，已接近晋朝地方官的正式官号，值得注意。随后元帝又命廆署使持节、散骑常侍、幽平二州东夷诸军事、车骑将军、平州牧、大单于、辽东郡公。除了大单于之外，其余皆是晋朝原本的地方官官号。

在稍后的时代里，以后秦为例，姚苌的父亲姚弋仲成为前赵的平西将军、平襄公，到了后赵，又从西羌大都督、襄平县公，迁持节、十郡六夷大都督、冠军大将军，归附于晋后，署使持节、六夷大都督、都督江淮诸军事、车骑大将军、仪同三司、大单于、高陵郡公。其发展大致与前燕类似。

晋朝给予前燕和后秦的这类官爵号，在4世纪相当广泛地运用于对诸国君主的册封中。这并不完全是同一形式，但大体可归于同一系统。后秦命乞伏乾归为使持节、散骑常侍、都督陇西岭北匈奴杂胡诸军事、征西大将军、河州牧、大单于、河南王，是其中一例。

归纳上述事例，可以知道从3世纪末到4世纪初，非汉人诸族之统治的主要委任官号是给予其君长的，某些情况下则赐予其将军号（有时也给爵号）。然而到了4世纪，表示非汉人诸族之统治的官号已编入中国地方官官号的体系（持节号+都督诸军事+将军号+刺史号+爵号）之中。之所以产生这个形式，是因为诸族将汉人涵括于统治之下，这从前燕的例子就可推得。再者，4世纪虽然也有给予只能统治非汉人诸族的官号之例，但大多使用新的官爵号，对此我们必须加以重视。

而都督诸军事的官号显示了对于一定的管辖区域的军事权，其下则有监诸军事、督诸军事。都督拥有使持节、持节、假节的三级持节号，假节、持节、使持节分别具有惩处违犯军令者、无官位者、二千石（郡太守）以下官民的权限。带有都督号者也持有将军号。都督大多委由位于都督区中心之州的刺史出任，而没有都督号的刺史则会受人轻视。

在这样的理解上，再度回过头来看看诸国所获得的官爵号。以元帝授予前燕的使持节、都督幽平二州东夷诸军事、车骑将军、平州牧、大单于、辽东郡公（此由将《晋书》的本纪和载记合观而得）为例。平帝将幽、平二州及东夷诸国的军事权与使持节授予前燕，并任其为平州刺史（牧是刺史的上级），将军号是二品，爵位是郡公，除了大单于之外，是典型的晋王朝高阶地方官。而大单于则表示是非汉人诸族的统治者。如此看来，都督号应是包含对他们的军事权在内。也就是说，都督号之中包括了对汉人与非汉人诸族双方的军事权在内，而分别以刺史号和单于号表示对汉人和非汉人诸族的统治权。

三、周边诸国所得官爵

本节笔者想将目光转向中国与周边诸民族、国家的关系。从文献得见，在魏的时代，朝廷将倭国的卑弥呼封为"亲魏倭王"、大月氏王波调封为"亲魏大月氏王"，可见"亲魏某王"是给予周边诸民族之君长的称号的一个形式。303年，西晋封鲜卑的段务勿尘为亲晋王、辽西公（《晋书》卷六三《段匹磾传》），这可视为"亲魏某王"的形式在西晋得到承袭。在古印拓的辑本中，可找到"亲晋羌王"的例子（不过，根据《晋书·王浚传》，务勿尘成为大单于，其弟与别部的三名大人都成为亲晋王。如果是这样的话，"亲晋某王"在一个部族里就有复数存在的可能性，在此暂不讨论此问题）。在给予王号之外，西晋还予其率善中郎将、率善校尉、率善邑君等官号。一般认为，在3世纪以前大略都是这样的状态。

到了4世纪，中国内部的诸国与周边诸民族、国家的交涉变得极少。

乐浪郡、带方郡覆灭的时期在中国方面的记录中变得不明，是这种情况的象征。尽管如此，在前秦，有吕光的西域远征，西域六十二王的使者来到，西南夷与海东诸国来朝等事，对外关系变得活跃起来，也并非没有河西诸国与西域、吐谷浑的来往，诸燕国与东方、北方诸民族的交流等值得注目的记事。然而，笔者在此仅讨论高句丽和百济所得的官爵号。

主要与高句丽发生关系的国家是燕国。前燕不断攻击联合后赵与之对抗的高句丽，于342年攻陷丸都城，高句丽最终对前燕称臣，于355年接受前燕的册封。后来高句丽攻陷的辽东、玄菟郡被后燕夺回，转而接受后燕给予的官号。其官号为平州牧、辽东带方二国王。

另一方面，和新罗同时于4世纪完成建国的百济与东晋缔结关系。372年百济献上方物，东晋因此封百济王为镇东将军、领乐浪太守，384年百济再度入贡，386年东晋册封其为使持节、都督、镇东将军、百济王。

355年高句丽自前燕获得官爵，史载"为营州诸军事、征东大将军、营州刺史，封乐浪公，王如故"（《晋书·慕容儁载记》）。营州诸军事就是都督营州诸军事，与营州刺史对应。乐浪虽然已经被灭（前燕虽然于辽西恢复乐浪郡〈乐浪侨郡〉，但和此处的乐浪无关），但仍是真实的中国郡名，因此乐浪公作为郡公，包含于中国王朝的爵的秩序之内。包含将军号在内，这里具备了中国内部地方官的样式。问题在于"王如故"。笔者以此断定高句丽王的称号是一直通用的。附带一提，413年向东晋朝贡的高句丽，接受了使持节、都督营州诸军事、征东将军、高句丽王、乐浪公的官爵。如此一来，高句丽王和乐浪公就成了并列的爵号。这件事情该如何理解呢？

高句丽王就是高句丽国之王的意思。这个高句丽并不是中国固有的领土，而是异民族的国家。将王号赐予异民族的国王，是从汉代以来就见到的现象。但是这里的王号和冠于中国国内郡国名的王号并不相同，而和"亲魏倭王"一样，需低一级看待（参见大庭脩：《三·四世纪における東アジア諸族の動向》，《東アジア世界における古代史講座》，学生社，1981年）。也就是说，用营州刺史的官号统治汉人（高

第十一章　4世纪的东亚国际关系——以官爵号为中心

句丽国内存在许多汉人），而用高句丽王的爵号统治高句丽人，这个情形让人想起前述前燕所得大单于号和刺史号的关系。两者的性质极为相似。前燕所得的大单于号在高句丽的情形中替换成高句丽王的爵号，这一点虽然不同，但各自统治非汉人的固有人民，不论大单于号还是高句丽王号都是一样的。

如此一来，前秦的苻洪于350年自东晋获得征北大将军、都督河北诸军事、冀州刺史、广川郡公的官爵（《晋书·苻洪载记》），关于这一点，《晋书》的本纪记为"以为氐王，封广川郡公"，但这里的氐王并不意味着只认同其为氐族的首长，很可能是作为正式封号的氐王。

百济王所得到的镇东将军、领乐浪太守的官号，意味着如果收复失去的乐浪郡，即成其地的太守，但百济王与乐浪太守这两个封号可以理解为营州刺史与高句丽王的关系。在368年，取消汉人的统治，但此应理解为适应现实的结果。

虽然只举了高句丽与百济的例子，但4世纪在对周边诸民族、诸国家进行册封之际，表示中国领域内诸国家间之关系的官号，大略都是以这种形式在使用的。这与3世纪前的状况有很大的差异，应同时注意到中国领域内各国之间官号的变化情形，并且这种新的表现形式还延续到5世纪。

另外，即使到了4世纪，仍有赐予"亲魏某王"之称号的例子。如汉国刘渊将逃归其下的胡族君长匐督封为亲汉王（《资治通鉴》卷八六），后赵石虎于索头的郁鞠归降之时，署郁鞠等十三人为亲赵王（《晋书·石季龙载记上》），等等。即使留下了这种爵号授予的形式，其他形式的官爵号仍成为册封的中心。这才是重要的事情。

第二部 官僚制的内部

第十二章

国家与政治

前言

　　毋庸多言，唐代官僚制研究到达了高度的水平。特别是，早期由内藤乾吉[1]开始，经过大庭脩[2]及礪波護[3]的研究，最近以中村裕一的两册大著[4]为代表的各式各样文书式的分析，对官僚体制如何运作所进行的探讨，并不仅止于官僚制度的研究，更为皇帝权力的基本性格——这与该国的基本性质相关——的解明带来展望，是日本唐代史研究能够夸耀的成就之一。再者，最近松本保宣努力不懈地探求的，从唐代后半期开始实行，官僚不以宰相为媒介而直接与皇帝连结的有关政策决定的奏对制度之研究[5]，对于国家意志的决定如何运作，试图动态地来捕捉其过程的尝试也受到瞩目。

　　另一方面，关于魏晋南北朝时代又是如何呢？虽然有关官僚制度的研究并不少，但大多数只停留在判明制度架构的阶段。或许这是源于编纂数据的相对少量及残存文书史料的稀少，而不及唐代史研究所达到的厘清官僚制度运作模式的水平。当然，这样的研究并不一定只以制度的解明为目的，有不少的研究论及产生相关制度的政治状况、相关制度所达成的政治效果，乃至于国家构造，或者是起码于背景之中来讨论。最近，祝总斌[6]及陈琳国[7]将魏晋南北朝时期分成魏晋、南朝、

---

1. 内藤乾吉：《唐の三省》，《史林》15-4，1931年；再收录于氏著《中国法制史考证》，有斐阁，1963年。
2. 参照大庭脩：《唐告身の古文書の研究》（《西域文化史研究》三，法藏館，1960年）等的一连串的告身研究。
3. 礪波護：《唐の制誥》，《東洋史研究》34-3，1975年；《唐の三省六部》，唐代研究会编：《隋唐帝国と東アジア世界》，汲古书院，1979。二文收录于氏著《唐代政治社会史研究》，同朋舍，1986年。
4. 中村裕一：A《唐代制敕研究》（汲古书院，1991年）以及B《唐代官文書研究》（中文出版社，1991年）。
5. 松本保宣：《唐代後半期における延英殿の機能について》，《立命館文学》516，1990年；《唐代後半期の待制・次対官再論》，《立命館文学》533，1994年；等等。
6. 祝总斌：《两汉魏晋南北朝宰相制度研究》，中国社会科学出版社，1990年。
7. 陈琳国：《魏晋南北朝政治制度研究》，文津出版社，1994年。

第十二章 国家与政治　　　　　　　　　　　　　　　　　　　　331

北朝来探求成为政治中枢的制度之变化，又同时留意政治构造以及国家意志的决定过程，撰写出具有体系性的优秀论著。但是两位学者的情况是主要关注于政治中枢的变化，而在个别的情形中官僚体制是如何发挥功能的这一面，则是置于次要的地位来处理。

　　在这些研究之中，透过野田俊昭[1]、金子修一[2]的尚书案奏制作及处理过程的研究后，值得注意的是最近几年中村圭爾[3]所进行的研究想要透过说明官僚组织的具体运作来厘清国家意志的决定过程。

一、南朝的议

　　中村圭爾所处理的是官僚之间举行的"议"。这种情形的"议"是对于官僚提出的问题，皇帝以"付外详议"、"付内外博议"诏于门下省，并以此为依据进行的议论。这个"议"分为两种，内外，也就是所有官种的官僚都参加的"博议"；以及，外，也就是在尚书省官僚内部举行的"详议"。并且还有由尚书的官员发议，加上礼官也就是太常以及其管下的国学、太学的博士们，或是向他们咨询而举行的议，这也包含在"详议"中。"博议"、"详议"的结果经由有司也就是尚书省的官吏来向皇帝进奏，但在此之前，会先在尚书省的内部来整合议论并附述上统一的见解，这称之为"参议"。就这样，奏上议，然后由皇帝下达关于此的判断。或判断为"诏可"，也就是就完全承认上奏内容的情况，以及在并记有与上奏对立之议时进行选择，或认同上奏内容但变更一部分，或对于进奏为"免所居官"，却命令指示"白衣领职"之类，与上奏内容相异的处置。换句话说，皇帝并不一定按照奏疏裁断，而有裁示"可"以外的情况。本章想暂且将此情况以"修正"来表现。

---

1. 野田俊昭:《東晋南朝における天子の支配権力と尚書省》,《九州大学東洋史論集》5, 1977年。
2. 金子修一:《南朝期の上奏文の一形態について—《宋書》礼儀志を史料として—》,《東洋文化》60, 1980年。
3. 中村圭爾:《南朝における議について—宋・斉代を中心に—》,《人文研究》40-10, 1988年。以下，若没有特别说明提到中村圭爾的研究，皆指这篇论文。

这样地判明"议"的过程之后[1],会产生后者的修正是如何地进行的疑问。关于这个,中村圭爾提出了"一种答案",即在上呈奏书给皇帝的阶段,仍然会举行由门下省官吏所召开的"参议"。这件事让人想起门下省审议尚书省上奏的唐制。事实上,虽然中村圭爾说"以上是有关于唐代知名的门下封驳的问题,这里并不想触及",但在之后讨论南朝诏书的论文中[2],却认为于"详议"中所见的尚书上奏及"诏可"的关系是与唐代的"奏授告身式"连结在一起的。

中村圭爾的这些论著在以下两点上显示了重大的问题。一个是门下省所发挥的功能的重要性,中村圭爾本身将其具体的检讨委由日后解决,这个问题于本章后面会再度触及。另一个是与唐代制度的关联性的问题。中村圭爾分析南朝的诏书,证明存在着两种类型。其一由中书或诏诰局所起草、以"门下"为发辞的诏书——与唐代的制授告身式相关。其二由天子裁断尚书上奏的诏书——与唐代的奏授告身式有关。但是这并不是直接意味着唐制与南朝宋、齐时代的发诏样貌是相同的。譬如,根据中村裕一的说法,在唐代,尚书的上奏是经过门

---

[1] "详议"及"博议"于宋、齐时期,在名称上也是有相当地认知并区分开来使用的。但是,讨伐刘义宣、臧质之乱后,有关祭告郊庙之礼的议是遵循"八座奏……礼官博议……臣等参议……诏可"的过程,并且记载内容写到议的参加者是太学博士及国子助教,几乎可以为"详议"的确实事例(《宋书》卷一六),但却使用"博议"的称谓。其他被认为是相同事例的在《宋书》中还有三例。根据晋的用例,于内容上是可以认为有"详议"及"博议"的区分,但认为是"详议"的却被记为"博议",认为是"博议"的却使用"详议"的称谓,很难推论在名称上两者有明确的区分。换句话说,光凭"博议"、"详议"的称谓是难以判断其实态的。"博议"具有"广泛地议论"之意,添加上界定博议的"内外"或"公卿"才成为中村圭爾所谓的"博议"。另一方面,"详"在《说文解字》中的解释为"详,审议也",具有"厘清"之意。也就是更仔细地探讨事物,因此对专业性的需求非常高。"详议"是需要专业性的议论,可以说其专业性于"详议"的内容中明白地展现出来。补记中提及的学术讨论会上,笔者指出北魏的议在名称上两者是没有区别的,并将此作为北朝与南朝的差异,但这是错误的。不过,即使是晋朝还是有以尚书与礼官为中心的议,以及内外百官的议的区分,也可以确认在"议"的内容之中两者不同的事实。将这两种的"议"用新的用语来表现,不如在"详议"、"博议"加上引号来使用会更容易理解。本章的"详议"及"博议"就是依据这样的观点来使用的。另外,学术讨论会上,笔者认为"参议"不仅限于尚书及门下的官吏,而是指广泛地参与"议",并将此看成是与南朝之间的差异。但加上晋及梁陈的事例并仔细检讨后,发现除了尚书及门下的"参议"的用例之外,单纯地以"参与议论"的意义来使用的例子并不少,因此这也不能当成是南北两朝之间的不同之处。

[2] 中村圭爾:《南朝における詔》,《東アジア古文書の史的研究》,刀水书房,1990年。

下省的审议并得其同意才上呈的，得到皇帝形式上的承认而成为国家意志。如果门下省不同意的话，上奏就会失效[1]，如此无法得出皇帝修正尚书奏疏的理论。虽然唐制的原则是这样，但南朝的情况，奏疏是经过修正的。若两位的论点都是正确的，应该去理解南朝与唐代相似制度之中的不同点[2]。

虽然现今应无必要再度提到陈寅恪的大作[3]，但唐代所见的制度如何形成仍是重要的问题。谈到王言，学者认为以"门下"作为发辞的诏书是从东晋开始，南朝及北朝都有实行，还说明其定立、颁下的手续与唐代之间的类似性[4]。不过，制度的不同处也应当与其类似之处一起进行考察，而能从中找出时代的性质则是毋庸多言的。

对于唐代与南朝于"议"的制度上的相异之处，我想再做一点说明，唐代的情况，奏抄与"议"是区分开来的。奏抄会伴随着门下的审查，但"议"的情形则没有门下的审查。这以笔者的解释来说，两种"议"之中，谥议才是由尚书（经过太常起草的过程）议定之后奏上的。但还有一种的臣下奏议却不是由尚书汇整或有的情形经过尚书整合才奏上的。这表示了"议"这种制度与南朝相比相当不同，并且其意义并不小。但这里并不打算更进一步地触及唐代与南朝之间的不同处。

二、北朝的议

如同以上所见，南朝的官僚制研究已达到判明具体运作的阶段，

---

1. 中村裕一：《唐代制敕研究》，汲古书院，1991年。
2. 中村圭爾认为对于尚书上奏"详议"的结果，像后者那样，尚书及礼官的议的结论会自动地或机械地被认可的场合外，在有关官爵除免的时候，推测会有类似于前者之诏的诏书重新经过门下后下达，见中村圭爾：《南朝における詔》，《東アジア古文書の史的研究》，刀水书房，1990年。另外，同样采取尚书上奏形式的"博议"的结果，经上奏路径（即可以修正）形成的诏书，中村并未加以特别讨论。
3. 陈寅恪：《隋唐制度渊源略论稿》，中央研究院历史语言研究所专刊，1944年。
4. 例如中村圭爾：《南朝における詔》，《東アジア古文書の史的研究》，刀水书房，1990年。

相对于此，北朝的情况又是如何呢？郑钦仁[1]、严耀中[2]和川本芳昭[3]等人所推展的北魏前半期的北族官制研究，在同时期北魏国家性格的厘清上带来了重大的贡献，必须给予高度评价。但是，不顾失礼，暂且不论因史料上的限制而使得要求更进一步研究的困难，这些贵重的研究还尚未论及到动态的侧面。关于消灭北族官制的孝文帝改革后的中国式官僚体制，还是停留在官僚制架构的研究水平上。另外，虽然笔者也是如此，但北朝官僚制研究者的兴趣有朝向北魏前期与后期的差异、或尚书行台等北朝独特制度的倾向。当然这也是重要的观点，不过这种情况下，对于后期将中国传统撷取入内的制度本身的兴趣就相对淡薄。而在这些制度的动态侧面这点，不得不直接地承认北朝官僚制研究，别说唐代，就连比起南朝的相关研究都来得迟缓。

执笔本章之时，虽然为时已晚，但还是以中村圭尔的研究为线索，检视了北魏的"议"。因为在此没有详细叙述的空间，故只记其结果。

能够掌握北魏的"议"的过程的事例，集中于宣武帝、孝明帝两个时期，而且为数不少。这些事例未必如南朝事例一般有条理地记录"议"的过程。譬如，礼志中记录谈及举行"议"的事例，在相关人士的传里却记载为"奏"。尽管如此，还是能找出25件事例[4]。将这些事例合在一起看后，可以分为两种的"议"。一种是以臣下的上表为契机而下诏的议。这种情形，诏会指定为"付尚书量议"、"付八座集礼官议定以闻"、"付尚书博议以闻"或"付外博议"，并如同字面叙述，议的举行会有"外"也就是尚书省官员的参加，甚至有时还加上礼官。议的结果会由尚书省的有关人士来进奏，皇帝再对此来进行裁断。这种的"议"对应着南朝的"详议"。

另一种的"议"仍然是借由上表之后，透过皇帝下诏命议而开始的。参加者的范围则记载为"付尚书门下博议"、"付门下尚书三府九

---

1. 郑钦仁：《北魏官僚机构研究》，牧童出版社，1976年；稻禾出版社，1995年再版。
2. 严耀中：《北魏前期政治制度》，吉林教育出版社，1990年。
3. 川本芳昭：《北魏の内朝》，《九州大学東洋史論集》6，东洋史研究会，1977年；后收录于氏著《魏晋南北朝時代の民族問題》，汲古书院，1998年。
4. 25个事例做成一览表附于本章之后。

第十二章　国家与政治　　　　　　　　　　　　　　　　　　　335

列议定"、"召集王公八座卿尹及五品已上博议"等等，也有只有尚书及门下的情况，但大多包含其他官厅的官员，进奏议的结果由皇帝裁夺。这种的"议"相当于南朝的"博议"。

　　总而言之，可以确认北魏后期也存在着相当于南朝的"博议"、"详议"的"议"。而若考虑到这个时期的北魏已全面采用中国式官制，或许可说是当然的事情。但是，如果要说两者的"议"是完全相同，其实不然。

　　首先可以指出宋、齐在"详议"与"博议"所处理的"议"的内容上是有相当明确的不同之处。或许是由于能够某种程度地理解"议"的过程的事例都集中在礼志，并受限于这样的史料之处很多，"详议"所涉及的议题几乎与礼有关，而且是有关于比较细微问题的事例。这类型的问题一律交由专门的官吏来检讨，并由皇帝承认其结果。这是"详议"的一种型态，由尚书发议下符至礼官来举行的"礼官详议"都能对应这个状况。但就宋、齐的情况，现在所能得知除此之外的"详议"事例非常稀少。相对于此，在北魏，"详议"也处理关于礼的细部问题，但除此之外，还涉及了皇帝子孙的属籍及荫、当时事实上的最高权力者皇太后的车舆之制等具有强烈政治性的问题。

　　其次，想指出"议"结果的奏上以及对此裁夺上的不同。南朝的情况，经常记载上奏"议"的结果的主体为"有司"，而其实貌为尚书诸官，有的情形也有负责"议"的尚书郎，但北魏的情况则几乎没有记载为有司的例子，大部分是具体地记载着官职及名讳，而且是复数的官员。与"博议"相当的议的情形也同样如此，甚至有记述为录尚书事以下六十人奏上的例子。虽然这只是单纯地表示在该议中主流派的意见，即这些得以记录下来的他们所进行的议论，应该理解为魏收对奏疏进行了改写的结果。不过将这与皇帝的裁夺合并来看，浮现了饶有趣味的事实。

　　在南朝的情形，前面已经提到过有关于"议"的结果上奏后遭到修正的情况，北朝的情形也是一样。但是仔细一看，对应"详议"的议的情形中，上奏因诏书而被修正的情况并不少，但相较于此，对应"博议"的议的情形的修正事例却很少，特别于孝明帝时期，有一例的处置还留有问题，这会于后面谈及，但要注意到除此之外没有例外都是照其内容认可。

如同前面提到过，中村圭爾留意于尚书奏上的"议"因诏书而受到修正的事实，提出以下的可能性：对于尚书的上奏，门下省会行"参议"，其后由皇帝下诏而实现修正。因为门下审查尚书奏疏的情况，是从晋代开始出现的，故这个想法应该是妥当的。但是在"议"的修正事例中，也有难以说明的例子。宋孝武帝时，太宰、录尚书事江夏王刘义恭以下的尚书诸官之后，还有侍中两名、黄门侍郎两名提倡慎重论，而且太常及光禄勋也参与的"博议"，却有孝武帝下达"违议"的措施命令的事例[1]。尚书上奏这个"博议"的结果，其内容门下本身参与而且提倡慎重论，很难认为门下会重行"参议"并且得出否定此"议"的结论。孝武帝时期，戴法兴等皇帝侧近寒人的活动相当活跃。孝武帝死后，前废帝时期，他们大概是为了揣摩迎合皇帝之意，向身为太宰、录尚书事行辅政事的江夏王施压，对吏部尚书所作之人事案多加变更[2]，等等。其变更是在怎样的过程中来进行尚存有疑问，暂且先搁置之，但在皇帝对尚书奏上的"议"的结果加以修正的情形中，除了门下省之外，是可以假设还有集书省寒人的存在[3]。这里虽然明确地举出门下诸官的议与皇帝的裁夺相左的事例，但原本门下诸官所参与的"博议"，是否还会有门下的"参议"，则是日后应该检视的课题。而且，尚书所奏上的"议"与尚书的案奏是否可能当成同样性质的事务来处理，关于这一点仍然需要检讨。而关于寒人干预尚书案奏的事例，野田俊昭已经详细地讨论过了[4]。

1.《宋书》卷五四《孔季恭传附孔灵符传》中所见有关移往山阴县的徙民之议。
2.《宋书》卷五七《蔡兴宗传》。
3. 附记中提及的学术讨论会上，中村圭爾对于这个问题谈到，宋、齐时期，相较于侍中，寒人透过给事中或散骑的职务来修正上奏。换句话说，寒人不是从制度的架构外来活动，他们是制度上地来参与决定政策的过程。另外，陈琳国指出，宋、齐时期的恩幸大多担任员外散骑侍郎及给事中，跟随在皇帝的左右，最后进一步地掌握门下省的大权，见陈琳国：《魏晋南北朝政治制度研究》，文津出版社，1994年，第73—77页。
4. 野田俊昭：《東晋南朝における天子の支配権力と尚書省》，《九州大学東洋史論集》5，1977年。

第十二章　国家与政治

附带一提,在南朝,诏书的颁发还必须经过门下的审议[1]。另一方面,如果依据中村圭尔的研究,皇帝对"议"的修正会以新的诏书来表示。假使如此,则门下的意见在这个阶段也无法被接纳。这对理解南朝的门下省性质具有重大的意义。

相较于此,北魏的情形又是如何呢？来看看问题容易整理、比较的孝明帝时期。孝明帝时期的前半,首先看到身为宣武帝外戚一族,有功于孝明帝即位的于忠之专权,接着是灵太后的临朝听政。这个时期,太师高阳王元雍、太傅清河王元怿、太保广平王元怀,还有灵太后之父司徒胡国珍——虽然四人并不是整个时期都聚齐在一起——于门下省辅政。在此之后,灵太后之妹婿元叉将灵太后幽禁起来,在孝明帝身旁专擅弄权。以上是政治的状况。

灵太后临朝期,辅政者所参与的"议",每一个都经过灵太后的承认。而包括尚书令任城王元澄、左仆射元晖召开的"博议"(但其实际为"详议")结果的上奏在内,尚书、礼官的"议"遭到修正的情况并不少。这一修正是否发生在灵太后裁决的阶段呢？似乎并非如此,前面提及的辅政者在这个时期中都是"决"尚书奏事。这是根据诏书所赋予的权限的行为。虽然也有清河王元怿拒绝吏部进奏的人事案的事例[2](四位辅政者中,清河王似乎位居核心地位),这应该也是基于辅政的权限。虽然"决"在具体上是指怎样的行为还不明确,但若提及关于尚书奏事的话,因为门下已经持有驳奏的权限之故,所以可以推论"决"的权限更大,且实质上几近裁决。灵太后临朝期的"议"的修正,在制度上应是根据辅政者意向的,但皇帝(灵太后)的裁可是必要的。

其次,这个时期,作为影响皇帝裁决的存在,必须将专擅弄权的于忠及元叉(元义)列入考虑。侍中、领军将军于忠的专权,如前所述,并不是于上奏到裁可的过程内部之中占有一席之地而来的,而是以领军将军的军事力为背景,于太极殿西柏堂决尚书奏事。换句话说,于忠的专权可以看成是采取了能让辅政的元雍等人顺着自己意思的措

---

1. 请参照下一节有关门下省的叙述。
2. 《魏书》卷六〇《韩子熙传》,同书卷九四《阉官·刘腾传》。

施方针而达成的。元叉也同样是侍中、领军将军。他位居决尚书奏事的地位是确定的，但其专权主要是因为掌握了身为领军将军的军事力，然后与中侍中的刘腾勾结，掌握了奏疏传达至皇帝眼前的权限——因此也可能有时采取"矫诏"的手段。于忠也有使用矫诏的手段。

总而言之，尚书的上奏遭到修正的情形，存在着两个状况。一个是门下省的"参议"及驳奏，或者是由南朝集书省寒人而来的干预，而北朝辅政者决尚书奏事也包含在此。另一个是相对于此，在制度架构之外，寒人及权势者介入干涉并加入修正的状况。

三、目前的三个课题

在以上讨论后，又产生了三个问题。

第一个是门下省定位的问题。关于东晋南朝门下省，有认为是代表贵族意向的看法[1]。对此，野田俊昭认为握有案奏权的尚书省是国制的中心，透过就任尚书省的官吏，特别是八座尚书，贵族的政治权力才得以发挥。并且提出独自的见解，认为门下省毋宁是站在皇帝这边，与皇帝一起压抑尚书省所具有的机能，也就是压抑尚书省有效地彰显贵族政治权力的机能[2]。然而，这是宋初的情况，在此之后寒人就站在皇帝这边与贵族对抗，而要留意的是把门下与寒人放在同样位置来理解的观点。但是野田俊昭的说法，是否能将宋文帝初期的尚书省上层理解成为贵族的代表，还残存着疑问。而且能指摘出宋初的门下省实貌是否就能够通用于南朝整个时期，此为重要的问题点。

另一方面，中村圭尔虽将问题委由日后再行检讨，但如前述，中村圭尔重视从尚书奏疏的修正这点所看到的门下省的作用，并且试图从其与门下封驳连结的方向来理解。虽然无法清楚地叙述，但从这点来看，可以推测中村圭尔似乎是从制约皇帝权力的方向来思考南朝门下省的性质。不过若是这个推测准确的话，是否可以把对尚书"议"

---

1. 内藤乾吉:《唐の三省》,《史林》15-4, 1931年；后收录于氏著《中国法制史考证》, 有斐阁, 1963年。
2. 野田俊昭:《東晋南朝における天子の支配権力と尚書省》,《九州大学東洋史論集》5, 1977年。

第十二章　国家与政治　　　　　　　　　　　　　　　　　　　　　　339

的上奏的"参议"——应该可以将之联想成"审查"——与意谓着诏敕审查权的封驳，理解成为相同性质的东西，应该还有疑问。

换句话说，可以从两个人的研究撷取出以下关于门下省的检讨课题。首先是门下对尚书上奏的审查权以及对诏敕原案审查权的始于哪个时期的问题。随之而来的还有对"议"的结果进行的门下"参议"，是否可以解消为对尚书的上奏，门下普遍拥有的审查权。先前提及的祝总斌、陈琳国，还有陈仲安及王素的共同著作[1]，这些近年来相继出版的魏晋南北朝官僚制研究书籍，无论哪本皆认为不仅是对尚书上奏的审查权（"省尚书奏事"），连门下的诏敕审查权，都确实存在于魏晋南北朝比较早的时期。另一方面，中村圭爾提出"尚书的上奏是否存在着门下省的干预，这样的重要事情就暂且搁置"。而又引用大庭脩的研究，认为梁、陈的"特发诏授官"的发令手续与唐代制授的过程是一样的，但却又指出"看不到门下的审议"，认为即使是与唐代的制度联系在一起，确认在南朝存在着与唐代相同的制度，还要更慎重其事[2]。以"门下"为发辞的诏敕是从东晋开始出现，这意味着诏敕经过门下。从梁、陈制度来看，对于诏敕原案，门下请求"付外施行"后，皇帝画可施行，在梁、陈制度当中发现门下的"审议"尚有一定的根据，但也的确希望能提出更加明白的提示。

其次，门下取得了这些权力，但是两种权力应该在什么样的脉络之中来理解。这是双方是否为同样的性质，而双方与皇帝权力之间的关联又是如何的问题。前面提及的祝总斌等人的著作，无论何者都是认为门下是皇帝用来抑制尚书省权力的机构。然而各自有着理解上的相异之处。陈琳国认为魏晋时代的驳奏权是用来抑制尚书的权力，为了想要强化皇帝的专制统治，驳诏或多或少具有制约皇帝权力的意义，其力量是薄弱的，不应该评价过高[3]。另外，祝总斌认为东晋初才开始门下省的诏令审查，其表面上似对皇帝诏令进行审查，但实际上是以当

---

1. 陈仲安、王素：《汉唐职官制度研究》，中华书局，1993年。
2. 中村圭爾：《南朝における詔》，《東アジア古文書の史的研究》，刀水书房，1990年，第338、335页。
3. 陈琳国：《魏晋南北朝政治制度研究》，文津出版社，1994年，第30—31页。

时策划诏令内容的中书监、录尚书事为对象的巧妙方法[1]。以上说法与论述皇帝及门下一体性的野田俊昭,观点上有所连结,富有深意,但不同处在于认为野田俊昭所发现的宋初的性质已存在于魏晋时期。

最后,取得这样权力的门下的性质,在维持其权力之时,是否还是延续同样模式的问题。陈琳国认为在进入南朝之后,门下的权力衰微,皇帝为了强化自身的权力而授予寒人机要之位,门下也为寒人所操纵。此外,祝总斌认为东晋初年过后,诏敕审查制度的目的变成了藉由透过门下,使得诏令能符合全统治阶级的利益。毋庸赘言,制度一旦成立且长期维持下去的情形,一开始的目标或理念都不见得能够持续到最后。必须观察这段时期中的各个时点上,这些制度怎样发挥功用。

在进行这个检讨时,我想以中村裕一有关封驳的研究当作参考。中村裕一检视唐代封驳事例的内容,并且根据这个对唐代的门下省是贵族牙城的说法提出质疑[2]。其结论的对错在此时并不是问题所在,应作为参考的是其揭文的程序。从封驳的制度架构来看的时候,可以指出门下省制约皇帝权力的性质,并且充满说服力。但是站在其实际上是怎样地发挥功用这点来看的时候,会使我们看见不同的一面。从史料的实貌来说的话,进行与唐代相同的检讨是困难的,但关于魏晋南北朝时代具体的政策内容,以及环绕于此的意见对立,必须以这些为出发点来探讨组织及制度是如何发挥功用。这并不限于对单一门下省的检讨。当然,也不是至今都没有这样的研究,毋宁说虽然有很多的研究论文用心于此并加以完成,但仍有还不足之处。在"议"的程序厘清之后,应该可以更加精确地进行这样的检讨。

第二个问题,我想举出"议"的制度及其运用在南北两朝间存在的差异,应该如何思考的问题。

首先来看对于尚书上奏的裁可,实际上是在哪个阶段进行的这点。宋、齐时代,在制度上有门下省的"参议",但除此之外,可以推论在制度上有关联的还有集书省的寒人,而实际上在"议"的裁可之时,

---

1. 祝总斌:《两汉魏晋南北朝宰相制度研究》,中国社会科学出版社,1990年,第296—299页。
2. 中村裕一:《唐代制敕研究》,汲古书院,1991年,第一章第八节。

皇帝侧近的寒人的权力可能很大。另一方面，在北魏，主要是孝明帝时期，在制度上是门下省的审查，或是于门下省进行的辅政者的"决"，实际上的运作也与此一致的情况很多。纵使偶尔会有专权者的干预，但这会用整合于"议"而辅政者行"决"的过程，形成贯彻自身意志的结构，通常不会采取在皇帝裁夺的阶段中来介入的形式。或许与皇帝真正的意志并不一致，但在外表上是以皇帝意志的形式来处理。将南北两朝的差异彻底地单纯化的话，南朝的情形是可能会有门下省的判断与皇帝的裁夺相左的情况；北魏的情形则是门下或辅政者的判断应该会与皇帝的裁夺一致。如同已经谈到的，辅政者参与的议，大致上都会被裁可。这件事提供了对于这个时期的北魏门下省与皇帝权力之间关系的理解。

  关于这个，我想举出一个北魏的事例。驸马都尉刘辉不只与人奸通，还殴打身为公主的妻子使其流产后逃亡的事件，灵太后委托门下来处理时，门下上奏的内容是要将包括通奸对象的两位女性在内共三人处以死刑，女性的兄弟则处以流罪。对此，灵太后下诏恕两位女性之死，使其在宫中为婢，其他如所奏。不过，尚书省对此激烈争论，并指出程序上和适用律法之错误的两个问题，上奏要求重新交付有司详议。对此，灵太后下诏曰："特敕门下结狱，不拘恒司，岂得一同常例，以为通准。"并处罚了尚书省的官员们[1]。看一下尚书省官员们的议论，当然每个人在条文及应用上有所差异，但要求在律规定的范围内来进行处罚的态度是相似的。但是门下不容分说地主张"虽律无正条，罪合极法"而要科处重罪。这件事情应该可以理解成，灵太后了解透过廷尉、尚书即通常的裁判手续不能给予重罪判决，而尊重此意的门下，就上奏了迎合灵太后心意的处罚案，而灵太后减轻其中女性的刑责还能够展露恩惠的姿态。事实上，门下、辅政者所参与的"议"的上奏，经由诏书而修正的事例，前面提过孝明帝时期仅有一件，而那一例就是这件事。也就是说，门下代为表达灵太后＝皇帝的意志。然后，刘

1.《魏书·刑罚志》。

辉的传中记载[1]，灵太后"召清河王怿决其事"。如果设想这个清河王元怿是位于当时辅政者的首席地位的话，门下与辅政者在这个情况下就是相同的立场，也可以推测辅政者并不是与皇帝意志站在对立的立场。只因为是侍中及给事黄门侍郎，是不能直接就与辅政连结在一起，而要行辅政，诏书就是必要的。当时辅政的场所就是门下省，这也能察知门下与辅政者的政治立场是相同的[2]。而且，正因为门下、辅政者所处的地位，他们参与的"议"都会毫无例外地被皇帝承认。

以上所述的门下省实貌是从北魏后期的某段时期的检讨而得的，还欠缺关于其他时期的检讨。也还残留着应与宣武、孝明帝时期相比较的不是宋、齐而是梁的问题（然而，笔者虽然曾试着进行梁、陈时代"议"的检讨，但却无法得到经得起比较的结果）。并且，南朝的门下实貌有待日后检讨的部分还很多。因此，虽然有学者认为，北朝的门下省权力比中书省更大，而南朝则是中书省比门下省的权力更大，以及在南朝的尚书、中书、门下三省的大权衰落，而在北朝这样的现象却出现的比较晚，其程度也比南朝来得轻微[3]，但在南、北朝，制度上极为相似的门下省是否存有若干的差异，笔者认为现阶段还未能找出这个问题的解答。不过，若从彼此相似的"议"的运用来看南、北朝确实存在差异，可以说这也许显示了门下省实际情况的差别。

到这里为止，不只是制度，也在很多地方了解到南北的不同并且加以讨论。但是尚未谈及的地方还很多。而且近年来在日本的魏晋南北朝史的研究，分成魏晋南朝史及五胡十六国、北朝史来进行的倾向变强。正因为五胡、北朝史研究掺有胡族统治的要素，所以与魏晋南朝史研究之间各有其不同的难处，研究区分开来也是不得已的。但分离的程度有过度的倾向。比如说，在制度的层面，不只是检讨与前后时代的关连性，还包括同时代南北的差异、运作在内，有可能看出至今尚未注意到的地方。另外若是根据中村圭尔所言"所谓的贵族制社会是在所有的历史现象中，以贵族这种实体做为主导地位的社会，于

---

1. 《魏书》卷五九《刘昶传附刘辉传》。
2. 本书第一部第二章，参考《北魏门下省初稿》，原载于《お茶の水史学》32，1990年。
3. 陈琳国：《魏晋南北朝政治制度研究》，文津出版社，1994年，第115页。

第十二章　国家与政治

政治过程之中也不可能有所例外"[1]，如果南北两朝在制度、运用上也看得到不同之处的话，这样看来这可能与南北两朝的贵族制样貌的差异也有所关联。

第三个问题是如何思考到目前为止的探讨中实际上都未提及过的"议"。永田英正检讨关于汉代的集议，并分为皇帝参与的朝议及皇帝未参与的廷议两种。后者更进一步分为公卿之议以及具有专业知识的官员的有司之议[2]。此外，谢元鲁最近发表了关于唐代各种会议的详细研究[3]。根据他的说法，存在着皇帝参与的御前决策会议，以及皇帝不参与的宰相决策会议、百官决策会议。谢元鲁虽未谈及，但根据中村裕一的研究[4]，可以确定负责谥议之类的一部分官僚，他们所召开的有司之议并不在九品以上官吏寻求特别重要问题意见的百官决策会议之列。因为依照时代的不同，参与者的范围有所不同，根据时代不同，各个会议处理的内容也有差异，自然无法单纯地比较，但大略来说，可以认为，汉代与唐代的百官之议与专门官吏的会议是分开来的，且都存在皇帝参与的会议。并且，夹在其间的魏晋南北朝的"博议"及"详议"是普通百官及专门官吏的会议的说法（当然"议"的程序之类，在讨论其异同之处上还有很多有待更进一步厘清的地方），或许是想让它们与汉代的廷议及唐代的百官会议相对应。假若如此，魏晋南北朝时期，御前会议的有无，以及御前会议如果存在的话，它的实貌为何将会成为检讨的课题[5]。

是否为御前会议的检讨，伴随着出乎意料的困难。与皇帝的应答是文书的还是口头上的判断，即使是口头上，但若为内朝官的话，皇帝的"切问近对"就会因为是职务之故而不能说成是"议"，等等。将这些状况判断列入考虑后，就笔者的检讨结果来看，梁、陈时代散见

---

1. 中村圭爾:《南朝における議について—宋·齊代を中心に—》，《人文研究》40—10，1988年，第1页。
2. 永田英正:《漢代の集議について》，《東方学報（京都）》43，1972年。
3. 谢元鲁:《唐代中央政权决策研究》，文津出版社，1992年。
4. 中村裕一:《唐代制敕研究》，汲古书院，1991年，第三章附节Ⅲ。
5. 唐代所见到的宰相会议在魏晋南北朝是否存在也是应当探讨的课题，但关于这个还包含晋时期所看到的"朝议"的大量事例的检讨，故本章就省略不谈。

能够判断为御前会议的事例，其处理的内容为由于对外战争、媾和、与他国婚姻、迁都、内乱之类而生的紧张政治状况、重要人事、举才等等。纵使与其他时代比较，也是与御前会议相契合的事例。但是，晋、宋、齐时期，即便是在处理以上内容的情形，能够判断为御前会议的事例也非常稀少。因为能够判断的事例并非为零[1]，所以御前会议的存在本身是毋庸置疑的，但却无法否认其数量稀少。另一方面，北魏前期可以频繁地看到有皇帝参与的会议，成为与晋南朝明显的对比。但是，这是源于北魏的特性。首先，北魏前期有使用语言的问题，鲜卑支配阶层并不熟谙文书行政；第二，如同祝总斌所言[2]，还残存着代国时代部落大人及氏族首长会参与部落联盟的重大问题决定的遗风，所以于重大事项决定之时会招集群臣命其议论。改变胡族体制的孝文帝于改革后，接着做了在后述的穆亮传中可见到的发言，在朝堂的会议上命令臣下诵读草案并且当场定夺，除此之外维持着与群臣间的议的记录还很多。但两代之后的孝庄帝时期，朝堂会议之上就变得不再有天子亲临之事。并且，在此之前的宣武、孝明两帝的时期，仅就《魏书》所见，表示御前会议存在的记录已经变得极端稀少了。换句话说，就这一点与南朝有着相似的样貌。

应该怎样思考魏晋南北朝时期御前会议寡少一事呢？《魏书》卷二七《穆崇传附穆亮传》中记载着孝文帝说过："《晋令》有朔望集公卿于朝堂而论政事，亦无天子亲临之文。"即使天子不参与朔望的朝会，而就算在唐代，朝会的议变得形式化，主要是常参官、宰相与皇帝开会，这都不能当成是御前会议稀少的全部因素。汉代中期以后，内朝官制度的发达使得外朝的官员与皇帝的日常会见机会变少，双方的接触以文书为媒介的形态为中心，只有在重要的时刻，皇帝才会召集群臣来听取意见，应该将御前会议理解成如此大的脉络中的一环。

此外，这里又产生了如下问题：在这样的御前会议样貌中，应该如何去评价当中所展现出的皇帝权力呢？笔者现在无法对此作出评价。

---

1. 譬如《宋书》卷七一《江湛传》，同书卷七七《沈庆之传》，同书卷五七《蔡兴宗传》等。
2. 祝总斌：《两汉魏晋南北朝宰相制度研究》，中国社会科学出版社，1990年，第238—240页。

第十二章　国家与政治　　　　　　　　　　　　　　　　　　　　345

原因在于需要首先检讨在这样制度上的实貌中，现实的各种政治问题该如何处理，然后方能给予正确的评价。

结语

笔者被给定的课题是国家与政治。但是这里所描述的大部分内容只不过是政治制度的一小部分而已，与标题的落差颇大。最主要原因是笔者知识浅薄，不过笔者有理由选择如此的处理方式。虽然有与前面的章节中已经叙述过的内容有所重复的地方，仍再叙述一次并想以此来替代总结。

在规范魏晋南北朝、隋唐时代的国家与政治的主要原因中有贵族的存在，这是谁都没有异论的。贵族如何能够成为贵族？贵族为何采取官僚的姿态？对这类根本的问题，贵族作为官僚究竟采取怎样的姿态的疑问，也具有重要的关系，是自不待言的。到目前为止也有很多研究者对这个问题贯注心力。但若不能充分地理解官僚制度，是无法回答这个问题的，这里所说的不仅是在制度面上厘清官僚制度，若不能从制度究竟如何运作此一侧面来理解，将无法得到正确的解答。进一步地说，在厘清制度的机动性的侧面后，更进一步地也必须对其架构外的作用力加以评价。笔者虽然对于至今的研究抱持着敬畏之情，但却还是残留着一些无法完全令人满意的感觉。当然，单就这样的讨论，有关于贵族制的理解是无法取得进展的。但却深深地感觉到采取这个方向能使得贵族制的研究向前迈进一步，同时，明确南朝与北朝的差异所在也有助于解明这一问题[1]。

【附记】本章是1993年11月4日于龙谷大学所举行的学术讨论会"魏晋南北朝隋唐时代史的基本问题"的报告，加以修正改订而成。

---

1. 本章中关于"议"几乎都略去论证来进行讨论，可以的话想于另稿之中详细列出。

表12-1 宣武帝时期的议

	发端	皇帝的处置	议题	议的参与者	奏	裁断	魏书
1	上言：	诏曰：八座已下、四门博士以上，集太乐署，考论同异。	金石之事		尚书（想进一步讨论）	制可	
	复表言：	诏		尚书令、尚书	同上	诏可	乐
2	上言：请付礼官	诏曰：付八座、五省、大常、国子参定以闻	禘祫	录尚书事等	同上（？）	制可	礼2
3	尚书奏	诏曰	人身买卖之罪	廷尉少卿（a）三公郎中（b）太保（c）		诏（与abc不同）	刑罚
4	尚书都令史请求详正		对祖母的丧服	国子博士等（a）太常卿（b）	尚书（依b之议）	诏（命行a之议）	礼4
5	尚书奏：请议所宜	诏	有爵者的刑罚	八座门下		诏从之	刑罚
6	上言：请下礼官议决		丧期中的鼓吹	太学博士（a）四门博士（b）国子助教（c）仪曹郎中（d）秘书监、国子祭酒（e）		诏（e可）	礼4
7	表	诏礼官博议	对王生母的丧服	侍中、中所监（a）议者（b）		诏（b?）	礼4
8			当时的国官之丧服	太学博士21人（a）太学博士10人（b）王国郎中令（c）	尚书（a）	诏（循a之议）	礼4
9	表	诏付尚书议	袭封		尚书		19上
10	上书		柔然降户的处置	八座		似乎接受尚书的反对论	58

第十二章　国家与政治

表12-2　孝明帝时期的议

	发端	皇帝的处置	议题	议的参与者	奏	裁断	魏书
1	上表曰：博议定制	令曰：可依表定议	服制	司空参军、国子博士			78 礼4
2	请集朝士议定是非	诏付门下尚书三府九列议定以闻	度量衡	太师元雍等		诏从之	19上 乐
3	上言：请召群官集议以闻	令曰依请	配祭	辅政者4名、司空、侍中		令曰，依议施行	礼2
4	表言：请付外博议	令曰付八座集礼官议定以闻	皇帝曾孙之荫	四门博士等（a）国子博士（b）太常少卿（c）	司空尚书令元澄、侍中佐仆射元晖	令曰（b可）	礼2
5	奏：请集礼官已裁其制	令曰，付尚书量议	皇太后的车舆	太常卿等（a）太常博士（b）尚书令等（c）		令曰：便可如奏c	礼4
6	表	诏付尚书博议以闻	恭宗之孙的属籍		尚书令、左仆射	灵太后不从	19上
7	表：勒礼官详据		五时的朝服	太常博士（a）门下及学官以上	太傅、黄门侍郎（a可）	令曰（问太傅）令曰，依议	礼4
8			胡国珍的庙制	太常博士（a）博士（b）太傅元怿（c）		诏依怿议	礼2
9	上表	召集王公八座卿尹及五品以上博议	胡国珍的谥号	太傅、侍中、御史大夫等	议者		78
10		被台祀部曹符(议)	太皇太后改葬之际的服制	四门博士 太常博士	侍中国子祭酒（上言）	诏可	礼4

续表

	发端	皇帝的处置	议题	议的参与者	奏	裁断	魏书
11	上表：乞求博议	诏付外博议	考课			无定案	59
12	启	诏付尚书门下博议	柔然主的处置		录尚书事尚书令、尚书、侍中、黄门	肃宗从之	103
13	上疏	别敕付外议	释奠之礼				78
14	(张普惠)曰	灵太后曰：当命公卿博议此事	二王子孙之封			二王子孙受封	78 21上
15			谥号	太常少卿等 太常少卿 司徒右长史	(尚书) 尚书	令曰，依驳更议可其奏	89

第十三章

北魏后期的政争与决策

前言

对于北魏后期政治史,谷川道雄曾基于展望隋唐时代的远大构想,阐明了基本演变[1]。虽然谷川氏对孝文帝时期的贤才主义及门阀主义的观念、官场、停年格与六镇之乱等问题,已有详细的论述,但是对当时常见的政争仅简单触及。另外,最近张金龙在他关于北魏政治史的大著中,仔细探讨了北魏后期的情况[2]。此书细密分析各个事件与政治结构,有不少值得参考的见解,但对于当权者以何种形式获得权力这一点,仍留下讨论的空间。

笔者在第一章以中村圭尔的研究为基础,分析北魏后期"议"的过程,一定程度上阐明了决策体系[3]。可得到两种"议"的程序。其要点为由臣下上表,下诏命令召开"议"。而参加"议"的人数范围由诏指定,有尚书省官员与不时加入的礼官;以及尚书之外,门下等其他官署的官员都参加的情况。不论是这两种的哪一种"议",皆上奏决议,得到皇帝的批准,然后以诏公布。本章试图将此运用于政治史上,由政治事件来看决策的样貌。

一、六辅辅政期(太和二十三年四月~景明二年一月)

太和二十三年(499),依据孝文帝遗言,任命其弟即献文帝皇子咸阳王元禧(太尉)、北海王元详(司空)、太武帝之孙广阳王元嘉(尚书左仆射)、景穆帝之孙任成王元澄(尚书右仆射)、汉人王肃(尚书令)与宋弁(吏部尚书)六人为新帝辅政。乍看之下是以尚书省为中心,

---

1. 谷川道雄:《北魏官界における門閥主義と賢才主義》、《北魏末の内乱と城民》,收于氏著《隋唐帝国形成史論》,筑摩书房,1971年,1997年增补版。
2. 张金龙:《北魏政治史研究》,甘肃教育出版社,1996年。
3. 原载谷川道雄、池田温、佐竹靖彦、堀敏一、菊池英夫编:《魏晋南北朝隋唐時代史の基本問題》,汲古书院,1997年。

第十三章　北魏后期的政争与决策　　　　　　　　　　　　　　　　351

可窥知此时尚书省占有重要地位，但尚书省并未成为辅政场所。在其中加入两位皇子，并将他们置于上位，大概是透过合议决策，接受这些辅政者合议的结论，再以诏颁布。之后的灵太后临朝期，太后在下诏之前，必须先得到孝明帝的诏书许可，由于此时期需得到宣武帝的许可之后下诏的记录，即言宣武帝握有最终决定权，但这只是形式上的权力。

由于辅政者间的对立，六辅的结构不久就产生了变化。任成王澄归第，王肃外任，宋弁过世。取而代之的是最受孝文帝信赖的献文帝皇子彭城王元勰，由外任回归中央，历经司徒、大司马，之后成为司徒、录尚书事，形成宗室四王为主的辅政体制[1]。

二、宣武帝（世宗）亲政期（景明二年一月～延昌四年一月）

景明二年（501）正月，宣武帝趁王公在宗庙的东坊举行斋戒，也就是瞄准他们无法行使政治权力的时期，在握有禁卫军的领军将军于烈协助之下，成功地从辅政者手中夺取政权[2]，开始亲政。即让咸阳王禧晋升为太保，夺取其实权[3]，并让彭城王勰归第。另一方面，迁广阳王嘉为司州牧，之后为尚书令；迁北海王详任大将军、录尚书事，但这些只是表面的粉饰，在四王之中，仅北海王详一人最亲近宣武帝[4]，在十一月时被任命为政变之前由彭城王勰担任的司徒、录尚书事。也就是说，这次政变只不过改变了人事结构，将二王排除于政治中枢，最重要的

---

1. 并无明确记载彭城王元勰行辅政之事，但由次节所见宣武帝夺权时，高聪传中提到的"六辅之废"。元勰便是当时所废的其中一人。
2. 《魏书》卷二一下《彭城王勰传》所载为"王公"，但卷三一《于烈传》则记载"三公并致斋于庙"。这个三公应指司徒、太尉、司空。实际上，被带至皇帝面前的为太尉咸阳王元禧、司徒彭城王元勰、司空北海王元详。广阳王元嘉也是辅政者之一，但宣武帝担忧的似乎是作为皇子的诸王。
3. 胡三省注为"进其位而夺之权"（《资治通鉴》卷一四四）。不过，虽然的确由太尉晋升为太保，但被夺取的非太尉之权，而是作为辅政者的权力。
4. 据《魏书》卷二一下《彭城王勰传》，北海王向宣武帝进逸言，谈咸阳王与彭城王的危险性。据同卷《北海王详传》，政变之后，宣武帝屡次亲赴北海王的宅邸。

变化就是得以实现亲政。

在宣武帝亲政期，正如历来研究指出，最明显的是恩幸与外戚的活跃。首先为赵修，如"赵修专宠，王公罕得进见"（《魏书》卷二一上《咸阳王禧传》）所言[1]，宣武帝很少接见王公，同时多仅靠文书来裁决政务，赵修为"散骑常侍、镇东将军、领扈左右"（《魏书》卷九三），"世宗每出入郊庙，修恒以常侍、侍中陪乘"（《魏书》卷九三《恩幸传·赵邕》），可想见赵修利用身为皇帝侧近的身份施展大权，加上协助皇后登上后位，得以与领军将军于烈结交一事（《魏书》卷九三），也成为其权势的支柱。

其次是茹皓，他曾一度遭赵修所忌而出任太守，景明四年（503）赵修死后，以左中郎将、领直阁成为宣武帝的侧近，如"是时世宗虽亲万务，皓率常居内，留宿不还，传可门下奏事"（《魏书》卷九三）所见，利用常常身在内朝向皇帝传达门下的奏事之机得势。值得关注的是他勾结位于外朝的司徒、录尚书事北海王详，作为其权势靠山。

以赵修为首，接下来是正始元年（504）排除茹皓而得以专权的外戚高肇[2]，景明年间起到达核心地位，陆续担任尚书左仆射、尚书令与司徒，一贯为外朝高官。虽然其弟高显担任侍中，侄子高猛为中书令，但此时与赵修等握有大权的时期重合，应该与高肇专权无直接关连。高显不久之后便过世，虽说内朝应有支持高肇的势力，但在记录中难见到留下什么资料。对宣武帝来说，高肇是生母孝文帝文昭皇后之兄，自己的皇后又是其侄女，妹妹长乐公主为其侄高猛之妻，姑姑是高肇自身的妻子，高肇与自己有这四重的姻亲关系。对于不相信宗室的宣武帝而言，高肇可说是最亲近的人吧。虽说武卫将军或左卫将军的元珍，身为高肇党羽，对杀害彭城王勰等发挥一定的效果，但元珍并未掌握禁卫军全体。我认为高肇除了身为外戚的权威，得到握有最终决定权的皇帝全面信

---

1. 以下若《北史》有同样的记载，仅注《魏书》的出处。
2. 赵修被高肇向宣武帝密告其罪状，依诏应受鞭刑一百的处分，执行之后便过世了（《魏书》卷九三、卷一五《元昭传》）。茹皓则是由高肇以与北海王详一同图有异谋为名而杀害（《魏书》卷九三、卷二一上）。

第十三章　北魏后期的政争与决策　　　　　　　　　　　　　　353

赖，才是得以在外朝专权的理由[1]。《魏书》卷七二《阳固传》：

> 初，世宗委任群下，不甚亲览，好桑门之法。尚书令高肇以外戚权宠，专决朝事。

由此来看，高肇实际上担任辅政的角色。因此，依赖宣武帝而生存的高肇，在皇帝驾崩后便落得迅速下台的下场。虽不在内朝而身在外朝，但向皇帝诬陷政敌加以排除之的政治手法，与在内朝行使大权的恩幸有相似之处[2]。

宣武帝亲政期时，可见一贯是由恩幸与外戚握有大权。掌权者的意志很可能透过对相关决策者的影响力，或是向宣武帝暗示的方式实现，这些情况也能视作决策体系自身的正常运作。

三、孝明帝期（1）——于忠专权期（延昌四年一月~九月）

现在仔细来看延昌四年（515）正月孝明帝即位时的情形[3]：丁巳之夜宣武帝崩，当晚在侍中、中书监领太子少傅崔光，侍中、领军将军于忠的主导下，御史中尉、领太子詹事王显，右卫将军、领太子中庶子侯刚从东宫将皇太子迎往显阳殿。即位之时，另有黄门郎元昭、太子中庶子裴儁、中书舍人穆弼在场，但太尉或吏部尚书等即位必要的官员以兼官身份到场，当时王显要求应要取得中宫高氏之令，但未被接纳而强行举行即位仪式。未召集百官，仅以担任宿直的官僚在庭中高呼万岁。由此可见，孝明帝身为宣武帝唯一的皇子而被立为皇太子，其即位实际上是由门下的诸官、禁卫军与太子诸官这样有限范围的人

---

1. 张金龙认为，高肇的专权与其外戚的身份并无密切关联，而是高肇由皇帝的信任与宰相之职，获得巨大的权力。见张金龙：《北魏政治史研究》，甘肃教育出版社，1996年，第254页。
2. 高肇自称是名族勃海高氏的一支，但其父亲这一辈刚才由高句丽入国看来，应该是寒族。家族根基薄弱。
3. 以下的记述详见：《魏书》卷九《肃宗纪》、卷二一上《高阳王雍传》、卷三一《于忠传》、卷六七《崔光传》、卷九一《术艺·王显传》、卷九三《恩幸·侯刚传》、卷一〇八《礼志四》。

员所推动。根据胡三省的叙述，仓促的即位应是为了防备高氏（《资治通鉴》卷一四八），据张金龙所言，王显身为高肇的党羽，应该期望是中宫高氏临朝。先不论其中各人的期望，身兼侍中、领军将军的于忠是最大功臣。

翌日戊午行大赦，己未日召回率十万大军西征的高肇，次日庚申高阳王元雍入居西柏堂，任城王元澄担任尚书令。这个人事变动为于忠与门下商议，要求中宫高氏敕授任命之，而向中宫提出的"门下之奏"[1]。但是御史中尉王显连同中常侍孙伏连搁置门下之奏，矫中宫高氏之令要求高肇执政[2]。中尉王显以侍御师的头衔得以入宫，这件事显示：在门下之奏批准的阶段，皇帝侧近的宦官等能够以搁置的方式介入，但是由于于忠等人控有禁卫军，将王显带至同党侯刚所在的右卫府杀害，整件政争宣告结束。正规的中宫之令基于门下之奏重新颁布，这次就并非矫令了[3]。

如上所述于忠开始专权。《魏书》卷二一上《高阳王雍传》所见高阳王雍的上表：

臣初入柏堂，见诏旨之行，一由门下。

《资治通鉴》卷一四八所引同表胡三省注言："谓杀生予夺皆出于于忠之意，而以诏旨行之。"即指于忠得到侍中崔光、黄门侍郎元昭等人的协助，得以掌控门下省，依于忠的意志作决策，这些均遵照正规程序以诏旨的形式进行。具体之例可见《魏书》卷三一《于忠传》：

忠自谓新故之际，有安社稷之功，讽动百僚，令加己赏。

---

1. 胡三省说向中宫要求敕授的理由为："仓猝不及下诏，虑有沮阁者也"（《资治通鉴》卷一四八）。但由于高肇长期控制尚书，可能尚书被认为较亲高肇，而因此想避开与尚书有关的下诏形式。
2. 宣武帝的皇后高氏是在之后的二月成为皇太后。《魏书》或《北史》所记"欲矫太后令"，严格说来不正确。《资治通鉴》写作皇后。
3. 此时高氏有可能不同意门下之奏，而发布让高肇掌政之令。若是这样的话，此令会被于忠等认为是"矫令"。

第十三章　北魏后期的政争与决策　　　　　　　　　　　　　　　355

> 于是太尉雍、清河王怿、广平王怀难违其意，议封忠常山郡
> 开国公，食邑二千户。百僚咸以为然。忠又难于独受，乃讽
> 朝廷，同在门下者皆加封邑。

由体察于忠之意者提案，高阳王雍等人考虑后，经过百僚之议认可，大概再将结果上奏而获得批准，让于忠得以封公。对门下省的官吏增加封邑的处置，也是照着这样的程序进行吧。由这样的方式实现于忠之意，高阳王雍在前引的上表中称之为"令仆卿相，任情进黜"（《魏书》卷二一上），如同于忠女婿元熙的"岁中骤迁"（《魏书》卷一九下），很可能就是结果之一。

还有一例，是以矫诏杀害尚书右仆射郭祚、度支尚书裴植的事件。郭祚与裴植劝在西柏堂辅政的高阳王雍出任于忠至外地[1]，于忠知道此事后，让羊祉或韦伯昕诬告郭祚与裴植。尚书先论裴植应该要处死刑，又言送上八议裁处，接受部分于忠之意而上奏要求减刑，对于郭祚的处分想来应也是如此。于忠对此并不考虑裴植有内附之功，以矫诏马上下令处死裴植（与郭祚），对于高阳王雍只以革职归第处置（《魏书》卷二一上《高阳王雍传》、卷三一《于忠传》、卷六四《郭祚传》、卷七一《裴植传》与卷七一《韦伯昕传》）[2]。整个过程可能经历诬奏→辅政

---

1. 高阳王雍"入居太极西柏堂，咨决大政"（《魏书》卷二一上）到底为何意？用"诏旨之行，一由门下"表现于忠之专权，显示高阳王自身不居于门下省，同时西柏堂的所在位于太极殿。另一方面，他身为太保、领太尉，也不可能位在尚书省，此时尚书省的负责人为任城王元澄。虽然之后辅政是在门下进行，但此时接受尚书的奏事，实质上拥有决裁之权的高阳王雍，应被视为辅政者。
2. 以上是基于笔者的解释所重构。有几个疑点，以下说明根据。《于忠传》："忠闻之，逼有司诬奏其罪。郭祚有师傅旧恩，裴植拥地入国，忠并矫诏杀之。"说明是故意让有司诬奏此案。虽然有司多指尚书，但《裴植传》记载："会韦伯昕告植欲谋废黜，尚书又奏：'羊祉告植姑子皇甫仲达，云受植旨，诈称被诏，率合部曲，欲图领军于忠。……'"可见羊祉提告，由尚书上奏调查相关人士的结果，乍看之下两史料相符。但若是尚书诬奏，一开始尚书就以判处死刑上奏即可，根本不需要送上八议讨论，更不需要使用矫诏这种手段。因此不认为这里的有司是尚书。

　　韦伯昕也提告，其传提到其后不久因裴植作祟而死。他的告辞为裴植有"废黜"之嫌；羊祉之告，是皇甫仲达等人宣称受诏而集合众人的诈称之罪而连坐裴植，两者上告的内容不同。但是很难将韦伯昕上告视为偶然，很可能是受于忠之意而各自上告。（转下页）

者要求尚书处置（由"议"的事例来推测，很可能采用诏的形式）→尚书之奏→辅政者认可→皇帝批准（此例在此阶段是"矫诏"，批准依于忠之意处分所写的诏书）。表面上看来是根据正规程序处理。[1]

如此看来，于忠得以专权的理由可举出以下几项：他掌控门下省，而门下省在处理一般政务上由于与发布诏敕直接相关，占有重要位置；并身为领军将军而握有禁卫军；同时如高阳王雍在其上表文所示，"而于忠身居武司，禁勒自在，限以内外，朝谒简绝"（《魏书》卷二一上），他拥护皇帝，但一方面也隔绝了皇帝与百官的接触；以及皇帝年幼六岁即位之事。但是，由于皇帝年幼，也让人觉得辅政者认可的奏请，应该一字不动地批准来实施，若是批准的诏书含有与上奏不同的内容，其他官僚很容易获悉被加入皇帝以外的想法，此例则是于忠之意。尽管如此，有时仍采取如上强硬的手段。

八月己丑，高阳王雍归第的四天后，有以下的人事异动：清河王元怿从司徒迁任太傅领太尉，广平王元怀由司空转任太保领司徒，任城王元澄由尚书令迁司空。十一天后的庚寅日，于忠以侍中、领军之职，兼当时空缺的尚书令之位，进位为仪同三司。同时崔光也由侍中、特进升至侍中、仪同三司。但是两天后的壬辰日，群臣向灵太后奏请临朝称制，三天后的九月乙未[2]，灵太后临朝，解于忠侍中、领军、崇训卫尉之职，仅任尚书令、加侍中，不久之后出为冀州刺史。若由于忠的角度来看，让辅政者归第，压制敌对的尚书省，应该觉得为自身权势

（接上页）
　　上告若于《于忠传》所见，是采用上奏的形式，一旦到达皇帝身边，应是由尚书处理。若此时有辅政者的话，首先应是辅政者决定把上奏文委付尚书。此外，在尚书上奏的阶段，辅政者认可后，将此送往孝明帝得到形式上的批准。但是，此处的问题为被认为是辅政者的高阳王雍，成为于忠的攻击目标之一，据本纪是在裴植处刑决定之日使之归第。他很可能并未参与裁判裴植等人之罪。但是高阳王雍自身并非遭到诬告，在归第之前，他正在进行任务。
　　假设于忠让尚书诬奏，也应该遵循正规的程序，由门下提出至皇帝身边。当权者让官僚讽谕上奏，遵守正当的程序来贯彻己意，这个过程可说并未脱离笔者的观点。

1. 裴植可能由于对蛮族酋长田益宗的处置而招致于忠等人的怨恨，这个很可能影响处刑，但此处未处理这部分。
2. 据《资治通鉴》卷一四八。《魏书》本纪作乙巳，但据《于忠传》，他担任尚书令仅旬余遭免。若是乙巳，于忠担任尚书令的第十五日太后临朝。而临朝后解侍中、领军职，之后才接着免尚书令，因此认为乙未较正确。

第十三章　北魏后期的政争与决策　　　　　　　　　　　　　　　357

打下了万全的基础，但未对当上皇太后的胡氏有所防备，成为失败之因。宣武帝死后，于忠有保护胡氏（当时是充华）之功——她当时险为中宫高氏所杀，以及拥护太后亲生子孝明帝的功绩，他或许认为能依赖太后应有的感念之情；以及加上胡氏将成为太后的阶段时，身兼崇训卫尉而守卫在太后的住所，反而也得以对太后有一定的防备。从于忠手中夺权的行为，很可能是趁他无法使用禁卫的武力的场合，恐怕就是趁他身为尚书令而在外朝之时。假若就是如此，可据此再度确认于忠之权是身为领军也来自侍中，幼帝又在其手中之故。

四、孝明帝期（2）——灵太后临朝期（延昌四年九月~正光元年七月）

　　灵太后在神龟二年（519）正月之前使用皇太后令，之后以诏的方式处理政务。即使是称令的时期，在本纪中也能见到诏的存在。另一方面，第一章讨论所见"议"的决裁，全以令的形式实行。太后以令处理的内容，之后可能在编纂时，在《魏书》本纪等处改写成诏，但是就算以令实行"议"的批准，推测实际施行时仍是采用诏的形式。总而言之，可推知史书记载的是形式上由孝明帝批准之诏。神龟二年（519）正月出现"宜遵旧典，称诏宇内"之诏（《肃宗纪》），太后得到诏的颁布之权，皇帝连形式上批准的权力也丧失了。

　　从此时政权上层的结构看来，主力有把持禁卫军的领军将军江阳王元继（此期尾声由其子元叉〈元义〉继其位）；门下省为侍中、太傅、领太尉清河王元怿，与侍中、仪同三司崔光；以及尚书省的太师、录尚书事高阳王元雍与司空、领尚书令任城王元澄。并在这些之外，于门下省行辅政，《魏书》卷八三下《外戚·胡国珍传》记载了四名成员："（侍中、中书监、仪同三司）国珍与太师、高阳王雍，太傅、清河王怿，太保、广平王怀，入居门下，同厘庶政。"如第一部第二章所示，熙平二年（517）八月条有"诏侍中、太师、高阳王雍入居门下，参决尚书奏事"（《肃宗纪》）的记载，指这延昌四年末之时。所谓"入居门下，参决尚书奏事"，指的是在门下省决议尚书的奏事，不论是正侍中或者是加官的侍中，根据诏书赋予参与决议之职。通常让多人担当此务，也可称为"辅政"，被付与此职者也被视为宰相[1]。高阳王雍与其说为尚书省的最高负责人，不如说较重视其辅政者的角色。主宰辅政集团为清河王怿，如"肃宗初，迁太尉，侍中如故。诏怿裁门下之事。……灵太后以怿肃宗懿叔，德先具瞻，委以朝政，事拟周霍。怿竭力匡辅，以天下为己任"（《魏书》卷二二）所示，与"议"相关的纪录中，也确认他担任最核心的角色。但是清河王怿等人之力，至多也仅止于辅政的程度，最终的决定权仍在灵太后。

灵太后与握有禁卫的江阳王继父子有姻亲关系，元叉之妻为灵太后的妹妹；又与主宰辅政集团，控制门下省的清河王怿，建立强烈的互信关系[2]；尚书省负责处理实务，委任给有能且未见政治野心的老手任城王澄负责——他在宣武帝时期遭到冷落，在孝明帝时期全权负责实务；并将皇帝握于其手，乍看之下建立了不可动摇的政权体制，不过此体制由于元叉与清河王的对立而崩坏。

五、孝明帝期（3）——元叉专权期（正光元年七月~孝昌元年四月）

神龟二年（519）五月，领军将军江阳王元继进位成司空，从灵太后的立场来看，将领军交托到他人手中有危险性，因此由元叉直接承继其父职。翌年正光元年（520）七月，元叉发动政变实行专政。若细看整个过程，首先是由受元叉之意的宦官诬告清河王元怿谋逆，由宦官刘腾向孝明帝上奏，相信此言的孝明帝移往显阳殿。另一方面，灵太后由于永巷门关闭，在嘉福殿动弹不得（后被移往北宫的宣光殿），皇帝与太后被迫隔离[3]。元叉率领军营的士兵逮捕入朝的清河王怿（展

---

1. 以上请参阅本书第一部第二章《北魏门下省初稿》，原载《お茶の水史学》33，1990年。
2. 据《魏书》卷一〇五《天象志四》所记，"(延昌四年）九月，太后临朝，淫放日甚，至逼幸清河王怿"，怿为太后的面首。这可能是政敌元叉所捏造，但由此亦可确定为亲信的关系。
3. 郑钦仁认为可能是由管理宫中钥匙的中侍中刘腾上锁，而隔离两者。见郑钦仁：《北魏中侍中稿——兼论刘腾事件》，《食货月刊（复刊）》2-6，1972年；后收录于氏著《北魏官僚机构研究续编》，稻禾出版社，1995年。

第十三章 北魏后期的政争与决策

现皇帝控于手中的强势），刘腾以诏集合公卿，议论元怿之罪名。由于畏惧元叉之故，公卿无人有异议，在"议"中决定要以大逆之罪论处，刘腾与元叉将此结论带入宫中，得到孝明帝的批准，杀害清河王怿。接着迎孝明帝于前殿，发布皇太后辞逊之诏（矫诏）（《肃宗纪》、《魏书》卷一六《元叉传》、卷二二《清河王怿传》、卷五五《游肇传》与卷九四《阉官·刘腾传》）。

由此看来，以领军将军率领的武力与宦官的协助之下，得以隔离皇帝与皇太后，将皇帝把持于手中，建立以诏书为靠山来处理事件的型态，是政变成功的要素。具体程序可如图标：

奏→依诏下令召开公卿之"议"→公卿议论→上奏议论的结果→批准（诏）→以诏实施

与"前言"所示"议"的程序可说完全相同，现回溯其过程来看如何处分清河王怿：翌月举兵反元叉的中山王元熙传中记载"[元叉]矫诏杀怿"（《魏书》卷一九下），不论此言是否说得太重，形式上遵守了正规程序，很难说是矫诏。但从与清河王怿亲近的元熙的角度来看，只能以"矫诏"论断作为举兵事由。另外，得出议的结论时，只有尚书左仆射游肇拒绝署名。由此可知议的结论需要出席者署名才能上奏。附带言之，皇太后辞逊之诏，是出于皇太后之意的形式发布，但是难以想象灵太后会批准，这果然也是矫诏吧。

对抗元叉的专权，最初是正光元年（520）八月的相州刺史、中山王元熙的起兵，在此笔者不打算讨论此事，而将焦点放在正光二年（521）三月的右卫将军奚康生事件。据《魏书》卷七三其传云：

肃宗朝灵太后于西林园……日暮，太后欲携肃宗宿宣光殿。侯刚曰："至尊已朝讫，嫔御在南，何劳留宿？"康生曰："至尊，陛下儿，随陛下将东西，更复访问谁？"群臣莫敢应。灵太后自起援肃宗臂下堂而去。康生大呼唱万岁于后，近侍皆唱万岁。肃宗引前入合，左右竞相排，合不得闭。康生夺其子难千牛刀,研直后元思辅,乃得定。肃宗既上殿,康生时有酒势,将出处分,遂为叉所执,锁于门下。至晓,叉不出,令侍中、黄门、仆射、尚书等十余人就康生所讯其事,处康生斩刑,难处绞刑。叉与刚并在内矫诏决之。康生如奏,难恕死从流。

本来奚康生由于其子难娶侯刚之女为妻,是元叉最信赖的党羽,之后双方对立才有此举动。察其经过,可知最重要的意义为解除太后与皇帝的隔离(这原本并非指完全隔离,可能偶尔也会让两者见面)。要让这实现,只能趁由百官逶巡随同太后与皇帝之时。又据卷九四《阉官·贾粲传》所言:"右卫奚康生之谋杀叉也,灵太后、肃宗同升于宣光殿,左右侍臣俱立西阶下。康生既被囚执,粲绐太后曰:'侍官怀恐不安,陛下宜亲安慰。'太后信之,适下殿,粲便扶肃宗于东序,前御显阳,还闭太后于宣光殿。"奚康生被捕之事太后并不知情,好不容易让皇太后与皇帝会合,又离开那个地方,正是奚康生失败之因。被宦官所骗而分离太后与皇帝,计划以完全失败告终。关于此事,值得注意的是,此案由门下与尚书的诸官决定奚康生的处分后上奏,被在"内"的当权者与其同党变更部分的内容,很可能再以诏下达而实施,形式上与前述事件都相同。但是,此事不能说经由上奏获得孝明帝的批准,孝明帝为当事者,对十二岁的他,想必很困难说服他处奚康生死刑。如同《肃宗纪》曰"矫害"、传曰"矫诏"所见,此事为矫诏,也可想而知批准之词应是与遭变更的上奏之文一同被伪造的。根据这种情况判断,一般模式的程序是官僚顺从其意适时上奏,而在最后批准的阶段进行伪造则属例外。

察看元叉专政的结构:本身为领军将军,与左卫将军侯刚、右卫将军奚康生控制禁卫军(虽然之后如前面所述,元叉与奚康生敌对)。同时如"(丞相、录尚书事高阳王雍)总摄内外,与元叉同决庶政"所示(《魏书》卷二一上《高阳王雍传》),举出辅政之位也为重要因素,但都比不上能分隔孝明帝与灵太后重要。为此元叉"乃引刚为侍中、左卫将军,还领尚食典御,以为枝援……诏曰:'……与权臣元叉婚姻

第十三章　北魏后期的政争与决策

朋党，亏违典制，长直禁中，一出一入，迭为奸防……'"（卷九三《恩幸·侯刚传》），又如"废灵太后于宣光殿，宫门昼夜长闭，内外断绝。腾自执管钥，肃宗亦不得见，裁听传食而已。太后服膳俱废，不免饥寒。又使中常侍贾粲假言侍肃宗书，密令防察"（卷九四《阉官·刘腾传》）所见，进行着严密监视。两人与高阳王元雍行辅政之所也非门下，而在殿中。

元叉专权体制可说完美无缺，但在正光三年（522）三月中侍中刘腾死后，隔离皇帝与太后的态势有松弛迹象，逐渐崩坏。元叉本身紧张感的松弛，亦起了作用，灵太后渐渐得以与皇帝一同行动。孝昌元年（525）二月，在太后要求下，元叉辞去领军将军，转任尚书令、侍中、领左右，领军之职责则由侯刚继任，似乎尚能维持旧有体制，但四月孝明帝瞄准元叉"出宿"之时，解任侍中之职，元叉在无法进入禁中之下，被再度临朝的灵太后除名；侯刚出任冀州刺史，在到任前此职也被夺去。

六、孝明帝期（4）——灵太后再临朝期（孝昌元年四月~武泰元年四月）

再度临朝的灵太后，与前次的临朝期相同，以朕自称，以诏书来决裁政务。由《肃宗纪》所见诏书虽以孝明帝之名发布，实际上应是由灵太后之意决定[1]。《魏书》卷一六《元叉传》云：

> 其后灵太后顾谓侍臣曰："刘腾、元叉昔邀朕索铁券，望得不死，朕赖不与。"中书舍人韩子熙曰："事关杀活，岂计与否。陛下昔虽不与，何解今日不杀？"灵太后怃然。未几，有告叉及其弟爪谋反，欲令其党攻近京诸县，破市烧邑郭以惊动内外，先遣其从弟洪业率六镇降户反于定州，又令人勾鲁阳诸蛮侵扰伊阙，叉兄弟为内应。起事有日，得其手书。灵太后以妹

---

1. 要求尔朱荣举兵向洛的密诏等，应该是孝明帝发出之诏。

> 墿之故，未忍便决。黄门侍郎李琰之曰："元叉之罪，具腾遐迩，岂容复停，以惑视听。"黄门徐纥趋前欲谏，逡巡未敢。群臣固执不已，肃宗又以为言，太后乃从之。于是叉及弟爪并赐死于家。

赐死元叉兄弟之时，就算有明白的谋反证据，太后亦犹豫不决，在群臣要求处分与听了孝明帝之言后，太后才终于下了决心。尽管孝明帝在场并发言，他实际上没有裁决权。

而此时灵太后的心腹首先为郑俨，他身为中书舍人、领尝食典御，昼夜都身在禁中，之后虽转任中书令，舍人如故（卷九三《恩幸传》）。有"徐、郑"并称的徐纥担任中书舍人，之后转任给事黄门侍郎、领中书舍人，有"总摄中书门下之事，军国诏命，莫不由之"（卷九三《恩幸传》）之称。此外尚有中书令、领给事黄门侍郎袁翻（卷六九），及给事黄门侍郎、常领中书舍人李神轨（卷六六）。孝明帝时期掌权者以门下为根据地，掌握门下的大势不变，但是中书舍人成为心腹活跃之事渐渐明显，也值得注意[1]。

灵太后的临朝听政，与日渐成长的孝明帝之间渐渐产生矛盾，终至不可收拾。如众所知，太后屏除孝明帝亲信之人，孝明帝因此怨恨太后的亲信郑俨或徐纥，要求将他们解职，由于不被接受，要求尔朱荣举兵，而被太后杀害。尔朱荣向洛阳责问杀害孝明帝为由杀害太后，虐杀多数官僚。此时可说北魏实质上已经灭亡了。

结语

将上述讨论整理如下。对宣武帝、孝明帝期得势、专权、临朝者的权力来源进行探讨，可知在皇帝为成人的情况下可分几种型态。首先为居于皇帝的侧近，或是自己身在皇帝侧近之位同时结交外朝的中

---

[1] 对此，陈琳国认为是中书省职事移往门下省了。见陈琳国：《魏晋南北朝政治制度研究》，文津出版社，1994年，第119页。

第十三章 北魏后期的政争与决策

心人物。其次为身在外朝但深受皇帝的信赖等。若是皇帝年幼的状况，则是掌控皇帝，并控制了禁卫军与门下双方。但不论何种型态，都利用制度上已确立的决策体系，在体系外发挥强烈影响力，而贯彻自己的意志，或是本身进入辅政者等制度的体制内参与决策。以脱离制度的方式来实践当权者意志的，仅属少数例外。

【补记】本章是由1998年7月的唐代史研究会夏季研讨会所发表的部分增补而成。1998年于中国南京市举办的"六朝文化国际学术研究会暨中国魏晋南北朝史学会第六届年会"发表同样的内容，发表的中文原稿收录在《东南文化》1998年增刊二号，但由于篇幅有限，本章与其相比，增添不少分量。（1999年记，2003年5月改记）

第十四章

北魏的"议"

前言

渡辺信一郎分析汉至唐代的论议制度,将晋六朝时期的议分成四种[1]:第一,由尚书八座的丞郎每日在朝堂召开的日常行政最高政务会议。第二,定期的公卿之议,为朝议的中心。晋之后成常例,每月朔望于朝堂召开,但是皇帝并不参与,这显示皇权之相对化。第三,以礼官或法官为中心的专门会议,其程序仰赖尚书为中介,担任中枢功能。最后是相当于汉代大议的内外博议、通议(以下简称为"大议"),审议重要案件。这出色的分析,明确地洞察汉唐间的决策样貌。

笔者在第十二章检讨了北魏后期宣武帝、孝明帝期的论议制度[2],但只限于解说议的程序,所举的二十五例中,多数均与礼仪有关;与政治相关的,仅有有爵者的刑罚与袭封、荫的范围,与宗室籍的范围,虽然重要但都是原则性问题,历经长时间讨论的议为数不少,迫切要紧急处理的,仅有对柔然主、柔然降户的处置两例。

但依渡辺氏所言,议原来是为了解决种种政治议题之用,在瞬息万变的政治局面中,议之程序也有重要意义。这在第十三章已说明[3],在此将已举过之例整理如下:

表14-1 议的程序

1-1	孝明帝即位时的人事配置问题	门下之议→向中宫上奏→中宫之令(矫令)
1-2	郭祚等人的处刑问题	奏→[诏]→尚书之议→奏→[辅政者的认可]→批准
1-3	清河王元怿的处刑问题	奏→诏→公卿之议→奏→批准
1-4	奚康生的处刑问题	侍中、尚书[之议]→奏→批准(矫诏)
1-5	元叉兄弟的处刑问题	[诏]→黄门、群臣[之议]→批准

注:[ ]内是史料未明文记载而推测有其存在之事。

---

1. 渡辺信一郎:《天空の玉座——中国古代帝国の朝政と儀礼》,柏书房,1996年,第35—42页。
2. 原载谷川道雄、池田温、佐竹靖彦、堀敏一、菊池英夫编:《魏晋南北朝隋唐时代史の基本问题》,汲古书院,1997年。
3. 窪添庆文:《北魏後期の政争と意志决定》,原载《唐代史研究》2,1999年,第3—15页。

第十四章　北魏的"议"　　　　　　　　　　　　　　　　　　367

1-1是门下之议。1-4为握有实权的元叉（元义），命令侍中、尚书前往奚康生逮捕之处时决定处分，有可能未经诏便施行，而由门下与尚书上奏决议。1-5没有明示是议之语，但是在灵太后、孝明帝面前，由两名给事黄门侍郎与群臣发言，再予以批准，可将此视为议。总之仅有1-2、1-3两例完全依照第一章讨论"博议"、"详议"所见的议之程序，但重要的政治案件均经由臣下之议、上奏与批准这样的程序决定。

但宣武、孝明帝期可视为议的尚有其他事例，这些议的特性，以及宣武、孝明帝期得见的议之程序，于北魏的何时形成？希望透过讨论了解北魏决策的特质，同时能稍稍触及关于中国社会的统合问题。

一、宣武帝、孝明帝期的议

第十三章未刊载之议的例子中，列举孝明帝期之例：

表14-2　孝时帝时期的议

1-6	对浮山等的军事活动	由左仆射上奏而遵从"朝议"	《魏书》卷六四《郭祚传》[1]
1-7	对淮堰的处置	诏公卿议之	《魏书》卷六五《李平传》
1-8	对于忠的封爵	基于于中要求而集合王公卿士	《魏书》卷二一上《高阳王雍传》
1-9	取消于忠爵号	依尚书上诉奉敕重议	《魏书》卷三一《于忠传》
1-10	于忠的谥号	太常卿与少卿之意不同	《魏书》卷三一《于忠传》
1-11	对六镇之乱的处理	在显阳殿集合公卿的议论	《魏书》卷六六《李崇传》
1-12	对尔朱荣举兵的处理	悉召王公等入议	《通鉴》一五二
1-13	元匡的处分	由尚书令之奏，廷尉处以死刑，诏付尚书八座议	《魏书》卷一九上《济南王匡传》
1-14	王的奸淫	由诏而交付宗室之议	《魏书》卷一八《广阳王渊传》

续表

| 1-15 | 太后代皇帝行祭祀 | 礼官组成之议 | 《魏书》卷一三《宣武灵皇后胡氏传》 |
| 1-16 | 胡国珍的墓所 | 太后从众议 | 《魏书》卷八三下《外戚·胡国珍传》 |

注：以下，引用作为出处的《魏书》时，就算为附传也不特别说明。

可召开议的人员范围有以下各种：仅限于门下的议、仅限尚书之议、仅限宗室之议，以及公卿之议与百官之议。但是不论参与议的为哪些人，都同样上奏决议，再由皇帝（包含临朝的皇太后，以下同）批准。可再次确认议是作为决策的重要方式。如此来看议的功能，就算对于臣下上奏单单仅写"从之"或"不从"，也能推测过程中包含议。

由以上孝明帝期的例子与第十二、十三章的记载，与本章省略宣武帝期的议合并看来，可确认渡边氏所言的四种议。

很难确认皇帝是否出席这些议。例1-11是于显阳殿召集诸官，且在议事中出现诏之故，由此判断皇帝出席。其他如例1-3的情况，出席者在决议署名之后上奏，由此可确认皇帝并未出席。如第一章指出，宣武帝以降，皇帝在官僚前现身的机会减少，《魏书》卷七八《张普惠传》有这么一句："又以肃宗不亲视朝。"以上所举均是举行议时皇帝不在场，即言可能多是上奏决议，再由皇帝裁断的形式。

对于此点，现在稍作详细探讨。整理灵太后临朝期孝明帝与太后行动的记载看来，是在宣光殿或是崇训宫接见臣子（《魏书》卷三一《于忠传》、卷七八《张普惠传》、卷九三《恩幸·侯刚传》、卷九四《阉官·刘腾传》）。宣光殿作为灵太后居所之用，而崇训宫为太后原来的居宫。总之，太后的居宫、居殿有作为临朝听政场所的功能。与此相对，在幽闭灵太后的时期，孝明帝于显阳殿接见从五品以上的诸官（《魏书》卷一〇三《蠕蠕传》），于太极殿西堂接见来归的柔然主阿那瓌等人（同前）。还有在太极殿西堂接见柔然后主，在显阳殿接受李崇北伐的辞别（《魏书》卷六六《李崇传》）。灵太后和孝明帝接见臣子的场所明显不同。以上所述的时期，孝明帝只不过是元叉（元义）的傀儡，皇帝会亲临必要的礼仪场合，但不参与实质的议政场所，仅裁决上呈的文书。

灵太后的情况不同：于正殿举行皇帝也出席的正规仪式，臣下议政的场所也非太后居宫，由上面的事例来看，实质上临朝听政场所应在宣光殿。举行议时由太后信赖的清河王元怿掌控，太后应该不需要自己亲临。结论是可推想在孝明帝期时，皇帝或皇太后亲临议的场所是非常少见的。

宣武帝期的状况，难以从史料记载判断皇帝是否出席议场。但根据《魏书》，宣武帝与臣下见面的记载不多：

表14-3　宣武帝出席议场之事由、场所与次数

与臣下会面的事由	场所	次数
辞别	太极殿的东堂或西堂	3
面授官职		2
接见		3
宣武帝讲经	式乾殿	2
对叛军派遣臣子	式乾殿	2
	太极殿	2
亲理冤讼	申讼车	1
面陈、面奏		2
举哀	朝堂	1

为了讨伐叛军，接见领军指挥官并面授官职，很可能还有辞别一类。如辞别、举哀、面授官职与讲经，这些侧重在仪式性作用的超过半数。皇帝与臣子见面讨论政事的例子仅止于面陈、面奏两例。宣武帝的情况，并未有权臣将皇帝当作傀儡，所以推测可能会出席朝堂参与公卿之议，但频率不高。《魏书》卷七二《阳固传》记载："初，世宗委任群下，不甚亲览，好桑门之法。尚书令高肇以外戚权宠，专决朝事。"并不仅限于关于议之事，但能展现宣武帝参与议的程度。

二、孝文帝亲政期的议

孝文帝亲政期可判断经述议之程序的有十二例，参考渡边氏的研

究分类，如以下所示：

首先，是由专门官吏举行之议，符合的为章末刊表14-6中的例2-2（以下仅记表中的编号）。虽无明文记载为议，但召集群官，孝文帝以诏征询群官意见，尚书游明根对曰："考案旧式，推校众议，宜从朏月。"（《礼志一》）汇整出席者的意见之后，由尚书上奏，看来虽写"群官"，但极可能是尚书与礼官之议。以"奏"向皇帝上奏议的结论，可见孝文帝并未出席议事。这与第一章所谈"详议"相同。

其次是公卿之议。渡辺氏对"大议"也就是内外博议说明如下："若出现例行的公卿议或礼官议无法达成决议的重要议题时，便召开内外博议、通议。"[1]虽然无法确认公卿之议是否为定例，但例2-8有"高祖临朝堂议政事"的记载，对太保、录尚书事元羽发言："今便北巡，迁留之事，当称朕怀。"（《魏书》卷二一上《广陵王羽传》）这恐怕就是渡辺氏所言由公卿组成的朝堂之议。此外虽未明写为议，但太和十七年（493）五月"帝临朝堂，引见公卿已下，决疑政，录囚徒"、十八年（494）二月"临朝堂，部分迁留"、同年九月"帝临朝堂，亲加黜陟"这些事例也应算是这种类型的议（《高祖纪下》）[2]。当然不论上述哪个例子孝文帝均出席。

再者为群官组成相当于"大议"之议。若据渡辺氏之意，定期的公卿会议以外的"内外"官之议也包括在内。因此属于此议的有各种层级。

据史料所载大议之例，有孝文帝在经武殿举行的南伐之议，南朝来归的刘昶发言（《魏书》卷五九《刘昶传》，2-5）。孝文帝在明堂斋戒，占卜与迁都相关的南征，围绕着所得之卦，在群臣面前与任城王元澄展开激烈辩论（《魏书》卷一九中《任城王澄传》，2-5），认为需要时间才能正式决定。例2-9同样是南伐，为南齐雍州刺史曹虎提出内附请求，决定派将军四人，接着孝文帝打算要亲征之时，接到报告说之后并未收到曹虎的联络，而展开讨论。兼右仆射的元澄与侍中李冲认为

---

1. 渡辺信一郎：《天空の玉座——中国古代帝国の朝政と儀礼》，柏书房，1996年，第41页。
2. 渡辺信一郎：《天空の玉座——中国古代帝国の朝政と儀礼》，柏书房，1996年，第82页。

第十四章 北魏的"议" 371

不应南征，与孝文帝认为应该南征的立场不同。其他参与讨论者有司州牧元禧，侍中、中书监元勰，司徒冯诞，司空穆亮等人，这些都为"公卿"。(《魏书》卷一九中《任城王澄传》)前者是要动员三十万大军之议；后者为一度派出四将之后情势变化之议，议的分量轻重不同，这些都是公卿之议。例2-7为决定迁都洛阳后，一度回到平城的孝文帝，于平城的太极殿接见主要的留守官员，召开关于迁都的议。发言者为燕州刺史穆羆、尚书于果、太尉元丕等人，孝文帝均一一回答(《魏书》卷一四《东阳王丕传》)。

皇后或皇太子的废立也是召集多数官员举行议。例2-6是朝臣组成的冯氏立后之议，秘书监、兼常侍的卢渊想由占卜决定，在"集议"的场所也如此坚持(《魏书》卷四七《卢渊传》)。例2-12的废皇太子之议，是在清徽堂接见群臣，皇帝也有发言(《魏书》卷二二《废太子恂传》)。

例2-3关于国之行次之议，亲政前的太和十四年（490）"群官百辟"讨论五德相袭之后下诏，但次月文明太后便过世，因此或许是出于孝文帝意见的议。中书监高闾提出土德说，秘书丞李彪提出水德说。孝文帝接下来要求"群官"论议，在十六年时得出结论[1]。提出意见的人员范围很广，孝文帝对此云"朝贤所议，岂朕能有违夺"，而接受决议。由此可见孝文帝并不参加议论过程(《礼志一》)，这与第一章所示的"博议"类似。例2-11在合温室由长兼太尉元禧、司空穆亮、吏部尚书元澄，再集合"议礼之官"，加上孝文帝讨论圆丘之礼。诏文写着"朝集公卿"，但员外散骑常侍刘芳、秘书令李彪等人也有发言(《礼志一》)，可说参与的范围比公卿更广。

相对地，也有限定参加者之议。例2-4于本纪仅见"议律令事"（太和十五年八月），但可对照《刑罚志》记载太和十一年（487）"复诏公卿令参议之"，由列传得知会奖赏参与律令议定者，都是公卿阶层。经过了很长的审议期，于来年四月颁布新律令，如本纪十六年（492）五月条"诏群臣于皇信堂更定律条，流徒限制，帝亲临决之"所见，皇帝应会参与重要场合。例2-10之议，皇帝下诏讨论对广川王元谐之丧

1.《礼志一》为太和十五年（491）一月，此从本纪。

该行何礼，黄门侍郎崔光、宋弁之外，通直散骑常侍、典命下大夫、中书侍郎等也参与（《魏书》卷二〇《广川王谐传》）。这既非公卿阶层的议，也非议礼之官的议。崔光或刘芳以通礼闻名，可能因此选择这些人而命之论议。例2-1关于养老、肆类上帝等议，参加者不明，但有"帝亲临决"的记载（《高祖纪下》）。可能是由专门官员组成之议，但皇帝未出席其他时候专门官员的议。由于皇帝亲临此次议场，可将此视作"大议"，实际上限制了参与者。

以上，仔细检讨孝文帝亲政期的议，渡辺氏指出四种议中，除了尚书八座丞郎召开的最高政务会议之外，确定存在其他三种议。整个六朝时期都能见到尚书省发挥作用，不能想象此时没有尚书省的议。因此孝文帝亲政期与宣武帝、孝明帝的议可说相同。

值得注意的是，属于"大议"的事例为数不少。以上仅取史料明示为议的例子，而太和十四年（490）十月孝文帝在太和殿接见群僚，讨论是否要既葬除服（即孝文帝开始亲政）之事（《高祖纪下》、《礼志三》），很明显就是"大议"，若包含这样的事例，"大议"的数量更为增加。这不仅是此期之事，如之前所示，宣武帝、孝明帝期也是如此。第十三章所述的议也属于这样的"大议"。

更值得注意的是孝文帝亲临这些"大议"。相当于"博议"的例2-3，与有可能的例2-10，和平时并未出席的例2-4之外，孝文帝均亲临，这是与宣武帝、孝明帝期不同之处、渡辺氏特别指出孝文帝会出席朔望的朝堂会议，因此这点更加受到重视。

三、孝文帝亲政前北魏之议

本节将概观来看从代王时代的道武帝期，至文明太后临朝期（以下略称为临朝期）的北魏之议。由于篇幅有限将省略史料出处，请参考下节有部分说明，及章末附表。能够了解议的过程的例子，道武帝时期有三例、明元帝期四例、太武帝期十二例、文成帝期四例、包含太上皇帝时代的献文帝期六例，以及临朝期十三例，共计四十二例。

例5-2可能是由尚书召开的最高政务会议的例子。其他时期均未见

第十四章 北魏的"议"

这种会议，但不代表不存在。北魏前期的尚书与魏、晋、南朝一路发展过来的尚书有着不同样貌，但都是担任行政之职，应该会在其内部讨论行政相关议题。

专门会议之例，在临朝期有3-2、3-3二例，之前也能见到6-7、4-1二例。其中值得注意的是统整专门官员之议的人，并非如同亲政期为尚书（二例为司徒）负责。

不能确定是否已成定例，但可视作公卿会议的例子有6-9、6-8、5-4、4-4。公卿之议在临朝期未见，但之前的时期存在，于孝文帝亲政期也可见，因此判断临朝期也存在。附带言之，例3-13皇帝与中书监、尚书一同议政，但场所在皇信堂，似非公卿之议。

"大议"之例为数甚多。其中召集广泛官员举行之议，大多是远征等对邻国的军事行动（7-3、7-4、6-1、6-2、6-3、6-6、6-10、6-11、6-12、4-3、3-6、3-9），再来是与南朝互通（3-12）、让位（4-5）、国号制定（8-2）、"行次"的决定（8-3）、三长制（3-5）、俸禄制（3-4）等，均是非常重要的政治课题，也有如禘祫的重要礼制（3-11）[1]。皇子的命名（5-1）、镇的移设（4-6）、与礼仪相关的爵位授予（3-1），似乎均循此。再者，对敌国行动的处置（6-4、6-5）或作为饥馑对策讨论迁都（7-2）等，在重要性稍低的状况，似乎也有临时召集公卿阶层的官员之议。另一方面，饥馑的对策（3-8）或与律令相关的课题（3-10），召集记载为"公卿"的官员，使其主导议，依议题下令具有专门知识的官员们进行议事（5-3）。以上模式均与亲政期相同。

四、北魏前期议的特色

孝文帝亲政以前为北魏前期，此期议的共通性在前节已指出。本节想要讨论这些议具有的意义。附带一提，提到皇帝时，也包含临朝

1.《资治通鉴》卷一三七系于太和十五年（491）事，此据本纪同年同月条"亲定禘祫之礼"；《礼志一》记为十三年（489）五月壬戌之日，《通典》也作十三年（489）。这种议有许多历经长时间才能定局。且据"便即施行，著之于令，永为世法"，到孝文帝律令化之前应该需要时间。因此将十三年（489）五月当作议论之始。

时期的文明太后。

对于该如何处置在登国十年(395)参合陂之战掳获的后燕俘虏,《魏书》记载:"乃召群臣议之。建曰:'……不如杀之。'太祖谓诸将曰:'若从建言,吾恐后南人创义,绝其向化之心,非伐罪吊民之义。'诸将咸以建言为然,建又固执,乃坑之。太祖既而悔焉。"(卷三〇《王建传》,8-1)这是北魏最初记录议的例子。具有部族联合国家时期浓厚色彩,显示除代王之外,中部大人王建或诸将,即部族或氏族的大人阶层参与的合议。代王(道武帝)被迫选择与己意不同的裁断,正显示了此时期的王权样貌。

王改称天子、再来改为皇帝,随着称号的上升,北魏君权的样态也起了变化,建立了官僚制,完备各个制度。但是部族联合时代君权的样貌并非全盘更新,如前节所见,以议讨论重要的政治、军事、制度课题,皇帝会出席议,这与当时中国诸王朝皇帝对于议的态度不同[1]。可认为北魏继承其前身的君权状态。道武、明元帝时期明文所留下议的例子不多,但未明记为议可推知的有好几个。如皇始二年(397)中山陷落前,北魏军缺乏粮食,道武帝向群臣询问调度粮食的方法,御史中丞崔逞说以椹作粮即可,态度侮慢,成为之后被诛杀的原因之一(《魏书》卷三二《崔逞传》)。这是群臣参与,可作为"大议"的一例。还有明元帝召见崔宏、安同、叔孙建与元屈,征求是否要大赦逃亡者,采纳了崔宏的意见;明元帝并对群臣询问该如何处理并州胡人的南掠,最后依照崔宏的意见决议(《魏书》卷二四《崔玄伯传》)。

除群臣、有司之语以外,也代表议的第一个例子,为神瑞二年(415)关于迁都的朝议。虽对朝议一词的理解不完全一致,《魏书》卷三五《崔浩传》(7-2)有这样的记载:"神瑞二年,秋谷不登,太史令王亮、苏垣因华阴公主等言谶书国家当治邺,应大乐五十年,劝太宗迁都。浩与特进周澹言于太宗曰……。太宗深然之,曰:'唯此二人,与朕意同。'复使中贵人问浩、澹曰……。浩等对曰……,太宗从之。"(《魏书》卷九一《述艺·周澹传》所记为"朝议将迁都于邺"。)让中贵人问如果

---

1. 在第十二章已讨论此事。

第十四章 北魏的"议"

来年谷物也不熟该如何是好，用"复"这个字，或许一开始发言就以中贵人为中介。崔浩与周澹并未出席朝议，可见与召集群臣不同，是由限定范围的官员参与之议，再以此征询崔浩等人的意见。这种情况的朝议推想可能是公卿阶层之议，因征询崔浩等人的意见之前都倾向迁都，据此判定皇帝出席。尚无法确定是否有皇帝缺席，而交付公卿阶层讨论的议。

进入太武帝期后，已能确定有各种议。由尚书举行的政务会议，例5-2的朝议很可能就是一例：当时阳平王杜超已过世，但其从弟子杜元宝"未几以谋反伏诛，亲从皆斩，唯元宝子世衡逃免。时朝议欲追削超爵位，中书令高允上表理之"（《魏书》卷八三上《外戚传》）。处理谋反者连坐的过程中，触及该如何处置已过世的死者的问题，推测是由尚书提出问题，中书令对于尚书上奏之案表达其意见。另外，皇帝交付议题由公卿召开议的例子，虽无法确认是否为定例，有例6-9的送还吐谷浑人民的议，被封为西秦王的吐谷浑慕璝上表，要求送还东方的流离人民，对此"世祖诏公卿朝会议答施行。太尉长孙嵩及议郎、博士二百七十九人议曰（中略），制曰：公卿之议，未为失体"（《魏书》卷一〇一《吐谷浑传》）。《北史》卷九六记录在朝堂举行议[1]，是公卿组成的朝堂之议，议郎、博士也参与，集合众多人员的意见，谈到过去中国王朝与周边各民族的关系等，必需聆听他们的见解。但这样实质上就与"大议"无异。还有一例讨论北魏册封的北凉王母亲与妃子（太武帝之女）之称号，北凉之相上表询问，经朝议讨论后由太武帝批准（《魏书》卷九九《沮渠蒙逊传》，6-8）；文成帝期冀州刺史源贺上表请代，但朝议以贺深得民情而不许（《魏书》卷四一《源贺传》，5-4）。无从得知细节，但可能属同样的议（但这两例也可能是尚书举行的议），为献文帝时期的例4-4，也记载由公卿举行议（《魏书》卷一〇二《西域传》）。而专门会议之例可见《魏书》卷三五《崔浩传》："时方士祁纤奏立四王，以日东西南北为名，欲以致祯吉，除灾异。诏浩与学士议之。浩对曰……，世祖从之"的例6-7，当时崔浩为司徒。"大议"召开频繁。

---

1. 不过《北史》校勘记言据《魏书》记载，此处言朝堂应有误。

尚书之议所举之例已见文成帝期，如前节所述，可推测其他时期亦存在，因此太武帝时期可全数见到渡边氏所言的四种议。

随之而来的是议的形式也作了调整。公卿之议的例6-9如前所示，可明白是依照表→诏→议→答→制的流程，而"答"应是采用奏为形式。以献文帝时期为例，于阗苦于柔然入寇，上表请求救援，对此下诏让公卿议之，上奏的结论是由于距离过远不会有帮助。献文帝将公卿之奏告知了于阗的使者，下诏说自己也这么认为，决定在一两年内养兵以除去于阗之患（《魏书》卷一〇二《西域传》，4-4），可确定是经过上表→诏→公卿之议→奏→（批准）的程序，并且可知奏是以文书的形式提出。而专门会议，例6-7显示奏→诏→议→批准的形式，这个情况是与学士一同进行讨论，据崔浩的报告记为"曰"，无法判断是口头报告或是文书；献文帝时期，相州刺史李欣上疏想在州郡治所立学官，因此下诏中书令领秘书监的高允"宜与中、秘二省参议以闻"，高允将二省协议的结论上表，许可之后得以在郡国立学校（《魏书》卷四六《李欣传》，卷四八《高允传》，4-1）[1]，由此例可知为奏→诏→议→表→批准的流程。不论是公卿之议或专门会议，在其后的宣武帝、孝明帝期之议都能见到同样的形式。

当然至太武帝期为止，并非只有群臣之议与类似的议。如在道武帝期创设了各种制度，律令、官制、礼仪、音乐与历法等，范围广泛的新制度是由邓渊、董谧、王德与晁崇等人负责，而由崔宏总领（《太祖纪》），以个人力量创建制度很困难，如同之后的律令制定，均由参与人员组成议。但一般由专业知识者组成的议进行讨论时，北方部族、皇帝会出席重要场合，可知必须要得到他们的同意，就这样至太武帝期时，议逐渐完备、分化。

如上所述至太武帝期时，由文书的流程可知，有外观上与汉唐间共通之议相似的议，但实际究其内容，可发现有不少不同之处。

如例7-3东晋将军刘裕攻击后秦之际，请求借道北魏领土，《魏书》

---

1. 据《魏书》卷八四《儒林传》，最初各郡一律相同，后诏改为依郡的规模，博士、助教、学生的数量有所不同。高允的上表能对照《儒林传》提到的后诏，但是《儒林传》与《高允传》的学官、学生数不一致。

第十四章　北魏的"议"　　　　　　　　　　　　　　　　　　　377

卷三五《崔浩传》可见对此要求：

> 诏群臣议之。外朝公卿咸曰："……宜先发军断河上流，勿令西过。"又议之内朝，咸同外计。太宗将从之。浩曰："此非上策。……"议者犹曰："……"太宗遂从群议，遣长孙嵩发兵拒之，战于畔城，为裕将朱超石所败，师人多伤。太宗闻之，恨不用浩计。

可见群臣的"大议"分为外朝官之议，与北魏官制独创的内朝官之议。[1]"大议"分割为内外朝是常态还是此时期独有，由于事例不足无法判断。内朝官参与议并发言的例子，可见例4-3殿中曹给事中张白泽之事。明元帝时身为拾遗左右的贺泥之例"后从世祖征赫连昌，以功进爵为琅邪公，军国大议，每参预焉"（《魏书》卷八三上《外戚·贺泥传》），也能显示内朝官参议。

可见前期之议的特色第一为内朝官的参与。若内朝官参加只限于大议，可以明白参与议的官员阶层广泛。内朝官为数众多，可能导致议分为二的结果。现在的问题是公卿之议。

1997年第12期《文物》介绍文成帝南巡碑（《高宗南巡之颂碑》，以下省称为《碑》），记载不少和平二年（461）陪同文成帝南巡的内朝官官爵与姓名[2]。此处所记的以下两名，毫无疑问是属于公卿的范畴。

---

1. 近年有许多探讨内朝的论文。此处仅举川本芳昭：《北魏の内朝》，《九州大学東洋史論集》6，1977年；后收录于氏著《魏晋南北朝時代の民族問題》，汲古书院，1998年，第二编第一章。严耀中《北魏前期政治制度》（吉林教育出版社，1990年）第三章也详细讨论内行官，对例7-3的解释，为军国大事首先由外朝官参议，之后再由内朝官审议决定，由皇帝批准后实施。但是严氏的说法，于内行官背后有他独特的"分部制"想法。又门下、中书皆被当作外朝官，但与身为内行官虚衔的侍中、散骑常侍似乎难以辨别。
2. 《碑》所记载的官职，张庆捷、郭春梅《北魏文成帝〈南巡碑〉所见拓跋职官初探》（《中国史研究》1999年第2期），以及川本芳昭《北魏文成帝南巡碑について》（《九州大学東洋史論集》28，2000年）有详细议论。

  侍中、抚军大将军、太子太傅、司徒公、平原王步六孤伊□（陆丽）1
  侍中、尚书左仆射、安南将军、□□□、平昌公素和其奴（和其奴）

再来为虽非从事实职，但官品高的东宫三师（太和前令为从一品上）、东宫三少（同出处二品上）应该也受到等同公卿的对待。

  侍中、特进、车骑大将军、□太子太保、尚书、太原王一弗步□□（乙浑）
  中常侍、宁东将军、太子太保、尚书、西郡公尉迟其地
  中常侍、宁西将军、仪曹尚书、领中秘书、太子少师、彭城公张益宗
  中常侍、宁南将军、太子少傅、尚书、平凉公林金闾
  散骑常侍、□□□□□、太子少保、仪曹尚书、扶风公李真奴

川本芳昭认为皇帝身旁最亲近的近侍，为碑阴第一列的"内侍之官"，上述七位中高达五位在其上位六名之中。总而言之,此时期的外朝公卿，一方面可能也身为内朝官。上示的陆丽、和其奴之外，检视万斯同的《魏将相大臣年表》和平二年（461）条所载之人（各将军除外。为将军之例的乙浑与乐浪王元万寿（直懃□大汗□）于《碑》上可见），太宰常英为侍中、征东大将军（卷八三上《外戚传》），太尉尉眷为侍中（卷二六），尚书令闾毗为侍中、河东王（卷八三上《外戚传》），仅有中书令高允一人非内朝官[2]。《碑》文未见的这些人未跟随文成帝南巡，可能

---

1. 根据川本芳昭《北魏文成帝南巡碑について》(《九州大学東洋史論集》28, 2000年）的释读。括号内为改胡姓之后，也就是《魏书》所载的姓名。
2. 北魏前期中书省官员除非受特别待遇，否则不得进入禁中。参看郑钦仁:《北魏中书省考》，台湾大学文学院，1965年；后收录于氏著《北魏官僚机构研究续篇》，稻禾出版社，1995年，第一编。

第十四章 北魏的"议"

是有留守都城之任，他们也几乎都带有内朝官。总结而言，北魏前期的公卿之议，实际上是内朝官之议，而且可认为是以最接近皇帝身边服侍的"内侍之官"为中心组成之议。

接下来要讨论皇帝是否出席这些议。其判断的基准，皇帝在议上发言当然视为出席；其他如"引见"、"召见"等将官员集合举行议的情况，也认为有出席。上奏议的结论而请皇帝裁断的情况，虽有些疑点不过将其视为未出席。以议的种类区分是否出席如以下所示：

表14-4 皇帝出席各类议的统计

议	皇帝出席	皇帝未出席	不明
专门会议	0	4（3-2、3,4-1,6-7）	0
尚书政务会议	0	1（5-2）	0
公卿之议	0	2（4-4、6-9）	2（5-4、6-8）
"大议"	19（3-4、5、6、8、11、13、4-2、3、5、6-1、2、3、6、10、11、12、7-3、4、8-1）	1（3-10）	13（3-1、7、9、12、4-6、5-1、3、6-4、5、7-1、2、8-2、3）

由此可确定皇帝均未出席尚书政务会议、专门官组成之议与公卿之议，但是皇帝出席过半数的"大议"[1]。不明的例子中，议题份量也有能与有出席的议匹敌者（3-9、3-12、7-2、8-2、8-3）[2]，再加上议也有将多数意见置于一旁，采用少数意见的情况（3-1、4-6、7-1），由此可推测皇帝可能出席，若加上这些，或许可认为皇帝几乎出席了所有"大议"。至少明确显示未出席的仅有例3-10，例3-10是要勘定徒刑与死刑的差距之诏，由公卿"参议"，为限定范围的官员组成之议。

如上所示，前期之议的第二个特色，为能根据议的种类明确区分皇帝是否出席，在"大议"的场合，皇帝出席的事例很多。那么议的实际情况到底为何呢？这里再度拿《碑》为材料，来说明尚书政务会议。

---

1. 例7-4为监国（皇太子时期的太武帝）之前的议，但也等同于皇帝临席。
2. 例8-3用语为"奏"，可能是在别处用口头向皇帝报告议的结论，但是讨论国的行次，并将拓跋氏视为黄帝后裔，这样重要问题之议，推想是皇帝出席，观察臣下议论的走向。

可视为公卿的七名之中，如上揭示的和其奴、乙浑、尉迟其地、张益宗、林金间与李真奴六人与尚书省有关，但是此外亦有西起部尚书杨保年、殿中尚书斛骨乙莫干、驾部尚书□□尸婆、殿中尚书独孤侯尼须（刘尼）、选部尚书常伯夫、尚书毛法仁、□部尚书符真卫、□□尚书袁纥尉斛、□部尚书宜憖渴侯、选部尚书豆连求周、□□（疑为南部）尚书黄卢头，以及□□□书（疑为北部尚书）慕容白曜，可知共十二名担任尚书者。然后，斛骨乙莫干与常伯夫没有记录，豆连求周以下三名上半部判读不明除外，其他七名都带有侍中或散骑常侍的官衔。第一部第二章已指出北魏前期的尚书，带有侍中、散骑常侍官衔的比率很高[1]，这也能由《碑》确认。侍中、散骑常侍与中散官等北朝独特的内朝官到底有怎样的关联，尚待进一步研究，不过这些官员原本都为内朝官。接着，库部内阿干、太官给事、驾部给事、殿中给事、北部折纥真、南部折纥真与主客折纥真等，可见到十名认为与尚书有关的内朝官员。尚书官员并非全数都随同南巡，不论有无尚书郎的存在[2]，尚书省上层部分一定与内朝有强烈连结。并不清楚尚书之议拥有多大的独立性。但由作为统整议的司徒同时也是内朝官的一事看来，专门会议也有内朝的参与。而公卿之议的情况已见之前所述。

由此看来，皇帝仅参与内朝官以外的多数官员参与的"大议"。这件事由另一角度来看，为皇帝亲临内朝官无法掌控的会议。此处想讨论在议上北魏皇帝下达怎样的裁断。按照议的各个种类，将皇帝裁断与己意不同的事例时，不拘于多数意见而采用少数意见的例子整理来看，如以下所示：

---

1. 窪添慶文：《北魏门下省初稿》，原载《お茶の水史学》32，1990年。
2. 笔者在本书第一部第一章《关于北魏前期的尚书省》（原载《史学雑誌》87-7，1978年）推测列曹尚书之下有尚书郎的存在；另一方面也认为有大夫、令、长的存在，这是援引"双轨制"概念来说明。

第十四章　北魏的"议"

表14-5　皇帝对议的不同裁断

议	议的总数	不同的裁断	采用少数意见
专门会议	4	0	0
尚书政务会议	1	0	0
公卿之议	4	0	0
"大议"	33	4（8-1,6-5,6-10,4-5）	11（7-1、2,6-2、3、4、6、11、12,4-6,3-1、11）

例子集中于"大议"，而且约半数的"大议"出现皇帝之意与议的多数意见不同的结果。其中以明元帝、太武帝期的比率最高，这为议的第三特色。

具体来看是在何种情况下发生的，例8-1已讨论过；例6-5与例6-4相关：南边的将领上表宋有入侵的举动，希望得到援军先发制人，太武帝下诏让公卿讨论，太常卿崔浩陈述与众议不同的意见，太武帝遵从崔浩之议（《魏书》卷三五《崔浩传》，6-4）。但是南镇诸将再度上表传达宋的行动，全体公卿皆主张派遣援军，仅有崔浩一人反对，结果"世祖不能违众，乃从公卿议"（《魏书》卷三五《崔浩传》，6-5）。例6-10为高句丽接受北燕冯弘亡命逃入，高句丽的态度让太武帝愤怒，想发陇右之军讨伐，但由于骠骑大将军、乐平王元丕与尚书令刘洁等人的反对而止（《魏书》卷二八《刘洁传》、卷一〇〇《高句丽传》）。例4-5是关于献文帝让位之议，不论是太尉、中都大官、选部尚书（二人）、中书令等人的发言，都反对让位给皇叔京兆王子推，献文帝终于放弃而禅让给孝文帝（《魏书》卷一九中《任城王云传》、卷四〇《陆馥传》、卷四一《源贺传》、卷四八《高允传》、卷九四《阉官·赵黑传》）。

来看皇帝采用少数意见的例子，第一为例7-1，安同被告恣意征发人民进行工事，明元帝召集群官议论其罪一事，全体都认为有罪，但皇帝以非有恶意不问罪作终（《魏书》卷三〇《安同传》）。前已引述例7-2，由于饥馑之故想迁都至邺，交付朝议处理，明元帝征询不在议场的崔浩等人意见后反对迁都。太武帝期的事例都与对外关系有关，此期模式为群臣是多数意见，崔浩是少数意见。例6-2为大夏的赫连勃勃死去，关中陷入混乱，闻此消息太武帝希望趁机攻击大夏而召开议，北平王长孙嵩以危险为由反对，天师寇谦之与太常卿崔浩、杜超（可能为大鸿胪）赞成（《魏书》卷二五《长孙嵩传》、卷三五《崔浩传》）。例6-6为不顾宋欲攻击大夏的议之上，群臣皆反对，仅有崔浩赞成（《魏书》卷三五《崔浩传》），仍攻击了大夏的平凉。例6-12关于远征柔然之议，尚书令刘洁言最好等待对方攻击再予以反击，群臣皆赞成此意见，但决心要远征的太武帝询问崔浩，崔浩说应该要远征，便采用此意（《魏书》卷二八《刘洁传》、卷三五《崔浩传》）。但是，皇帝不能仅凭自身权力而不顾多数意见。例6-3为关于征讨柔然之议，群臣反对，保太后也阻止，太武帝听不进去，仅有崔浩赞成征讨。尚书令刘洁、左仆射安原等人劝黄门侍郎仇齐召见大夏的太史，太史等人言不得远征，群臣也赞成。但是太武帝召崔浩来与太史等人论难，在这之上更向公卿宣布"吾意决矣"，接着在面有难色的太后面前让群臣再度议论（《魏书》卷三五《崔浩传》）。太武帝只有崔浩一人拥护之故，被孤立无法贯彻自身的意志，崔浩驳倒太史之后，才能下裁断决定征讨。例6-11为太武帝于西堂集合群臣召开关于远征北凉之议，尚书古弼、李顺、征南大将军奚斤等三十多人，以姑臧没有水草不应远征；司徒崔浩认为应该远征，两者有激烈的对立，在背后聆听的太武帝现身，决定要远征（《魏书》卷二八《古弼传》、卷二九《奚斤传》、卷三五《崔浩传》、卷三六《李顺传》、卷四四《伊馛传》）。此议前太武帝先与崔浩确认其意，远征为太武帝的意思，但反对者占压倒性多数，太武帝抓住崔浩说李顺等人接受北凉的贿赂之机，趁此时现身以封住反对者之口，由此可推测仅凭太武帝的意志很难决定远征。

太后临朝期的例3-1，为有司上奏神主要移往太庙之际，依惯例希望授爵，群臣皆赞成，但只有秘书令程骏反对，此表上奏后太后认可（《魏书》卷六〇《程骏传》）。乍看是关于礼的问题，由于授爵这点而与政治利害关系纠结。例3-11孝文帝下令召开禘祫礼之议，后自行得出了与尚书和中书诸官二说皆不同的结论（《礼志一》）。这是展现孝文帝积极实践礼制关系改革的例子，但未有特殊的政治意义。

北魏前期政治体制的特质，为内朝诸官控制外朝各机构。但内朝

第十四章 北魏的"议"

诸官是承续部族联合时代的传统,因此并非单方面附属于皇帝权力的存在。在议场遵从重要事件由部族成员会议决定的传统,他们屡屡反对皇帝意见而固执己意,相对于此,皇帝努力想要贯彻自己的意见。

皇帝贯彻己意采用少数意见,需要有支持他的势力。若太武帝的情况,这个中心就是崔浩。例6-4的事件之前,记载"于是引浩出入卧内,加侍中、特进、抚军大将军、左光禄大夫,赏谋谟之功",这确实显示崔浩为内朝官,是否此时才开始担任内朝官呢?明元帝的初期,崔浩以博士祭酒而有武城子的爵位,但是"常授太宗经书。……太宗好阴阳术数,闻浩说《易》及《洪范》五行,善之,因命浩筮吉凶,参观天文,考定疑惑。浩综核天人之际,举其纲纪,诸所处决,多有应验,恒与军国大谋,甚为宠密"。太武帝在崔浩讲解经书之时征询其意,由于泰常三年有彗星出现,崔浩曾经与"诸儒术士"一同被召见询问其彗星之意,从此事开始,因为拥有"术"之故,能够推测太武帝在议之际常常征询其见解。但由能展现北魏议的特质的例7-2中,不能想像迁都之议是求一介术士的意见。以及上揭例7-3的记载,崔浩应曾在内朝发言,与内朝的议者交互议论。还有,明元帝末年由皇太子监国之时,崔浩与包括司徒、太尉等北人五名并列,成为六人辅相的其中一人。尽管如此,要怎么解释未有由之前的博士祭酒迁官的记载呢?《魏书》此时的记载粗略,以记载缺乏来解释可备一说吧。但是由川本氏的判断来看[1],魏收有意识的"杜撰"前期国制,崔浩也有可能从明元帝期开始就已是内朝官了。"于是引浩出入卧内"意味着崔浩可能是在《碑》中所记载的最为近侍皇帝的"内侍之官"中地位较高者。笔者认为在内朝、外朝有力的各政治势力与皇帝对立之时,支持皇帝的应该是在皇帝侧近服侍的内朝诸官。

---

1. 川本芳昭:《北魏の内朝》,《九州大学東洋史論集》6,1977年;后收录于氏著《魏晋南北朝時代の民族問題》,汲古書院,1998年,第二編第一章。

结语

《魏书》卷二七《穆亮传》有以下这段话：

> 后高祖临朝堂，谓亮曰："三代之礼，日出视朝，自汉魏已降，礼仪渐杀。晋令有朔望集公卿于朝堂而论政事，亦无天子亲临之文。今因卿等日中之集，中前则卿等自论政事，中后与卿等共议可否。"遂命读奏案，高祖亲自决之。

对此渡边氏评为："这是以皇帝直接支配朝堂为目标，企图使朝政上终于皇帝一元的意见。并且这在形式上是向汉代的回归，同时在内容上的目的是强化集结于朝堂的贵族和高级官僚对皇帝的从属。"[1] 孝文帝逐渐参与定期公卿之议的根本意义，就如渡边氏所言。而北魏前期也有皇帝未出席公卿之议，已在前述所见。

但是，至前节为止的北朝前期之议样貌看来，笔者认为还能赋与孝文帝的公卿之议改革别的意义。上面孝文帝发言为大和十七年（493）秋开始南伐之前，另一方面，在迁都洛阳之前的改革中，渊源于北方部族的内朝官大部分都被集中废去[2]。两者发生于同一时期。

除了"大议"之外的北魏前期各种议，都在内朝公卿控制下。特别是公卿之议，虽然看来包含外朝公卿，实质上为内朝上层部分之议。内朝的上层部分不一定要附属于皇帝的意志，如"大议"所见，有限制皇帝的意志，与皇帝对抗之事，但由于支持皇帝内朝官员的存在，与拥有内侍经验的官员增加，皇帝与"大议"逐渐地很少意见相左。皇帝不出席的公卿之议，实际上也是内朝官的议，能够反映皇帝的意志。但一旦强行改革内朝，就会切断外朝公卿（即中国传统内朝官中书、门下系统的公卿以外者）与皇帝之意的联系。可以认为孝文帝通过亲自参与公卿之议，企图控制公卿会议。另一方面，北魏有皇帝参与"大议"

---

1. 渡辺信一郎：《天空の玉座——中国古代帝国の朝政と儀礼》，柏書房，1996年，第82頁。
2. 参照川本芳昭：《北魏の内朝》，《九州大学東洋史論集》6，1977年；后收录于氏著《魏晋南北朝時代の民族問題》，汲古書院，1998年，第二編第一章。

第十四章　北魏的"议"　　　　　　　　　　　　　　　　　　385

的传统，内外朝多数的官员都参与的"大议"，皇帝几乎全部都会出席；由公卿阶层组成的大议，不能说必定会，但多会出席。皇帝参与公卿之议的准备条件是很充分的。

如渡边氏明示，议是汉唐之间基本的决策方式。在此意义上议为中国的制度。北魏前期之议，由于含有与部族联合国家的传统相连的"大议"，以及因统治区域的扩大，所应裁决的事件也随之增加，可说型态上模仿了此制度。但是运用这一制度的实际情况，是继承了北方部族的传统，吸收了北方部族的制度，形成北魏独特制度。可以说汉族的制度与北方部族的传统，在制度上合体而为论的制度。因此，由全面采用中国式制度的孝文帝推动的议的改革是有意识的提出在中国传统之下，穿上以中国传统的议进行改革的外衣，但实际上在其中吸收了北方部族的传统。议便如此被赋予新的生命，成为其后"中国"王朝的传统。

看待孝文帝时期的北魏变化，近年来日益加强不应只采用"汉化"这一侧面看待的思考角度。笔者也同意此观点，认为在看起来采用"汉"式制度之中，实际上也结合了北方部族的要素。本章即为此观点的一个尝试。所谓"统合"就是在这尝试中不断积累而成。

【补记1】本章为2000年9月举办的第一届中国史学国际会议"中国的历史世界——统合系统与多元发展"上所发表的文章增补而成。（2000年记）

【补记2】本章中关于内朝之议与外朝之议，佐藤贤在《北魏前期の「内朝」・「外朝」と胡漢問題》（《集刊東洋学》88，2002）中有所批评。（2003年5月记）

表14-6 北魏的议（道武帝~孝文帝）一览

号码	年	议题	参加者	种类	发言者与参加者	结论	出处（《魏书》）
8-1	登国十年	俘虏的处置	召群臣	议	中部大人王建、诸将、代王	违反己意，遵从王建等人之议	卷三〇《王建传》
8-2	天兴元年	国号	有司	博议	黄门侍郎崔玄伯	"太祖从之"	卷二四《崔玄伯传》
8-3	天兴元年	国之行次	群臣	议	尚书崔玄伯	实践群臣之奏	《礼志一》、《太祖纪》
7-1		处罚安同	召群官	议		群臣要求处罚，太宗释放	卷三〇《安同传》
7-2	神瑞二年	迁都至邺		朝议	特进周澹、博士祭酒崔浩	"太宗从之"	卷三五《崔浩传》、九一《术艺传》
7-3	泰常元年	刘裕借道	群臣	议	外朝公卿、内朝官、博士祭酒崔浩	太宗遵从群议（崔浩反对）	卷三五《崔浩传》
7-4	泰常七年	攻击宋的基本方针		议	左辅奚斤、右弼崔浩、安固子公孙表	采用公孙表的意见	卷三三《公孙表传》、三五《崔浩传》
6-1	始光中	攻击对象	公卿	大议	司空奚斤、北平王长孙嵩、尚书令刘洁、平阳王长孙翰、太常卿崔浩	帝默然	卷二五《长孙嵩传》、二八《刘洁传》
6-2	可能为始光三年	征讨大夏	群臣	议	北平王长孙嵩、杜超、太常卿崔浩、天师寇谦之	皇帝对长孙嵩大怒，攻击大夏	卷二五《长孙嵩传》、卷三五《崔浩传》
6-3	神䴥二年	征讨柔然	群臣	议	尚书令、左仆射、黄门侍郎、大夏的太史，另有太常卿崔浩	朝臣不赞成，实践攻击柔然	卷三五《崔浩传》
6-4	神䴥三年	对宋的处理	公卿	议	公卿、太常卿崔浩	"世祖从浩议"	卷三五《崔浩传》

第十四章 北魏的"议"   387

续表

号码	年	议题	参加者	种类	发言者与参加者	结论	出处(《魏书》)
6-5	神䴥三年	对宋的处理	公卿	议	公卿、太常卿崔浩	"世祖不能违众,乃从公卿议"	卷三五《崔浩传》
6-6	神䴥三年	攻击大夏	群臣	(议)	群臣、太常卿崔浩	群臣反对而实践攻击大夏	卷三五《崔浩传》
6-7		四王之礼	崔浩、学士	议	司徒崔浩	"世祖从之"	卷三五《崔浩传》
6-8		北凉王母妻的称号		朝议		"诏从之"	卷九九《沮渠蒙逊传》
6-9	神䴥四年	送还吐谷浑的人民等	公卿	议	太尉长孙嵩、议郎、博士279人	制曰:"公卿之议,未为失体"云云(译按,与《魏书》不同,从电子文献)	卷一〇一《吐谷浑传》
6-10	可能是太延四年	征讨高句丽		议	乐平王丕、尚书令刘洁	"世祖乃止"	卷二八《刘洁传》、一〇〇《高句丽传》
6-11	太延五年	远征北凉	大集群臣	议	尚书古弼、李顺、弘农王奚斤,另有司徒崔浩	"世祖从浩议"	卷二八《古弼传》、二九《奚斤传》、三五《崔浩传》、三九《李顺传》等
6-12	真君四年	征讨柔然	群臣	议	尚书令刘洁、司徒崔浩	"世祖从浩议"	卷二八《刘洁传》、三五《崔浩传》
5-1	太安元年	皇子的命名	群臣	议	司徒陆丽、左仆射和其奴、内都大官元素	"高宗从之"	卷一五《常山王素传》、四四《和其奴传》
5-2	兴安二年	剥夺杜超的爵位		朝议			卷八三上《外戚传》

续表

号码	年	议题	参加者	种类	发言者与参加者	结论	出处（《魏书》）
5-3	和平六年	修正礼乐	公卿	集议		由于文成帝崩而停止	卷三八《刁雍传》
5-4		刺史请代		朝议		朝议不许	卷四一《源贺传》
4-1	天安元年	设立州郡学校	中秘二省	参议	中书令秘书监高允	"显祖从之"	卷四八《高允传》
4-2	皇兴元年	应对薛安都的内附		众议	南部尚书李敷	实行对慕容白曜的接应	卷三六《李敷传》
4-3	皇兴四年	对柔然的处理	引见群臣	议	仆射元目辰、殿中给事中张白泽	从张白泽	卷二四《张白泽传》
4-4		救援于阗	公卿	议	公卿（奏曰）	从公卿之议	卷一〇二《西域传》
4-5	皇兴五年	让位	群臣、公卿	议	太尉、中都大官、选部尚书（2人）、中书令	让位给京兆王无法实现	卷一九中《任城王云传》、四〇《陆馛传》、四一《源贺传》、四八《高允传》等
4-6	延兴四年	移设敦煌镇	群官	会议	给事中韩秀、群官	"乃从秀议"	卷四二《韩秀传》
3-1	可能是承明元年	移动神主之时的授爵	百寮	评议	秘书令程骏	从程议	卷六〇《程骏传》
3-2	太和元年	是否赤裸受刑		议	司徒元丕	以诏下令具为之制	《刑罚志》
3-3	太和六年	亲庙之仪	群官	议		制可	《礼志一》
3-4		回复旧有俸禄制	召群臣	议	中书监高闾	从高闾之议	卷五四《高闾传》

第十四章 北魏的"议"

续表

号码	年	议题	参加者	种类	发言者与参加者	结论	出处（《魏书》）
3-5	太和十年	三长制	引见公卿	议	太尉、中书令、秘书令、著作郎、文明太后	实行三长制	卷五三《李冲传》、《食货志》
3-6	太和十年	讨伐柔然	引见群臣	议	中书监高闾、左仆射穆亮、孝文帝	不讨伐	卷五四《高闾传》
3-7		衣冠之制		议定	尚书李冲、游明根、冯诞、高闾、中书博士蒋少游	六年完成	卷九一《术艺传》
3-8	太和十一年	就食的程序	引见公卿	议	元丕	"高祖从之"	卷一四《东阳王丕传》
3-9	太和十一年	北伐		大议	进策者百余人	似乎无法北伐	《高祖纪》下
3-10	可能是太祖十一年	勘定律条	公卿	参议			《刑罚志》
3-11	太和十三年	禘祫之礼	引见群臣	议	尚书、尚书左丞、中书侍郎、著作郎	"便即施行，著之于令，永为世法"	《礼志一》
3-12	太和十三年	与南齐的往来	群臣	会议	尚书陆丽、游明根	"高祖从之"	卷五五《游明根传》
3-13	太和十四年前	议政事		议	中书监高闾、尚书游明根、孝文帝		卷五四《高闾传》
2-1	太和十五年	养老、肆类上帝等		议		"帝亲临决"	《高祖纪》下
2-2	太和十五年	朝日、夕月的时期	群官	议	尚书游明根	"车驾初夕月于西郊，遂以为常"	《礼志一》、《高祖纪》下

续表

号码	年	议题	参加者	种类	发言者与参加者	结论	出处(《魏书》)
2-3	太和十五年	国之行次	群官百辟	议	中书监高闾、秘书丞李彪、左仆射陆叡、司空穆亮等多人		
2-4	太和十六年	更定律条	群臣、公卿	议		"帝亲临决之"	《高祖纪》下
2-5	太和十七年	南伐		大议	刘昶	南伐	卷五九《刘昶传》
2-6	太和十七年	冯氏立后	朝臣	集议	秘书监卢渊	贯彻高祖之意	卷四七《卢渊传》
2-7	太和十八年	迁都	留守官	大议	太尉元丕、燕州刺史穆罴、尚书于果	迁都	卷一四《东阳王丕传》
2-8	太和十八年	议政事		议	录尚书事元羽、孝文帝		卷二一上《广陵王羽传》
2-9	太和十八年	高祖南伐	公卿	议	孝文帝、右仆射、侍中、司州牧、司徒、司空、中书监	南伐	卷一九中《任城王澄传》、四七《卢渊传》
2-10	太和十九年	对广川王之丧的处理		议	黄门侍郎、通直散骑常侍、典命下大夫、中书侍郎	采用决议	卷二○《广川王谐传》
2-11	太和十九年	圆丘之礼	朝集公卿	议	太尉、司空、吏部尚书、员外散骑常侍、秘书令	"当从卿(＝秘书令李彪)议"	《礼志一》
2-12	太和二十年	废皇太子	接见群臣	议	孝文帝	废太子	卷二二《废太子恂传》

第三部 官僚制与宗室

第十五章

河阴之变小考

前言

北魏武泰元年（528），被灵太后一派夺走实权的孝明帝借尔朱荣之力，企图铲除太后派。孝明帝催促尔朱荣入洛阳，反被太后等人毒杀，年仅三岁的元钊即位。得知消息的尔朱荣于四月十一日渡黄河南下，拥立长乐王元子攸（孝庄帝，于十四日改年号为建义）。眼见情势推移的灵太后备齐天子的车驾，至河阴迎接。尔朱荣却将太后、幼主等人沉入河水，用铁骑包围官员，虐杀之。据说牺牲者高达两千余人。一般将此事件称为河阴之变。提到此事件的文章虽然存在，但是专门讨论的文章却极少。最近，吴少珉论及河阴之变的历史背景和经过、影响。吴氏认为在农民起义的六镇之乱之后发生的河阴之变完全粉碎了腐败的北魏王朝、扫荡了"门阀士族"，就这点来看，吴少珉给予积极评价[1]。他所谓"门阀士族"指的是：已汉化的"鲜卑代北士族"和效命于北魏的汉人"士族大地主"。大略看来虽是如此，但是细看的话，笔者认为应该存在稍微不同的侧面。本章将比较、检讨河阴之变的牺牲者和牺牲者以外的人物，透过这个比较、检讨，试图探讨事件发生前的北朝门阀社会。

一、河阴之变的牺牲者

目前，确定因河阴之变死亡的人数为八十二名[2]，当中，元氏就占了三十九名。他们大多被纪录于正史的本纪或列传，但是，元氏当中有十六名、非元氏当中有两名，只能透过墓志铭来确认他们的死亡[3]。

---

1. 吴少珉：《试论北魏"河阴之变"》，《史学月刊》1983年第1期。
2. 元顺等人听闻事件发生，企图逃跑，仍被杀。这里也包含他们的事例。
3. 墓志铭当中也有不讲明因为河阴之变身亡的事例。例如就算死因被记为"遘疾"，若建义元年（528）四月十三日死亡的话，可知墓主是河阴之变的牺牲者。又，十六名元氏当中，有十三名在列传当中不见其名。元瞻、元谭、元遹的事迹虽然被记载在列传当中，但是并无关于河阴之变的记载。关于这些事例，参照赵万里：《汉魏南北朝墓志集释》，科学出版社，1956年。

第十五章 河阴之变小考

两千多名牺牲者当中，只有八十二名的身份得到确认，这个比例绝对不是太高。但是仔细检讨的话，笔者认为可以推测牺牲者的范围至某种程度。

先看关于元氏的部分。以献文六王及其子孙为例[1]。

表15–1 河阴之变前后献文六王及其子孙死亡情形

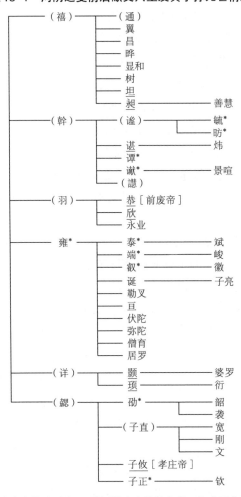

注：( )表示河阴之变之前已死亡。＊是河阴之变的被害者。名字下方划线表示河阴之变发生前后担任官职。

---

1. 本章当中，非引用的部分不标明出处。大多根据《魏书》、《北史》等正史，以《汉魏南北朝墓志集释》为中心的墓志铭和《资治通鉴》。

皇帝之子辈中，除了一人在世，其他已死亡，仅存的元雍虽然担任丞相之位，却因河阴之变被杀。孙辈当中，元禧之子元通因为父亲企图谋反的缘故而死亡，元翼等五人因为父亲的反乱失败而逃奔至梁。之后，元坦和元昶获得饶恕并且就官。事变前，元坦担任通直散骑常侍，敷城王元昶则是通直散骑常侍；事变后，分别成为咸阳王、太原王。元幹之子当中，继承王爵的元谧于正光五年（524）、第五子元譿于神龟三年（520）死亡，长子元谌身为殿中尚书（列传记载的是都宫尚书）迎接河阴之变，事变后，被封为魏郡王，成为尚书左仆射。另一方面，秦州刺史（？）元谭和太中大夫元瀻在事变中被杀。元羽之子当中，金紫光禄大夫元恭在事变后成为仪同三司，太仆卿元欣成为沛郡王。元永业在东魏末年已至金紫光禄大夫的地位，但是关于事变前的任官状况尚未明白。元雍之子当中，太常卿元泰、都官尚书元端、光禄少卿元叡三人随同父亲被杀。元诞于东魏太平三年（536）担任司州牧的期间死亡，河阴之变发生的时候，动向不明[1]。元勒叉以下的六名，于孝武帝初期同时成为开国伯，东魏天平年间同时成为散骑侍郎，由此看来，笔者推测河阴之变发生的时候他们没有担任官职。元详之子当中，继承爵位的相州刺史元颢于事变后被授予太傅之职，却投靠梁，获得梁的援助进入洛阳，但是败给以尔朱氏为中心的势力，被斩。其弟元项在事变发生前担任黄门郎、事变后被任命为尚书左仆射。元勰之子当中，继承彭城王、被孝庄帝封为无上王的元劭以及被孝庄帝任命为司徒公、领尚书令、始平王的元子正被杀，元子直早在正光五年（524）的时候死亡。接下来看皇帝的曾孙辈。元谧之子元毓身为通直常侍，遭难；其弟元昉担任给事中，也被杀。当中，哥哥的事情被记载在列传里头，关于弟弟的事情却只能在墓志铭看到。在列传当中，这一辈人物的记载很少，记述内容也变的简单，如此一来，另外存在牺牲者的可能性应该是有的，但是暂且不提这个可能性的话，皇帝的曾孙辈当中残留的十五人于河阴之变之后全数生存。但是，查看二十一岁死亡的元子

---

1. 根据《孝庄纪》，元诞于永安三年（530）从通直散骑常侍、新阳县开国伯进封为昌乐王。另一方面，列传当中记载"起家通直郎，迁中书侍郎、通直散骑常侍。封新阳县开国伯，食邑三百户"。不管起家是事变发生前还是发生后，都是相当暧昧的时间点。

正、河阴之变发生当时三十三岁的元颢、二十六岁的元顼、三十六岁死亡的元端、元端的兄弟元泰、元叡、元诞的话，其子虽然是十几岁起家也不稀奇的皇室成员，但是若要担任官职的话，以当时的年龄来看，还是过于年轻。关于元子直之子也是如此，元文当时年仅六岁，因此，其兄元宽和元刚年龄应该也不大。又，笔者认为元子直的侄子元韶和元袭也不是可以担任官职的年龄。事实上，由于父亲的考虑，安排元韶避难，乳母也同行。也就是说，可以推测：河阴之变发生之际，这一辈多数还是年幼、尚未任官的状态。除了被杀的元毓和元昉，只剩下元炜和元景喧有任官的可能性。

从以上对于献文帝子孙的检讨可以得知两点：一、相对于河阴之变的十位被害者，河阴之变发生当时一边担任官职一边逃难的有七人，两者的人数大致相当。二、此外河阴之变的生存者当中，未就官者占了多数。

表15-2　河阴之变前后元氏不同世代死亡统计

世代			神元平文诸帝子孙	昭成帝子孙	道武帝子孙	明元帝子孙	太武帝子孙	景穆帝子孙	文成帝子孙	献文帝子孙	孝文帝子孙
3	河阴			1							
	既死		3	3	6	5	6				
	生存		2	1							
		继	2	1							
	不明		8	11	1						
4	河阴			1	3						
	既死		2	1	9	3	3	12			
	生存		4	2	3						
		继	2		2						
	不明		1	8	4	4	1				

续表

世代			神元平文诸帝子孙	昭成帝子孙	道武帝子孙	明元帝子孙	太武帝子孙	景穆帝子孙	文成帝子孙	献文帝子孙	孝文帝子孙
5	河阴				2	2	2	5			
	既死				4	2	3	24	5		
	生				1	9	1	1	1			
	存	继				4	1	1	1			
	不明				3	3	2	1	4			
6	河阴								7		1	
	既死							1	21	5	5	
	生					7	1	4	19		1	
	存	继					2	1	2	6		1	
	不明							1	8			
7	河阴								1	2	7	
	既死								4	2	4	5
	生								37	1	16	1
	存	继							3	1	6	1
	不明								2	1		
8	河阴										2	2
	既死											1
	生										15	4
	存	继										3
	不明											
合计	河阴				4	5	2		13	2	10	2
	既死			5	4	19	10	13	61	12	9	6
	生			6	3	20	2	5	57	1	32	5
	存	继		4		9	2	3	10	1	7	4
	不明			9	22	8	7	2	14	1		

注:"世代"表示以道武帝为起点的世代次序。"河阴"表示因为河阴之变而死亡的人数。
"既死"表示可以确认在河阴之变之前已死亡的人数,或者是确定死亡的人数。
"生存"表示可以确认在河阴之变之后生存的人数。
"继"表示生存者中已知河阴之变之前担任官职的人数。
另外文成帝的子孙当中,有一名世代次序不明的河阴之变死者。

第十五章　河阴之变小考

把同样的检讨扩大至元氏全体的话，得到表二的结果。

列传的记载方式根据卷的不同（即使是同卷也会因为辈分的不同）而有差异，因此有些记载详细，有些列传却是简单带过。即使是补充列传的墓志铭，会不会流传下来也是相当偶然的。因此表15-2的可信度无法说是百分百。尽管如此，结果还是显示了一定的倾向。相对于河阴之变的三十九名死者，河阴之变之前任官、河阴之变之后维持官职或是生存下来的有四十名，两者的人数大致相当。从这点来看，与检讨献文帝子孙得出的结果相同。另外，河阴之变之后的生存者当中，压倒性多数属于事变牺牲者以及事变前任官者的下一代。从这件事情来看，可以推测他们大多是未就官者。这点也和检讨献文帝子孙所得的结果是一致的。如果以上的检讨无误的话，目前可知：于孝明帝死去的阶段担任官职的元氏成员当中，约半数因为河阴之变被杀、剩下的半数在变乱之后苟延残喘。

那么，关于元氏以外的状况是如何呢？非元氏、并且可以确认因为河阴之变死亡的人如下：

> 代郡陆氏四名、代郡源氏一名、代郡宇文氏一名、博陵崔氏一名、清河崔氏二名、东清河崔氏一名、赵郡李氏二名、顿丘李氏一名、陇西李氏八名、太原王氏三名、琅邪王氏一名、荥阳郑氏一名、弘农杨氏一名、河东裴氏四名、河东柳氏一名、勃海封氏一名、勃海高氏一名、陈郡袁氏二名、长乐封氏一名、敦煌范氏一名、安定皇甫氏一名、鲁郡唐氏一名、王氏一名、宦官二名。

使用与检讨元氏的时候相同的手法来看看当中出现最多牺牲者的陇西李氏，如下。李氏的状况是，牺牲者集中于李宝五子的系统。

表15-3 河阴之变前后陇西李氏死亡情形

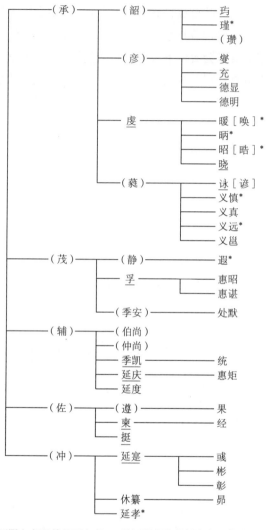

注:( )当中是河阴之变以前的死亡者。*是河阴之变的被害者。划线的是可以确定在河阴之变前后任官的人物。

和元氏的状况相异,难以确定的地方不少。除了用划线表示的人物,从父母的年龄等考虑,有几人可能于河阴之变的时期担任官职。先把他们搁置不谈。值得注意的是牺牲者所占比率之高。相对于河阴之变

第十五章　河阴之变小考　　　　　　　　　　　　　　　　　　　401

前后确定担任官职的十一人，牺牲者有八人。即使不及元氏，也是非常高的比例。

接下来看作为牺牲者较少的事例的弘农杨氏。

表15-4　河阴之变前后弘农杨氏死亡情形

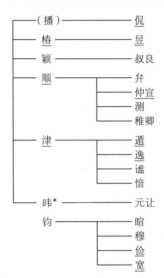

注:( )当中是河阴之变以前的死亡者。*是河阴之变的被害者。划线的是可以确定在河阴之变前后担任官职的人物。

杨愔在河阴之变的时候未担任官职，杨颖和杨钧不明。剩下的未划线的八人在河阴之变的时候任官的可能性很强。就算把这八人除去，确定在河阴之变之前担任官职的十一人当中，只有一人被杀。因此，和元氏或陇西李氏相较的话，牺牲者的比例极低。

接下来的检讨虽然不像以上的检讨那样仔细，从《魏书》列传当中找出元氏之外、并且河阴之变前后担任官职的人物的话，除去跟随尔朱氏而兴起的人物，约有一百二十五人。借由列传可以知道的因为河阴之变被杀的人物为四十一人。因此，大约每四人当中就有一人成为牺牲者。再加上可能任官者的话，这个比率会更加下降。元氏的状况是每两人就有一人是牺牲者。检讨元氏的时候除了正史之外，也使用了墓志铭的事例，所以元氏和他氏的数据和内容有些许不同。即使如此，不管数字还是比例，元氏的被害程度是最高的。因此，《魏书》卷一八《临淮王元彧传》当中，出现了"会尔朱荣入洛，杀害元氏"这样的字句。又，收录于《洛阳伽蓝记》卷一，元颢给孝庄帝的书简当中写道："直以尔朱荣往岁入洛，顺而勤王，终为魏贼。逆刃加于君亲，锋镝肆于卿宰。元氏少长，殆欲无遗。"这是作为元氏一员的感受。

二、免于灾难的人

由于什么原因让某些人免于河阴之变呢？来看看元氏的例子。先与尔朱荣结交，然后作为其幕僚一同前往洛阳的元天穆、元禹、元永之徒乃免于灾难的例子。担任防守河桥之职，却毫无防守之意，从对岸投靠尔朱荣的元世儁，身为北中郎将，却与尔朱荣一同从高冢观看杀戮的元鸷，与元天穆亲近的侍从元子恩，也包含在免于灾难的例子之中。接下来以尔朱荣的姻亲为例。直阁将军元肃和通直散骑常侍元晔的父亲乃尔朱荣妻兄。或由于这层关系，元肃的墓志铭当中，提到尔朱荣于晋阳发兵一事时称"预参远略"。姑母为尔朱荣之妻的护军长史元凝也未遭难。但是，同样姑母也是尔朱荣之妻的元略却因为原本轻视尔朱荣，又身为灵太后执政时期的权臣郑俨、徐纥的同党而被杀。这样看来，河阴之变发生之际，可以推想，要杀害何人尔朱荣还是进行了选择的。实际上，依《魏书》卷一九中《元顺传》记载："尔朱荣之奉庄帝，召百官悉至河阴，素闻顺数谏诤，惜其亮直，谓朱瑞曰：'可语元仆射（元顺），但在省，不须来。'顺不达其旨，闻害衣冠，遂便出走，为陵户鲜于康奴所害。"可知其进行了选择，并通知不要来。接下来看由于某些理由河阴之变当日不在河阴的事例。这些事例当中，大多是因为外任。例如元彧为东道行台、元延明为徐州刺史、元颢为相州刺史。从墓志铭的履历可知，元弼也是兖州刺史。曾是幽州安西府功曹参军的元绪也包含在此事例当中。又，身为冀州刺史却被葛荣俘虏的元孚，以及因为哥哥元鉴造反失败而投奔葛荣的元斌之，两人在葛荣灭亡之后再次获得官职，免于河阴之变带来的灾害。又，前任太尉元继因为引退未赴河阴[1]，河阴之变之后成为太师。再来，还有一件特殊事例：金紫光禄大夫元恭，十二年间装成哑巴入寺，断绝与政治世界之交往，之后被拥立，即前废帝。

但是，以上全部加起来，不过十七例。剩下的二十四例，其免于灾难的理由尚未厘清。

查看元氏以外的人物。首先，陇西李氏当中：李晓与三名兄长共赴河阴，李晓因为衣冠被老鼠咬破，无法出席，三名兄长被杀，只有他免于灾难；李挺因为受伤返回京师疗养，很可能没有外出；李季凯为并州安北府长史，加入了拥立孝庄帝的计划；李咏、李柬和李孚似乎是郡太守；李延寔为光州刺史。其他，李玙似乎是司州别驾或者是光禄少卿；李充本来跟随萧宝夤西征，但是察觉其谋反之意，于是返回洛阳。以上两人身处京师却免于灾难，其原因尚未厘清，暂且不提这两人的话，担任地方官的事例之多，值得注目。

接下来看弘农杨氏：杨椿告老还乡；杨津身为北道行台，活动中败给杜洛周，成为其俘虏；杨侃身为长孙稚的行台左丞，担任萧宝夤的反乱讨伐；杨昱身为东南道都督，进行活动；杨俭似乎是顿丘太守。又，孝庄帝还在河阳的时候，杨逸就来到孝庄帝的身边，紧随不离。另一方面，杨顺为太仆卿、杨仲宣为通直散骑侍、杨宽为宗正丞。杨遁则是不明。这样看来：因为外任而不在京师的事例很多，担任京师的官职而免于灾难的事例很少，弘农杨氏和陇西李氏情况相同。

元氏以外免于灾难的官僚就如第一部分的叙述，透过《魏书》列传可知一百二十五名。把他们在事变前的状况进行分类：与尔朱荣一同到河阴的事例，以及尔朱氏的姻戚或是参与拥立孝庄帝的事例，全部加起来共有十二例，这三种类型的事例较少；身处乡里、官职被免的事例共有九例；相较之下，身为地方官、从事军事活动而不在京师的事例（包含被捕虏的事例）共有五十七例，将近半数；在京师担任官职的事例共有四十四例；不明则有三例。

---

1. 元继之子元叉（元义）与尔朱荣有交情，据说尔朱荣把元叉视为相当有德之人。元叉在事变发生时已经死亡，元继则和尔朱氏的关系匪浅。

在京师担任官职、免于灾难的名单当中，因为偶然而免于灾难的人不少。例如，刚才看到的李晓正是如此。其他，如《魏书》卷九一《术艺·刘灵助传》记载，"为（尔朱）荣府功曹参军。建义初，荣于河阴王公卿士悉见屠害。时奉车都尉卢道虔兄弟亦相率朝于行宫，灵助以其州里，卫护之，由是朝士与诸卢相随免害者数十人"，被包围方保护的事例也是有的。又，像魏收那样身处包围之中，却在天黑之后获救的事例也是有的。但是我们无法用偶然因素说明所有的事例。赶到河阴的朝士大部分都遭到了杀害，但是《魏书》卷八一《山伟传》记载："尔朱荣之害朝士，伟时守直，故免祸。"可知并非全部的官僚都赶到河阴。

以上检讨的结果，我们发现这个差别：元氏以外，担任地方官或是从事军事活动乃免于河阴之变的最大理由；相对于此，元氏当中，因为这个理由而免于灾难的人数极少。元氏牺牲的比率为何如此之高，笔者认为可以把一半的理由归诸于外任人数之少。

三、元氏担任府官的事例

检索以《魏书》、《北史》为中心的元氏列传或墓志铭的话，可知元氏一族在京师以外的地方执行任务的事例绝对不少。但是，这些事例多为镇的将军或是州的刺史、甚至行台或都督这样的长官、指挥官，地位极高。即使同样是长官，除去河南尹的话，身为郡太守或县令的事例极为少数（《魏书·宗室传》以及墓志铭当中记载太守十八名、洛阳令三名），府官或州官也同样极少（只知道全部加起来是二十四名）。由于列传的官历当中被省略的部分很多，所以我们透过纪录官历较为详细的墓志铭（这里限定于《汉魏南北朝墓志集释》的记载，笔者认为对于了解整体倾向已经足够）来调查元氏的起家官，可知东西魏末年为止，已死的六十四名元氏成员当中，以府官作为起家官的人数止于七名（又，《宗室传》当中，以府官起家的人数为两名）。又通直散骑常侍（四品）四名，散骑侍郎（五品上）五名，给事中（从六品上）四名，也有此类以高级官品起家的人物。又有员外散骑侍郎（七品上）

五名，秘书郎（七品）五名，司徒、太尉参军（七品上）三名，司空参军（七品）三名与之并列，范围由七品上（例如：衮州平东府录事参军）到从七品（并州征虏府骑兵参军）的府官可说是普通的起家官。尽管如此，其人数并不多，显示了宗室子弟被任命为府官的事例甚少。由此看来，笔者认为担任府官的事例之少，必定不是残留纪录的不足所造成的。汉人当中，担任府官、郡太守、县令的事例相当多，相较之下，元氏的状况可说是明显不同。

四、占据中央官的元氏和北族的位置

元氏多数不外任地方，而是进入在京师的官僚路线。像这样的元氏成员占据了多少中央官的位置呢？把事变前官品在从三品以上（除去州刺史和河南尹、中郎将）的人物列成表15-5，如下页所示。

表15-5存有几个问题点。第一，无法网罗所有任官者。就九卿而言，欠缺担任卫尉、廷尉、大司农的人物；就尚书而言，表15-5当中列举的只有都官尚书和七兵尚书。第二，多人担任同一官职的话（例如太常有三名），无法确定哪一个是当时的人物。尽管有这些不足，从表15-5仍然可以读取以下三点。首先，被记载在表五的人物约六成因为河阴之变而死亡。如前面所述，元颢和元彧离开京师，穆绍称疾未受定州刺史之职，因此这三人免于灾难。这样看来，官至二品、身处京师的官僚大多前往河阴遭到杀害。从二品以下的官僚当中也有未遭难者，但是半数都遇害。即使把范围扩大至从五品，（就算不明事例还是很多）这个倾向还是很类似。其后果就是，河阴之变发生后进行官僚配置的时候，必须进行相当程度的破格[1]。例如：一时引退的前太尉元继被配置于太师之职；隐居乡里的杨椿（之前官至仪同三司）被推为司徒；外戚的光州刺史李延寔成为太保；相州刺史、仪同三司元颢成为太傅；东道行台、仪同三司元彧成为大司马；然后仪同三司尔朱荣

---

1. 河阴之变发生前，经过仪同三司、升至一品官的类型被确立。即使是一品官，也会按照司空→司徒→太尉→太保→太傅→太师这样的顺序，进行升迁。

成为大将军、尚书令；并州刺史元天穆成为太尉。大体而言，这些人的官位大幅上升。

表15-5 元氏的中央任官情况

一品		从一品		二品		从二品		三品		从三品	
丞相	*元雍	仪同三司	*元恒芝	特进		尚书仆射	*元顺	吏部尚书	*裴延儁	散骑常侍	省略
太师	〔缺〕	仪同三司	*元略	尚书令	*元略	尚书仆射	元徽	中领军		国子祭酒	
太傅	〔缺〕	仪同三司	元颢	光禄大夫	*封回	中书监	元子攸(3)	中护军		御史中尉	*元邵
太保		仪同三司	穆绍			金紫光禄大夫	*元端	九卿	*元泰	大长秋卿	
大司马	*元雍	仪同三司	元彧			金紫光禄大夫	*元瞻	九卿	*范绍	将作大匠	*元超
大将军	〔缺〕(1)	仪同三司	尔朱荣			金紫光禄大夫	*冯穆	九卿	*王温	二大二公长史	*崔励
太尉	*皇甫度(2)					金紫光禄大夫	*王诵	九卿	李琰之	二大二公长史	（侯详）
司徒	〔缺〕					金紫光禄大夫	*张肃彦	九卿	（陆什寅）	武卫将军	*宇文庆安
司空	*元钦					金紫光禄大夫	元恭	九卿	元欣	武卫将军	*杨昱
						金紫光禄大夫	崔秉	九卿	（杨顺）	武卫将军	叔孙固
						金紫光禄大夫	李虔	九卿	*元悌	武卫将军	费穆

第十五章 河阴之变小考

续表

一品	从一品	二品	从二品		三品		从三品	
			金紫光禄大夫	李叔仁	九卿	*元汎	太中大夫	*元瓛
			金紫光禄大夫	费穆	九卿	元罗	太中大夫	孙绍
					中书令		太中大夫	(裴良)
					侍中			
					尚书	*袁翻		
					尚书	*斐询		
					尚书	元谌		
					秘书监			
					银青光禄大夫	*元超		
					(4)			
					银青光禄大夫	*元法寿		
					银青光禄大夫	*陆希悦		
					银青光禄大夫	刘廞		

注:( )是有疑问的人物。*是河阴之变的丧生者。[缺]是被认为当时缺额的记号。
(1) 虽然万斯同的《魏将相大臣年表》适用于元略,但是未采用。其列传的大将军实为骠骑大将军。
(2) 虽然皇甫度没有列传,但是万斯同记录他在河阴之变发生的四月"出奔被杀"。当与元顺相同。

(3) 被尔朱荣拥立之前，孝庄帝（元子攸）为中书监。
(4) 列传都记载为"光禄大夫"，但是从经历来看的话，为银青光禄大夫的省略。

第二点，元氏一族占了中央官的多数。当然，即使是元氏，其中也有偏差。调查记载在表五的元氏成员的血统的话，如下：

道武帝四世孙	元罗、元法寿
太武帝四世孙	元彧
景穆帝孙	元钦、元恒芝、元略、元瞻、元泛
景穆帝曾孙	元顺、元徽、元超
献文帝皇子	元雍
献文帝孙	元颢、元端、元泰、元恭、元欣、元谌、元劭、元子攸（孝庄帝）、元谳
孝文帝孙	元悌

明显可知，多为景穆帝（太武帝的太子）的子孙以及献文帝的子孙。就与身处帝位者的血缘相当浓厚这点来看，可说是容易理解的人事安排。当然，其他世系当中也有升至高位的人。身为昭成帝的子孙又是北中郎将（从三品）的元鸷、担任并州刺史（三品[1]）的元天穆正是事例之一。但是查看先前的人事安排的话，可知即使个别其他世系的人达到相当地位，还是会感受到血缘不同对于他们的不利。也许就是这个因素，让他们与尔朱荣合作或是采取迎合尔朱荣的行动。在这里笔者避免深入探讨元氏一族的内部问题，这些问题就有待后日探讨。把元氏视为整体来看的时候，元氏占据了从三品以上的任官者的五成左右，如此之高的比率值得注目。

第三点，与元氏一起征服华北的北族相关者极少，这里只能看到穆绍、费穆、陆什寅、陆希悦、宇文庆安、叔孙固、侯详、尔朱荣仅八名。反过来，汉人却有十九名。刚才已检讨河阴之变的牺牲者，元氏以外的北族人数极为少数，只有六名。我们可以掌握的牺牲者人数

---

1. 参照本书第一部第五章《北魏州的等级》，原载于《高知大学教育学部研究报告》40，1988年。

第十五章　河阴之变小考

之少绝不代表实际状况也是如此[1]。但是,在可以推定至河阴迎接孝庄帝的官僚多数被杀的状况之下,作为牺牲者而被记录的人数极少一事与被认为值得记录的人数相对而言极少一事,两者之间当存有关联。也就是说元氏以外的北族,特别是担任京官的北族,正在失去曾经有过的地位。笔者推测威胁北族地位的两个原因：一个或许是元氏一族；另一个应该是汉人官僚。这样的话,笔者认为这是孝文帝的姓族分定政策所带来的结果之一。当然,只有本章是无法确认这件事情的。本章不过是从河阴之变时期的官僚配置状况,说明大略的看法,而且在这之前的官僚配置状况以及三品的上州刺史、从三品的中州刺史的检讨也是欠缺的。这些将成为今后的课题,暂且搁笔,等候诸位的指正。

---

1. 关于从墓志铭当中可以补充的十六名元氏牺牲者,以年仅十五岁、才刚刚任官的人为首,年纪轻轻（因此,官位比较低）的人、或者是年纪很高官位还是较低的人很多。但是,如同目前可知的担任尚书者十分有限一事,即使是从三品以上,也有不记载于列传的事例,因此,无法单凭官位进行论述。又,弘农杨氏在河阴之变之后,加强与庄帝的联系,特别是杨侃为诛杀尔朱荣的中心成员之一。因此,受到尔朱兆等人的报复,永安三年（530）,杨氏一族多数被杀。调查列传的话可知,其人数达到十二名。之后,唯一逃过死劫的杨愔依附高欢,在韩陵之战结束后归乡,为死者举行葬仪。那个时候,有来自朝廷的赠官通知,根据《北齐书》卷三四记载："一门之内,赠太师、太傅、丞相、大将军者二人,太尉、录尚书及中书令者三人,仆射、尚书者五人,刺史、太守者二十余人。追荣之盛,古今未之有也。"从事情的前后因果考虑的话,笔者认为：此时的赠官是对于永安三年死者的慰问。这样的话,获得赠官的人数至少达到三十五名,约为据列传可知的十二名的三倍。这可以成为河阴之变的参考。

第十六章

北魏的宗室

前言

在第二部第十三章已经仔细检讨过北魏后期宣武、孝明帝时期的政治史过程[1]。但是,第二部第十三章主要关心的是该时期北魏政治中的决策方式。关于政治对立所持的意义,并未进行检讨。本章将再次致力于这个问题,对于当时宗室状况的变化投以注目。因此,也将论及北魏前期。

一、北魏后期政治史中的宗室

（一）宣武帝亲政期

宣武帝亲政期一般被认为是宗室诸王受抑的时期[2]。身为孝文帝之弟、最受信赖的彭城王元勰随着宣武帝开始亲政,归乡之后一度复职担任侍中、太师,却因为高肇的诽谤被赐死（《魏书》卷二一下[3]）；幺弟北海王元详在宣武帝亲政之后,转任为大将军,因为和宣武帝关系良好,没多久就当上司徒、录尚书事,正如《魏书》卷二一上所述："世宗礼敬尚隆,凭寄无替,军国大事,总而裁决。每所敷奏,事皆协允。"元详与得到宣武帝宠幸的茹皓勾结,伸张权势,但是,仍然因为高肇的诽谤,被贬为庶民、幽禁,家奴欲将他救出,行动告败,最后元详暴毙。长兄咸阳王元禧的状况则是,景明二年（501）的谋反失败为他招来死罪,但是元禧其实是被宣武帝一方逼到举兵的。身为景穆系始

---

1. 窪添慶文:《北魏後期の政争と意志决定》,原载于《唐代史研究》2,1999年。
2. 参照张金龙:《北魏政治史研究》,甘肃教育出版社,1996年,第十一章、其他。
3. 以下引用史料的时候,如果《魏书》和《北史》皆记载类似记事的话,用《魏书》作为代表。只是标明出处的话,把《魏书》略称为《魏》。引用该人物列传的话,只记其卷数,引用其他人物列传的话,也会记其传名。又,本章主要处理宗室,因此省略"元"这个姓氏的状况不少。

第十六章　北魏的宗室

蕃王[1]，长相俊秀为人所知的任城王元澄的状况则是，为宣武帝即位时的六人辅政者之一，但是同年，元澄因为辅政者之间的对立而归乡，被委任于扬州、定州。之后，直到孝明帝时期之前元澄的活动足迹未见于纪录当中（《魏书》卷一九中）。

关于其他诸王，孝文帝的其他弟弟当中，随着宣武帝的亲政，广陵王元羽从司州牧转为司空（《魏书》卷二一上）；高阳王元雍历任司州牧、司空、太尉、太保（《魏书》卷二一上）。始蕃王当中，身为尚书左仆射、也是辅政者之一的太武系广阳王元嘉随着宣武帝的亲政，一度转为司州牧，却在同年成为尚书令，任期持续七年，之后历任司空、司徒（《魏书》卷一八）。身为景穆系始蕃王的中山王元英官至尚书仆射，在对南朝的军事活动当中扮演核心人物一事广为人知（《魏书》卷一九下、《世宗纪》）。文成系安乐王元诠担任尚书左仆射（《魏书》卷二〇）。也就是说，诸王并非都是受抑的对象，笔者认为，宣武帝时期受抑的诸王多为旧辅政者，把他们排除才是目的。可以把宣武帝弟京兆王元愉的举兵（永平元年，508）看成诸王受抑的结果，这里有必要检讨此事。《魏书》卷五八《杨昱传》：

> 正始中，以京兆、广平二王国臣，多有纵恣，公行属请，于是诏御史中尉崔亮穷治之，伏法于都市者三十余人，其不死者悉除名为民。唯昱与博陵崔楷以忠谏得免。

又，《魏书》卷二二《元愉传》：

> 与弟广平王怀颇相夸尚，竞慕奢丽，贪纵不法。于是世宗摄愉禁中推案，杖愉五十，出为冀州刺史。始愉自以职求侍要，既势劣二弟，潜怀愧恨，颇见言色。又以幸妾屡被顿辱，

---

1. 太武帝的皇太子元晃比父亲先死，并未即位。但是，还是受到身为皇帝的待遇，其子全员被封为王。把继承王爵者称为始蕃王，以下陆续为二蕃王、三蕃王。即使同样是王，也会因为皇子、始蕃王、二蕃王、三蕃王的不同，待遇有所差异。关于这点，《魏书·官氏志》记载，他们在开府的时候，其府官品各自相异，由这件事情可窥一二。

内外离抑。

据此，元愉与弟元怀从事不法行为，两王国的臣子因为未谏言且参与其中而被治罪，元愉也从中书监转为冀州刺史。因为有中央官转为州刺史的类似事例，所以很难说是贬官，但是，具有处罚意味则无疑问。据说，对于其弟清河王元怿、广平王元怀，元愉觉得自己的威势不足。虽然中书监的官品比较高，但是相较于担任"侍要"侍中的元怿、和宣武帝同母的元怀，元愉还是抱着劣等感。还有，元愉虽然娶宣武帝的于皇后之妹为妻，却深爱小妾，体验了小妾被迫出家的屈辱。因此，元愉的举兵大部分要归诸于个人的责任。"（高肇）既擅权威，谋去良宗，屡潛怿及愉等。愉不胜其忿怒，遂举逆冀州"（《魏书》卷二二《清河王元怿传》），虽然有这段纪录，但是，元愉的举兵难以说是诸王受抑制的结果。

旧话重提，宣武帝的矛头为担任辅政者诸王，特别是针对伯叔这一辈的诸王。因为他们是容易威胁宣武帝地位的存在。由宣武帝主导、从辅政者身上夺权的行动正是基于以下告言而展开的。"（领军将军于烈）密令（于）忠言于世宗云：'诸王等意不可测，宜废之，早自览政。'"（《魏书》卷二一下《彭城王勰传》）诸王当中是否真的有那样的意图，不可得知，但是，至少在咸阳王元禧身上可以看到以下的不逊言词。元禧为了自身的需要差遣羽林，被领军于烈拒绝，于是元禧说："我是天子儿，天子叔，元辅之命，与诏何异？"（《魏书》卷三一《于烈传》）。宣武帝亲政之后，实际上咸阳王决心举兵，当时如同宣武帝所说的"直阁半为逆党"（《魏书》卷五八《杨津传》）的工作正在进行，作为宣武帝不得不加强警戒心吧。虽然宣武帝自身没有想要摧毁诸王的打算[1]，但是有以下纪录："初，世宗委任群下，不甚亲览，好桑门之法。尚书令高肇以外戚权宠，专决朝事。"（《魏书》卷七二《阳固传》）又有："加以赵修专宠，王公罕得进见。"（《魏书》卷二一上《咸阳王禧传》）

---

1. 宣武帝把"家人书"交给决心辞任太师的彭城王元勰，元勰不得已只好收下。之后，宣武帝屡次临幸元勰的宅第（《魏书》卷二一下）。宣武帝与北海王元详关系良好一事，前文已述。

比起孝文帝时期，与百官议论政策的景象一旦变少，不得不让人相信皇帝身旁的恩幸或外戚利用和皇帝的关系向皇帝告状诸王谋反的可能性。"高肇素疾诸王，常规陷害"（《魏书》卷九三《茹皓传》），笔者认为，积极推动抑制诸王的人乃赵修、高肇。"（高肇）又说世宗防卫诸王，殆同囚禁"（《魏书》卷八三下），查看有可能被高肇及宣武帝列为警戒对象、最后却未排除其势力的诸王，例如：高阳王元雍比北海王元详年长，但是却比元详慢了五年才升上三公的地位，可见元雍的威胁程度应该比元详还少；身为始蕃王、也是辅政者的广阳王元嘉出自太武帝系，与宣武帝的血缘较为薄弱，另外，能力方面似乎也不及同样身为始蕃王的任城王元澄。

（二）孝明帝时期的宗室

孝明帝时期的宗室，分期而论。

1. 于忠专制期

延昌四年（515）一月开始，领军将军于忠身为侍中，掌握门下，可见"诏旨之行，一由门下"这样的状况。查看其他人事安排的话，首先，高阳王元雍身为太傅领太尉，于西柏堂辅政。除去孝文帝的三名皇子，生存于这个时期的皇子只有元雍，年龄约为四十五，虽然个性强烈，但似乎未拥有特别能力，因此，是担任形式首领的适当人物。接着，四十九岁的始蕃王、任城王元澄身为尚书令重返政坛。或许是受到宣武帝时期不遇的影响，元澄规规矩矩的执行实务，但是政治生涯却不太精彩。又，孝文帝的皇子中，较年长的（二十五岁以上）清河王元怿先是担任司空，接着升为司徒；广平王元怀先是司州牧，接着升至司空的地位。另一方面，刚才提过的始蕃王广阳王元嘉、中山王元英、安乐王元诠均已过世。延昌四年（515）八月，于忠粉碎了尚书仆射裴植、度支尚书郭祚等人的策划，让元雍归乡、元澄升至司空。把他们排除出尚书省，自己担任尚书令。虽然元怿升为侍中、太傅领太尉，元怀升为太保领司徒，但是，就是否拥有实权这一点来说，笔者认为与先前没有太大差别。其他，受宣武帝亲宠的昭成系的元晖，则从冀州刺史成为尚书左仆射。

以上，为了得到权势，于忠把成为核心的人事部署安排的恰到好处，其他方面的人事部署则可以说是延续宣武帝时期的方针来处理，当中，皇子或是始蕃王这类的宗室诸王占据主要位置。

2. 灵太后临朝期

延昌四年（515）九月，灵太后把于忠逐出，临朝听政。来看看灵太后政权的人事构成。首先，灵太后相继任命江阳王元继与其子元叉（元乂）为领军将军，让他们掌握禁卫军；让任城王元澄担任尚书令；让高阳王元雍、清河王元怿、广平王元怀以及灵太后的父亲胡国珍于门下辅政。元继为道武系三蕃王，宣武帝时期官至度支尚书，五十一岁成为侍中、领军将军；元叉为灵太后之妹的丈夫，在这个时期，像元叉这样的姻戚占据了政治方面的重要职位[1]（《魏书》卷一六）。因此，这个政权的首脑部分可说是由皇子、始蕃王、太后的近亲、太后的姻亲所构成的。

熙平二年（517），广平王元怀死去；神龟元年（518），胡国珍死去；神龟二年（519），任城王元澄死去。他们去世之后，神龟二年（519）成为领军将军的元叉和辅政首班的清河王元怿立刻对立。《魏书》卷一六《元叉传》："太傅、清河王怿，以亲贤辅政，参决机事，以叉恃宠骄盈，志欲无限，怿裁之以法。叉轻其为人，每欲斥黜之。"《魏书》卷二二《清河王怿传》："领军元叉，太后之妹夫也，恃宠骄盈。怿裁之以法，每抑黜之，为叉所疾。"元怿用法令制裁元叉的"骄盈"，因此两人对立。但是具体对立的内容为何？《魏书》卷九四《阉官·刘腾传》：

> 吏部尝望腾意，奏其弟为郡带戍，人资乖越，清河王怿抑而不与。腾以为恨，遂与领军元叉害怿。

虽然元怿拒绝了顺从元叉及其党羽刘腾意思的尚书奏文，但这并不是门下省检查尚书奏文的结果，应该是元怿基于辅政者的权限拒绝。然后，

---

1. 参照张金龙：《领军将军与北魏政治》，《中国史研究》1995年第1期。

就像这里看到的，笔者推测，所谓元叉等人的"骄盈"行为，关于人事方面的要求占了大部分。

如前所述，江阳王元继官至尚书，可以确定其任官年龄为四十四岁。元叉自身也以七品上的员外散骑侍郎为初见官，三十岁的时候成为五品上的散骑侍郎。另一方面，身为皇子的元怿在二十二岁的时候已经就任尚书仆射之职。即使是同一个宗室，像皇子、始蕃王这类与现今皇帝血缘较近者，和血缘疏远者之间也存在任官方面的落差。元叉的不满理当很大，站在与他同样立场者一方的可能性很大。也就是说，元怿与元叉的对立不只是个人的对立抗争，也是宗室当中"核心者"与"疏远者"之间的对立。

3. 元叉专权期

正光元年（520）七月，幽禁灵太后、自己专权的元叉让父亲江阳王元继从司空依序升为司徒、太保、太傅、太师，同时又让献文帝的皇子高阳王元雍担任丞相、录尚书事，让他继续辅政，自己则是身为侍中、领军将军，掌握门下与禁卫军。"总摄内外，与元叉同决庶政。"（《魏书》卷二一上《高阳王元雍传》）如这句话所述，元叉与元雍一起担任辅政之职。又，元叉让孝文帝的皇子汝南王元悦担任侍中、太尉。清河王元怿被元叉杀害，元悦与元雍并列为这个阶段仅存的两名皇子。据说元悦因为"谄媚叉"当上太尉（《魏书》卷二二）。之后，正光四年（523），元悦进入门下，与丞相元雍一起参决尚书的奏事（《肃宗纪》）。

在这个时期，担任尚书令仆、中书监令、侍中、领护军将军的其他宗室只有三例：太武系三蕃王临淮王元彧成为侍中、景穆系始蕃王弟元钦成为尚书右仆射、文成系始蕃王安丰王元延明成为中书令、侍中。另一方面，到达此地位的汉人则有李崇、崔光、崔亮、袁翻、裴粲、萧宝夤，再加上得到皇帝恩宠的侯刚，人数相当多。笔者认为这与皇子、始蕃王辈的宗室成员大多死亡，二蕃王辈还年纪过轻的状况有关系[1]。即使是元叉，要把宗室疏族提拔至最高级官僚的等级还是很困难的。

---

1. 安丰王元延明于正光元年（520）的时候三十六岁。

4. 灵太后再临朝期

灵太后逐出元叉，再度临朝听政。在这个背景下，江阳王元继退职，高阳王元雍还是保有丞相的地位，汝南王元悦成为太保、领太尉。这个时期，包含本纪的记载，可以确认担任尚书令仆、中书监令、侍中、领护军将军以上官职的其他宗室如下：

表16-1 灵太后再临朝期宗室任官情况

安丰王元延明	文成系始蕃王	仪同三司、徐州刺史	《魏书》卷二〇、汇286[1]
北海王元颢	献文系始蕃王	仪同三司、相州刺史	《魏书》卷二一上
元钦	景穆系始蕃王弟	司空	《魏书》卷一九上
元恒芝	景穆系始蕃王弟	中书监、侍中	同上
元丽	景穆系始蕃王弟	尚书右仆射（？）	同上
长乐王元子攸	献文系始蕃王弟	侍中、左光禄大夫、中书监	《魏书》卷一〇
广阳王元渊	太武系二蕃王	吏部尚书兼中领军、仪同三司、大都督	《魏书》卷一八
城阳王元徽	景穆系二蕃王	仪同三司、侍中、尚书左仆射	《魏书》卷一九下
元顺	景穆系二蕃王弟	侍中、护军将军、吏部将军、兼仆射	同上，汇223
东平王元略	景穆系二蕃王弟	左光禄大夫、仪同三司、侍中、尚书令	《魏书》卷一九下、汇237
临淮王元彧	太武系三蕃王	兼左仆射、仪同三司、东道行台	《魏书》卷一八、汇503

注：以下，引用墓志铭的话，把目前网罗墓志铭最多的赵超《汉魏南北朝墓志汇编》（天津古籍出版社，1992年）所载的页数，记于"汇"字后方。

如果考虑到实质上只有三年的时间的话，就可以知道处于政权中枢当中的宗室成员是如此之多，特别是景穆帝系更是显著。当然，这个时期的灵太后不只依赖宗室，她也重用郑俨、徐纥等人，让他们担任黄门侍郎、中书舍人之职。

（三）宣武帝、孝明帝时期的宗室

如上所见，宣武帝亲政时期，获得权势的是恩幸或外戚；孝明帝时期，实质掌握政治决定权的是外戚、宗室疏族、皇太后。但是，以诸王为中心的宗室，有时候和他们合作，有时候与他们分庭抗礼，还是在政权上层持续占据了主要的地位。下面不避繁冗，再来列举这个时期担任三品以上中央官的人物，确认当中宗室的位置。关于侍中加官和本官的区别极为困难，这里只举可以判断为本官的事例。还有，除了列传，可以透过本纪或志、墓志铭确认的部分不少，因此，为了避免繁杂，省略出处[1]。

表16-2　宣武帝、孝明帝时期宗室任高官情况

丞相	高阳王元雍
太师	高阳王元雍、江阳王元继
太傅	北海王元详、高阳王元雍、清河王元怿、江阳王元继
太保	咸阳王元禧、高阳王元雍、广平王元怀、江阳王元继、汝南王元悦、崔光
太尉	咸阳王元禧、高阳王元雍、清河王元怿、汝南王元悦、江阳王元继、皇甫度
司徒	彭城王元勰、北海王元详、广阳王元嘉、清河王元怿、广平王元怀、任城王元澄、江阳王元继、高肇、胡国珍、崔光、萧赞、皇甫度
司空	北海王王详、广陵王元羽、高阳王元雍、广阳王元嘉、清河王元怿、广平王元怀、任城王元澄、江阳王元继、元钦、穆亮、刘腾、皇甫度
录尚书事	彭城王元勰、北海王元详、高阳王元雍
尚书令	任城王元澄、广阳王元嘉、东平王元略、元叉、王肃、穆亮、高肇、于忠、李崇
尚书仆射	广阳王元嘉、清河王元怿、临淮王元彧、城阳王元徽、任城王元澄、中山王元英、安乐王元诠、安丰王元延明、元晖、元珍、元钦、元丽、元顺、源怀、郭祚、李崇、皇甫度、崔亮、萧宝夤、高肇、李平、于忠、游肇、长孙稚
中书监	京兆王元愉、汝南王元悦、长乐王元子攸、元恒芝、崔光、胡国珍、李崇、穆绍、胡祥

---

1. 为了判定就任时期，笔者参考了万斯同的《魏将相大臣年表》。

续表

中书令	元钦、刘芳、高猛、崔光、李平、游肇、穆绍、裴粲、袁翻、裴延儁、郑俨
领军将军	江阳王元继、广阳王元渊、元珍、元叉、于烈、于劲、于忠、侯刚、皇甫度
护军将军	京兆王元愉、元遥、元顺、高显、李崇
侍中	安丰王元延明、清河王元怿、安乐王元诠、元叉、元嵩、崔光、杨播、穆绍、于忠
吏部尚书	中山王元英、广阳王元渊、元修义、宋弁、李平

除了中书令宗室所占比例很低之外，几乎所有的官职当中，宗室占了将近半数到十成的比例。

另外，就像清河王元怿和元叉的对立那样，宗室并非铁板一块，其内部也充满了对立抗争。其中，虽然存在以下类型的对立，如广阳王元渊因为不伦问题，与城阳王元徽不合，但是，笔者认为大部分的对立抗争出自其他原因，将在次节深入讨论。

二、北魏宗室的状况

孝文帝亲政之后，许多政策付诸实行，大大改变北魏的面貌。其中，宗室的状况达成了何种变化？此变化与前节看到的政治斗争有无关系？为文明太后服丧的孝文帝于太和十五年（491）正月开始听政，以下将以就官状况为中心，以太和十五年（491）正月为分水岭，检讨前后期的宗室状况。在叙述的必要上，细分事例。

（一）孝文帝亲政以前的宗室

1.北魏建国后诸皇帝子孙的状况

（1）皇子

封王的同时，皇子也会被加封将军号。查看明元六王的事例，《太宗纪》泰常七年（422）四月条：

第十六章 北魏的宗室

> 封皇子焘为泰平王，焘，字佛釐，拜相国，加大将军；
> 丕为乐平王，加车骑大将军；弥为安定王，加卫大将军；范
> 为乐安王，加中军大将军；健为永昌王，加抚军大将军；崇
> 为建宁王，加辅国大将军；俊为新兴王，加镇军大将军。[1]

上记六人的列传[2]当中，未记载安定王、永昌王的将军号。虽然，其他皇帝的皇子的列传当中，也随处可见同样的事例，但是，还是可以说封王的同时，皇子被加封将军号[3]。

又，皇子封王的同时加上侍中的事例也很多。这里指的侍中并非正员的侍中。查看献文六王的事例：咸阳王元禧"太和九年封，加侍中、骠骑大将军、中都大官"，赵郡王元幹"太和九年封河南王，加卫大将军，除侍中、中都大官"，广陵王元羽"太和九年封，加侍中·征东大将军，为外都大官"，高阳王元庸"太和九年封颍川王，加侍中、征南大将军"，彭城王元勰"太和九年封始平王，加侍中、征西大将军"，北海王元详"太和九年封，加侍中、征北大将军"。文成五王也是：安丰王元猛被加封侍中；根据元焕墓志铭（汇168）的记载，广川王元略为"侍中、征北大将军、中都大官"。景穆十二王也是：京兆王元子推"太安五年封。位侍中、征南大将军、长安镇都大将"，任城王元云"和平五年封。拜使持节、侍中、征东大将军、和龙镇都大将"，虽然无法判断加官侍中是否和封王同时发生，但是笔者认为加官侍中一事是可以确认的。

---

1. 只要看《魏书》本纪或列传的事例，可知伴随封王而来的将军号被记为"某大将军"。不过，和平二年（461）三月的《高宗南巡之颂碑》当中存在"平东将军乐良王直懃□大汗□"、"征西将军常山王直懃□□连戊烈"这样的例子。前者为景穆皇子的乐浪王元万寿（《北史》卷二当中记为乐良王），根据本纪，他在和平二年（461）七月的时候（列传误记为和平三年）被封为乐浪王，加封征北大将军，镇守和龙。笔者认为碑文记载的可信度较高。如此一来，出现了王的将军号当中没有"大"字的事例。这个状况下，笔者推测：元万寿在镇守和龙的时候被改封为征北大将军。同时被封王的另外三王当中，两王被命令镇守各地。又，和平二年（461）七月的记事与镇守各地的王相关，或许封王这件事情早在之前就被进行了。后者为昭成帝曾孙的常山王元素，本纪和列传当中记载，自太武帝的时候，他已经是征西大将军了。又，关于爵和将军号，参照川本芳昭：《北魏の封爵制》，《東方学》57，1979年；收录于氏著《魏晋南北朝時代の民族問題》，汲古書院，1999年。

2. 以下，根据各自的列传进行讨论时，为了避免繁杂，就不逐一标明出处了。

3. 例如，根据《高祖纪》承明元年（476）条，可知：文成五王的安乐王元长乐为征西大将军。

同样的，太武五王也是如此：临淮王元谭"真君三年封燕王，拜侍中、参都曹事"，东平王元翰"真君三年封秦王，拜侍中、中军大将军，参典都曹事"。关于明元六王的部分，虽然未见记载，但是，不能说绝对没有加官侍中这件事实吧。只是，除去清河王的话，道武七王封王的时候皆未满五岁，相当年幼，在这个阶段没有被加封侍中的可能性极强。

查看上述献文六王的事例,可知献文六王的半数担任三都大官。[1]"高祖以诸弟典三都"（《魏书》卷二一上《咸阳王元禧传》），包含曾经一度外任镇都大将、之后就任三都大官的人，担任三都大官者不只限于献文六王。以下为事例：

文成系：广川王元略　　　　中都
　　　　齐郡王元简　　　　中都、内都
景穆系：济阴王小新成　　　外都
　　　　南安王元桢　　　　中都、内都（2次）
　　　　城阳王元长寿　　　外都
　　　　安定王元休　　　　外都、中都、内都
　　　　京兆王元子推　　　中都
　　　　任城王元云　　　　中都（2次）
　　　　汝阴王元天赐　　　内都
　　　　阳平王元新成　　　内都

景穆系的状况是：除去封王前已死的二王的话，十王当中就有八王担任三都大官。太武系则是：上面引用过的临淮王元谭的记事当中，出现"参都曹事"，在其曾孙元秀的墓志铭（汇131）当中，把这件事情记为"参都坐事"。这个状况下的都曹并非尚书都曹，而是指三都坐大官（三都大官）。这样的话，上面引用过的东平王元翰"参典都曹事"也是担任三都大官的意思。又，明元系当中，根据其子孙元仙的墓志

---

1. 关于三都大官，参照内田吟风：《後魏刑官考》，收入氏著《北アジア史研究　鲜卑・柔然・突厥篇》，同朋社，1975年；严耀中：《北魏前期政治制度》，吉林教育出版社，1990年。

第十六章 北魏的宗室

铭（汇133）可知，乐安王元范曾任内都大官。虽然担任三都大官的人不限于诸王，但是可以确认宗室诸王担任三都大官的事例极多。

被任命为镇将或州刺史的事例也很多。明元系当中：乐安王元范为长安镇都大将。太武系当中：东平王元翰镇守枹罕。景穆系当中：京兆王元子推历任长安镇都大将、雍州刺史、青州刺史；汝阴王元天赐担任虎牢镇都大将、怀朔镇都大将、凉州刺史；任城王元云担任和龙镇都大将、徐州刺史、冀州刺史、长安镇都大将、雍州刺史；南安王元桢担任凉州镇都大将、凉州刺史、长安镇都大将、雍州刺史；城阳王元长寿担任沃野镇都大将；安定王元休担任和龙镇都大将、抚冥镇都大将；乐浪王元万寿镇守和龙。又，文成系当中：安乐王元长乐担任定州刺史；安丰王元猛担任和龙镇都大将、营州刺史。献文系当中：咸阳王元禧被任命为冀州刺史和司州牧。

担任上述以外官职的事例只有一例：文成系安乐王元长乐于承明元年成为太尉。但是，同年，元长乐转为定州刺史。另外，刚才看过的太宗皇子元焘成为相国，之后成为皇太子临朝听政，担任相国其实是皇太子临朝听政的准备。又，明元帝在封王的时候也被任命为相国。虽然没有明元帝成为皇太子的记载，其生母被赐死，表示明元帝受到皇太子的待遇[1]。不管是元焘还是明元帝，他们都异于普通的就官事例。

也就是说：皇子们封王的同时加封将军号，那个时候大多还会加官侍中，同时间或者是稍后，又被任命为三都大官、镇都大将或州刺史。此事意味着：皇子们虽然与北魏传统王权相关的裁判、军事方面的职务紧密关连，但是却与其他行政方面的职务毫无关连。

就军事方面来看的话，不是利用刺史或镇将的身份、而是以王爵和将军号从事军事活动的皇子的事例很多。这些事例为：明元帝在东郊进行大阅的时候，道武系阳平王元熙被任命为各自率领一万名骑兵的十二将当中的一人，之后征讨西部越勤部，立功。明元系乐平王元丕在太武帝的时候，征讨北燕、北凉、柔然[2]、杨难当，十分活跃。永昌

---

1. 关于北魏将皇太子的生母赐死的习惯，参照田余庆：《北魏后宫子贵母死之制的形成和演变》，《国学研究》1998年第5期；收录于氏著《拓跋史探》，三联书店，2003年。
2. 关于柔然征讨，见《天象志三》。

王元健同样也在太武帝的时候，征讨北燕、北凉、山胡白龙的余党等，各地的征讨战当中最为活跃。建宁王元崇率军屯于漠南，防备柔然。又，太武系晋王元伏罗督导高平、凉州的军队，征讨吐谷浑。临淮王元谭在太武帝的南征行动当中率军。

谷川道雄证明了五胡诸国当中皇帝与诸王分掌国军一事，将其称为"宗室性军事封建制"[1]。北魏也是在道武帝、明元帝、太武帝的时候，诸王分掌军团的色彩极为浓厚。自文成帝开始，任命皇子们为镇将或刺史、将其配置于重要地点的型态变得明确。这是伴随领域扩大而发生的人事安排，也可以看成是皇子分掌军团之型态的扩大。

谷川氏又证明了：两赵或前燕存在多位君主位继承权者（具体而言就是诸王），面临继承君主位的时候就会产生混乱，前秦也是如此，因此君主权受到宗室的牵制。谷川氏认为那是部族制仍然保持实质影响力的表现。即使实行解散部族一事的范围或时期存有争议，但是，在断然实行部族解散政策的北魏[2]，尽管其方针为由长子继承皇帝位，但此事并不是顺利进行。清河王元绍杀害父亲道武帝，让群臣承认自己的登基，但是却被原来应该继承皇位的兄长拓跋嗣所杀，是为明元帝。又，宦官宗爱杀害太武帝的时候，尽管过世的太子（景穆帝）的长子元濬名为"世嫡皇孙"（《高宗纪》），诸大臣还是欲拥立太武帝皇子东平王元翰（《魏书》卷一八），宗爱厌恶此事，拥立同是太武帝皇子的南安王元余。七个月后，由于长孙渴侯等人的力量，文成帝即位。还有，献文帝希望让位给相当于叔父辈的京兆王元子推，但是由于群臣的反对，只好让位给年幼的皇太子（孝文帝）。

关于皇子谋反的事例也不少。太武帝末年，刘洁说："若军出无功，车驾不返者，吾当立乐平王。"（《魏书》卷二八）刘洁等人被诛之后，

---

1. 谷川道雄：《隋唐帝国形成史論》，筑摩书房，1971年；1997年增补版。
2. 关于部族解散，已有许多先行研究，川本芳昭《魏晋南北朝時代の民族問題》（汲古书院，1999年）为一例。又，关于部族解散，田余庆《北魏后宫子贵母死之制的形成和演变》（《国学研究》1998年第5期；收录于氏著《拓跋史探》，生活·读书·新知三联书店，2003年）阐述了崭新见解。

　　[补]除了注14所举的论文，之后，田余庆又发表了与部族解散相关的论考，整理于氏著《拓跋史探》（三联书店，2003年）。又，参照《序章》。（2003年5月记）

第十六章　北魏的宗室　　　　　　　　　　　　　　　　　　　　　　　　425

乐平王元丕忧死。同为明元系的新兴王元俊因为怀有"悖心"而被赐死。建宁王元崇在文成帝的时候谋反，与儿子济南王元丽一同被赐死。另外，在军事方面极为活跃的永昌王元健被记为"无疾而薨"，其死因应该有内情。又，文成系的安乐王元长乐在太和三年（479）的时候企图不轨，被赐死。

（2）始蕃王

孝文帝亲政前进行活动的始蕃王只到景穆系为止。正如最近提出详细报告的《高宗南巡之颂碑》把明元系乐安王元良记为"卫大将军乐安王直懃何良"[2]，他们也有过只被授予将军号和爵位一事。虽然也有加官侍中的事例，但是就像乐安王的事例所看到的那样，并非一定会被加官侍中[3]。始蕃王被授予的将军号种类相当广泛，包含了四平、四安、四镇、四镇大、四征、车骑大。但是，和被授予加了"大"字的将军号的皇子相比，始蕃王被授予的将军号的地位较低。

他们也多担任镇都大将或州刺史。道武系当中就有淮南王元他（镇虎牢、庸州刺史、虎牢镇都大将）、武昌王元提（平原镇都大将、统万镇都大将）、南平王元浑（平州刺史、镇和龙、凉州镇将）；太武系有东平王元道符（长安镇都大将）、临淮王元提（梁州刺史）、广阳王元嘉（徐州刺史）；景穆系有阳平王元颐（怀朔镇都大将）、京兆王元太兴（长安镇都大将）、济阴王元郁（徐州刺史）、任城王元澄（梁州刺史、徐州刺史）、城阳王元鸾（凉州镇都大将）、章武王元彬（统万镇都大将、夏州刺史[4]）、乐陵王元思誉（和龙镇都大将、营州刺史）[5]。又，虽然也有身为镇将或刺史率兵的事例，但是以下的事例当中，他们并非以镇将或刺史的身份进行军事活动。征南将军淮南王元他和征东将军

---

1. 山西省考古研究所、灵丘县文物局：《山西灵丘北魏文成帝〈南巡碑〉》，《文物》1997年第12期。
2. 这里的"直懃"表示宗室成员。《宋书·索虏传》当中也可见"直懃"的事例。参照该书卷六五、卷七二校勘记。
3. 关于始蕃王的记述多为简略，因此也有不记录加官侍中的可能性。但是文成帝南巡碑当中，乐安王元良的官衔并没有包含侍中，因此可以确认元良没有加封侍中。
4. 列传当中记为朔州，但是根据本纪和墓志铭（墓38），夏州较为正确。
5. 中山王元英在孝文帝的时候，历任武川镇都大将、仇池镇都大将、梁州刺史。但是在这个时期其父被夺王爵，元英也处于无爵的时期，因此不列举此例。

武昌王元提讨伐吐京胡的反乱，又，元他身为前锋大将军、都督诸军事，击破柔然；任城王元澄身为都督北讨诸军事，讨伐柔然；征西大将军阳平王元颐讨伐进犯要塞的地豆于；乐陵王元思誉身为镇北大将军、北征大都将，处理柔然进犯要塞一事。

担任三都大官的事例已知有三例：淮南王元他担任中都、乐安王元良担任内都、城阳王元鸾担任外都。与皇子相较的话，明显较少。另一方面，担任侍中、镇将、刺史、三都大官以外的官职的事例只有一例：孝文帝时期，淮南王元他担任司徒。谋反等的事例也不少。道武系当中：略阳王元羯儿于正平元年（451）因为"有罪"被赐死。明元系当中：乐安王元拨于太安元年（455）同样因为"有罪"被赐死；永昌王元仁于兴安二年（453）因为谋反罪被赐死；济南王元丽、其父建宁王元崇、司空杜元宝共同谋逆被赐死。又，太武系的东平王元道符于皇兴元年（467）在长安谋反被斩。

以上，始蕃王的状况多与皇子们类似，但是还是有相异点。始蕃王被授予的将军号与皇子相比，地位较低，担任三都大官的始蕃王也较少。加官侍中的事例也比皇子少。即使是谋反的事例，始蕃王当中也没有争夺帝位的当事者。特别值得注意的是《魏书》卷一六《南平王元浑传》的这段记事：

> 以阳平王熙之第二子浑为南平王，以继（广平王）连后，加平西将军。浑好弓马、射鸟、辄历飞而杀之，时皆叹异焉。世祖尝命左右分射，胜者中的，筹满，诏浑解之，三发皆中，世祖大悦。器其艺能，常引侍左右，赐马百匹，僮仆数十人。

始蕃王元浑在太武帝左右展示弓的能力，之后也常常侍卫于太武帝的左右。虽然无法判断这是元浑继承王爵之前还是之后的事情，但是至少可以确定诸王之子处于皇帝身边一事。或许诸王之子处于皇帝周围，必要的时候就会率领军团。

（3）始蕃王的兄弟

到太武系为止，残留于史料当中的事例极少，只知道武系阳平王元熙之子元比陵担任司空、怀荒镇大将一事。到了景穆系之后，残留于记录当中的始蕃王兄弟的人数增加，但是可以推定为孝文帝亲政之前的事例仅一例。其例即：任城王元云之子元嵩历经中大夫、员外常侍、步兵校尉，太和十八年（494）安定王元休死后，被免官，那个时候元嵩二十六岁，因此可知孝文帝开始亲政的时候，元嵩二十三岁。笔者认为元嵩在二十三岁的时候已经起家，也就可以推定元嵩担任中大夫、员外常侍是孝文帝亲政之前的事情。孝文帝亲政之前有可能担任官职的其他事例虽然很少，但还是存在的。阳平王元新成之子元钦担任正员郎，也就是通直散骑侍郎；京兆王元子推之子元遥担任员外散骑常侍；汝阴王元天赐之子元修义担任通直散骑侍郎，以上皆为事例。以上事例虽然无法明确断定发生于孝文帝亲政之前，但是假定这些事例发生于亲政之前的话，他们担任的官职全为中央官，这点值得注目。[1]这是因为这个领域当中，皇子或始蕃王就任的事例极少。

（4）二蕃王

因为事例很少，立论也稍显薄弱。二蕃王也担任镇将、刺史。道武系河南王元曜的孙子武昌王元平原在献文帝、孝文帝的时候成为齐州、雍州刺史；道武系京兆王元黎的孙子江阳王元继在孝文帝的时候成为抚冥、柔玄镇都大将。另一方面，道武系广平王元连的孙子南平王元霄从宗正卿、右光禄大夫，历经左光禄大夫，太和十七年（493）的时候逝世。至少元霄在孝文帝亲政之前担任宗正卿的可能性是有的。但是从其职务来看，宗正卿是个由宗室担任也不奇怪的官职。

（5）二蕃王的兄弟

未见可以确认的事例[2]。

（6）三蕃王

道武系河南王元曜的曾孙武昌王元鉴继承了太和十一年（487）死

---

1. 这里所举的官职都是散骑系列有些问题。但是，这些官职是被单独记载的，笔者认为加官的可能性极低。
2. 道武系阳平王元熙的孙子元天琚在列传当中被记载为"袭"牂牁公。"高祖时征虏将军、青州刺史。从驾南征，拜后将军，寻降公为侯，除西中郎将"（《魏》卷一六）。由于太和十六年推动爵例降措置，元天琚就任刺史有可能是亲政之前的事情。另一方面，孝文帝南征是太和十七年的事情。以上暂记，期待后考。

亡的父亲的爵位之后，陆续担任通直散骑常侍、冠军将军、守河南尹。之后，跟随孝文帝南征，归来成为左卫将军。从他的履历或是"诏迁嵩宇，乃诠宗叡，京尹是抚"（汇51）这样的表现来看，笔者认为元鉴为成立于太和十七年（493）的第一代河南尹，如果是这样的话，元鉴有可能是在孝文帝亲政之前担任通直散骑常侍。

2. 北魏建国前、诸帝（代王）子孙的状况

（1）昭成帝（什翼犍）的孙辈

早在天兴元年（398）身为皇帝即位前，道武帝已经于皇始元年（396）建立天子的旌旗，设置台省。昭成帝（什翼犍）的孙辈，也就是道武帝的堂兄弟辈，在皇始二年（397）之后被封为王，在那之前为公。这些事例为：卫王元仪于皇始二年（397）被封为王；毘陵王元顺与常山王元遵于天兴元年（398）被封为王；皇始元年（396），仍为公的陈留公元虔过世，其子被封为王；昭成帝之子当中，只有元力真被封为王，其子终生为公、太守。被封为王的人们全数率领军团转战、镇守各地，身为公的元虔也是同样。那个时候，他们持有爵和将军号，也带有官职。元仪在被封王的同时，也被任命为骠骑大将军、都督中外诸军事、州牧、左丞相，接着身为守尚书令，镇守中山，之后成为丞相。元顺的将军号为镇西大将军。可以确认他在天兴五年（402）的时候担任司隶校尉。元遵在被封王之前就已经是抚军大将军、侍中、尚书左仆射，另外也经历过州牧（参看其子孙元诞的墓志铭〈汇233〉等，大概是冀州）。而其将军号，则是升为征西大将军。

但是，他们恐怕是站在足以取代道武帝的立场，尽管他们实际上是否有谋反之心仍然不明，但他们不是被赐死就是被迫归乡。这些事例为：卫王元仪因为谋反之罪，于天赐六年被赐死；常山王元遵因为酒醉对公主失礼，于天赐四年被赐死；毘陵王元顺由于在皇帝身边作出不当行为，只是这样的理由于天兴六年被迫归乡。《魏书》卷一五《陈留王元虔传附子悦传》：

> 为左将军，袭封。后为宗师。悦恃宠骄矜，每谓所亲王洛生之徒言曰："一旦宫车晏驾，吾止避卫公，除此谁在吾前？"

第十六章　北魏的宗室　　　　　　　　　　　　　　　　　　　　429

> 卫王仪，美髯，为内外所重，悦故云。

明白表示这个时期王的立场。之后，元悦因为企图暗杀明元帝被赐死[1]。

查看王的兄弟的话：卫王元仪弟元烈在明元帝的时候被封为阴平王；陈留王元虔兄元颙担任蒲城侯、平卢太守；元力真之子元意烈担任辽西公、广平太守；元意烈之弟元勃则是彭城公。因为事例较少，把这些事例一般化的话极为危险，但是只看这些事例的话可知：王的兄弟持有公的爵位，被任命为太守。

（2）昭成帝的曾孙辈

虽然也有只有王爵被记录的事例，但是可判明官职的事例当中，可知：镇将、刺史、太守较多。昭成帝之子元寔君之孙林虑侯元勿期担任定州刺史；卫王元仪之子元纂于中山公的时候担任定州刺史；继承陈留王元虔爵位的元崇担任并州刺史；蒲城侯元颙之子元崳历任统万镇将、秦州刺史，身为永昌王仁的别军，进行南征。又，辽西公元意烈之子元拔干担任勃海太守、平原镇将。镇将或刺史以外，率领军队的事例有二。常山王元素身为"常山王"或"征西大将军、常山王"转战各地，镇守统万。元素也担任外都大官、内都大官，这点与前节所看到的皇子、始蕃王的状况极为相似。元意烈之弟元勃之子元栗继承父亲彭城公的爵位之后，督诸军，屯兵于漠南，又在远征和龙的时候立功，之后爵位晋升为王。至于中央官的事例则有：元仪之子元幹在文成帝的时候担任都官尚书；元勃之子元浑大概是在太武帝的时候成为宰官尚书；又，陈留王元虔之子朱提王元悦成为宗师。

这一辈的就官状况当中值得注意的是：卫王元仪之子纂晋升为中山王，成为内大将军，元纂之弟元幹成为内将军，也就是担任内侍官。《魏书》卷一五《元幹传》：

---

1. 《魏书》卷一五《陈留王元虔传附子崇传》："初，卫王死后，太祖欲敦宗亲之义，诏引诸王子弟入宴。常山王素等三十余人咸谓与王相坐，疑惧，皆出逃遁，将奔蠕蠕，唯崇独至。太祖见之甚悦，厚加礼赐，遂宠敬之，素等于是亦安。"卫王元仪被赐死的时候，诸王子弟的人数还没有那么多，笔者推测"三十余人"大概就是大部分的诸王子弟了，他们害怕连坐一事，或许就是单纯害怕被卫王仪牵连。又，北族宗室与君主位继承有所关联，也就是说，推测道武帝欲排除其危险性而有此举，不无可能。

> 太宗即位，拜内将军、都将，入备禁中。太宗出游于白登之东北，斡以骑从。有双鸥飞鸣于上，太宗命左右射之，莫能中。鸥旋飞稍高，斡自请射之，以二箭下双鸥。太宗嘉之，赐御马弓矢金带一，以旌其能，军中于是号曰"射鸥都将"。

元斡获得公爵是在太武帝的时候，虽然无法确定这个时候他是否保持侯以下的爵位，但是可以确定他在皇帝的身边发挥重要功能。另外，在道武帝的时候被封为王的元悦如同列传的记载"太宗即位，引悦入侍"，成为王之后曾担任内侍；元素也如同列传所言"少引内侍，频历显官，赐爵尚安公，拜外都大官"，被封为王、公之前，曾担任内侍。

（3）昭成帝的玄孙辈

可见以下担任中央官的事例：陈留王元崇之子元建的爵位被降为公之后，担任怀荒镇都大将；元斡之子元祯担任南豫州刺史、镇将、刺史之外，还历任司卫监、都牧尚书；常山王元素之子城阳公元忠担任尚书右仆射。值得注目的是，元素之子可悉陵的列传当中：

> 年十七，从世祖猎，遇一猛虎，陵遂空手搏之以献。世祖曰……，即拜内行阿干。

可悉陵年纪轻轻就待在太武帝身边，能力被认可而被授予内朝官的内行阿干。他之后跟随太武帝远征西凉，立功，被任命为都幢将，在担任中军都将的时候过世。

（4）神元帝（力微）子孙～烈帝（翳槐）子孙

根据《魏书》卷一四《神元平文诸帝子孙列传》，道武帝的时候被封为王的只有两人。神元帝的子孙元题在皇始二年（397）的时候，大概是因为攻击后燕有功，成为襄城王，却在同年死亡，其子继承爵位，之后爵位被降为公。又，昭成帝之弟元孤在死后被追封为高凉王，元乐真、元礼、元那继承爵位，直到孝文帝改革的时候。元孤阻止大人们想要立自己为王的意图，迎什翼犍，拥立他为代王，有功，昭成帝因此分"国半部"与元孤。这件事情成为追封的根据。以上两人以外，

第十六章 北魏的宗室

其他子孙仅封为公、侯、男。笔者认为：从神元帝到烈帝为止的代王子孙原则上没有受封王爵。但是，之后却有因为特殊功绩而被封为王的事例。桓帝子孙的元目辰和烈帝子孙的元丕因为灭乙浑，有功，被封为宜都王和东阳王。因为拥立孝庄帝有功的元天穆也因此成为上党王。对于文成帝即位一事有功绩的章帝子孙元寿乐成为南安王，但是因为记载过于简略，无法得知是否为拥立文成帝的人事安排。

襄城王和高凉王率领军队，进行活动。元题在担任公的时候，参加征服中山的军事活动，攻陷诸郡；元乐真在天兴二年（399）的时候，肩负攻击高车的阵队；元那在太平真君年间远征吐谷浑、攻击宋、镇压盖吴之乱、攻击朔方胡，相当活跃。此外，西河公元敦"太祖初，从征，被坚执锐，名冠诸将。后从征中山，所向无前"（《魏书》卷一四）。关于元城侯元屈则是："遣元城侯元屈等率众三千镇并州"（《太宗纪》），元屈与魏勤、刘洁一起大战吐京胡。又，曲阳侯元素延"以小统从太祖征讨诸部，初定并州，为刺史"（《魏书》卷一四）。当然，身为刺史、殿中尚书等职位，率兵展开军事活动的事例也不少。

卷一四当中引人注目的是身为皇帝的侧近进行活动的事例。建德公元婴文"少明辩，有决断，太宗器之。典出纳诏命，常执机要"；元城侯元屈"太宗时居门下，出纳诏命"。以上事例当中，具体状况尚未判明。但是以下事例明白显示了他们侍卫于皇帝左右，进行警卫活动：淮陵侯元大头"善骑射，擢为内三郎。从世祖有战功，赐爵"，文中的"内三郎"乃内侍官；又，上谷公元纥罗"及太祖登王位，纥罗常翼护左右"；长沙公元磨浑"少为太宗所知。元绍之逆也，太宗潜隐于外，磨浑与叔孙俊诈云太宗所在。绍使帐下二人随磨浑往，规为逆。磨浑既得出，便缚帐下诣太宗斩之。太宗得磨浑大喜，因为羽翼"；河间公元齐"世祖爱其勇状，引侍左右。从征赫连昌，世祖马蹶，贼众逼帝，齐以身蔽捍，决死击贼，贼乃退，世祖得上马。是日微齐，世祖几至危殆"。

另一方面，担任镇将、刺史、太守的事例不多：建阳子元兰担任武川镇将、长沙公元磨浑担任定州刺史、元石担任雍州、华州刺史、元乌真担任巨鹿太守、乐城侯元兴都担任河间太守。担任三都大官的事例只有五例：江夏公元吕、襄阳侯元乙斤担任外都大官、高凉王元那、

西河公元敦担任中都大官、河间公元齐担任内都大官。另一方面,查看担任其他官职的事例的话,如下:

表16-3 北魏建国前诸帝子孙任官情况

太宰	长乐王元寿乐(文成帝期)
太尉、太傅	东阳王元丕(孝文帝期)
司徒	东阳王元丕(孝文帝期)、宜都王元目辰(孝文帝期)
录尚书事	长乐王元寿乐(文成帝期)、东阳王元丕(孝文帝期)
尚书令	元石(太武帝期)、东阳王丕(献文帝期)
尚书仆射	宜都王元目辰(文成帝期)
尚书	松滋王元度(道武帝期)、长沙王元磨浑(明元帝期)、扶风公元处真(太武帝期)、河间公元齐(太武帝期)、长乐王元寿乐(太武帝期)、西河公元石(文成帝期)、顺阳公元郁(文成帝期)
侍中	宜都王元目辰(文成帝期)、东阳王元丕(献文帝期)
散骑常侍	真定侯元陆(太武帝期)
武卫将军	元谓(道武帝期)
羽林中郎	东阳元丕、宜都王元目辰、顺阳公元郁
护东夷校尉	建德公元婴文(太武帝期)
比部侍郎	元石(太武帝期)

明显可见担任中央官的事例[1]。

3. 孝文帝以前的宗室

整理以上所见孝文帝亲政以前的宗室状况,如下:

(a)道武帝以下诸帝的皇子被封为王,其继承者也成为王。代王什翼犍(昭成帝)的孙的状况也是如此,北魏建国的时候,多人成为王,子孙继承其爵位。除去因为特别功绩而被封王的事例,昭成帝以前的代王的子孙不曾被封为王。

1.《宋书·索虏传》当中的侍中、尚书左仆射、安西大将军、平北公直懃美晨为桓帝子孙的元目辰。侍中、尚书令、安东大将军、始平王直懃渴言侯和散骑常侍、殿中尚书令、安西将军、西阳王直懃盖户千无法对应那一时期的某王。而侍中、太尉、征东大将军、直懃贺头拔并非为王。可以推测他们均为代王子孙。又,笔者认为元石和西河公石为同一人物。

第十六章　北魏的宗室

（b）拥有王或公、侯等爵位的人一并拥有将军号。但是，除了爵位和将军号之外，没有记载官职的事例也很多。即便如此，他们还是可以率军活动。

（c）若是爵位、将军号之外还拥有官职，不管是皇帝子孙还是代王子孙，成为刺史或镇将的事例很多。代王子孙当中，若是拥有侯爵，成为太守的事例很多。

（d）孝文帝亲政以前，北魏独特的官职三都大官当中，不管是皇帝子孙还是代王子孙，皆担任这个官职。特别是皇子，担任三都大官的比例更高。

（e）除了加官为侍中的事例，关于担任中央官的方面，皇子、始蕃王担任中央官的事例几乎不存在。二蕃王、三蕃王，因为事例过少难以判断，但是三蕃王担任中央官的可能性是有的。始蕃王的兄弟也担任中央官的样子，这样，二蕃王、三蕃王的兄弟应该也可以。另一方面，代王子孙，从始封王到继承者、继承者的兄弟，不论何者都可以看到担任中央官的事例，与名字被记载在列传当中的人数相较，担任中央官的比率相当高。

（f）在皇帝左右侍卫的事例很常见。其中包含继承王爵或公爵者，或者是应当继承者。

这里要补充关于担任内侍官的宗室的部分。先前也看过的《高宗南巡之颂碑》当中，记录了许多随行者的官职和姓名。宗室当中，除了三名王以外，还有以下十三名：内行令直懃□六孤、□□□□□□□□□□顺阳公直懃郁豆眷[1]、奋威将军内三郎永宁子直懃苟黄、后军将军内三郎遂安子直懃乌地延、内三郎直懃乌地干、威寇将军内三郎直懃解愁、武烈将军内三郎直懃他莫行、宣威将军内三郎直懃斛卢、内三郎直懃阿各拔、内三郎直懃来豆眷、宣威将军折纥真直懃□、宣威将军雅乐真幢将直懃木□、□将军直懃乳树。内行令为内侍官，内三郎也是内侍官。折纥真、雅乐真也是内侍的可能性极强。这个碑文当中光是内三郎，就有六十名，内侍官总体当中宗室所

---

1. 从顺阳公这个爵位可知，他就是桓帝的子孙元郁。

占的比例虽然没有那么大，但是宗室担任内侍官一事还是值得注目的吧。由于可以看到皇子以外的王或王之子担任内侍官的事例，这里大胆推测以下可能性：首先，宗室服务于皇帝左右，从这里开始，在内侍系列的官职当中升进，或者是转出，在外朝官系列当中升进。

(二) 孝文帝亲政期以后的宗室

1. 皇子

太和十五年（491），孝文帝开始亲政。景穆系安定王元休成为太傅，文成系齐郡王元简成为太保。虽然也有难以确定时期的事例，但是这个时期之后，皇子也开始出任刺史、镇将、三都大官以外的官职。记录太和末年为止的献文六王的事例，如下（括号内的数字为省略太和二字的年次）。

表16-4　献文六王任官情况

咸阳王元禧	长兼太尉公（十九）→侍中、太尉
赵郡王元幹	左光禄大夫、领吏部尚书（十七以前）→豫州刺史→冀州刺史
广陵王元羽	大理[1]→尚书左仆射→太子太保、领尚书事→廷尉→青州刺史
高阳王元雍	中护军（十八）→卫尉．散骑常侍→相州刺史
彭城王元勰	光禄大夫[2]→侍中、中书令→侍中、中书监→侍中、司徒、太子太傅
北海王元详	光禄大夫兼侍中[3]→散骑常侍→侍中→秘书监→护军监左仆射→司空

注：(1) 元羽的列传记载："后罢三都，羽为大理。"虽然三都的废止时期尚未厘清，但是太和十七年的《职员令》当中已经不见三都。严耀中认为应该是在孝文帝改革的潮流之中消失的，见氏著《北魏前期政治制度》，吉林教育出版社，1990年，第146页。太和十八年（494）的《吊比干文》(《金石萃编》卷二七) 当中，将其记为特进、太子太保。
(2) 根据列传，这是"高祖革创"的时候。《吊比干文》当中可见侍中、始平王。
(3) 列传记载："太和九年封，加侍中、征北大将军。后拜光禄大夫，解侍中、将军。"。封王的同时加封将军号的旧制被废除之后，新制度是加封光禄大夫。《吊比干文》当中记载，北海王元详接下来就任的是散骑常侍。

2. 始蕃王与其兄弟

亲政以后，始蕃王也担任中央的各种官职。列举太和年间景穆系

第十六章　北魏的宗室

嗣王的事例的话，如下：京兆王元太兴担任秘书监、卫尉；任城王元澄担任中书令、尚书右仆射；中山王元英担任左卫将军、大宗正、尚书；城阳王元鸾担任领军将军。此变化相当明显。查看他们担任的官职的品阶的话，可知：太和前令当中其品阶下自从二中（秘书监）、上至从一中（右仆射）。始蕃王的弟弟们则是：太和时期，元遥的品阶为从二上（左卫将军）最高，其他还有三品中、三品下。虽说需要考虑年龄差距，但是笔者认为：始蕃王与其弟之间也有任官上的差异。为了更加确定这一点，接下来比较献文六王的嗣子和其他儿子的起家官（或首见官）。嗣子的状况如下。括号内为太和后令当中的官品（以下相同）。

表16–5　献文六王嗣子起家官、首见官

宗正少卿（四品上）	彭城王元邵（起家官）
通直散骑常侍（四品）	赵郡王元谧、广陵王元恭、北海王元颢（皆为首见官）
中书侍郎（从四品）	高阳王元泰（首见官）

元泰在担任中书侍郎之后，成为通直散骑常侍，其首见官名与他例相较低了一阶，可能是因为元泰的父亲高阳王元雍还健在，而且元泰自身并非为王的缘故。就嗣子的状况而言，可以推测通直散骑常侍等级的官职多为起家官。嗣子之弟的状况则是如下：

表16–6　献文六王嗣子之弟起家官、首见官

	起家官	首见官
通直散骑常侍（四品）	元昶	元欣
散骑侍郎（五上）	元端、元子直	元子正
通直散骑侍郎（从五上）	元诞、元顼、元叡	元谌
羽林监（六品）	元谭	元譿、元諴

从六品到四品，分布相当离散。元昶为咸阳王元禧之子，因为父亲谋反的缘故，起家较晚。元欣为继承广陵王的元恭之弟，起家官与其兄相同一事，从其他事例来看的话，难以理解。虽然是首见官，但是非起家官的可能性很高。这么一来，可以把自六品至五品上看成是

嗣子之弟起家的标准。顺道一提，根据墓志铭（汇190），景穆系汝阴王元天赐之子元修义"年十七，以宗室起家，除散骑侍郎，在通直"。这是太和末年或者是宣武帝初期的事情[1]。又，元端为高阳王之子，元子直和元子正为始蕃王当中起家官相当高的彭城王之弟。父亲的威势、声望可能影响儿子的起家状况。又，赵郡王元幹之子当中，长子为继承王爵的元谧，次子为元谌，以下则是元谭、元譿、元瀓并列。依照这个顺序，起家官（首见官）自四品、从五品上、六品，依序下降。上面所看到的起家官的离散现象或许是起因于像这样的年龄差距。元端和元诞也是兄弟，两人的起家官也是差距一阶[2]。

3. 二蕃王与其兄弟

以景穆系二蕃王为事例的话，只有中山王元熙的起家官被明白记录，而且其官职为秘书郎（七品），相当低微。其他二蕃王的首见官名则是：继承安定王的元超成为城门校尉（四上），任城王元彝成为通直散骑常侍（四品），乐陵王元景略（汇88）成为骁骑将军（四上），城阳王元徽成为游击将军（四上）。自四品至四品上，其官品与始蕃王大略相同。又，任城王元彝有墓志铭（汇225），其首见官名为羽林监（六品），元彝继承王爵，成为骁骑将军、通直常侍。这么一来，元熙的状况也有这个可能性：以秘书郎起家，继承王爵之后，担任身为王的起家官。兼将作大匠之后的太常少卿（四上）正是那个起家官[3]。又，景穆系章武王元融于太和十六年（492）担任秘书郎，这是其父章武王元彬

---

1. 太和年间，其弟元固以从六品的太子舍人起家（汇211）。再来，永平二年，其弟元周安以羽林监（六品）为首见官（汇247）。
2. 《世宗纪》永平二年（509）十二月的诏文当中记载："五等诸侯，比无选式。其同姓者出身，公正六下，侯从六上，伯从六下，子正七上，男正七下。……可依此叙之。"笔者认为起家官的差距有可能是根据他们所持有的爵位。但是这里可见的官品包含了比上述规定还要高阶的事例，而如果看列传和墓志铭的话，在起家的阶段，没有任何一人持有爵位的记载。即使是之后即将处理的二蕃王的兄弟、四代以下的子孙事例，除了一例（元子正）为公（其起家官为五品上，还是在规定之上），全员在列传或墓志铭当中，没有起家当时的爵位记录（有起家之后的爵位记录，多为伯以上，因此或许是下位爵位被省略掉了。但由于有起家之后获得男爵的事例如元瀓，那么，应该将其视为因为没有获得爵位，所以无记载）。
3. 根据墓志铭（汇169）纪录：十五岁之前成为秘书郎中，担任给事中（从六上）之后，袭爵，拜将作大匠（从三），迁为太常少卿。从迁官顺序来看的话，如同列传所言，"将作大匠"当中应还附有"兼"字。

在世的时候的事情。墓志铭（汇204）当中记载："年十二，以宗室令望拜秘书郎。"

接下来，检讨关于景穆系二蕃王的兄弟的部分。由于列传当中的记载相当简单，记载首见官名的部分也未必可信，因此这里只采用明记起家官的事例。至于墓志铭的话，其记载较为详细，因此这里也取首见官的部分。如下：

表16–7　景穆系二蕃王兄弟起家官、首见官

	起家官	首见官（墓志铭）
员外散骑常侍（五上）	元略（汇237）	
通直散骑侍郎（从五上）	元诱（汇171）	
给事中（从六上）	元顺	
司徒外兵参事（从六上）	元液（汇269）	
员外散骑侍郎（七上）	元显魏（汇166）	元廞（汇240）
平东府录事参军（七上）	元肃（汇303）	
司徒祭酒（七上）	元纂（汇175）	
秘书郎（七）	元湛、元晔、元灵曜（汇137）	元崇业（汇154）
著作佐郎（七）	元袭（汇295）、元灿（汇152）	
二蕃王骑兵参军（七）	元彬（汇140）	
征虏府录事参军（七）	元凝	

列传当中，元略的首见官为员外郎，元诱也是如此。一般而言，墓志铭的记载应该较为正确，但是这两人为刚才已经看过的中山王元熙之弟，也和上面列举过的元纂、元廞[1]为兄弟。依照元熙、元诱、元略、元纂、元廞的顺序，如同在讨论始蕃王的兄弟时已经指出的那样，因为年龄顺序，起家官相异的可能性是有的。继承王爵之前的元熙以秘书郎起家，元略和元诱都是以员外散骑侍郎起家。另一方面，列传和墓志铭（汇233）都记录元顺以给事中起家。这样的话，始蕃王之子一般都是起家自从六品上至七品之间的官职，多数为七品上或七品的官

---

1. 列传记为字"义兴"。列传当中，元廞的首见官也是员外散骑侍郎。

职。和始蕃王的兄弟相较的话，可说是较低的起家官。这样的差别是因为始蕃王和二蕃王之间存有差别吧。根据墓志铭，原本文成、献文系二蕃王这一辈当中，没有被封王的四人都是以给事中（从六上）起家[1]。笔者认为：就算是同样二蕃王的兄弟，与现今皇帝的血缘关系较近的人在起家的时候可能获得较好的待遇。又，根据墓志铭，平文帝子孙的元鸷也是以给事中起家，因此或许可视为一定范围当中的起家官。

4. 从皇帝算起第四代以下的子孙的起家

景穆系三蕃王当中，中山王元叔仁的首见官为通直散骑常侍（四品）、乐浪王元忠则是太常少卿（四上）。但是由于记载过于简略，难以作为明确的根据。另一方面，二十一岁死亡的文成系三蕃王的广川王元焕（汇168）的首见官为谏议大夫（从四），这也算是起家官。又，道武系四蕃王的南平王元昕（汇216）的首见官也是谏议大夫。与始蕃王、二蕃王相较，三蕃王、四蕃王的起家官略低的可能性是有的，但是与始蕃王、二蕃王的兄弟相较的话，可以说三蕃王、四蕃王的起家官较高。

列举没有被封王的四代以下子孙当中可以确认起家的事例，如下。同时加入昭成系的事例，把代王之子视为皇子这一辈，用这个方式计算其辈份。

表16-8　未封王各系子孙起家官

四代孙	昭成系	元弼（汇37）	始蕃王中兵参军（从六）
		元平（汇143）	奉朝请（从七）
	明元系	元则（汇200）	平东府中兵参军（七）
		元弼（汇279）	司空行参军（从七上）
	景穆系	元馗（汇301）	司空参军事（七）
		元钻远（汇309）	员外散骑侍郎（七上）
五代孙	昭成系	元保洛（汇59）	始蕃王行参军（从七上）
六代孙	昭成系	元伡（汇60）	太尉参军事（七上）
七代孙	昭成系	元愔（汇232）	司空参军事（七）

---

1. 元子邃（汇401）的父亲为安丰王元延明。元子永（汇252）为齐郡王简的孙子，也是河间王元琛的养子。元礼之（汇252）为元子永的兄弟。元昉为赵郡王元谧的儿子（汇243）。继承王爵之兄元毓以通直散骑常侍起家。

第十六章　北魏的宗室

集中于从七品、正七品，可说是水平大略相同。与二蕃王的兄弟相较的话，虽然说起家官较低，但是笔者认为没有太大的差别。这是身为宗室起家的最低水平。

5. 皇子与始蕃王、二蕃王

如上所见，除去皇子的话，被封为王的人当中，起家官方面并无太大差别，但是王和没有被封王的兄弟之间，在起家的时候，没有明确的差等。而且，始蕃王的兄弟和二蕃王的兄弟、三蕃王以下的兄弟之间，虽然不是很大的差别，但是还是有起家方面的差别。这么一来，可以推测：明记起家官为何的事例较少的皇子[1]，与始蕃王、二蕃王之间，也存在任官方面的差别。关于这点，先进行确认。

刚才看过的献文六王到太和末年为止，历官最低到达太和《前令》的从一品下（卫尉），担任正一品官者也达到了半数。相对于此，刚才列举过的景穆系嗣王的状况则是自从一品中（尚书右仆射）至二品（尚书、领军），很明显地担任的官职比皇子低。比较太和二十三年（499）这个时点，献文六王的年龄的话如下：元禧理应比三十三岁的孝文帝年轻，大概是三十二岁前后；元幹是三十一岁；幺弟元详是二十四岁。相对于此，景穆系嗣王则是：元太兴、元英不明；元澄为三十三岁；元鸾为三十二岁。年龄方面不相上下，但献文皇子这一边较为年轻。也就是说，与始蕃王相较，皇子在官职叙任的方面受到比较有利的对待。孝文系皇子的状况更为显著。京兆王元愉在太和二十三年（499）的时候十二岁，担任护军将军（按《前令》来说，就是二品中），接下来就任年代不太明确，但是可以确认元渝在正始元年（504），也就是十七岁的时候担任中书监[2]。其弟清河王元怿于太和二十三年（499）的时候成为侍中，虽然就任年代也不明确，但是可以确认永平元年（508）、二十二岁的时候担任仆射[3]，然后二十七岁的时候成为司空。广平王元怀

---

1. 献文六王全员在太和九年（485）封王的同时，持有将军号，加封侍中。因此起家官不明。孝文五王中：元恂被立为太子；元愉以刺史为首见官；元怀因为其列传几乎欠缺，初任不明；元悦以侍中、太尉为首见官；元怿的首见官为侍中、金紫光禄大夫。
2. 卷六九《袁翻传》。
3. 卷一一一《刑罚志》。

于二十五岁的时候成为司州牧，二十八岁的时候成为司空。汝南王元悦于熙平二年（517）的时候成为中书监。元悦于景明四年（503）被封为王，与其他兄弟相比，晚了七年，如果考虑到元悦是在和兄长们相近的年龄被封王的话，应该是二十四五岁的时候就任。以上可知：与献文系皇子相比，孝文系皇子在较年轻的时候就担任机要或高位的官职。

这里以景穆系为例，检讨孝文帝亲政以后、孝明帝末年为止，始蕃王以下的诸王以及王的兄弟们所到达的官职。以可以确认在这个期间任官和死亡的人物为对象。括号内是刺史者的人数。[1]

表16-9　景穆系始蕃王以下诸王、王的兄弟任官情况

	从二品以上	三品	从三品	四品	从四品	五品以下	不明
始蕃王	2	5（4）	2（2）				3
始蕃王兄弟	2	6（2）	2（1）	4		1	2
二蕃王	1	2（1）	2（2）	1			5
二蕃王兄弟	2	1（1）	1（1）	5		5	2

与起家官不同，他们所到达的官职当中，偶然因素所占的比例相当高。例如，年纪轻轻就死亡的话，就算起家官很高，最后到达的官职也不会太高，还有，功绩、能力、人际关系等诸因素也会影响可以担任的官职。尽管如此，从这个表可以读取以下两点。

（a）不管是始蕃王还是二蕃王，王大多到达三品以上的官职，其中的三成担任从二品、尚书仆射等级以上的官职。

（b）在始蕃王的这一辈当中，非王的人到达三品的事例很多，虽然也有至从二品的事例，但是比例与王相比，明显较低。二蕃王这一辈当中，升至三品以上的事例很少，以四品以下为中心。这不是年龄的缘故。因为也有四十三岁还是四品、三十八岁还是五品上的事例。

---

[1] 关于州刺史的官品，参照第一部第五章《北魏州的等级》，原载于《高知大学教育学部研究报告》2-40，1979年。

（三）孝文帝的对宗室政策与其结果

如上所见，孝文帝亲政前后，宗室的状况大大改变了。对应于此，孝文帝采用了新的宗室对策。首先，如大家都知道的，道武帝即位的时候，把平文帝定为太祖，一直到太和十五年（491）的时候，孝文帝把道武帝的庙号从烈祖改为太祖（《礼志一》，卷八四《儒林·孙惠蔚传》）。又，太和十六年（492），孝文帝不允许太祖子孙以外的宗室、异姓者享有王爵，把王定为公，王以下采取这样的措置：公降为侯、侯降为伯、子和男照旧（《高祖纪下》）。如川本芳昭所说的[1]，这可以说是以打破从平文帝到昭成帝的子孙之间存在的同族意识为目标的政策。对于如此限定的"宗室"成员，孝文帝采取了特别的措置。虽然无法判断是不是基于孝文帝意志的措置，但是根据宿白的看法，邙山瀍水之东、孝文帝长陵的左前方的那块地成为道武帝以后诸帝子孙的墓地，而且，这块墓地以道武帝子孙为中心整齐排列，让人想到昭穆制的顺序。平文帝或昭成帝的子孙的墓地则是分散于其周围[2]。

但是另一方面，孝文帝应用了礼制方面的四庙观念，对于道武帝以后的诸帝子孙企图再次设立差等。太和十七年（493）五月，孝文帝"宴四庙子孙于宣文堂，帝亲与之齿，行家人之礼"（《高祖纪下》），特别对待四庙（世祖、恭宗、高宗、显祖庙）的子孙。与此相关，《礼志二》当中记载了江阳王元继于熙平二年（517）完成的上表。

> 臣功缌之内，太祖道武皇帝之后，于臣始是曾孙。然道武皇帝传业无穷，四祖三宗，功德最重，配天郊祀，百世不迁。而曾玄之宗，烝尝之荐，不预拜于庙庭，霜露之感，阙陪奠于阶席。今七庙之后，非直隔归胙之灵，五服之孙，亦不霑出身之叙。……臣曾祖是帝，世数未迁，便疏同庶族，而孙不预祭。……今臣之所亲，生见隔弃，岂所以桢干根本，隆建公族者也。伏见高祖孝文皇帝著令诠衡，取曾祖之服，以为资荫，

---

1. 川本芳昭：《北魏の封爵制》，《東方学》57，1979年；收录于氏著《魏晋南北朝时代の民族问题》，汲古书院，1999年。
2. 宿白：《北魏洛阳城和北邙陵墓——鲜卑遗迹辑录之三》，《文物》1978年第7期。

> 至今行之，相传不绝。而况曾祖为帝，而不见录。伏愿天鉴，
> 有以照临，令皇恩洽穆，宗人咸叙。请付外博议，永为定准。

此表附于尚书、礼官之议后，以礼的四庙观念（也就是与现今皇帝的血缘越远的话，其庙被毁、远离五服范围这样的想法）、议亲律的适用范围应该扩及现今皇帝的属亲（也就是不限于五服范围，应该扩及历代皇帝的五代的子孙）这样的规定为中心，进行议论。结果，灵太后下了这样的裁定：承认各皇帝五代内子孙的属籍。重要的是，道武帝的曾孙江阳王没有宗室属籍，因此不仅无法给予宗庙的祭祀权，连"出身之叙"也无法给予。也就是说，身为宗室的起家被视为不算数。他自身在孝文帝改革之前继承爵位，因此受到宗室之王的待遇，历任镇将、左卫将军、刺史。但是之后升迁缓慢，永平元年（508）四十四岁的时候终于担任度支尚书。笔者认为：或许是由于孝文帝改革导致江阳王脱离"宗室"属籍的缘故。根据《魏书》卷一九上《元遥传》，包含江阳王、景穆帝之孙在孝明帝时期本服"已绝"，被删除了宗室属籍。元遥上表说明，"先皇所以变兹事条，为此别制者，太和之季，方有意于吴蜀，经始之费，虑深在初，割减之起，暂出当时也"，显示孝文帝末期进行了改革。

孝文帝遗命当中所指定的六名辅政者，或许明显呈现了孝文帝的意图。至孝文帝为止，文成系中没有在世的皇子，道武、明元系当中，就连始蕃王也没有，文成系当中虽然有始蕃王，但是推测最年长者为二十三岁的安乐王元诠，不管是官历还是经验都较为逊色。从这样的状况来看，呈现了以下趣味：可以预见，血缘最浓的献文系皇子两名以及年龄或经验方面最为妥当的太武、景穆系始蕃王各一名构成了以四庙为核心的宗室代表。

但是，孝文帝期待为核心的四庙诸王当中，对立日益显著。"世宗即位，勰跪授高祖遗敕数纸。咸阳王禧疑勰为变，停在鲁阳郡外，久之乃入。"（《魏书》卷二一下《彭城王元勰传》）可知元禧怀疑弟元勰谋反。"世宗初，有降人严叔懋告尚书令王肃遣孔思达潜通（萧）宝卷，图为叛逆，……澄信之，乃表肃将叛，辄下禁止。咸阳、北海二王奏

第十六章　北魏的宗室

澄擅禁宰辅，免官归第。"(《魏书》卷一九中《任城王元澄传》)可知元禧让有才能的元澄归乡。"时咸阳王禧渐以骄矜，颇有不法，北海王详阴言于世宗，世宗深忌之。又言勰大得人情，不宜久在宰辅，劝世宗遵高祖遗敕。"(《魏书》卷二一下《彭城王元勰传》)"初，世宗之览政也，详闻彭城王勰有震主之虑，而欲夺其司徒，大惧物议，故为大将军，至是乃居之。"(《魏书》卷二一上《北海王元详传》)可知元详也向皇帝密告元禧的不法，意图取代元勰的地位。另一方面，如前节所看到的，成为核心的宗室和宗室疏族之间也存在对立。

以下讨论造成对立的原因。当然如史料所示，对于权势的欲望占了很大部分，但是笔者认为别的事情也有影响力。如同目前的了解，即使是元氏一族，始蕃王、二蕃王等辈份不同（又，即使是同辈，是不是王）也会造成起家方面的差别；其次，与现今皇帝的血缘关系的亲疏也会造成待遇上的差别，被分成各种阶层。对于与生俱来的条件决定了大局的状况，想要突破这个状况的行动会发生也是必然的。于是与权势者的结合发生了，权势者当中也包含恩幸。《魏书》卷九三《恩幸·茹皓传》：

> 皓又为弟聘安丰王延明妹，延明耻非旧流，不许。（北海王）详劝强之云："欲觅官职，如何不与茹皓婚姻也？"延明乃从焉。

就连文成系始蕃王，为了追求官职的上升，都得答应与恩幸的婚姻。不管本人的意图如何，"延昌二年袭封，累迁兼将作大匠，拜太常少卿，给事黄门侍郎，寻转光禄勋。时领军于忠执政。熙，忠之婿也，故岁中骤迁。"(《魏书》卷一九下《元熙传》)透过这段记事可以确定，婚姻关系在任官方面有效地发挥作用。又，《魏书》卷二〇《河间王元琛传》：

> 由是遂废于家。……又无方自达，乃与刘腾为养息，赂腾金宝巨万计。腾屡为之言，乃得兼都官尚书，出为秦州刺史。

可以看到贿赂以及与此类似的行为。《魏书》卷一四《元珍传》："世宗时，曲事高肇，遂为帝宠昵。彭城王勰之死，珍率壮士害之。后卒于尚书左仆射。"《魏书》卷一五《元昭传》："世宗崩，于忠执政，昭为黄门郎，又曲事之。忠专权擅威，枉陷忠贤，多昭所指导也。……后入为尚书。谄事刘腾，进号征西将军。"如上所述，奉承对于成为其党羽一事具备效果。

　　三品以上的官职不多。官职的迁转相当激烈，某些情形下，一年当中多次改变官职的事例十分常见。尽管如此，如同前面的表格所见，原则上，王几乎是全员包办了这些被限定的官职，即如始蕃王的兄弟占了多数、二蕃王的兄弟也不少。就连表格以外，平文帝子孙元珍担任左仆射、元苌担任尚书和侍中；昭成帝子孙元晖担任左仆射和秦州刺史、元昭担任尚书；道武帝子孙元法寿担任光禄大夫、元罗担任宗正卿和三品以上的中央官；又，元法僧担任徐州刺史、元世遵担任定州刺史、元晖担任秦州和上州刺史。"宗室疏族"散见各处[1]。这么一来，更可以推测没有残留于记录的任官的存在吧。

　　查看关于从三品以下的官职，虽然表格所列举的事例数量没有占那么多的比例，但是因为数量很多，没有被记载于列传的人物大多担任这个阶层的官职。事实上，从邙山出土的墓志铭的主人当中，没有被记载于列传的人物大多是属于这个阶层。顺道一提，就笔者所知，献文六王之子辈达到三十四名，景穆十二王之子辈为三十四名、孙辈为五十六名、曾孙辈达到四十名。笔者认为：只要宗室占据了一定阶层的官职，官职就任的压力就会越来越大。

　　让问题变得更加复杂的是，在孝文帝改革之前没有担任中央官的诸王摇身一变，在改革之后占据了高位中央官的不少位子。又，改革以前，包含皇子以外的王，宗室或北族大多担任内侍官。除了《高宗南巡之颂碑》所示的事例以外，担任内侍官的事例大量存在。[2]尽管这个内侍官的一部分有可能转任传统的官职，但是大多消灭于孝文帝的

---

1. 只有元晖的秦州刺史出自墓志铭（汇216），其他出自于各自的列传。
2. 关于内侍官，参照川本芳昭：《北魏の内朝》，原载《九州大学東洋史論集》6，1977年，后收录于氏著《魏晋南北朝时代的民族问题》，汲古书院，1999年；严耀中：《北魏前期政治制度》，吉林教育出版社，1990年。

第十六章　北魏的宗室

改革。失去内侍官职位的人——如同碑阴所看到的，多数为北族——变得必须进入中国传统的官职体系。由此可以推测，追求官职的竞争日益激烈。虽然不是改革之后马上发生，但是卷八一《山伟传》记载：

> 时天下无事，进仕路难，代迁之人，多不沾预。及六镇、陇西二方起逆，领军元叉欲用代来寒人为传诏以慰悦之，而牧守子孙投状求者百余人。又欲杜之，因奏立勋附队，令各依资出身。自是北人悉被收叙。

可以说是如实呈现北族身处的状况。在这样的状况下，如同刚才在宗室的部分所见，北族图谋与恩幸或权势者的结合。

结语

虽然本章主要处理宗室，但是这里叙述的内容也和汉族有关。"结语"的地方将涉及汉族。

与恩幸或专权者合作、结党的事例不限于宗室或北族。看看赵修的事例。甄琛因为依附赵修的缘故，其父从布衣变为中散大夫、其弟从七品官升为本州别驾（《魏书》卷六八）；李凭因为依附赵修，跳级升为司空长史（《魏书》卷四九）。赵修失势之后，全员因为作为其党人的缘故被免官。高肇的状况则是：李宪（《魏书》卷三六）、高绰（《魏书》卷四八）、崔楷（《魏书》卷五六）、高聪、王世羲、兰氛之（以上《魏书》卷六八《高聪传》）皆为其党人，受到弹劾。甄琛也是高肇的党人。元叉和刘腾的状况则是：崔孝芬（《魏书》卷五七）、卢同（《魏书》卷七六）被除名；宋维和宋纪兄弟告发清河王元怿，置其于死地，又，兄弟两人迎合元叉，获得跳级升官，但是灵太后反政的时候被除名（《魏书》卷六三）；宋颖也向刘腾纳货，因此成为州刺史（《魏书》卷六三）；李奖身为元叉的亲侍，占据显要位置，但是灵太后的时候被除官爵（《魏书》卷六五）；崔休身为高阳王元雍、元叉的姻戚，从旁协助两家，"陵藉同列"（《魏书》卷六九）；席景通服务于元叉的身边，贿赂元叉和江阳王元继，成为元继的司空掾（《魏书》卷七一）；贾思伯受元叉宠爱，因此受到人们的批判（《魏书》卷七二）；张烈谄媚元叉，灵太后反政的时候，被逐至地方（《魏书》卷七六）；冯元兴为元叉的心腹，因为元叉的死亡，被废（《魏书》卷七九）；又郑云谄媚、贿赂刘腾，获得州刺史的职位（《魏书》卷三二《封回传》）；崔亮透过妻子刘氏，由于"倾身事之"的缘故，名声地位变高，被有识者所讥（《魏书》卷六六）；北族当中，长孙稚因为是侯刚的姻戚的缘故，被元叉重用，很早就升迁（《魏书》卷二五）。

结交恩幸或权势者，形成党派的人当中，较少宗室或北族，主要多为汉人。有赵郡李氏、博陵崔氏、清河崔氏、范阳卢氏、荥阳郑氏等"四姓"，以及次于"四姓"的渤海高氏、广平宋氏、清河张氏等，可以察觉多为汉人名族。为何发生这样的状况则为今后的讨论课题。

【补记】针对1998年7月唐代史研究会夏期座谈会当中发表的后半部分，加以修正，遂成本章。

第十七章

从籍贯、居住地、葬地看北魏宗室

前言

十多年前,关于北魏洛阳城的特质,朴汉济提出了充满创意的新说。朴氏指出:为了配合洛阳迁都这个新现实,北魏王朝对于洛阳住民们进行了移至一定地域的人为配置措施[1]。当时,朴氏利用墓志或《洛阳伽蓝记》(以下,略称为《伽蓝记》),制成了记载籍贯、死亡地、葬地、居住地的详细表格。但是,朴氏的关心在论证"四民异居"这件事情上,虽然意识到宗室和非宗室的区别,却未深入讨论北魏宗室内部的籍贯、居住地。但是,查看表格的话,明显看出宗室广泛分布于各里。为何会有这个现象发生?这其实是个值得探讨的问题。

另一方面,稍早之前,宿白确定了迁都之后的北魏宗室或北族、降臣被集中埋葬于洛阳北方的邙山,而且还指出:根据宗室、北族、降臣等身份不同,其墓地的分布也不一样,即使是宗室内部,也根据祖先是哪一位皇帝,被葬在不同的地方[2]。宿氏对于墓地分布状态的判断当中,虽然部分问题备受争议,但是墓地分布当中具有一定规则的论点相当重要。

笔者在第十六章进行了关于北魏宗室的些许研究[3]。当时,受到朴、宿两氏的启发,注意到两件事情:一、宗室内部存在本籍或居住地的区别;二、墓地也因为宗室内部的差异而存在区别。但是,第十六章的时候没有讨论此问题。于是,本章再次讨论这个问题,借此检讨当时北魏宗室的部分特征。

---

1. 朴汉济:《北魏洛陽社会と胡漢体制——都城区画と住民分布を中心に——》,《お茶の水史学》34,1990年。以下,本文当中提到"朴氏"的话,指的是这篇论文。
2. 宿白:《北魏洛阳和北邙陵墓——鲜卑遗迹辑录之三》,《文物》1978年第7期;收录于洛阳市文物局、洛阳白马寺汉魏故城文物保管所:《汉魏洛阳故城研究》,科学出版社,2000年。
3. 原载于《中国史学》9,1999年。

第十七章　从籍贯、居住地、葬地看北魏宗室　　　　　　　　　　　　　　449

一、在洛阳的籍贯和居住地

首先，笔者想要讨论北魏宗室在洛阳的籍贯和居住地。这时墓志当中记载籍贯的时候所使用的乡里名在当时是否实际存在成为问题。关于这个问题，侯旭东认为墓主的籍贯当中，尽管出现了包含魏晋旧制的事例，但是整体来看，可视为当时实际执行的制度[1]。

朴氏制作的表示籍贯和居住地的表格，依据的是《汉魏南北朝墓志集释》（赵万里著，科学出版社，1956年，以下略称为《集释》）和《北朝墓志英华》（陕西省古籍整理办公室编，三秦出版社，1988年）。之后，《汉魏南北朝墓志汇编》（赵超著，天津古籍出版社，1992年，以下略称为《汇编》）发行，记载了未收录于前两书的墓志[2]。虽然不甚多，但是可以增加事例的数量，因此再次制作了本章最后的表1[3]。以表1为基础，进行论述。但是进行论述之前，有几个必须事先确认的要点。

首先，要确认墓志当中的籍贯是否为实际存在的里。这是因为作为籍贯被记载的里和《伽蓝记》当中出现的四十三个里、坊并不一致。但是，没地有七个里是一致的[4]：永和里（卷一）、永康里（卷一）、晖文里（卷二）、孝义里（卷二）、勤学里（学里）（卷三）、宜年里（卷四）、延酤（延沽）里[5]。墓志当中的没地可说是实际存在的。另一方面，查看

---

1. 侯旭东：《北朝乡里制与村民的生活世界——以石刻为中心的考察》，《历史研究》2001年第6期。
2. 其他也可参考《洛阳新获墓志》（洛阳市第二文物工作队编，文物出版社，1996年）、《洛阳出土北魏墓志选编》（洛阳市文物局，科学出版社，2001年，以下略称为《选编》）等。
3. 《汇编》之后的数字为页数，《集释》之后的数字为图版号码。关于表1、表2所列举的墓志铭，本章后段的记述当中不标出处。
4. 其他，张金龙把元珎死亡的正始年视为《伽蓝记》的敬义里。参照张金龙：《北魏洛阳里坊制度探微》，《历史研究》1996年第6期。
5. 以永和里、晖文里、宜年里、延沽里、劝学里为籍贯、没地的元氏墓志铭并不存在。以下人物的墓志铭当中可见这些里被记载为没地：永和里为邢伟和长孙士亮、晖文里为崔猷、宜年里为穆纂、延沽里为石育、劝学里（张剑认为，学里与勤学里相同，见其《关于北魏洛阳城里坊的几个问题》，载洛阳市文物工作队：《洛阳考古四十年》，科学出版社，1996年；再次收录洛阳市文物局、洛阳白马寺汉魏故城文物保管所：《汉魏洛阳故城研究》，科学出版社，2000年。张金龙把正始里视为敬义里，见其《北魏洛阳里坊制度探微》，《历史研究》1996年第6期。这里认同两人的看法）为王诵妻。关于《伽蓝记》和墓志铭当中一致的里名，张剑认为有七个，但是其内容和笔者的看法有些许出入。关于把永康里和孝义里设为没地的元氏，请参考表1。

表1的话，可知：元倪的籍贯为照明里，没地亦同；元孟晖的籍贯为笃恭里，没地亦同；照乐里（照洛里）被记载为齐郡王元佑的籍贯，也是齐郡王妃的没地[1]。如果墓志当中的没地确实存在的话，也可以把籍贯视为实际存在的地方。

作为籍贯被记载的里与居住的里之间，到底存在何种关系，这是接下来的问题。《伽蓝记》卷一记载，城内的建中寺原本为刘腾的宅第，孝昌二年（526），给了高阳王元雍，成为高阳王的宅第，但是高阳王在城南的中甘里也有宅第，死后成为高阳王寺（卷三）。也就是说，元雍拥有两处宅第。同样地，位于城东孝敬里的平等寺（卷二）、城西的大觉寺（卷四）为广平王元怀的舍宅。透过墓志铭可以知道广平王元怀有二子元悌和元海。熙平二年（517），广平王死后，元悌和元海应该居住在两处宅第之外的地方。元雍或元怀为北魏末期持有庞大权力的人物，像他们那样持有复数宅第的事例虽然不是很多，但是不能说完全没有。又，元怀的籍贯为乘轩里。关于元雍的籍贯，后面会谈到，笔者认为应该是在光穆里，但是无法保证上面的两处宅第位于光穆里。这是因为理所当然考虑宅第迁移到他处的可能性。虽然像这样从没地推定居住地、籍贯的方法相当困难，但是至少可以作如下思考。城阳王元鸾之子（非嗣子）元显魏、元显儁、元伯阳三人同样没于宣化里。就算这件事情不代表父亲死后儿子们同居，但是至少代表着居住于同一个里。元鸾亡于正始二年（505），距离接下来要说明的籍贯设定时期不远。也就是说，可以推测元鸾把籍贯设为宣化里，诸子的籍贯也是位于宣化里，并且一直居住于该处[2]。像这样复数的人物于同一个里死亡的话，笔者认为可以把那个里认定为居住地，同时也表示了其与籍贯的关联性较强[3]。

接下来的问题是，墓志当中可见的籍贯记载是在什么时候被确定的。太和十八年（494），孝文帝正式迁都至洛阳。太和十九年（495）

---

1. 其他，可以把安武里的封昕和皮演（记载于《洛阳新获墓志》）加入这些事例当中。
2. 《伽蓝记》卷四记载：元鸾之子城阳王元徽舍宅为宣忠寺。无法确认这处宅第是否位于宣化里。
3. 北邙出土、记载籍贯或没地的元氏墓志铭多为太和二十三年（499）到永熙二年（533）之间的产物。这段期间如此之短，刚好印证了这个推论。

第十七章　从籍贯、居住地、葬地看北魏宗室　　　　　　　　　　　　　　451

六月，采用了以下政策："丙辰，诏迁洛之民，死葬河南，不得还北。于是代人南迁者，悉为河南洛阳人。"（《魏书·高祖纪下》）如同朴氏所言，北魏政府将住民配置到特定坊（里）的工作花费了很长的时间。另一方面，太和二十三年（499）三月下葬的齐郡王元简的墓志当中记载："司州河南郡洛阳县都乡洛阳里人。"其他还有两例也是把洛阳里当作没地，因此应该不是架空的里。笔者认为在这个阶段，已经确定了里名，也决定了宗室的籍贯。景明二年（501）"九月丁酉，发畿内夫五万人筑京师三百二十三坊，四旬而罢"（《魏书·世宗纪》），或许说明这个时候进行了坊墙的建设工作。

　　和上述理解互相抵触的事例是存在的。如同已经看过的，齐郡王元简的籍贯被记为洛阳里，但是继承齐郡王的元佑，墓志将其籍贯记为照乐里，其妃亦记载为亡于照洛里，元佑的弟弟元演的籍贯被记为穆族里。父子三人的籍贯各自相异，这件事情实在难以理解。由于元佑居住于照乐里一事是确实的，因此齐郡王一系或许未必是把居住地记载为籍贯，但是也没有确证。必须留意这样的事例，并且慎重检验每一个事例。

　　在此理解之上，首先，从相关墓志最多的景穆帝子孙开始讨论。

　　景穆帝系有十二个王系，其中已经判明籍贯的有六个王系：阳平王系的敷义里，任城王系的文始里，南安王系的照文里，章武王系的宽仁里，乐陵王系的光穆里和京兆王系的孝悌里、崇让里。当中，敷义里和宽仁里、光穆里（光睦里）各自存在复数的事例，让人觉得似是按照王系未确定不同的籍贯，但京兆王系的事例又显示情况并非如此简单。对此应该如何认识呢？以孝悌里为籍贯的元遥和以崇让里为籍贯的元灵耀为伯父和侄子的关系。然后，由于元灵耀的兄弟元斌亡于崇让里，因此可说元灵耀、元斌这对兄弟以崇让里为籍贯，并且居住在同一里。父亲去世之后，兄弟一起把本籍迁移至新地，这样的事情是不太可能的，因此其父亲元定（景明元年死亡）生前的本籍和居住地应该就是崇让里。初代京兆王元子推在迁都的时候已经过世，其子元太兴继承王位。元太兴的弟弟元遥和元定把籍贯和居住地设定在不同的地方，笔者认为这件事情说明在决定迁都后元氏的籍贯的这个时点上，即使王是存在的，其兄弟仍然可以另外设定籍贯。但是，元遥和元定的另一名兄弟元坦，其子元液亡于孝悌里，因此可以推测从元坦的时候开始，就把籍贯定为和其兄弟元遥一样的里，并且居住于那里。也就是说，并不是全部的兄弟都另外设定籍贯。

阳平王系当中，以敷义里为籍贯的元扬和元琛为叔侄关系。已确定初代的元新成在迁都之前死亡，二代的元颐则是在景明元年死去。虽然籍贯是在元颐在世的时候决定的，但是当时两名弟弟把籍贯定为敷义里，由此看来或许元颐的籍贯也是位于该里。乐陵王系当中，以光穆里为籍贯的元彦和元茂为兄弟。两人的父亲二代乐陵王元思亡于正始四年（507），因此应该是在元思的时候就把光穆里定为籍贯。章武王系当中，以宽仁里为籍贯的是第三代章武王元融及其弟元湛。他们的父亲章武王元彬亡于太和二十三年（499），因此在这个阶段，籍贯被决定为宽仁里，元融与元湛这对兄弟也属于这个里。但是，元湛的妻子与元湛同年过世，早他五个月下葬，其没地为绥武里，因此元湛的居住地应该位于这里。元湛的兄弟元琤之子元举也和元湛的妻子同年亡于绥武里，因此可知居住在这个里的不只有元湛的家族。南安王系的状况则是，东平王元略将照文里定为籍贯。但是，他的哥哥元诱之妻亡于谷水里。元略和元诱的父亲中山王元英（继承南安王）于永平三年（510）过世，因此父子三人的籍贯极有可能相同。但是，元英还在世的景明三年（502），元诱的妻子死亡。在这个阶段，元英等人居住在与籍贯不同的里并不是不可能，但是考虑到元诱的妻子是在孝文帝逝世后三年死亡的话，大概不太可能。所以元诱夫妇应该是在父亲生前的时候就已经和他们分居了。元诱的妻子为文明太后的同族、冯熙的女儿，因此元诱有可能以结婚为契机，和父亲分居。又，从《伽蓝记》卷四可知，元略的宅第在他死后成为追先寺。其所在地位于《伽蓝记》所谓"望宗处居"的寿丘里。寿丘里大概是总称，事实上如张金龙所言，包含了三十个左右的里[1]。实际的里名不明。关于城阳王系，前文已经提及[2]。

---

1. 张金龙：《北魏洛阳里坊制度探微》，《历史研究》1996年第6期。
2. 景穆帝子孙当中，虽然有元举亡于宣政里之事例，但是其王系不明，因此这里不作讨论。

第十七章　从籍贯、居住地、葬地看北魏宗室　　　　　　　　　　　　　　　453

　　接下来看其他皇帝子孙的状况。道武帝子孙当中，广平王系的元倪以照明里为籍贯，亡于照明里，但是其子元玒亡于正始里。元玒死于北魏末年内乱过后的东魏天平元年（534），因此转居的可能性很大。另外，河南王系的武昌王元鉴之妃亡于崇让里，阳平王系的元均亡于洛阳里。道武帝玄孙的元维以崇让里为籍贯，因与同样因河阴之变身亡的元遒同日下葬，因此《集释》八〇将之视为武昌王系。这应该是妥当的。另外，元乂（元叉）在永康里持有宅第，透过《伽蓝记》卷一可以确认这件事情。

　　明元帝的子孙中在北魏末年可知其活动的只有乐安王系。第二代乐安王元良的第八子元腾及其女金城郡君的籍贯被认为是嘉平里，元腾的外甥元弼之子元恩的没地为嘉平里，因此似乎可认为这个王系以嘉平里为籍贯并居住于此。但是元弼的没地被记载为孝义里，而且他的没年为永安二年（529）七月二十一日，其子元恩较元弼稍早过世，为永安二年（529）七月三日。两人的死亡日期如此接近，但没地却在不同地方，因此在父亲生前父子分居的可能性一定很大。尽管父亲离开了叔父们居住的里，儿子却继续住在该里有些不自然[1]。文成帝子孙当中，除了刚才说明过的齐郡王系以外，安丰王元延明以熙宁里为籍贯。

　　接下来看代王时代的君主的子孙。平文帝子孙当中，元孟辉以笃恭里为籍贯，并且在该里过世，又，其父元珍也是亡于笃恭里。华山王元鸷以灵泉里为籍贯，可知在平文帝孙辈的时候，元鸷已经从元孟辉这个世系当中分出去了。昭成帝子孙当中，常山王系元德（元于德）之孙元侔以安武里为籍贯，但是元侔的堂姊妹冯邕之妻元氏却以崇恩里为籍贯[2]。然后，根据元德砖志，两人的祖父元德亡于永平二年（509），因此元德时应该就决定了籍贯。虽然笔者认为元侔的父亲与冯邕妻的父亲应该和元德是同一个籍贯，但是两人却是不一样的籍贯，这和刚

---

1. 明元帝子孙的元某之妻陆氏也亡于嘉平里。但是，因为与其他明元帝子孙的关系不明，本文不作讨论。又，陆氏亡于善正乡嘉平里，元恩的没地则是崇仁乡嘉平里。如何看待乡名的不一致，也是一个问题。
2. 关于元德、元侔、蔡邕之妻元氏、元氏之父元晖的关系，参照《集释》五三、五四、五五、五七。

才叙述过的文成帝子孙的籍贯是同一个问题[1]。

再者，常山王系当中，元遵的曾孙，也就是相当于元伟等人父辈的元引亡于静顺里[2]。又，毗陵王系的元某夫人赵光亡于永康里。《伽蓝记》卷一记载，在永和里持有宅第的元洪超为昭成帝之子拓拔力真的子孙，属于不同王系。

太武帝子孙当中，临淮王系的元秀以孝悌里为籍贯；孝文帝子孙当中，广平王元怀以乘轩里为籍贯。因为都只有一例，除了已经说明过的以外，没有特别值得检讨的地方。

综合以上的讨论如下。虽然迁至洛阳的宗室成为河南洛阳人，但是大概是太和末年才开始称以乡里制为基础的籍贯。当时，基本上相同祖先者，具体而言就是，以皇帝的皇子，也就是王为一个单位，设定其籍贯。在那样的状况下，祖先为不同皇帝者以同样的里为籍贯，这样的事情是有的[3]。但是，即使是相同祖先，也有兄弟各自设定籍贯的事例。虽然并非一定要居住在设籍地，但是似乎居住在设籍地的事例极多。而之后离开兄弟或族人居住的里，移居至别的里，这样的事例也是有的。也有父亲生前的时候，和父亲或兄弟分开，各自生活的事例。

不过，献文帝子孙的状况和以上的归纳呈现极为鲜明的对比。墓志记载赵郡王系元毓和其弟元昉、北海王元详、彭城王元勰和其子元子直，以上五人皆以光穆里（光睦里）为籍贯（原本元详之子二代北海王元颢之妃亡于洛阳里）。这要如何解释？

籍贯并不是名目上的东西，经常是实际居住于那里，特别是设籍的时候，籍贯和居住地可视为是一致的。洛阳到底有多少个里是有争议的，暂时采用张金龙的理解[4]，也就是洛阳城内外有两百二十个里，包含洛阳县管辖下的其他地域则有三百二十三个。北魏宗室的籍贯或居

---

1. 《集释》五三怀疑元德砖志可能是赝品。若是赝品的话，就不用考虑元德的死亡年代所引起的问题点。
2. 根据墓志铭，元引没于太和二十四年。太和二十三年（499）四月，孝文帝驾崩，来年，改年号为景明，因此，元引没于"太和"二十四年一事是有问题的。又，元引改葬于经过一段时间的正光四年（523），因此笔者推测墓志铭的记载有误。
3. 洛阳里、孝悌里和接下来要说明的光睦里。
4. 张金龙：《北魏洛阳里坊制度探微》，《历史研究》1996年第6期。

住地之里，墓志中可看到二十六个里，再加上《伽蓝记》的永和、宜年[1]两个里，共为二十八个里。无法说是很高的比例，但是永和、永康、宜年、笃恭、安武、熙宁、照明，这七个里，可以确认宗室以外的官吏设籍、居住于同样的里。另一方面，崇让、洛阳、孝悌、光穆，只有这四个里，可以确认只有不同王系的宗室设籍、居住于此，这件事情意味着在尽量让籍贯、居住地分散的方向之下实行着政策。孝文帝变更了与宗室相关的处理方式，可以想定这个籍贯、居住地的设定正是其中一环。也就是说，根据祖先是哪一位皇帝，对于每位宗室成员的处理方式也不同，持续推动这个政策，就会按照皇子来区分每个王系，若是和现今皇帝的血缘较为疏远的王系的话，其内部就会更加细分化。不知道当中是否有坊内秩序、治安[2]的目的，就算没有这个目的，至少有强化对于宗室的统制的效果。那样考虑的话，已经各自独立的献文帝皇子以同一个里为籍贯，可说是明确显示了孝文帝想要强化与自己的弟弟们联系的意图。

二、邙山的墓域

关于邙山中的墓域，宿白证明了孝文帝入葬于长陵之后，其左前方海拔二百五十至三百公尺的高地成为最重要的葬地，道武帝之后到孝文帝为止的皇帝子孙的墓皆分布于此，平文帝或昭成帝的子孙则是分散于其下方或是北部的边缘地域。接下来，由于资料不足，无法确实归纳，但是宿氏指出在这个高地，以道武帝子孙的墓为中心，二代明元帝、四代景穆帝、六代献文帝的子孙的墓分布于右侧，三代太武帝、五代文成帝的子孙和七代孝文帝之子广平王元怀的墓分布于左侧。又，兄弟的墓的排列顺序由左至右，景穆帝的子孙的话，从左开始为阳平、汝阴、南安、城阳，按照这样的长幼顺序排列。这件事情显示了，不同皇帝的子孙，墓域也有差异，而且，不只是按照皇帝来设定

---

1. 在宜年里持有宅第的陈留王元景皓，其王系不明。
2. 关于坊制的目的在于维持治安的这个看法，参照朴教授的卓见，见朴汉济：《北魏洛阳社会と胡漢体制——都城区画と住民分布を中心に——》，《お茶の水史学》34，1990年。

墓域，似乎也按照王系来决定墓域。这是非常重要的论点。但是，宿白虽未明言，他的意见还是会立刻让人联想到昭穆制。而宿氏的基本理解为邙山北魏墓葬是代北时代遗制之残存，因此，产生了这两种意见应该如何整合的问题。而且，墓域以道武帝子孙为中心且分为左右分布，这个见解当中也有难以理解的地方。只要看宿氏所作的图的话，可以知道他的判断当中大部分的墓属于右侧，就左右而言这是十分偏颇的配置。又，在其他皇帝的子孙当中，是否也有以王系为单位的配置，有检讨的必要，另外也有必要考虑墓被作成的年代。

于是，按照墓葬的年次，显示不同皇帝、不同王系的墓位所在，制成本章最后的表2。关于墓的位置，笔者主要参考郭玉堂的《洛阳出土石刻时地记》（1941）[1]，之后的出土事例则是参照了王壮弘、马成名的《六朝墓志检要》（上海书画出版社，1985）。孝文帝下葬前，瀍河以西有南安王元桢、齐郡王元简等五名宗室成员的墓，之后原则上避免在这个地域进行墓葬，故迁移到瀍河以东。因此，决定以从宣武帝即位的景明元年（500）到北魏分裂的永熙三年（534）为处理对象。

最早在瀍河以东进行墓葬的是景明二年（501）的广陵王元羽，位于南陈庄西。一年后，南安王系的元诱之妻冯氏被葬于安驾沟北，元诱则是死于相当久以后的正光元年（520）。本来应是预定将元诱葬于这个地方。元诱受到在相州举兵，战败而死的中山王元熙连累，因而死亡。元熙等人于孝昌元年（525）被免罪，随之得以葬于邙山，四人被葬于安驾沟北。之后还有两名被葬于安驾沟北、一名被葬于安驾沟的事例，其他地方则没有事例，因此，安驾沟北方为南安王系的墓葬之地。笔者认为这件事情应该确立于景明四年（503）的时候。

二代任城王元澄之妃李氏没于和元羽相同的景明二年（501），被葬于瀍水极西的柿园村。之后，该村陆续出现任城王系的墓。分别为三代任城王元彝和其兄元顺、元澄之弟元嵩和元瞻。

正始二年（505），二代城阳王元鸾下葬于后海资。两年后，初代

---

1. 中文稿刊行之后，氣賀澤保規的《復刻 洛陽出土石刻時地記—附 解說．所載墓誌碑刻目錄》（汲古书院，2003年）也出版了。

城阳王元长寿之妃被葬于后海资北。元长寿于孝文帝初年死亡，虽然元长寿被葬于和其妃不一样的地方，但是透过之后包含了三代城阳王元徽的三件事例，可以确认从后海资到后海资北方的这块地域为这个王系的墓域。元徽的弟弟元恭被葬于南陈庄西北，此乃与后海资北相邻之地，可说是同样的墓域。

同样在正始二年（505），汝阴王系的元始和被葬于南陈庄。初代汝阴王元天赐被夺王爵后死去，这个王系当中，已经没有可以继承王爵的人物。但是应该也和其他景穆王系子孙一样享有葬于宗室墓域的待遇。列传当中的"葬从王礼"，表示了一部分的理由。二十余年之后，元始和的叔父元固、元周安也被葬于南陈庄，元固被葬于该村的东方，因此，其墓域似乎比前面提到的广陵王墓域更偏东方。元固的兄弟元寿安则是被葬于远在南陈庄东南方的马坡村。这可以视为之后将陆续举出类似事例的一时性的问题。

正始四年（507），二代乐陵王元思被葬于徐家沟。其子三代乐陵王元彦于九年后被葬于南陈庄西北，之后，元彦的弟弟元茂也被葬于该村的北方。徐家沟和南家庄之间，稍微南下的地方为安驾沟和后海资，即使元思被葬于徐家沟东北，他与儿子们的墓地也稍微有些距离。迁都前死亡的安定王元休的王系也可以看到同样的状况。永平二年（509），安定王第二子的夫人王氏下葬于徐家沟东北，十年后，同样也是元休的儿子元琔，其妻穆氏被葬于南陈庄的南方，之后元琔也被葬于同一个地方。这可以算是移动墓域的事例。

正始四年（507），道武帝子孙武昌王元鉴下葬于前海资的北方，二十二年后，其弟元遒被葬于前海资的东南方，因此，可以把这里视为武昌王系的墓域。《集释》认为武昌王系元维的墓地于元遒下葬的那一年，被营建于后海资的东方，虽然稍微靠近北方，但是视为同一个墓域也无妨。

正始四年（507），三代乐安王元绪被葬于安驾沟附近，此为明元帝子孙乐安王系的墓域。除了元绪的儿子元悦的墓地被设在位于安驾沟西南的元绪的"陵左"（也就是东方）之外，元绪的外甥元则、元宥、元弼，元弼之子元恩全数被葬于安驾沟。另一方面，元绪的弟弟元腾于神龟二年（519）被葬于徐家沟东北，同样地，元绪的兄弟元仙于正光四年（523）被葬于徐家沟，建义元年（528），他们的外甥元均之被葬于徐家沟和安驾沟之间。又，元绪的堂兄弟朗于孝昌二年（526）下葬于后李村，接下来虽然未列入表中，但是元绪的弟弟元敷于正光四年（523）也是下葬于后李村。后李村位于徐家沟的西南方，安驾沟则位于徐家沟的东方。也就是说，三代安乐王元绪迁都至洛阳之后，乐安王系的墓域为安驾沟的西方，瀍水以东。

永平元年（508），道武帝子孙江阳王元继之妃石氏被葬于张羊村（障阳村）的西方。比石氏早了十七天，献文帝皇子的彭城王元勰也被葬于张羊村西方一里外的地方。元勰的儿子元子直的墓地在南陈庄南、元子直的儿子元文则是在南陈庄西，因此，可以把张羊村和位于张羊村西南的南陈庄视为彭城王系的墓域。元勰的另一名儿子元子正的墓地位于瀍水西方的东堤沟，这个墓地被营造于建义元年（528）。回到江阳王系的话，元继于永安二年（529）被葬于远在东南方的杨树村，元乂（元叉）比元继还早，葬于孝昌二年（526），其墓位于远离石氏、父亲的前海资东南。又，元乂的弟弟元爽也比父亲还早，永熙二年（533）的时候被葬于东方的董家村。这对父子的墓地位置应该可说是基于一时性的理由被设定的。

永平元年（508），彭城王元勰的哥哥北海王元详下葬于后海资的北方。太昌元年（532），其子元颢和元项于同一天分别被葬于南陈庄西和后海资北，距离父亲的墓地很近。此为北海王系的墓域。

关于昭成帝子孙的状况，永平二年（509），常山王系元德被葬于姚凹村，这是最早的事例。元德的砖志虽然有伪造的嫌疑[1]，但是两年后，其外甥之子元保洛下葬于姚凹村的东方，常山王曾孙的元引则是在正光四年（523）下葬于姚凹村的东南方，因此，可以确定常山王系在这里有墓域。但是，从永平四年（511）元德之孙元倕的事例开始，之后的元德之子元晖、元德之孙元信、元愭、元悛都被葬于远在北方的陈凹村，因此，常山王系的墓域似乎很早就被分为两个地方。又，元德

---

1. 见本书第454页注1。

第十七章　从籍贯、居住地、葬地看北魏宗室　　459

的其他兄弟的儿子元昭被葬于远在东南方的马坡村北，元昭的兄弟元诞被葬于更往东方的护驾庄。虽然可以把这里视为是另一系统的墓域，但是也可以视为是基于正光五年（524）和建义元年（528）的年代因素所营造的墓域。另外，卫王元仪之孙元平的墓地位于姚凹村东南，因此，姚凹村也有可能是常山王系以外的昭成帝子孙的墓域。

延昌元年（512），文成帝子孙二代安乐王元诠被葬于伯乐凹村西北。初代安乐王元长乐于太和初年死亡，因此元诠成为这个王系当中最早造墓的对象。隔两年，同是文成帝子孙的齐郡王系元演的墓地被营造于张羊村西北三里的地方。因为初代齐郡王元简于太和二十三年（499）死亡，他也和孝文帝入葬以前的其他事例一样，被葬于瀍水以西的高沟村。二代齐郡王元佑亡于神龟元年（518），被葬在父亲墓地的附近，这大概是特例。因此，这个王系当中，元佑之弟元演成为最早下葬于瀍水以东的。元演的外甥元礼之于永安元年（528）被葬于位于张羊村北方的北陈庄西南。

延昌二年（513），景穆帝子孙阳平王系元扬之妻王氏被葬于张羊村西北，翌年，元扬也跟着逝世。初代阳平王元新成的妃子也在四年后下葬于张羊村北。由于元新成在迁都以前死亡[1]，因此可以把这里视为阳平王系的墓域。事实上，元扬的哥哥元钦、外甥元灿也各自被葬于张羊村的西北部、北部。元钦之子元崇业被葬于稍微偏西的安驾沟，但是还是可以视为同一个墓域。

延昌三年（514），平文帝子孙元珍被葬于北陈庄的南部。六年后，其子元孟辉也被葬于同一个村庄。堂兄弟元天穆下葬于偏东南方的营庄，这是基于普泰元年（531）的年代因素。由于平文帝子孙当中没有其他事例，所以无法判断其他地方是否还有墓域。但是北陈庄的附近为其墓域之一应无大误。

熙平元年（516），道武帝子孙阳平王系元广被葬于姚凹村北。广平王系元倪也下葬于这个村庄的东部。由此看来，姚凹村的附近很有可能为道武系子孙的墓域之一。元倪之子元暐和元玶都葬于偏南的盘

---

1. 透过本纪可以确认：其子元颐于太和十四年（490）成为阳平王。

龙村，是基于一时性的因素。

献文帝皇子赵郡王系当中，由于初代元幹亡于太和二十三年（499），大概被葬于㶟水以西。二代元谧的妃子冯氏于熙平元年被葬于㶟水以西的李家凹村，元谧也在八年后被葬于该处。以上似乎是特例，因为其他赵郡王系的成员皆下葬于㶟水以东：元谧的弟弟元譓于正光元年（520）被葬于安驾沟的西方；同样是元谧弟弟的元谭与其妻也被葬在同一个村庄的西部；三代赵郡王元毓虽然被葬在徐家沟北部，但是距离安驾沟极近；与元毓同一天下葬的弟弟元昉也葬于安驾沟。

熙平二年（517），景穆帝子孙京兆王系元遥被葬于后海资村南凹的一里之地。之后，他的外甥元灵耀（西北）、元斌，以及元晔（北）的墓地在后海资村的附近连成一排。同样是元遥外甥的元袭虽然被葬于安驾沟，但是距离后海资村极近。只有同样也是元遥外甥的元液被葬在东方的瓦店，这是基于一时性的因素。

孝文帝皇子当中，最早死亡的是永平元年（508）起兵然后战败的京兆王元愉。其子元宝月的墓地位于马坡村，清河王元怿与其子元劭被葬在盘龙村的附近。不论何者皆被设在南方高度较低的地方，笔者认为有必要考虑孝昌元年以后的一时性的因素。从这个意义来看，熙平二年（517）广平王元怀下葬的张羊村北被认为应该是孝文帝子孙原来的墓域。其子元悌和元海也被葬于此地。

太武帝子孙的事例较少。元秀于正光四年（523）被葬于伯乐凹村西北，之后，由于其兄弟四代临淮王元彧也被葬于同一个地域，这个王系应该是在这里持有墓域。可以透过列传确定三代临淮王元昌在宣武帝的时候还在世，因此他的墓有可能位于这里。

正光五年（524）以后，远离之前墓域的事例变多，因此很难判断这个时期以后首次见到的王系墓域究竟是不是本来就在这里。文成帝子孙当中：河间王系元子永被葬于北陈庄西南；广川王系元焕被葬于张羊村西北、姚凹村东。把这些视为本来就有的墓域，这是没有问题的。安丰王元延明的状况则是位于小梁村，虽然也可以视为文成帝系的墓域，但是也可以看成是代表了当时墓葬集中于边缘地区的潮流的一个事例。献文帝子孙高阳王系元端的墓地位于偏东的后沟村，也是基于年代因素的一例。景穆帝子孙章武王系当中，二代元彬在孝文帝入葬以前被葬于高沟村，但是二十八年之后，三代元融被葬于郑凹村。由于不同于其他景穆帝系的墓域，可以把它视为基于年代因素的事例。元融的弟弟元湛和外甥元举各自被葬于安驾沟的北方和西北方。如果是按照王系来设定墓域的话，这里原本应该是章武王系的墓域。济阴王系的事例只有一个，元讚远被葬于南陈村。没有远离其他景穆帝子孙的墓域。

　　归纳以上检讨的结果，可以作出以下的结论。邙山的墓葬当中，按照他们的祖先是哪一名皇帝，形成一个系统；然后同一个皇帝的子孙，按照不同的皇子，再形成一个墓域。景穆帝皇子子孙的状况为：阳平、汝阴、南安、城阳王系的墓域确实由左至右分布，章武王系也在其右。在最初的墓葬阶段，乐陵王系、安定王系的墓域也是按照这个兄弟顺序排列而成。这代表宿白的看法是正确的。但是，献文帝子孙的状况却不太一样。赵郡王系、北海王系、彭城王系这些兄弟的墓域从年龄顺序来看的话，是由右至左排列而成的。就算除去位于北海王和彭城王中间的第二皇子广陵王，还是和景穆帝子孙的排列状况不一样。正光五年（524）以后所见，位于南边、东边地势较低处的墓域与其他墓域的关联性不大，可以把它们视为异于原先墓域的新建墓葬。

　　值得注意的是，景穆帝系诸王子孙在各自的王系当中，尽管设墓的顺序不一定与兄弟顺序相同，但是墓域却是按照兄弟顺序排列而成。这件事情显示出墓域是事先规划好的。先死去的族人的附近埋有王或王妃，也可见这个推断的正确性。即使查看其他皇帝子孙的事例，也不会推翻以王系为单位规划墓域的这个推断。

　　这么一来，可以推定以皇帝为单位的墓域系统也是很早就被决定了。已知平文帝子孙的墓域位于北陈庄附近，由于北方有王诵夫妻的墓地，可知位于宗室墓域的东北境界线。昭成帝子孙的墓域位于姚凹村由东至北一带，郭季显等非宗室成员的墓地位于北方、东北方，因此笔者认为应该位于宗室墓域的西北境界线。道武帝子孙则是：阳平王系和广平王系在姚凹村的附近，武昌王系在前海资村的附近。前海资村位于二百五十公尺线的南端，也就是位于正光五年（524）以前的宗室墓域的南端。明元帝子孙以安驾沟村西为中心，因此笔者认为位于宗室墓域的西端。太武帝子孙为伯乐凹村西北，因为于氏的墓域也位于此地，因此位于宗室墓域的北方境界线。

虽然很难明确界定宗室墓域的东方境界，但是景穆帝以降诸帝子孙被认为位于东方境界线的内部。景穆帝子孙的墓域大致东西排列于从徐家沟村东北到张羊村的这片宽阔地带。同样地，献文帝子孙也是东西分布于从徐家沟村东方到张羊村西方的这个地带。相较之下，文成帝子孙的情况稍微难以理解，其墓域似乎位于从伯乐凹村西北经过北陈庄西南，最后扩及张羊村西北的地带。安乐王元诠的墓域虽然位于境界线上，但是笔者认为墓域全体是位于北方以及东北方境界线的内部。孝文帝子孙的墓域则是位于比文成帝子孙更南，比景穆、献文帝子孙更北的地方。

像这样以皇帝子孙为单位的墓域大概和刚才说明过的王系墓域是同时被设定的。景明二年（501）开始，宗室成员入葬于上述的宗室墓域。在这个阶段，墓域的设定大概已经实施了。

原本以平文帝为太祖，但是孝文帝亲政之后，改道武帝为太祖，非太祖以后皇帝子孙者的王爵得不到承认。被这样加诸限制的宗室当中，又设立了等级，把太武、景穆、文成、献文帝的子孙视为四庙，给予特别待遇[1]。孝文帝过世，宣武帝即位阶段，太武帝子孙从上面的四庙当中消失，取而代之的是孝文帝子孙。由于邙山的宗室墓域是在孝文帝入葬后被确立的，应反映了这个新的宗室体制。透过墓域的配置，以新四庙为中核的体制以肉眼可见的形式显示在我们的面前。

结语

墓葬方面，以皇帝为单位、其内部再有王系的系统，被确立于宣武帝最初的阶段。另一方面，稍早前，尽管一个王系有被分为复数以上的籍贯的情况，但是基本而言还是以王系为单位确立籍贯和居住地。这两件事情的目标相同。对北魏王朝而言，如何执行宗室政策，这件

---

1. 参照第二章。

第十七章　从籍贯、居住地、葬地看北魏宗室　　463

事情成为课题。以王系为单位把握宗室，一方面依靠他们的力量，另一方面加诸统制。又对依靠的宗室加诸轻重不等的等级，重视四庙的子孙（孝文帝在其中又最重视献文帝子孙）。这就是从籍贯、居住地和墓葬可以推测出来的北魏宗室对策。

【补记】2002年8月，韩国中国学会于韩国首尔市韩国外国语大学主办第二十二回中国学国际学术会议。笔者将会议当中报告的日文原稿加以订正，遂成本章。得到中国社会科学院历史研究所李凭先生、首尔大学校朴汉济教授的评论，由衷感谢。又，会议当中提出的中文原稿刊登于《国际中国学研究》5（2002，首尔）。

表17-1　北魏宗室之籍贯、没地

皇帝	王系	籍贯		没地		墓主	墓葬年	出处	备考
		乡名	里名	乡名	里名				
平文帝		天邑	灵泉			华山王鸷	兴和三年（541）	集四二、汇342	
					笃恭	元珍	延昌三年（514）	集四四、汇76	父
			（笃）恭		笃恭	元孟辉	神龟三年（520）	集四五、汇116	子
昭成帝	常山王	都	安武			元侔	永平四年（511）	集五四、汇60	
			崇恩			冯邑妻元氏	正光三年（522）	集五七、汇128	元侔堂妹
					静顺	元引	正光四年（523）	集六〇、汇135	
	毗陵王				永康	元夫人赵氏	正光元年（520）	集六四、汇113	
道武帝	阳平王				洛阳	元均	武定二年（544）	集六八、汇360	永安二年（529）卒
	河南王				崇让	武昌王妃吐谷浑氏	建义元年（528）	集七一、汇245	
			崇让			元维	永安二年（529）	集八〇、汇256	
	广平王	都	照明	都	照明	元倪	正光四年（523）	集七三、汇134	父，太和二十一年（497）卒
					正始	元玕	天平二年（535）	集七五、汇315	子

续表

皇帝	王系	籍贯		没地		墓主	墓葬年	出处	备考
		乡名	里名	乡名	里名				
明元帝	乐安王		嘉平			元腾	神龟二年（519）	集八五、汇109	父
			嘉平			金城郡君元氏	孝昌元年（525）	集八六、汇165	女
				崇仁	嘉平	元恩	永安二年（529）	集九一、汇266	弼子
				善正	嘉平	元夫人陆氏	永安三年（530）	集九三、汇271	
					孝义	元弼	普泰元年（531）	集九〇、汇279	恩父
太武帝	临淮王	都	孝悌			元秀	正光四年（523）	集九五、汇131	
景穆帝	阳平王		敷义			元飏	延昌三年（514）	集九九、汇75	叔
		都	敷义			元璨	正光五年（524）	集一〇一、汇152	甥
	京兆王		孝悌			元遥	熙平二年（517）	集一〇六、汇93	伯
					孝悌	元液	永安三年（530）	集一一一、汇269	甥
					孝第	元晖	孝昌三年（527）	选编·孝昌36	甥
		安众	崇让			元灵耀	正光四年（523）	集一〇九、汇137	兄，遥甥
					崇让	元斌	正光四年（523）	集一一〇、汇140	弟
	任城王		文始			元嵩	正始四年（507）	集一二九、汇52	
	南安王	都	照文			东平王略	建义元年（528）	集一三九、汇237	弟
					谷水	元诱妻冯氏	景明三年（502）	集一三七、汇42	兄妻

第十七章　从籍贯、居住地、葬地看北魏宗室

续表

皇帝	王系	籍贯		没地		墓主	墓葬年	出处	备考
		乡名	里名	乡名	里名				
景穆帝	城阳王				宣化	元显魏	孝昌元年（525）	集一四六、汇166	城阳王鸾子
					宣化	元显儁	延昌二年（513）	集一四八、汇68	城阳王鸾子
					宣化	元伯阳	孝昌二年（526）	集一九四	城阳王鸾第9子
	章武王		宽仁			章武王融	孝昌三年（527）	集五七五、汇204	兄
			宽仁			元湛	建义元年（528）	集一五二、汇239	弟，夫
				澄海	绥武	元湛妻薛氏	武泰元年（528）	集一五三、汇214	妻
				澄海	绥武	元举	武泰元年（528）	集一五四、汇215	融、湛甥
	乐陵王	都	光穆			乐陵王彦	熙平元年（516）	集一五六、汇88	兄
		都	光穆			元茂	正光六年（525）	集五七六、汇163	弟
	安定王				遵让	元瑛	孝昌二年（526）	集一五八、汇190	夫
					遵让	元瑛妻穆氏	神龟二年（519）	集一五九、汇109	妻，河阴县
文成帝	齐郡王	都	洛阳			齐郡王简	太和二十三年（499）	集一六二、汇37	父
		都	照乐			齐郡王祐	神龟二年（519）	集一六五、汇107	子，夫
					昭洛	齐郡王祐妃常氏	正光四年（523）	集一六六、汇132	妻
			穆族			元演	延昌二年（513）	集一六四、汇68	齐郡王祐弟
	安丰王		熙宁			安丰王延明	太昌元年（532）	集一六九、汇286	

续表

皇帝	王系	籍贯		没地		墓主	墓葬年	出处	备考
		乡名	里名	乡名	里名				
献文帝	赵郡王		光睦			赵郡王毓	建义元年（528）	集一七三、汇244	兄
			光睦			元昉	建义元年（528）	集一七四、汇243	弟
	北海王	都	光睦			北海王详	永平元年（508）	集一八一、汇54	舅
					洛阳	北海王颢妃李氏	延昌元年（512）	集一八三、汇65	妇
	彭城王		光睦			彭城王勰	永平元年（508）	集一八五、汇54	父
			光（睦）			元子直	正光四年（524）	集一八七、汇150	子
孝文帝	广平王		乘轩			广平王怀	熙平二年（517）	集一九三、汇92	

注：出处的简称：集=《集释》，汇=《汇编》，选编=《选编》

表17-2　北魏邙山皇室墓葬年次、位置

年	平文帝	昭成帝	道武帝			
			江阳王	河南王	阳平王	广平王
景明1（500）						
2（501）						
3（502）						
4（503）						
正始1（504）						
2（505）						
3（506）						
4（507）				前海北20		
永平1（508）			张羊西16			
2（509）		姚凹4				
3（510）						
4（511）		姚凹东5　陈凹9				
延昌1（512）						
2（513）						
3（514）	北陈南1					
4（515）						
熙平1（516）					姚凹北23	
2（517）						
神龟1（518）						
2（519）		姚凹6				
正光1（520）	北陈2	陈凹10				
2（521）						
3（522）						
4（523）		姚凹东南7				姚凹东24
5（524）		姚凹东南8　马坡14				
孝昌1（525）						
2（526）				前海17		
3（527）						
永安1（528）		陈凹11,12,13　护驾15				盘龙25
2（529）			杨树18	前海21、后海22		
3（530）						
普泰1（531）	营庄3					
永熙1（532）						
2（533）				董家19		
3（534）						
大统1（535）						盘龙26

续表

年	明元帝	太武帝	景穆帝	
			阳平王	
景明1（500）				
2（501）				
3（502）				
4（503）				
正始1（504）				
2（505）				
3（506）				
4（507）	安驾西南27			
永平1（508）				
2（509）				
3（510）				
4（511）	安驾28			
延昌1（512）				
2（513）			张羊西北39	
3（514）			张羊40	
4（515）				
熙平1（516）				
2（517）			张羊北41	
神龟1（518）				
2（519）	徐家东北33			
正光1（520）				
2（521）				
3（522）				
4（523）	徐家34	伯乐西北37		
5（524）			张羊西北42	安驾43
孝昌1（525）				
2（526）	安驾29	后李东36		
3（527）				
永安1（528）	安驾30　徐家35	伯乐西北38	张羊北44	
2（529）	安驾31			
3（530）				
普泰1（531）	安驾32			
永熙1（532）				
2（533）				
3（534）				
大统1（535）				

续表

年	景穆帝			
	京兆王	济阴王	汝阴王	任城王
景明1(500)				
2(501)				柿园56
3(502)				
4(503)				
正始1(504)				
2(505)			南陈52	
3(506)				
4(507)				柿园57
永平1(508)				
2(509)				
3(510)				
4(511)				
延昌1(512)				
2(513)				
3(514)				
4(515)				
熙平1(516)				
2(517)	后海45			
神龟1(518)				
2(519)				
正光1(520)				
2(521)				
3(522)				
4(523)	后海46,47			
5(524)				
孝昌1(525)				
2(526)				马坡55
3(527)	后海北48		南陈东53	
永安1(528)			南陈54	柿园58,59,60
2(529)				
3(530)		瓦店50		
普泰1(531)				
永熙1(532)	安驾49			
2(533)			南陈51	
3(534)				
大统1(535)				

续表

年	景穆帝		
	南安王	城阳王	章武王
景明1（500）			
2（501）			
3（502）			
4（503）	安驾北61		
正始1（504）			
2（505）		后海69	
3（506）			
4（507）		后海北70	
永平1（508）			
2（509）			
3（510）			
4（511）			
延昌1（512）			
2（513）		后海71	
3（514）			
4（515）			
熙平1（516）			
2（517）			
神龟1（518）			
2（519）			
正光1（520）			
2（521）			
3（522）			
4（523）			
5（524）			
孝昌1（525）	安驾北62,63,64,65	后海北72	
2（526）			
3（527）			郑凹南75
永安1（528）	安驾北66,67		安驾西北76,北77
2（529）			
3（530）			
普泰1（531）			
永熙1（532）		后海北73　南陈西北74	
2（533）	安驾68		
3（534）			
大统1（535）			

续表

年	景穆帝		文成帝	
	乐陵王	安定王	齐郡王	安乐王
景明1（500）				
2（501）				
3（502）				
4（503）				
正始1（504）				
2（505）				
3（506）				
4（507）	徐家78			
永平1（508）				
2（509）		徐家东北82		
3（510）				
4（511）				
延昌1（512）				伯乐西北87
2（513）			张羊西北85	
3（514）				
4（515）				
熙平1（516）	南陈西北79			
2（517）				
神龟1（518）				
2（519）		南陈南83		
正光1（520）				
2（521）				
3（522）				
4（523）				
5（524）				
孝昌1（525）	南陈北80			
2（526）		南陈南84		
3（527）				
永安1（528）	南陈西北81		北陈西南86	
2（529）				
3（530）				
普泰1（531）				
永熙1（532）				
2（533）				
3（534）				
大统1（535）				

续表

年	文成帝			献文帝	
	河间王	广川王	安丰王	赵郡王	广陵王
景明1（500）					
2（501）					南陈西98
3（502）					
4（503）					
正始1（504）					
2（505）					
3（506）					
4（507）					
永平1（508）					
2（509）					
3（510）					
4（511）					
延昌1（512）					
2（513）					
3（514）					
4（515）					
熙平1（516）				李家91	
2（517）					
神龟1（518）					
2（519）					
正光1（520）				安驾西93	
2（521）					
3（522）					
4（523）					
5（524）				李家92　安驾西南94	
孝昌1（525）		张羊西北89			
2（526）					
3（527）					
永安1（528）	北陈西南88			徐家北95　安驾96,97	
2（529）					
3（530）					
普泰1（531）			小梁90		
永熙1（532）					
2（533）					
3（534）					
大统1（535）					

续表

年	献文帝			孝文帝		
	高阳王	北海王	彭城王	清河王	京兆王	广平王
景明1（500）						
2（501）						
3（502）						
4（503）						
正始1（504）						
2（505）						
3（506）						
4（507）						
永平1（508）		后海北100	张羊西103			
2（509）						
3（510）						
4（511）						
延昌1（512）						
2（513）						
3（514）						
4（515）						
熙平1（516）						
2（517）						张羊北110
神龟1（518）						
2（519）						
正光1（520）						
2（521）						
3（522）						
4（523）						
5（524）			南陈南104			
孝昌1（525）				盘龙107	马坡109	
2（526）						
3（527）						
永安1（528）	后沟东99		东陧105	盘龙108		张羊北111
2（529）						
3（530）						
普泰1（531）						张羊北112
永熙1（532）		南陈西101,102	南陈西106			
2（533）						
3（534）						
大统1（535）						

注：北陈=北陈庄、护驾=护驾庄、前海=前海资、后海=后海资、盘龙=盘龙塚、安驾=安驾沟、徐家=徐家沟、伯乐=伯乐凹、李家=李家凹、东隄=东隄沟

1元珍、2元孟辉、3元天穆、4元德、5元保洛、6元某、7元引、8元平、9元伟、10元晖、11元信、12元愔、13元俊、14元昭、15元诞、16江阳王妃、17元乂、18江阳王继、19元爽、20武昌王鉴、21元遒、22元维、23元广、24元倪、25元昈、26元玾、27乐安王绪、28汝南王悦、29元则、30元宥、31元恩、32元弼、33元腾、34元仙、35元均之、36元朗、37元秀、38临淮王彧、39元飏妻、40元颽、41阳平王妃、42元璨、43元崇业、44元钦、45元遥、46元斌、47元灵耀、48元晔、49元袭、50元液、51元钻远、52元始和、53元固、54元周安、55元寿安、56任城王妃、57元嵩、58任城王彝、59元顺、60元瞻、61元诱妻、62元诱、63中山王熙、64元纂、65元晖、66东平王略、67元廞、68鲁都王肃、69城阳王鸾、70城阳王妃、71元显儁、72元显魏、73城阳王徽、74元恭、75章武王融、76元举、77元湛、78乐陵王思、79乐陵王彦、80元茂、81元彦妻、82安定王第二子妻、83元珽妻、84元珽、85元演、86元礼之、87安乐王诠、88元子永、89元焕、90安丰王延明、91赵郡王妃、92赵郡王谧、93元谧、94元谭妻、95赵郡王毓、96元昉、97元谭、98广陵王羽、99元端、100北海王详、101北海王颢、102元项、103彭城王勰、104元子直、105始平王子正、106元文、107清河王怿、108河南王邵、109元宝月、110广平王怀、111广平王悌、112元海

第十七章　从籍贯、居住地、葬地看北魏宗室　　475

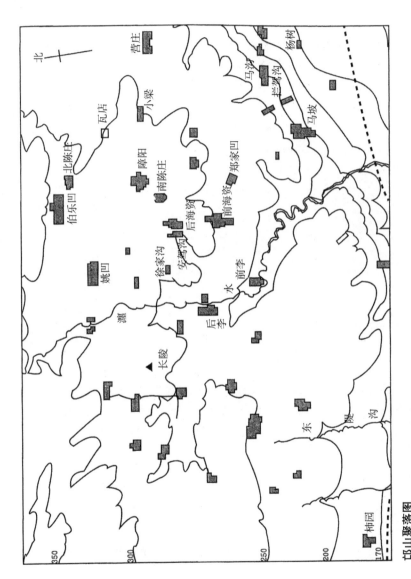

邙山聚落图

注：据宿白《北魏洛阳城和北邙陵墓》之图1绘制而成。

后记

　　提出关于构成北魏诸镇人群的毕业论文,是在1965年1月时的事情,此后已经过将近四十年了。尽管这段期间也有不少影响专心研究的情况,但成形而发表的研究较少,实在不能不说是天生懒散之故。而且,关于成形的研究内容方面,特别是论议范围的狭窄,过去经常为此深感汗颜。致赠抽印本时写下的"请笑览",绝非谦逊之辞。

　　缘此之故,一直到不久之前,都未曾考虑将自己的论文整理、集结成书。改变想法的近因是,去年(2002)夏天访问韩国之际,首尔大学朴汉济教授建议我出版著作。其中最让我动摇的主要原因为,朴教授指出了参考日本研究者业绩的困难度。的确如此,在外国难以取得的刊物上发表论文,对于无法取得抽印本的研究者造成很大的困扰。前年至去年间,我在中国生活了一年,因为承担任务而访问了好几所大学,见了它们的藏书状况后,更强烈地体会到朴教授的意见。虽然不确定是否具有参考的价值,但是终究还是认为,能够让研究者易于参考,还是比较合宜。此外,可以说在几乎未超越其框架的官僚制研究之中,终于走出自己的一条路,这种想法也催化了前述的感想,于是决定接受不久前汲古书院坂本健彦先生的出版建议。

　　书名冠以"魏晋南北朝",多少有些犹豫之感,但由于最初公开发表的论文是处理魏晋南北朝,因此大胆地采用此一标题。从去年12月以前刊行的研究论文中,选取关系官僚制的十七篇。以研究史为主体原应重新撰写的序章,恰巧受唐代史研究会嘱托,撰写20世纪魏晋南北朝政治过程研究的回顾与展望,因此以此稿,经过一部分的改写而成为序章。揭载这些论文的最初出版刊物如下:

序章

第一部

第一章　北魏前期の尚書省について　《史学雑誌》87-7，1978年。

第二章　北魏門下省初稿　《お茶の水史学》32，1990年。

第三章　北魏初期の将軍号　《東洋文化》60，1980年。

第四章　北魏における「光禄大夫」　池田温編：《中国礼法と日本律令制》，东方书店，1992年。

第五章　北魏の州の等級について　《高知大学教育学部研究報告》2-40，1988年。

第六章　北魏における贈官をめぐって　西嶋定生博士追悼論文集《東アジア史の展開と日本》，山川出版社，2000年。

第七章　北魏の太子監国制度　池田温編：《日中律令制の諸相》，东方书店，2000年。

第八章　北魏の地方軍（特に州軍）について　《西嶋定生博士還暦記念 東アジア史における国家と農民》，山川出版社，1984年。

第九章　北魏的都督—从军事面看中央与地方　《中华民国史专题论文集第五届讨论会》，国史馆，2000年。

第十章　魏晋南北朝における地方官の本籍地任用について　《史学雑誌》83-1、2，1974年。

第十一章　四世紀における東アジアの国際関係—官爵を中心として　《歴史公論》77，1982年。

第二部

第十二章　国家と政治　谷川道雄ほか編：《魏晋南北朝隋唐時代史の基本問題》，汲古書院，1996年。

第十三章　北魏後期の党争と意思決定　《唐代史研究》2，1999年。

第十四章　北魏の議，第一回中国史学国际会议研究报告集 《中国の歴史世界—統合のシステムと多元的世界—》，都立大学出版会，2002年。

第三部
第十五章　河陰の変小考　《榎博士頌寿記念東洋史論叢》，山川出版社，1988年。
第十六章　北魏の宗室　《中国史学》9，1999年。
第十七章　从籍贯、居住地、葬地所见的北魏宗室　《国际中国学研究》5，2002年。

其中，第一部第九章与第三部第十七章均以中文发表，本书则采用其原本的日文稿。此外，第一部第六、七章和第二部第十三章在学会发表的中文版，刊行较日文版略早些。第一部第十一章是载于一般杂志上，并未采取学术论文的体裁，并且面向一般读者的说明并不少，因为内容与官僚制有关，因此收入本书之中。

我勉勉强强得以继续研究的原因，实在是受到恩师西嶋定生的照顾。苦于选取方向之时，西嶋恩师一直操心有加，在私人方面也实在给恩师与师母添了许多麻烦。我也知道从恩师眼中看来，我的研究方法可能有问题吧，在此意义上恩师经常是令人敬畏的。不过，另一方面，我也感觉恩师抱持着如父亲对不成材儿子般的想法。虽然已迟，但是我仍然希望，能在先生的灵前奉上此书以略表敬谢之意。在研究会等场合经常给我指教的池田温先生，以及经常给我们这一辈带来刺激的谷川道雄先生，以他们为首还有许多给予我指教的先生们。另外，同年级的佐藤智水，以及尾形勇、太田幸男、川勝守等各位学长，春日井明、金子修一、鹤间和幸、平势隆郎，以及从大学院时一起学习的郑钦仁等同门各位先生在日常生活中带给我各种刺激与启发。関尾史郎、三崎良章先生与我可以说具有如同门的关系，安田二郎、中村圭尔、川本芳昭等先生以及省略了大名的许多魏晋南北朝史研究者，他们均给予我相当的恩惠。另外，我在大学院博士课程在学时遭遇火灾，几乎失去了全部仅有的书籍与整理的资料（借出的毕业论文和硕士论文也在那时不见了。为了发表而改写、投稿中的硕士论文，很幸运地因此留存下来），对于不知如何是好的我寄予同情者，包含老师们、学长、学弟和同学的许多先生惠赠许多的援助金，使得后来作为研究生活基础的文献得以在短时期内齐备。与上述所受恩惠相较之下成就之事较少，虽然对此感到遗憾，仍想要借此略记以表感谢之意。

本书所收论文之中，许多在发表后已经历多年，有不少地方需要将此后的研究状况或墓志等增加的相关材料包含进来，并加以改写。但是，本书刊行原则为已发表论文的集结，因此以保持原来的面貌为宜，仅在最低限度内进行修正。论文主旨相关的更动，以补记的方式来记述其要旨。增加的修订主要在于明显的错误或编校疏失，因失载主语而产生内容不易了解之处（不少是为了应付页数限制而产生的结果），叙述和典据表示方式的不统一等部分，原本仅以数字标明节与节之间的区别，现在每一节均重新附上标题。此外拓跋氏的人名标示方式，在道武帝再建代国后均统一标示为元氏。另一方面，引用史料转译改写之处，仍维持原貌不动。最后，本书在检查史料与校正时，得到御茶水女子大学大学院生後藤朋子小姐的帮助。

2003年7月

编者后记

日本学者在古代中国研究领域的深厚传统与显赫成绩大概已经是学界常识。不过与之相比,译介到中文学界的相关论著仍然是远远不够的。为此,我们编选了这套"日本学者古代中国研究丛刊",希望能够对促进中日学界的相互了解、深化相关研究起到积极作用。

丛刊目前的规模为专著十一种。在确定书目的过程中,主要考虑以下两个重点:其一,侧重于汉唐间的历史时段。这应该是在古代中国研究的各专门领域中日本学者的优势和特点最为明显的阶段,对于中国学界来说极具参考价值。其二,主要以二战后成长起来的学者为译介对象。经历了战后左翼思潮的风行,这一代学者大致于1970年代登上学术舞台,并引领了其后二十年的发展潮流。当然,丛刊也希望能够保持开放性,未来还将继续纳入更多优秀的作品。

对于日本学者书中提及的日文论著,丛刊采取了尽量保持文本原貌的处理原则。包括日文人名、书名、期刊名、论文名中的日文汉字,均未转为中文简体,以便利中国学者检索相关文献。由此给读者带来的不便,敬希谅解。

在中国当下的学界环境中,专门学术论著的翻译出版并非易事。丛刊最后能够落实出版,要归功于海内外诸多师友的大力支持和热忱帮助。诸位原著作者对我们的工作均给予了积极回应,并在著作权与版权方面提供了很多协助。日本汲古书院、青木书店和朋友书店,台湾稻禾出版社和台大出版中心,也慷慨赠予了中文简体版版权。对于各位译者来说，数十万字的翻译工作耗时费力，又几乎无法计入所谓"科研成果"，非有对学术本身所抱持的热情不足以成其事。北京大学历史系的阎步克先生和罗新先生对丛刊的策划工作勉励有加。复旦大学历史系时任领导金光耀先生和章清先生为丛刊出版提供了至为关键的经费支持。复旦大学出版社的陈军先生和史立丽编辑欣然接受丛刊出版，史编辑在编务方面的认真负责尤其让人感佩。日本中央大学名誉教授池田雄一先生、御茶水女子大学名誉教授窪添慶文先生、京都府立大学名誉教授渡辺信一郎先生、福冈大学紙屋正和先生、中央大学阿部幸信先生、大东文化大学小尾孝夫先生、阪南大学永田拓治先生、鹿儿岛大学福永善隆先生，台湾大学甘怀真先生、成功大学刘静贞先生，复旦大学韩昇先生、李晓杰先生、姜鹏先生，武汉大学魏斌先生，首都师范大学孙正军先生等诸位师友，在丛刊的策划、版权、翻译、出版等方面给予了诸多帮助。在此一并深致谢意。

徐　冲
2016年元旦于东京阳境原

图书在版编目(CIP)数据

魏晋南北朝官僚制研究/[日]窪添庆文著；赵立新等译.—上海：复旦大学出版社，2017.8
(2022.10重印)
(日本学者古代中国研究丛刊)
ISBN 978-7-309-13040-9

Ⅰ.魏… Ⅱ.①窪…②赵… Ⅲ.官制-研究-中国-魏晋南北朝时代 Ⅳ.D691.42

中国版本图书馆 CIP 数据核字(2017)第 155716 号

原书名"魏晋南北朝官僚制研究"，窪添慶文著，日本：汲古書院，2003 年；
中文繁体字版，台湾大学出版中心，2015 年。

魏晋南北朝官僚制研究
[日]窪添庆文　著　赵立新　等译
责任编辑/吴　湛

复旦大学出版社有限公司出版发行
上海市国权路 579 号　邮编：200433
网址：fupnet@fudanpress.com　http://www.fudanpress.com
门市零售：86-21-65102580　团体订购：86-21-65104505
出版部电话：86-21-65642845
常熟市华顺印刷有限公司

开本 787×960　1/16　印张 31.25　字数 428 千
2017 年 8 月第 1 版
2022 年 10 月第 1 版第 3 次印刷

ISBN 978-7-309-13040-9/D·894
定价：70.00 元

如有印装质量问题，请向复旦大学出版社有限公司出版部调换。
版权所有　侵权必究